HUNTER × HUNTER

YOSHIHIRO TOGASHI

37 Die Flucht

HUNTER

IE HAUPTPERSONEN

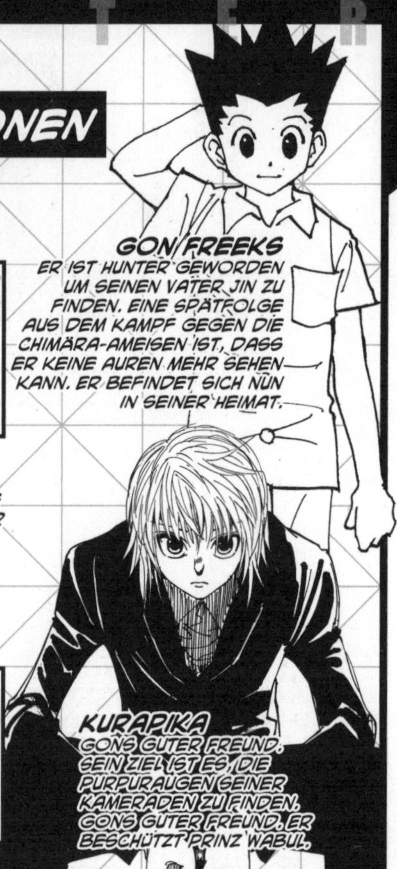

GON FREEKS
ER IST HUNTER GEWORDEN UM SEINEN VATER JIN ZU FINDEN. EINE SPÄTFOLGE AUS DEM KAMPF GEGEN DIE CHIMÄRA-AMEISEN IST, DASS ER KEINE AUREN MEHR SEHEN KANN. ER BEFINDET SICH NUN IN SEINER HEIMAT.

BILL
EIN HUNTER, DER ÜBER PARISTON ZUR WACHE VON PRINZ WABUL WURDE. ER ARBEITET MIT KURAPIKA ZUSAMMEN.

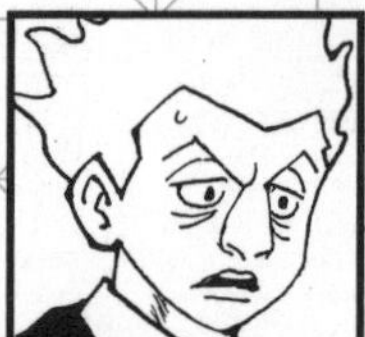

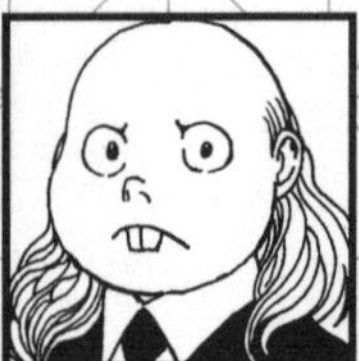

MELODIE
HUNTER MELODIE BESCHÜTZT ÜBER KURAPIKA DEN 10. PRINZEN. SIE UNTERSTÜTZT DEN 10. UND 11. PRINZEN BEI IHRER FLUCHT.

KIINI
HUNTER KIINI BESCHÜTZT ZUSAMMEN MIT MELODIE DEN 10. PRINZEN.

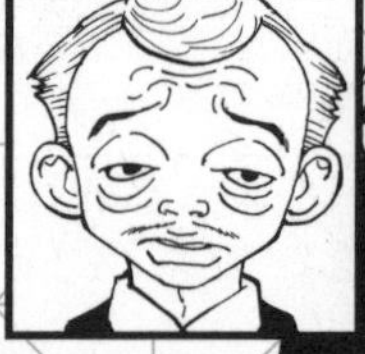

KURAPIKA
GONS GUTER FREUND. SEIN ZIEL IST ES, DIE PURPURAUGEN SEINER KAMERADEN ZU FINDEN. GONS GUTER FREUND. ER BESCHÜTZT PRINZ WABUL.

WAS BISHER GESCHAH:

GON WURDE HUNTER, UM SEINEN VATER, DEN GROSSEN HUNTER JIN, AUSFINDIG ZU MACHEN. GON UND DIE ANDEREN BEGEGNETEN DEN CHIMÄRA-AMEISEN, DIE AUS DER AUSSENWELT KAMEN. UM DIESE AMEISEN ZU BESIEGEN, SANDTE DAS HUNTER-KOMITEE SEINE HUNTER IN DEN PALAST IN OST-GORTO. DIE MENSCHHEIT SIEGTE, DOCH NETERO, DER PRÄSIDENT DES HUNTER-KOMITEES, KAM UMS LEBEN. BEI DER PRÄSIDENTSCHAFTSWAHL WURDE CHIDEL, EIN JUIN-SHIN-MITGLIED, ZUR NEUEN PRÄSIDENTIN. WÄHRENDDESSEN WURDE DER SCHWER VERLETZTE GON MIT DER KRAFT VON ARUKA GEHEILT, UND ENDLICH GELANG ES GON, JIN WIEDERZUSEHEN.
NETEROS SOHN BEYOND KÜNDIGTE DER WELT SEINE REISE ZUM FINSTEREN KONTINENT AN. DANN HIESS ES, DASS DER THRONFOLGEKAMPF DES KÖNIGREICHS KAKIN AUF DEM SCHIFF IN RICHTUNG KONTINENT STATTFINDEN SOLLE. KURAPIKA WURDE ZUM BODYGUARD DES 14. PRINZEN, DOCH SCHON BALD NACH DEM AUSLAUFEN WERDEN KURAPIKA UND BILL ZU DEN EINZIGEN ÜBERLEBENDEN DER BODYGUARDS. DIE UNTEREN ETAGEN WERDEN VON MAFIA-FAMILIEN KONTROLLIERT, UND JETZT AGIEREN DIE ILLUSIONISTEN, DIE EINGEDRUNGEN SIND, UM HISOKA ZU TÖTEN...

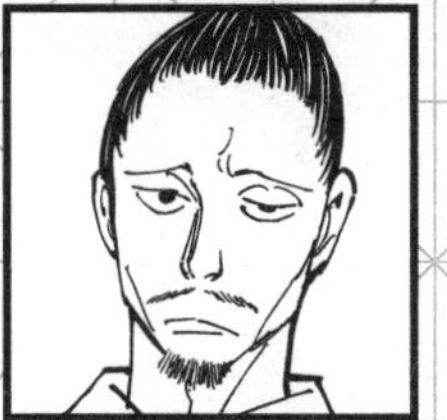

NOBUNAGA
EINER DER ILLUSIONISTEN. ER IST IM SCHIFF, UM HISOKA ZU TÖTEN, UND KOOPERIERT DABEI MIT DER SHA=A-FAMILIE.

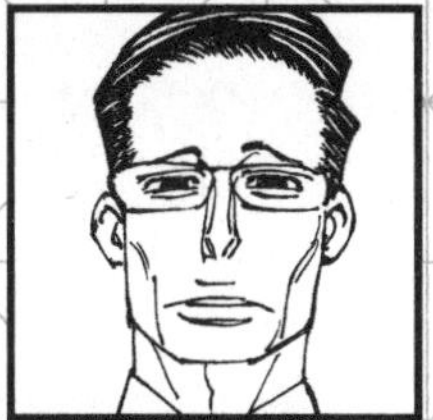

OU KENI
VORSTAND DER SHA=A-FAMILIE. AUF BEFEHL DES OBERHAUPTES VERSUCHT ER, HISOKA VOR DEN ILLUSIONISTEN ZU FINDEN.

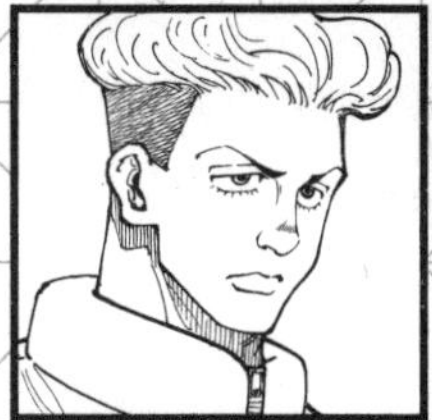

BABIMAINA
PRIVATER SOLDAT VOM 1. PRINZEN. NACHFOLGER VON VINCENT, DER KURAPIKA ÜBERFALLEN HAT; WACHT ÜBER PRINZ WABUL.

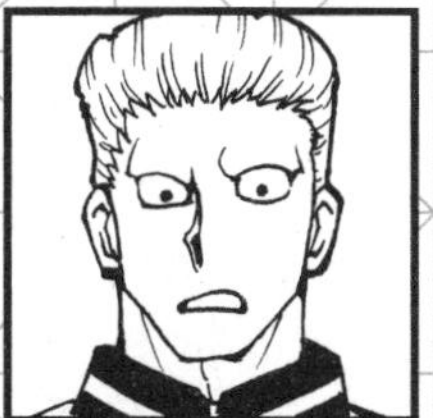

PHINX
EINER DER ILLUSIONISTEN. MIT NOBUNAGA UND FEITANG SUCHT ER AUF DER FÜNFTEN EBENE NACH HISOKA.

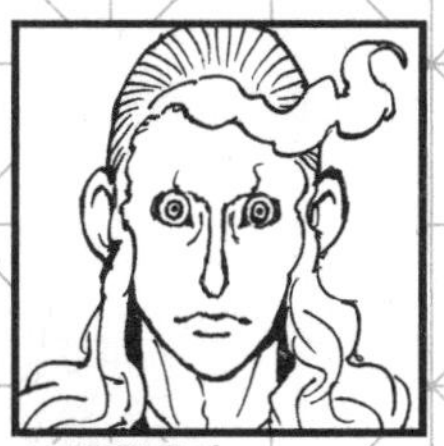

HINRIGH BIGANDAFNO
VORSTAND DER SHU=U-FAMILIE. SO WIE OU SUCHT ER AUF BEFEHL DES OBERHAUPTES SEINER FAMILIE NACH HISOKA.

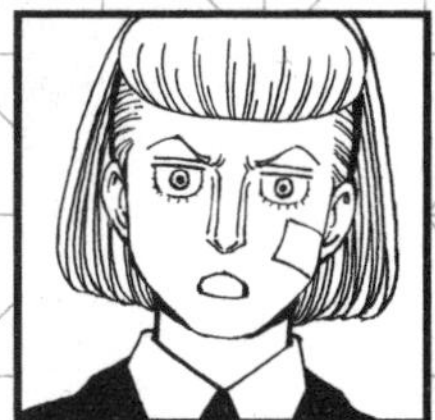

THETA
HUNTER THETA WACHT ÜBER PRINZ WABUL. SIE BRINGT TSEREDNICH NEN BEI, UND PLANT WÄHRENDDESSEN EIN ATTENTAT.

PRINZEN DES KÖNIGREICHS KAKIN

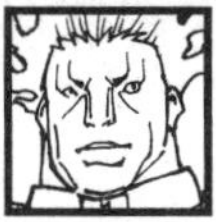

1. PRINZ
BENJAMIN

PRINZ WABUL & OITO
14. PRINZ VOM KÖNIGREICH KAKIN UND SEINE MUTTER. OITO BEAUFTRAGTE KURAPIKA, SIE UND IHR KIND ZU BESCHÜTZEN.

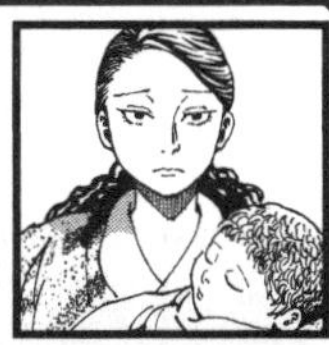

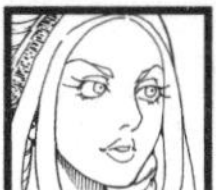

2. PRINZ
CAMILA

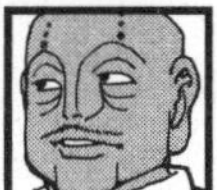

3. PRINZ
CHOURAI

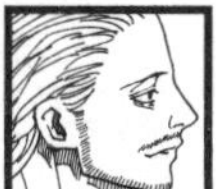

4. PRINZ
TSEREDNICH

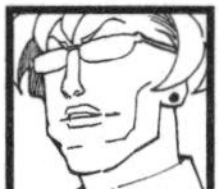

5. PRINZ
TSUBEPPA

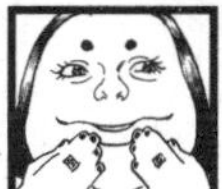

6. PRINZ
TYSON

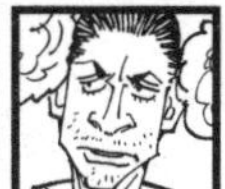

7. PRINZ
LZURS

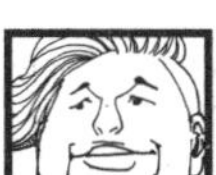

8. PRINZ
SARESARE

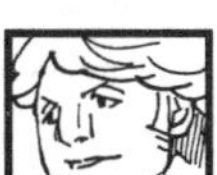

9. PRINZ
HALKENBURG

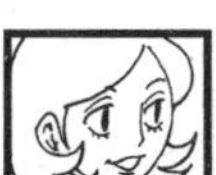

10. PRINZ
KACHO

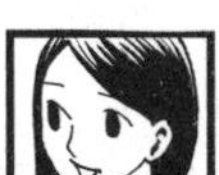

11. PRINZ
FUUGETSU

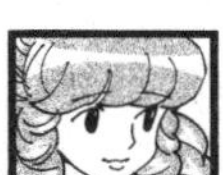

12. PRINZ
MOMOZE

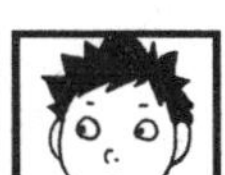

13. PRINZ
MARAYAM

HUNTER × HUNTER

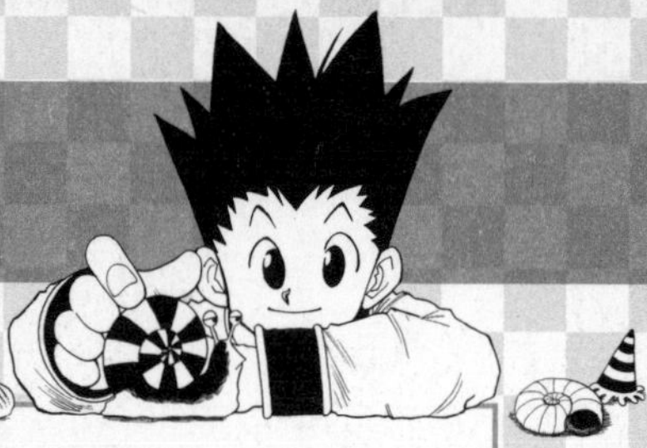

INHALT

Bei Fragen zum Produkt: carlsen.de/kontakt

Deutsche Ausgabe/German Edition

Aus dem Japanischen von Hirofumi Yamada

First published in Japan in 2018 by SHUEISHA Inc., Tokyo.
German translation rights in Germany, Austria, Luxembourg and German-speaking Switzerland arranged by SHUEISHA Inc.
Redaktion: Philipp Nakata, Britta Hellwig
Textbearbeitung: Ina Schiele

Alle deutschen Rechte vorbehalten
ISBN 978-3-551-76929-9

PRODUZIERT MIT VERANTWORTUNG

MIX
Papier | Fördert gute Waldnutzung
FSC® C083411
www.fsc.org

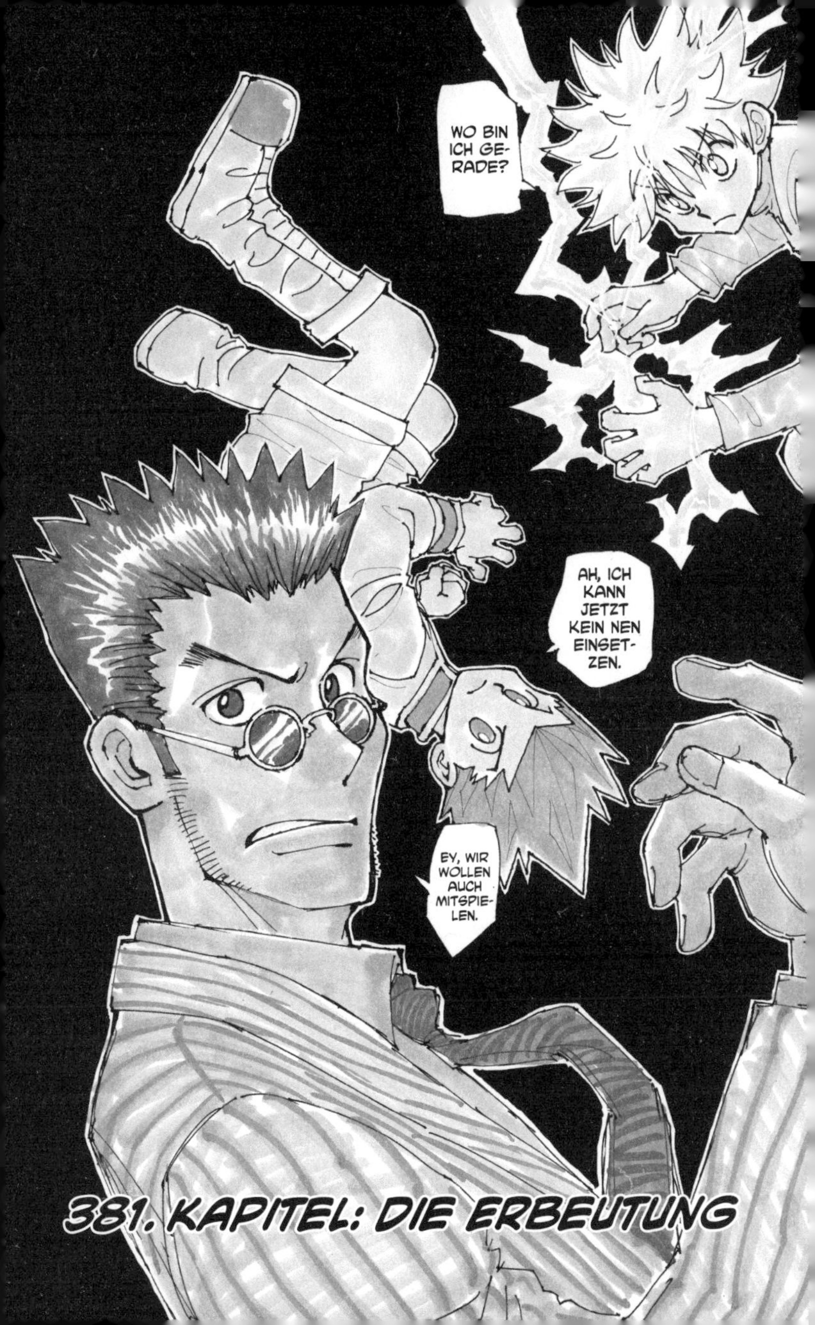
WO BIN ICH GERADE?
AH, ICH KANN JETZT KEIN NEN EINSETZEN.
EY, WIR WOLLEN AUCH MITSPIELEN.
381. KAPITEL: DIE ERBEUTUNG

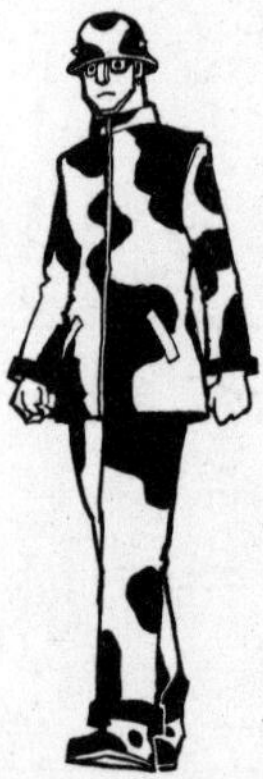

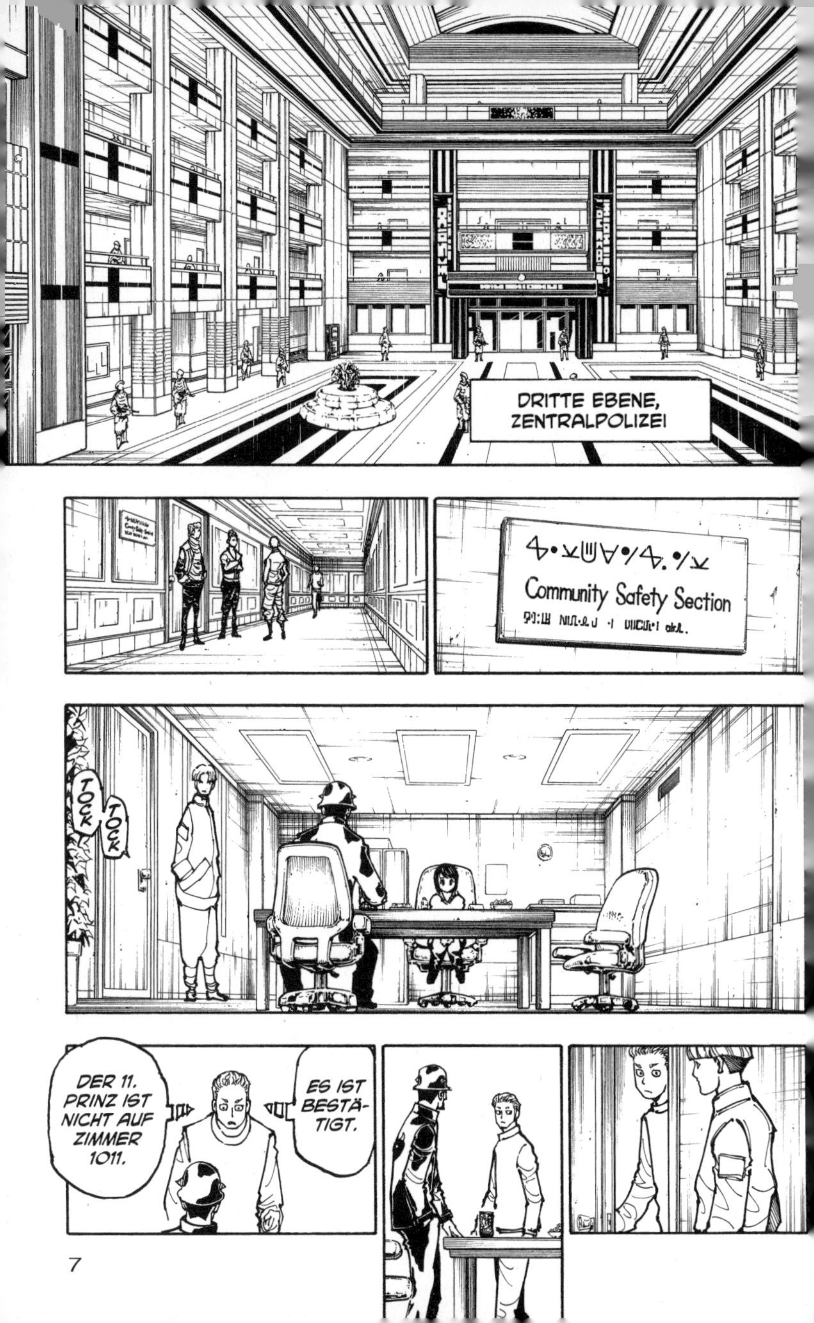
DRITTE EBENE, ZENTRALPOLIZEI
Community Safety Section
TOCK TOCK
ES IST BESTÄTIGT.
DER 11. PRINZ IST NICHT AUF ZIMMER 1011.

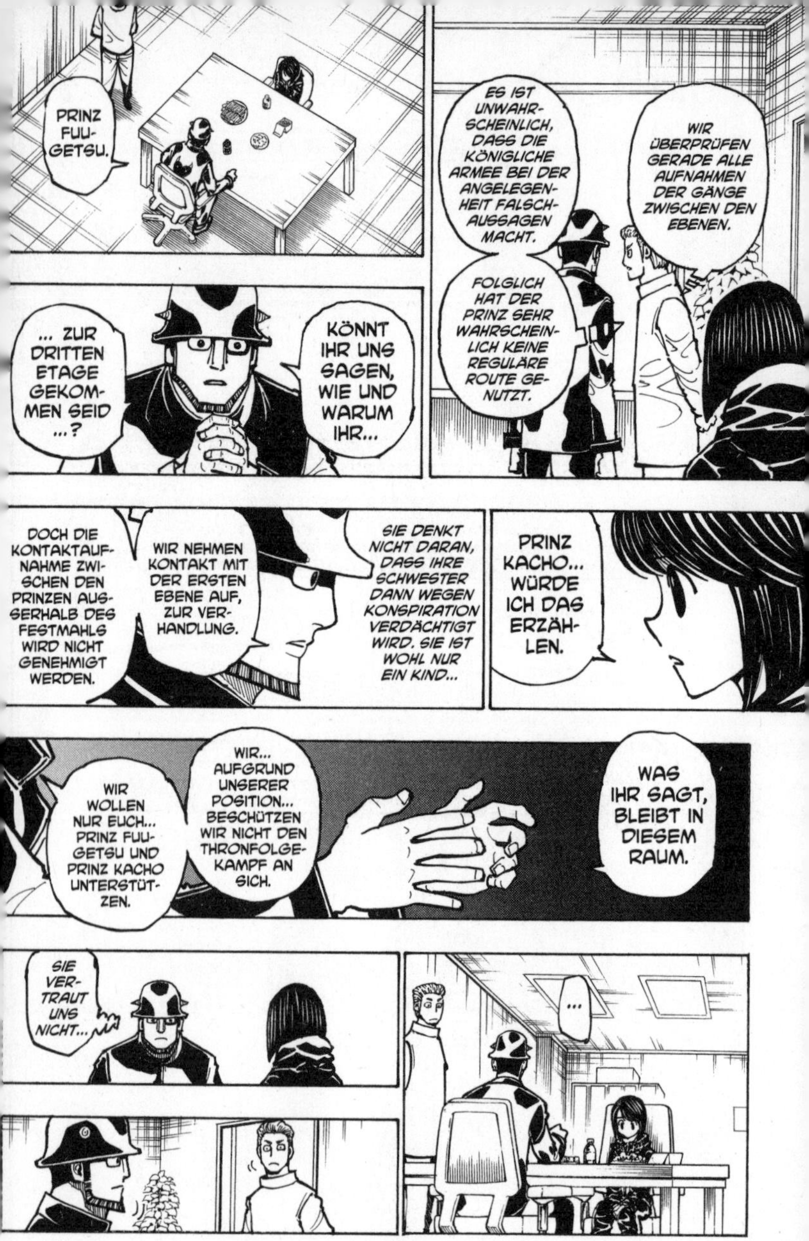
WIR ÜBERPRÜFEN GERADE ALLE AUFNAHMEN DER GÄNGE ZWISCHEN DEN EBENEN.
ES IST UNWAHRSCHEINLICH, DASS DIE KÖNIGLICHE ARMEE BEI DER ANGELEGENHEIT FALSCHAUSSAGEN MACHT.
FOLGLICH HAT DER PRINZ SEHR WAHRSCHEINLICH KEINE REGULÄRE ROUTE GENUTZT.
PRINZ FUU-GETSU.
KÖNNT IHR UNS SAGEN, WIE UND WARUM IHR...
... ZUR DRITTEN ETAGE GEKOMMEN SEID ...?
PRINZ KACHO... WÜRDE ICH DAS ERZÄHLEN.
SIE DENKT NICHT DARAN, DASS IHRE SCHWESTER DANN WEGEN KONSPIRATION VERDÄCHTIGT WIRD. SIE IST WOHL NUR EIN KIND...
WIR NEHMEN KONTAKT MIT DER ERSTEN EBENE AUF, ZUR VERHANDLUNG.
DOCH DIE KONTAKTAUFNAHME ZWISCHEN DEN PRINZEN AUSSERHALB DES FESTMAHLS WIRD NICHT GENEHMIGT WERDEN.
WAS IHR SAGT, BLEIBT IN DIESEM RAUM.
WIR... AUFGRUND UNSERER POSITION... BESCHÜTZEN WIR NICHT DEN THRONFOLGEKAMPF AN SICH.
WIR WOLLEN NUR EUCH... PRINZ FUU-GETSU UND PRINZ KACHO UNTERSTÜTZEN.
...
SIE VERTRAUT UNS NICHT...

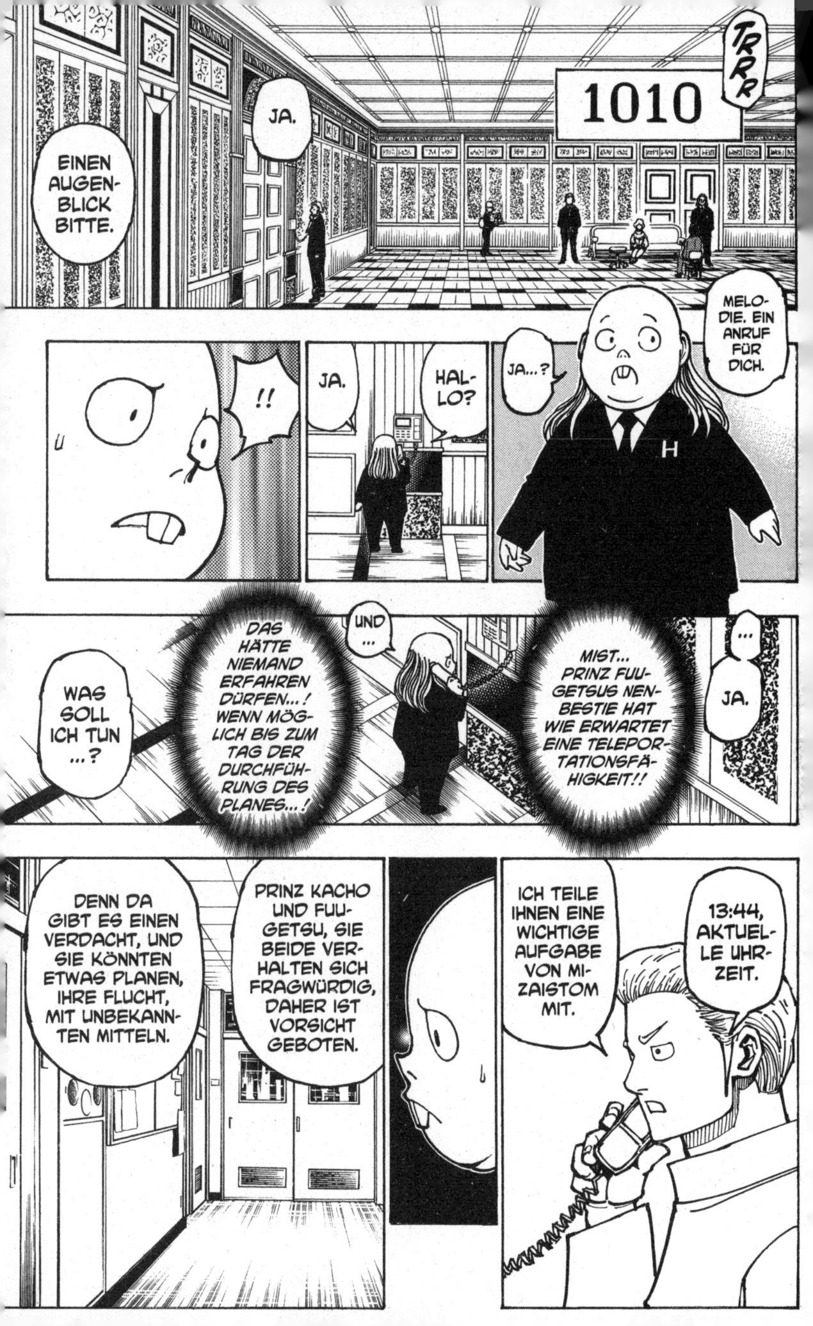
TRRR
1010
JA.
EINEN AUGEN-BLICK BITTE.
MELO-DIE. EIN ANRUF FÜR DICH.
JA...?
HAL-LO?
JA.
!!
...
JA.
MIST... PRINZ FUU-GETSUS NEN-BESTIE HAT WIE ERWARTET EINE TELEPOR-TATIONSFÄ-HIGKEIT!!
UND ...
DAS HÄTTE NIEMAND ERFAHREN DÜRFEN...! WENN MÖG-LICH BIS ZUM TAG DER DURCHFÜH-RUNG DES PLANES...!
WAS SOLL ICH TUN ...?
13:44, AKTUEL-LE UHR-ZEIT.
ICH TEILE IHNEN EINE WICHTIGE AUFGABE VON MI-ZAISTOM MIT.
PRINZ KACHO UND FUU-GETSU, SIE BEIDE VER-HALTEN SICH FRAGWÜRDIG, DAHER IST VORSICHT GEBOTEN.
DENN DA GIBT ES EINEN VERDACHT, UND SIE KÖNNTEN ETWAS PLANEN, IHRE FLUCHT, MIT UNBEKANN-TEN MITTELN.

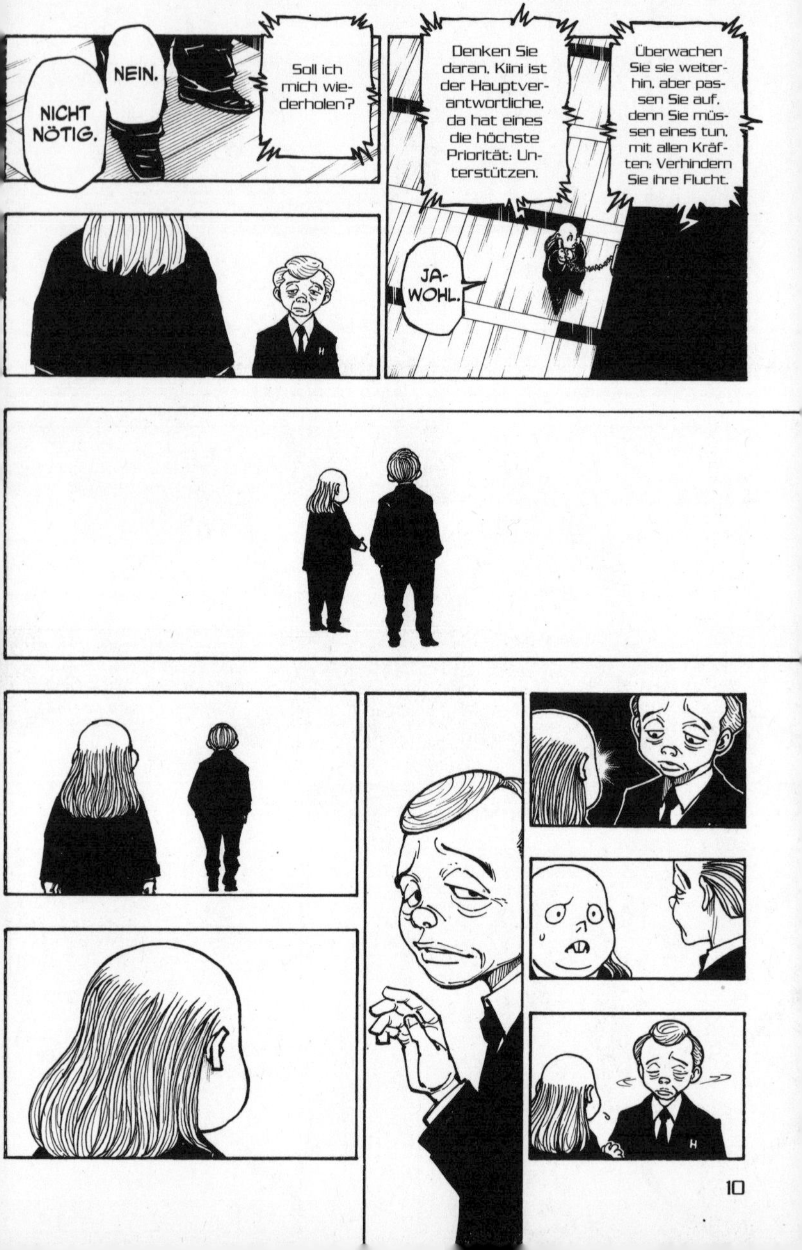

Überwachen Sie sie weiterhin, aber passen Sie auf, denn Sie müssen eines tun, mit allen Kräften: Verhindern Sie ihre Flucht.
Denken Sie daran, Kiini ist der Hauptverantwortliche, da hat eines die höchste Priorität: Unterstützen.
JAWOHL.
Soll ich mich wiederholen?
NEIN.
NICHT NÖTIG.

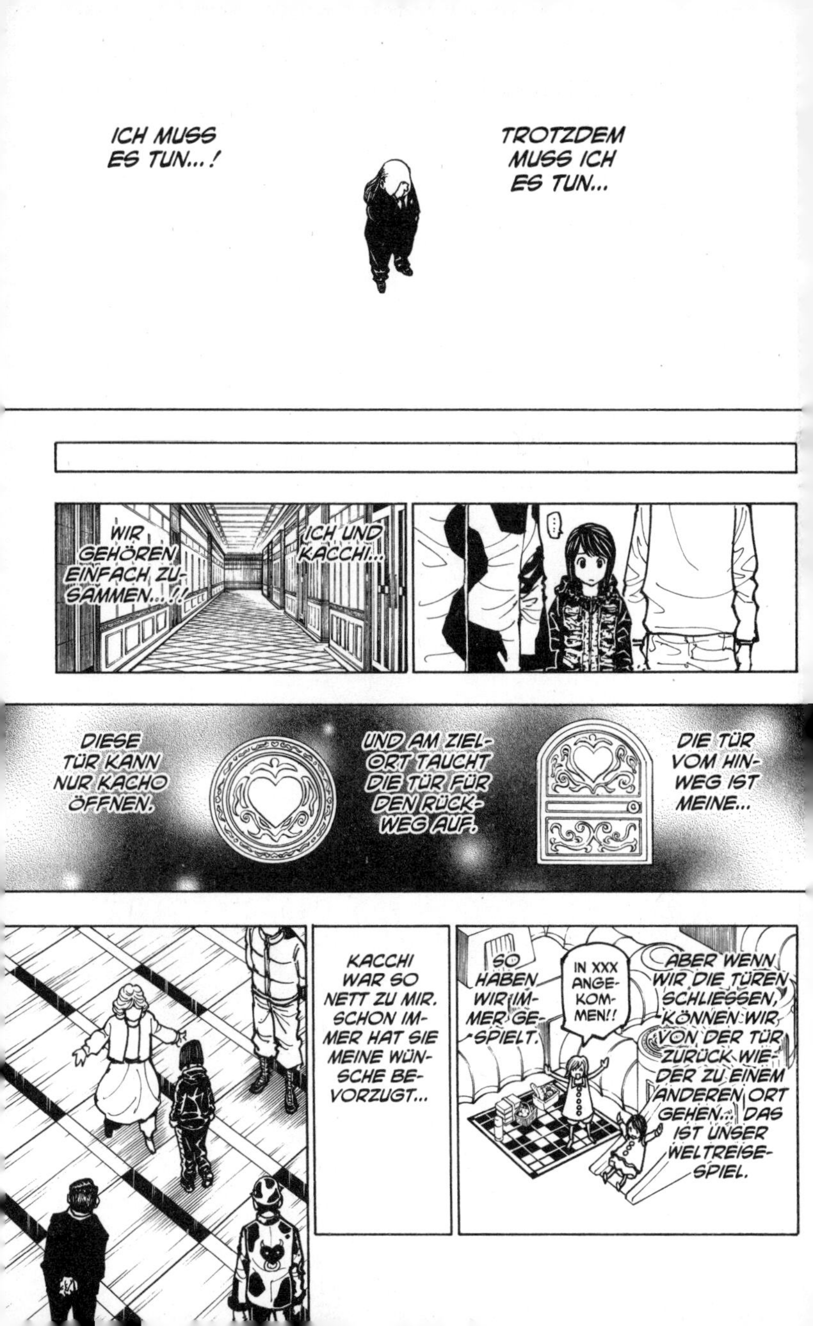

TROTZDEM MUSS ICH ES TUN...
ICH MUSS ES TUN...!
...
ICH UND KACCHI...
WIR GEHÖREN EINFACH ZUSAMMEN...!!
DIE TÜR VOM HINWEG IST MEINE...
UND AM ZIELORT TAUCHT DIE TÜR FÜR DEN RÜCKWEG AUF.
DIESE TÜR KANN NUR KACHO ÖFFNEN.
ABER WENN WIR DIE TÜREN SCHLIESSEN, KÖNNEN WIR VON DER TÜR ZURÜCK WIEDER ZU EINEM ANDEREN ORT GEHEN...! DAS IST UNSER WELTREISESPIEL.
IN XXX ANGEKOMMEN!!
SO HABEN WIR IMMER GESPIELT.
KACCHI WAR SO NETT ZU MIR. SCHON IMMER HAT SIE MEINE WÜNSCHE BEVORZUGT...

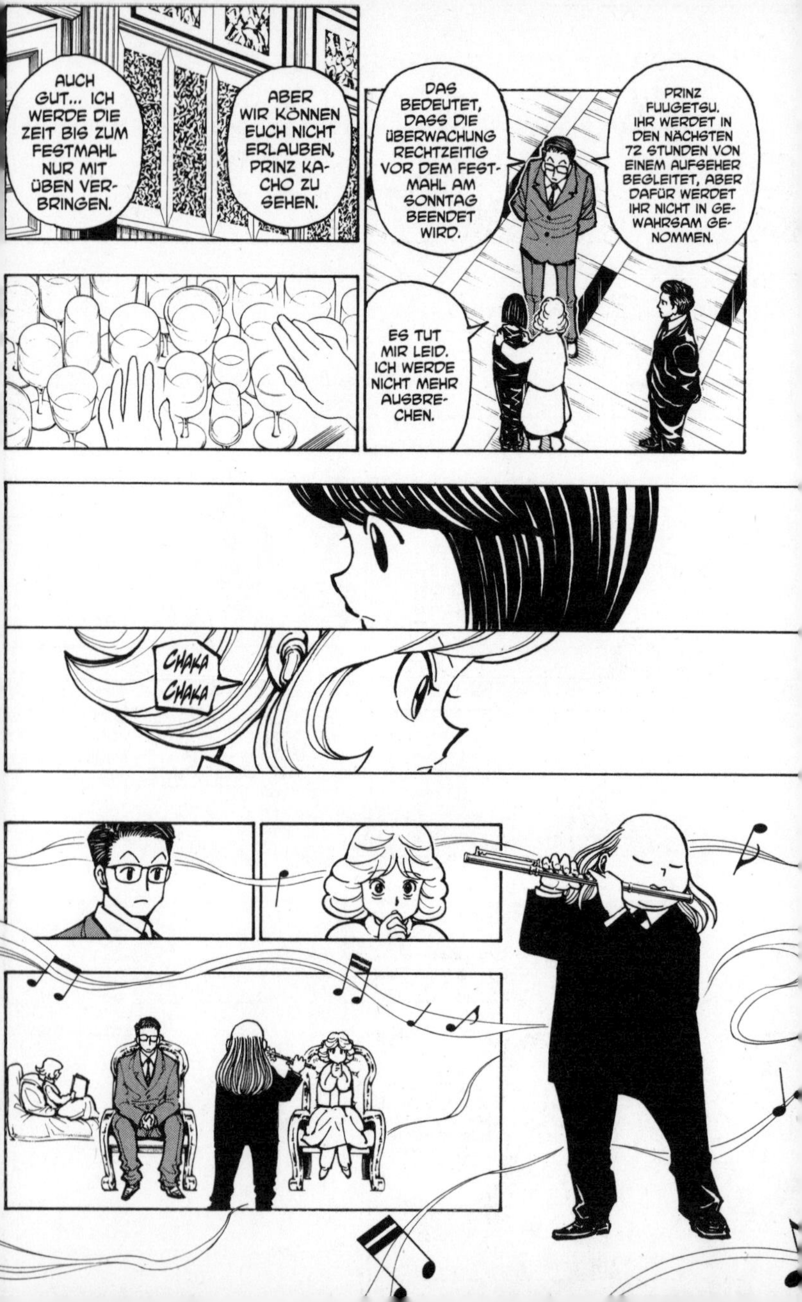
PRINZ FUUGETSU. IHR WERDET IN DEN NÄCHSTEN 72 STUNDEN VON EINEM AUFSEHER BEGLEITET, ABER DAFÜR WERDET IHR NICHT IN GEWAHRSAM GENOMMEN.
DAS BEDEUTET, DASS DIE ÜBERWACHUNG RECHTZEITIG VOR DEM FESTMAHL AM SONNTAG BEENDET WIRD.
ES TUT MIR LEID. ICH WERDE NICHT MEHR AUSBRECHEN.
ABER WIR KÖNNEN EUCH NICHT ERLAUBEN, PRINZ KACHO ZU SEHEN.
AUCH GUT... ICH WERDE DIE ZEIT BIS ZUM FESTMAHL NUR MIT ÜBEN VERBRINGEN.
CHAKA CHAKA

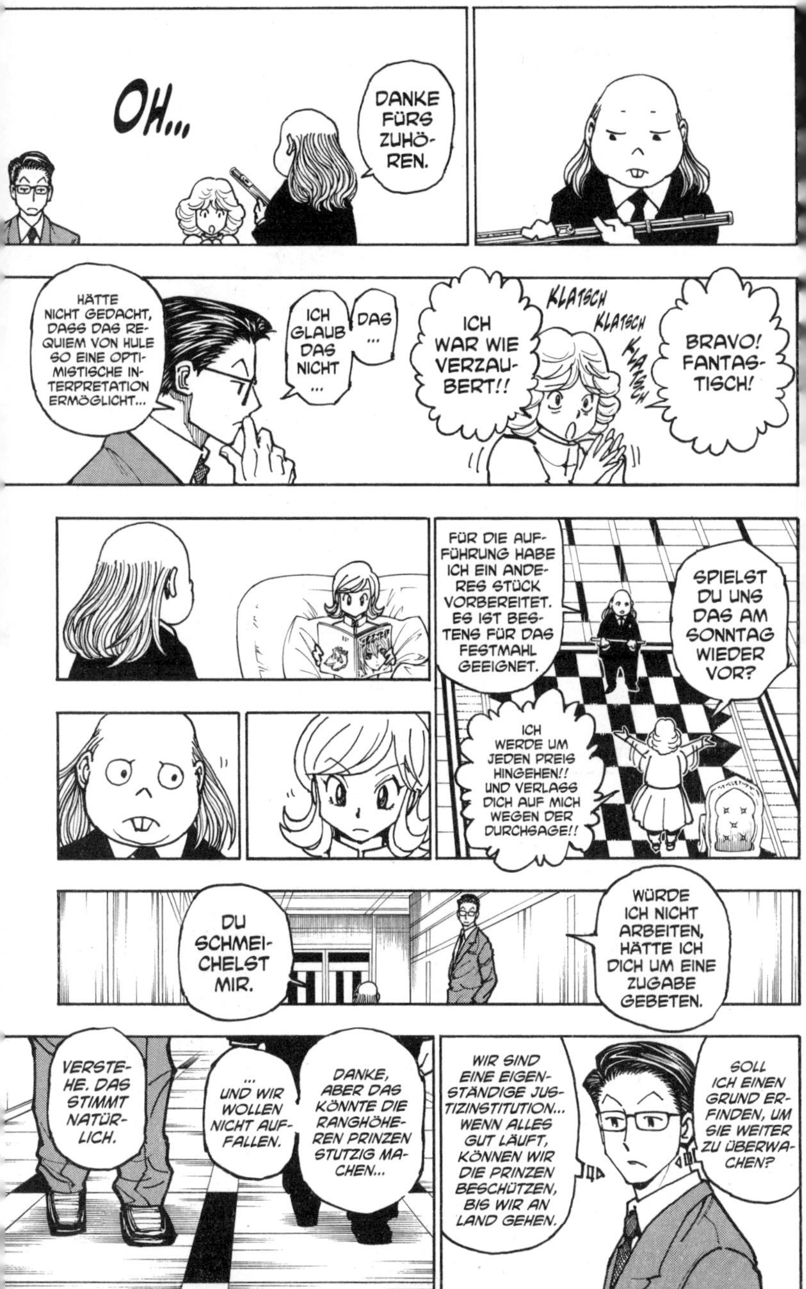

DANKE FÜRS ZUHÖREN.
OH...
BRAVO! FANTASTISCH!
KLATSCH KLATSCH KLATSCH
ICH WAR WIE VERZAUBERT!!
DAS ...
ICH GLAUB DAS NICHT ...
HÄTTE NICHT GEDACHT, DASS DAS REQUIEM VON HULE SO EINE OPTIMISTISCHE INTERPRETATION ERMÖGLICHT...
SPIELST DU UNS DAS AM SONNTAG WIEDER VOR?
FÜR DIE AUFFÜHRUNG HABE ICH EIN ANDERES STÜCK VORBEREITET. ES IST BESTENS FÜR DAS FESTMAHL GEEIGNET.
ICH WERDE UM JEDEN PREIS HINGEHEN!! UND VERLASS DICH AUF MICH WEGEN DER DURCHSAGE!!
WÜRDE ICH NICHT ARBEITEN, HÄTTE ICH DICH UM EINE ZUGABE GEBETEN.
DU SCHMEICHELST MIR.
SOLL ICH EINEN GRUND ERFINDEN, UM SIE WEITER ZU ÜBERWACHEN?
WIR SIND EINE EIGENSTÄNDIGE JUSTIZINSTITUTION... WENN ALLES GUT LÄUFT, KÖNNEN WIR DIE PRINZEN BESCHÜTZEN, BIS WIR AN LAND GEHEN.
DANKE, ABER DAS KÖNNTE DIE RANGHÖHEREN PRINZEN STUTZIG MACHEN...
... UND WIR WOLLEN NICHT AUFFALLEN.
VERSTEHE. DAS STIMMT NATÜRLICH.

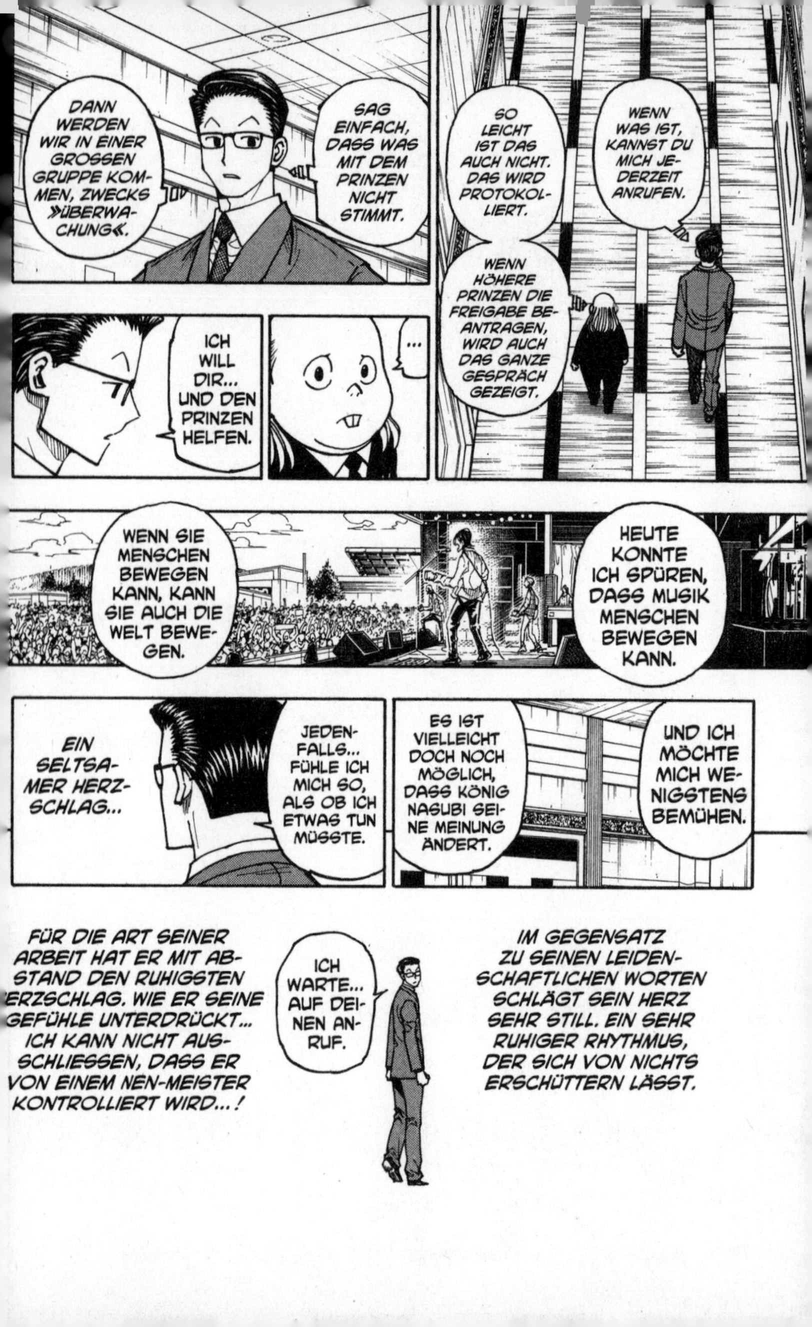
WENN WAS IST, KANNST DU MICH JEDERZEIT ANRUFEN.
SO LEICHT IST DAS AUCH NICHT. DAS WIRD PROTOKOLLIERT.
WENN HÖHERE PRINZEN DIE FREIGABE BEANTRAGEN, WIRD AUCH DAS GANZE GESPRÄCH GEZEIGT.
SAG EINFACH, DASS WAS MIT DEM PRINZEN NICHT STIMMT.
DANN WERDEN WIR IN EINER GROSSEN GRUPPE KOMMEN, ZWECKS »ÜBERWACHUNG«.
...
ICH WILL DIR... UND DEN PRINZEN HELFEN.
HEUTE KONNTE ICH SPÜREN, DASS MUSIK MENSCHEN BEWEGEN KANN.
WENN SIE MENSCHEN BEWEGEN KANN, KANN SIE AUCH DIE WELT BEWEGEN.
UND ICH MÖCHTE MICH WENIGSTENS BEMÜHEN.
ES IST VIELLEICHT DOCH NOCH MÖGLICH, DASS KÖNIG NASUBI SEINE MEINUNG ÄNDERT.
JEDENFALLS... FÜHLE ICH MICH SO, ALS OB ICH ETWAS TUN MÜSSTE.
EIN SELTSAMER HERZSCHLAG...
IM GEGENSATZ ZU SEINEN LEIDENSCHAFTLICHEN WORTEN SCHLÄGT SEIN HERZ SEHR STILL. EIN SEHR RUHIGER RHYTHMUS, DER SICH VON NICHTS ERSCHÜTTERN LÄSST.
ICH WARTE... AUF DEINEN ANRUF.
FÜR DIE ART SEINER ARBEIT HAT ER MIT ABSTAND DEN RUHIGSTEN ERZSCHLAG. WIE ER SEINE GEFÜHLE UNTERDRÜCKT... ICH KANN NICHT AUSSCHLIESSEN, DASS ER VON EINEM NEN-MEISTER KONTROLLIERT WIRD...!

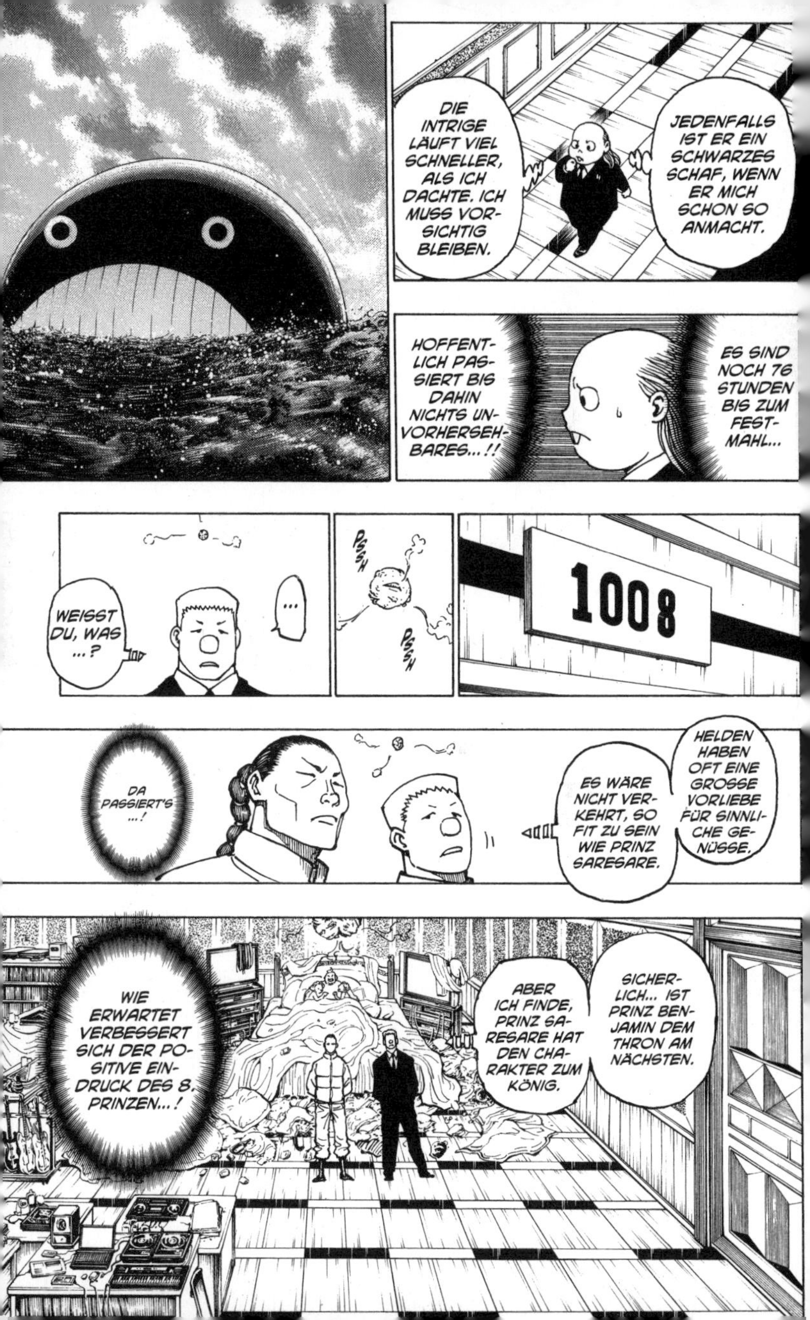
JEDENFALLS IST ER EIN SCHWARZES SCHAF, WENN ER MICH SCHON SO ANMACHT.
DIE INTRIGE LÄUFT VIEL SCHNELLER, ALS ICH DACHTE. ICH MUSS VORSICHTIG BLEIBEN.
ES SIND NOCH 76 STUNDEN BIS ZUM FESTMAHL...
HOFFENTLICH PASSIERT BIS DAHIN NICHTS UNVORHERSEHBARES...!!
1008
PSSH
PSSH
...
WEISST DU, WAS ...?
HELDEN HABEN OFT EINE GROSSE VORLIEBE FÜR SINNLICHE GENÜSSE.
ES WÄRE NICHT VERKEHRT, SO FIT ZU SEIN WIE PRINZ SARESARE.
DA PASSIERT'S ...!
SICHERLICH... IST PRINZ BENJAMIN DEM THRON AM NÄCHSTEN.
ABER ICH FINDE, PRINZ SARESARE HAT DEN CHARAKTER ZUM KÖNIG.
WIE ERWARTET VERBESSERT SICH DER POSITIVE EINDRUCK DES 8. PRINZEN...!

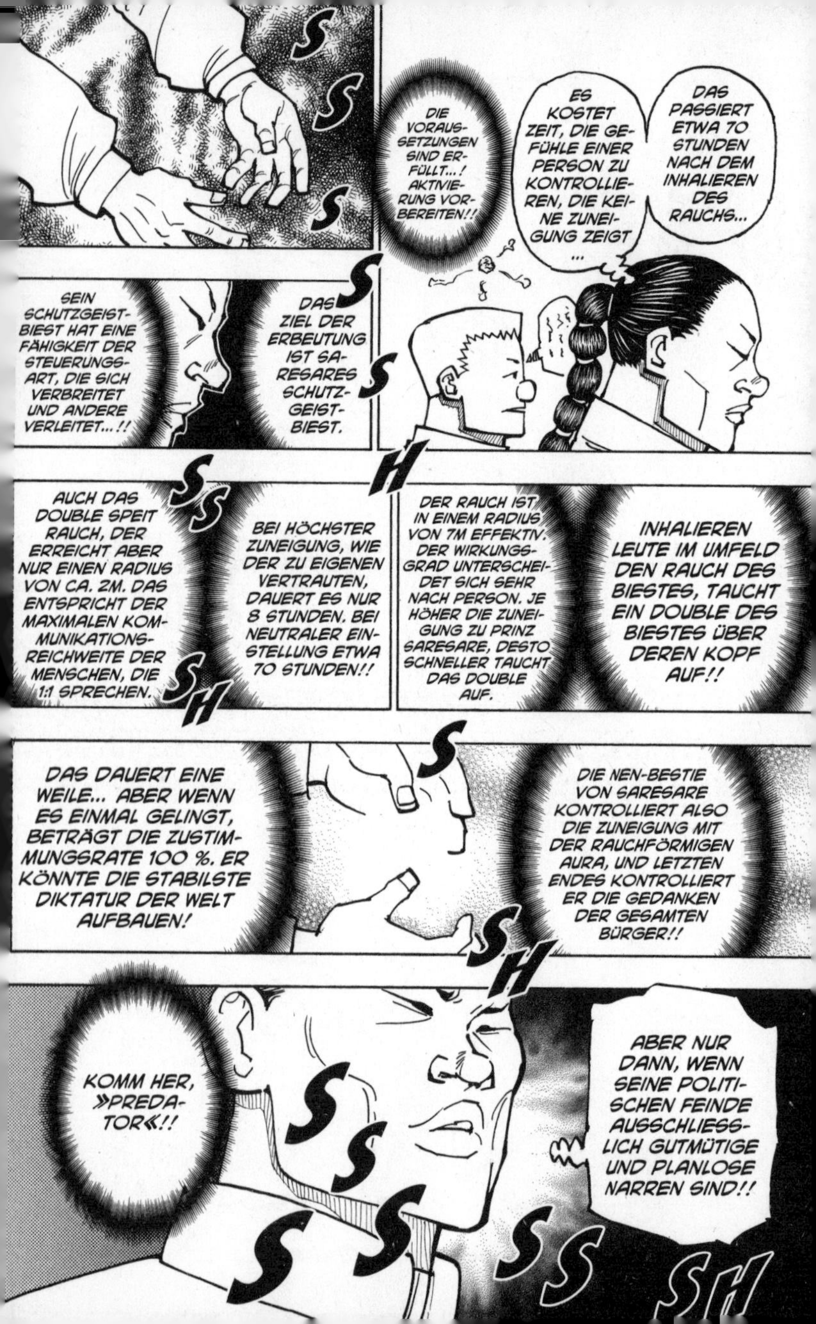

DAS PASSIERT ETWA 70 STUNDEN NACH DEM INHALIEREN DES RAUCHS...
ES KOSTET ZEIT, DIE GEFÜHLE EINER PERSON ZU KONTROLLIEREN, DIE KEINE ZUNEIGUNG ZEIGT ...
DIE VORAUSSETZUNGEN SIND ERFÜLLT...! AKTIVIERUNG VORBEREITEN!!
DAS ZIEL DER ERBEUTUNG IST SARESARES SCHUTZGEISTBIEST.
SEIN SCHUTZGEISTBIEST HAT EINE FÄHIGKEIT DER STEUERUNGSART, DIE SICH VERBREITET UND ANDERE VERLEITET...!!
INHALIEREN LEUTE IM UMFELD DEN RAUCH DES BIESTES, TAUCHT EIN DOUBLE DES BIESTES ÜBER DEREN KOPF AUF!!
DER RAUCH IST IN EINEM RADIUS VON 7M EFFEKTIV. DER WIRKUNGSGRAD UNTERSCHEIDET SICH SEHR NACH PERSON. JE HÖHER DIE ZUNEIGUNG ZU PRINZ SARESARE, DESTO SCHNELLER TAUCHT DAS DOUBLE AUF.
BEI HÖCHSTER ZUNEIGUNG, WIE DER ZU EIGENEN VERTRAUTEN, DAUERT ES NUR 8 STUNDEN. BEI NEUTRALER EINSTELLUNG ETWA 70 STUNDEN!!
AUCH DAS DOUBLE SPEIT RAUCH, DER ERREICHT ABER NUR EINEN RADIUS VON CA. 2M. DAS ENTSPRICHT DER MAXIMALEN KOMMUNIKATIONSREICHWEITE DER MENSCHEN, DIE 1:1 SPRECHEN.
DIE NEN-BESTIE VON SARESARE KONTROLLIERT ALSO DIE ZUNEIGUNG MIT DER RAUCHFÖRMIGEN AURA, UND LETZTEN ENDES KONTROLLIERT ER DIE GEDANKEN DER GESAMTEN BÜRGER!!
DAS DAUERT EINE WEILE... ABER WENN ES EINMAL GELINGT, BETRÄGT DIE ZUSTIMMUNGSRATE 100 %. ER KÖNNTE DIE STABILSTE DIKTATUR DER WELT AUFBAUEN!
ABER NUR DANN, WENN SEINE POLITISCHEN FEINDE AUSSCHLIESSLICH GUTMÜTIGE UND PLANLOSE NARREN SIND!!
KOMM HER, »PREDATOR«!!

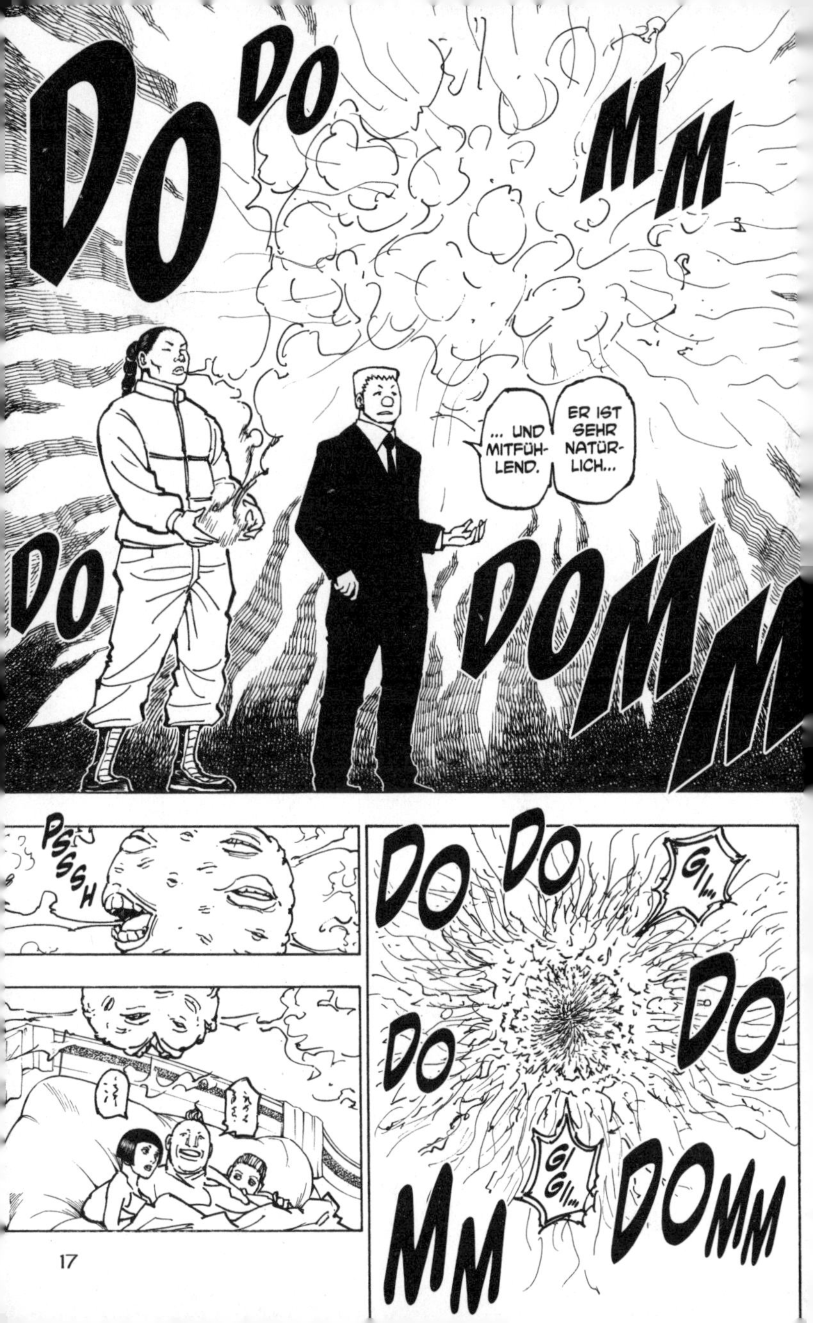
DODO
MM
ER IST SEHR NATÜR-LICH...
... UND MITFÜH-LEND.
DO DOMM
DODO
DODO
MM DOMM
PSSSH

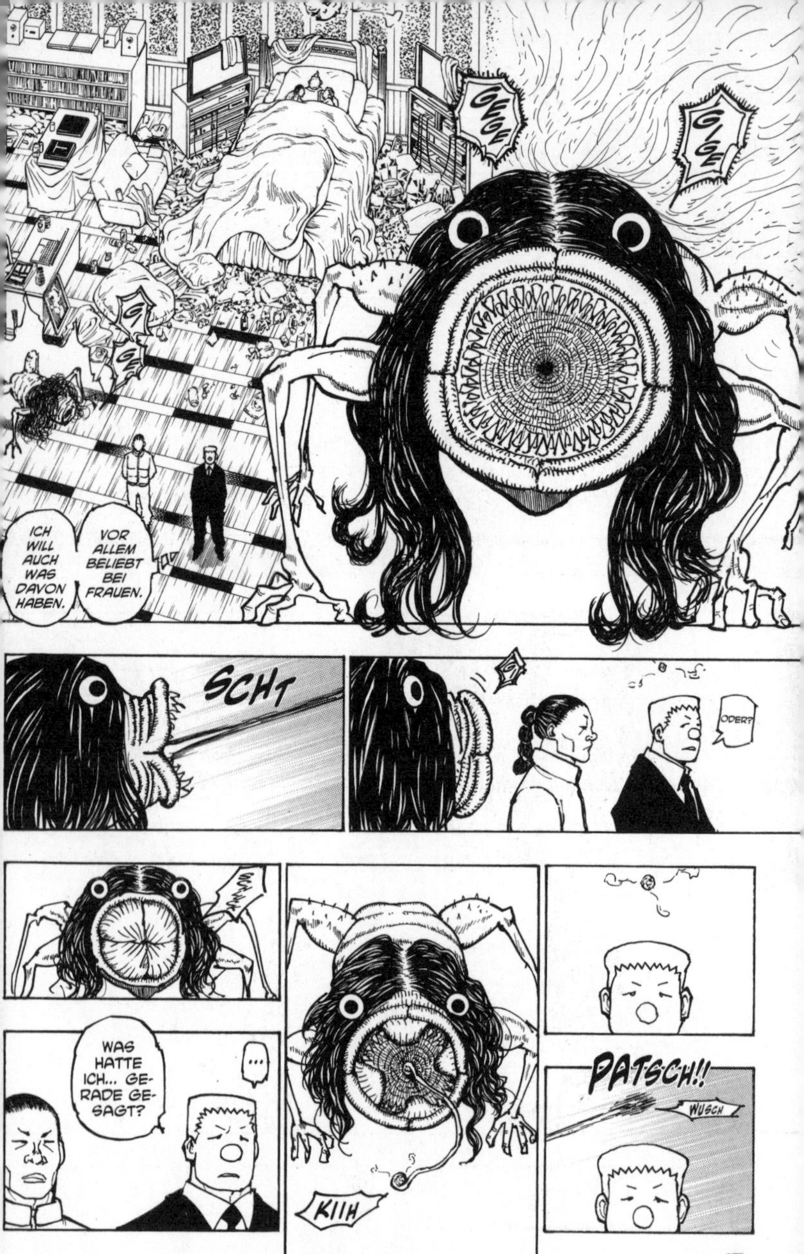

GEGE
GIGE
GIGE
VOR ALLEM BELIEBT BEI FRAUEN.
ICH WILL AUCH WAS DAVON HABEN.
SCHT
ODER?
WAS HATTE ICH... GE- RADE GE- SAGT?
...
KIIH
PATSCH!!
WUSCH

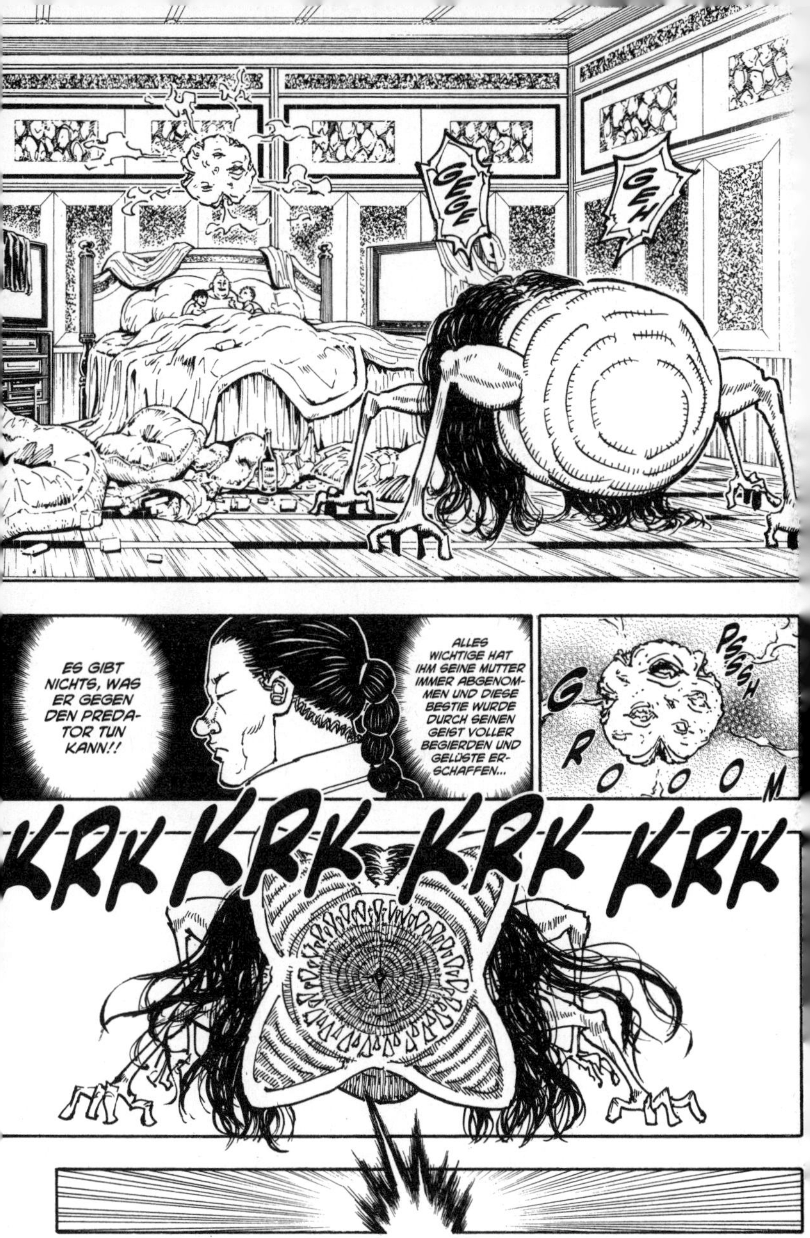
GEH
GEGE
PSSSH
GROOOOM
ALLES WICHTIGE HAT IHM SEINE MUTTER IMMER ABGENOMMEN UND DIESE BESTIE WURDE DURCH SEINEN GEIST VOLLER BEGIERDEN UND GELÜSTE ERSCHAFFEN...
ES GIBT NICHTS, WAS ER GEGEN DEN PREDATOR TUN KANN!!
KRK KRK KRK KRK

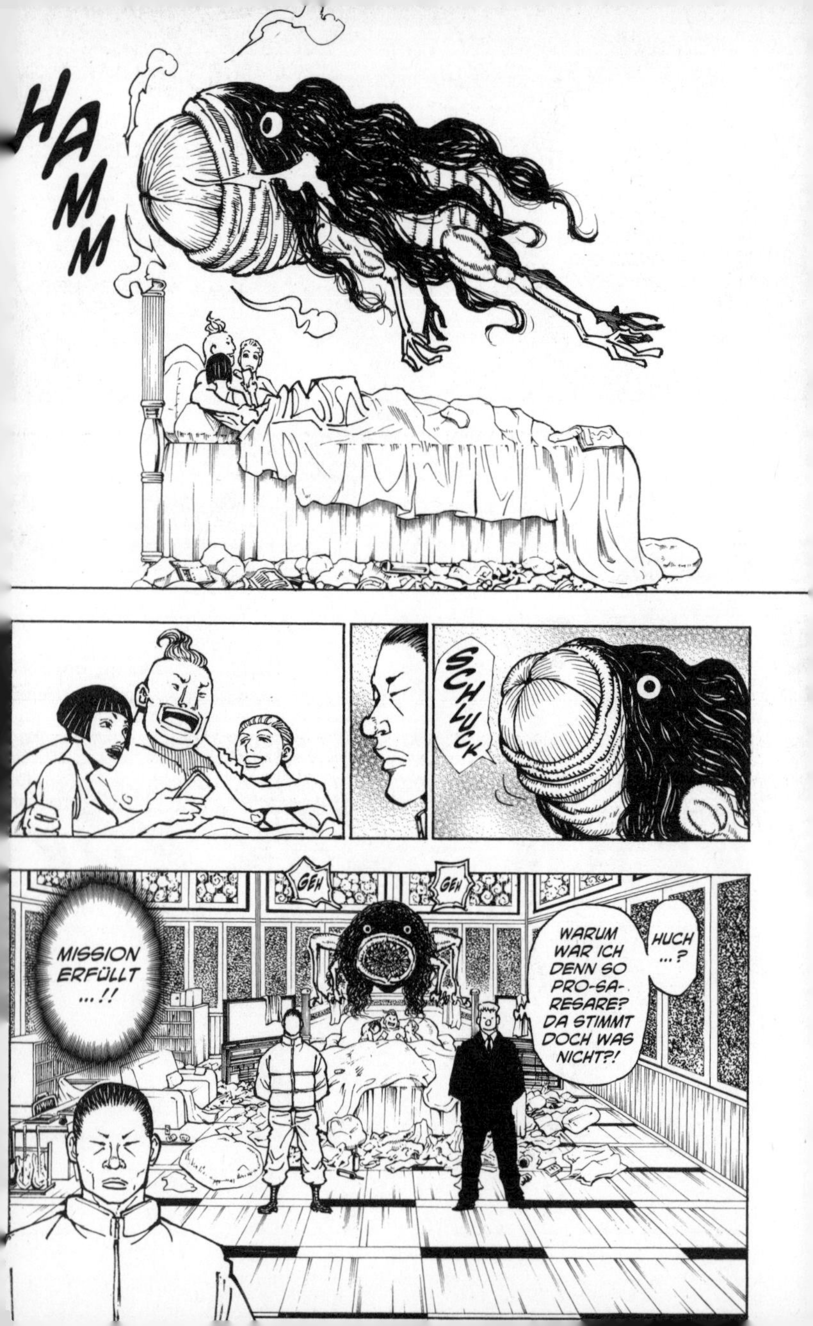
HAMM
SCHLUCK
GEH
GEH
HUCH ...?
WARUM WAR ICH DENN SO PRO-SA-RESARE? DA STIMMT DOCH WAS NICHT?!
MISSION ERFÜLLT ...!!

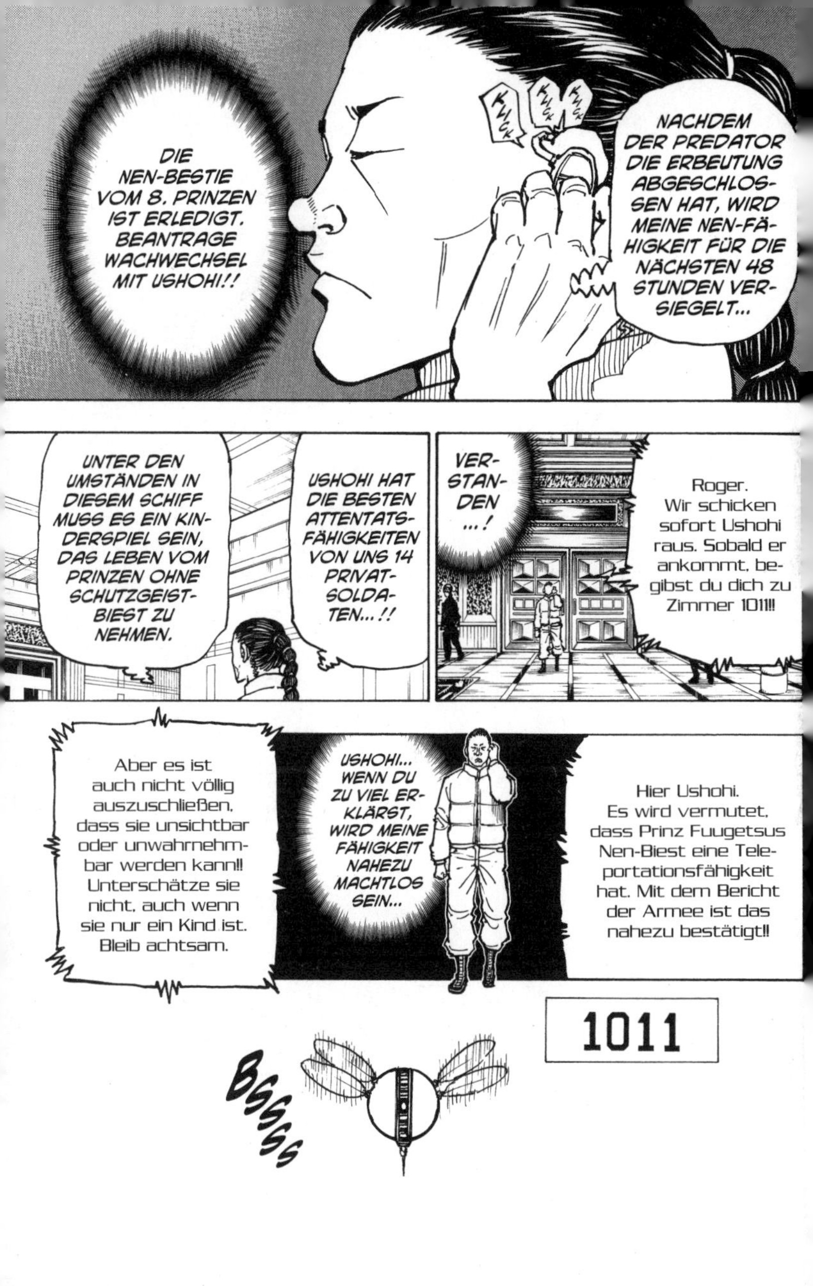
KLICK
KLICK
KLICK
NACHDEM DER PREDATOR DIE ERBEUTUNG ABGESCHLOSSEN HAT, WIRD MEINE NEN-FÄHIGKEIT FÜR DIE NÄCHSTEN 48 STUNDEN VERSIEGELT...
DIE NEN-BESTIE VOM 8. PRINZEN IST ERLEDIGT. BEANTRAGE WACHWECHSEL MIT USHOHI!!
Roger. Wir schicken sofort Ushohi raus. Sobald er ankommt, begibst du dich zu Zimmer 1011!!
VERSTANDEN ...!
USHOHI HAT DIE BESTEN ATTENTATSFÄHIGKEITEN VON UNS 14 PRIVATSOLDATEN...!!
UNTER DEN UMSTÄNDEN IN DIESEM SCHIFF MUSS ES EIN KINDERSPIEL SEIN, DAS LEBEN VOM PRINZEN OHNE SCHUTZGEISTBIEST ZU NEHMEN.
Hier Ushohi. Es wird vermutet, dass Prinz Fuugetsus Nen-Biest eine Teleportationsfähigkeit hat. Mit dem Bericht der Armee ist das nahezu bestätigt!!
USHOHI... WENN DU ZU VIEL ERKLÄRST, WIRD MEINE FÄHIGKEIT NAHEZU MACHTLOS SEIN...
Aber es ist auch nicht völlig auszuschließen, dass sie unsichtbar oder unwahrnehmbar werden kann!! Unterschätze sie nicht, auch wenn sie nur ein Kind ist. Bleib achtsam.
1011
BSSSS

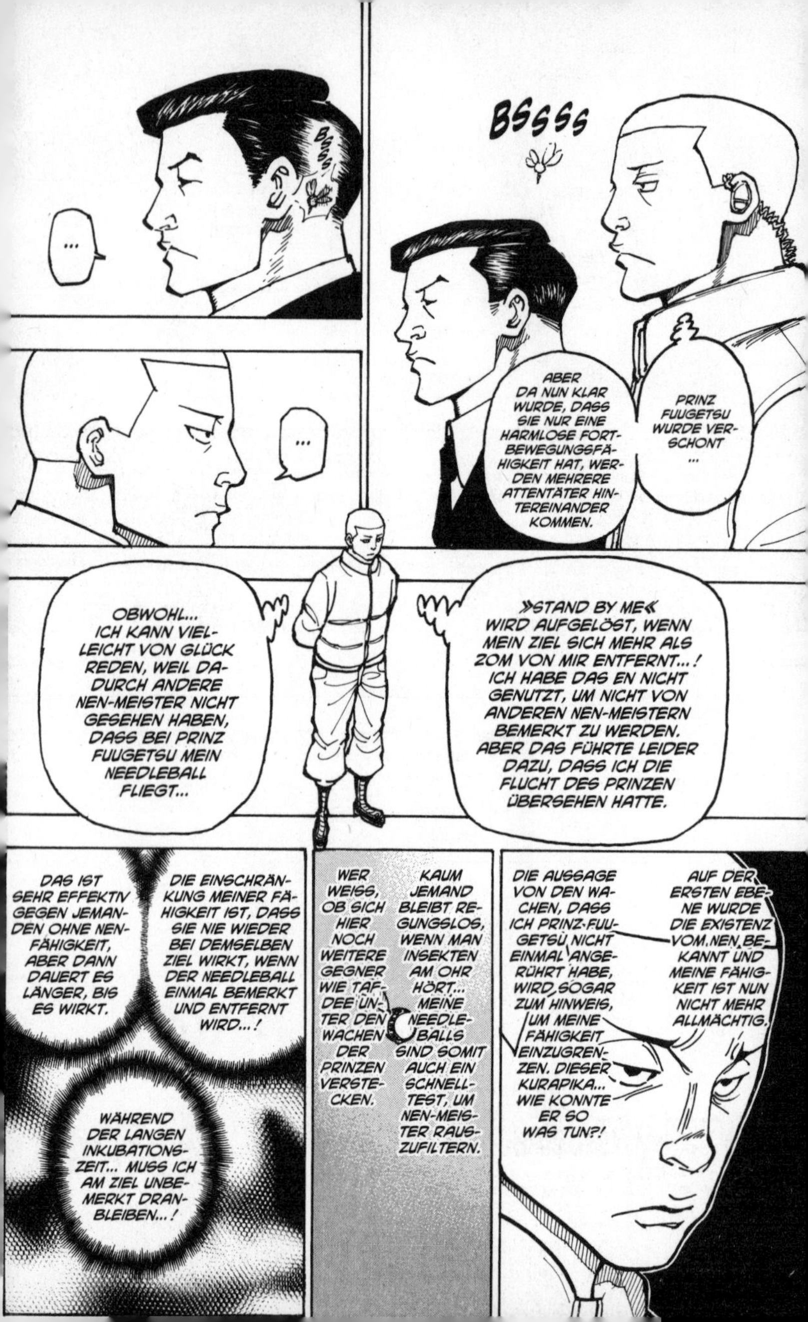
BSSSS
BSSS
...
PRINZ FUUGETSU WURDE VERSCHONT ...
ABER DA NUN KLAR WURDE, DASS SIE NUR EINE HARMLOSE FORTBEWEGUNGSFÄHIGKEIT HAT, WERDEN MEHRERE ATTENTÄTER HINTEREINANDER KOMMEN.
...
»STAND BY ME« WIRD AUFGELÖST, WENN MEIN ZIEL SICH MEHR ALS 20M VON MIR ENTFERNT...! ICH HABE DAS EN NICHT GENUTZT, UM NICHT VON ANDEREN NEN-MEISTERN BEMERKT ZU WERDEN. ABER DAS FÜHRTE LEIDER DAZU, DASS ICH DIE FLUCHT DES PRINZEN ÜBERSEHEN HATTE.
OBWOHL... ICH KANN VIELLEICHT VON GLÜCK REDEN, WEIL DADURCH ANDERE NEN-MEISTER NICHT GESEHEN HABEN, DASS BEI PRINZ FUUGETSU MEIN NEEDLEBALL FLIEGT...
AUF DER ERSTEN EBENE WURDE DIE EXISTENZ VOM NEN BEKANNT UND MEINE FÄHIGKEIT IST NUN NICHT MEHR ALLMÄCHTIG.
DIE AUSSAGE VON DEN WACHEN, DASS ICH PRINZ FUUGETSU NICHT EINMAL ANGERÜHRT HABE, WIRD SOGAR ZUM HINWEIS, UM MEINE FÄHIGKEIT EINZUGRENZEN. DIESER KURAPIKA... WIE KONNTE ER SO WAS TUN?!
KAUM JEMAND BLEIBT REGUNGSLOS, WENN MAN INSEKTEN AM OHR HÖRT... MEINE NEEDLEBALLS SIND SOMIT AUCH EIN SCHNELLTEST, UM NEN-MEISTER RAUSZUFILTERN.
WER WEISS, OB SICH HIER NOCH WEITERE GEGNER WIE TAFDEE UNTER DEN WACHEN DER PRINZEN VERSTECKEN.
DIE EINSCHRÄNKUNG MEINER FÄHIGKEIT IST, DASS SIE NIE WIEDER BEI DEMSELBEN ZIEL WIRKT, WENN DER NEEDLEBALL EINMAL BEMERKT UND ENTFERNT WIRD...!
DAS IST SEHR EFFEKTIV GEGEN JEMANDEN OHNE NEN-FÄHIGKEIT, ABER DANN DAUERT ES LÄNGER, BIS ES WIRKT.
WÄHREND DER LANGEN INKUBATIONSZEIT... MUSS ICH AM ZIEL UNBEMERKT DRANBLEIBEN...!

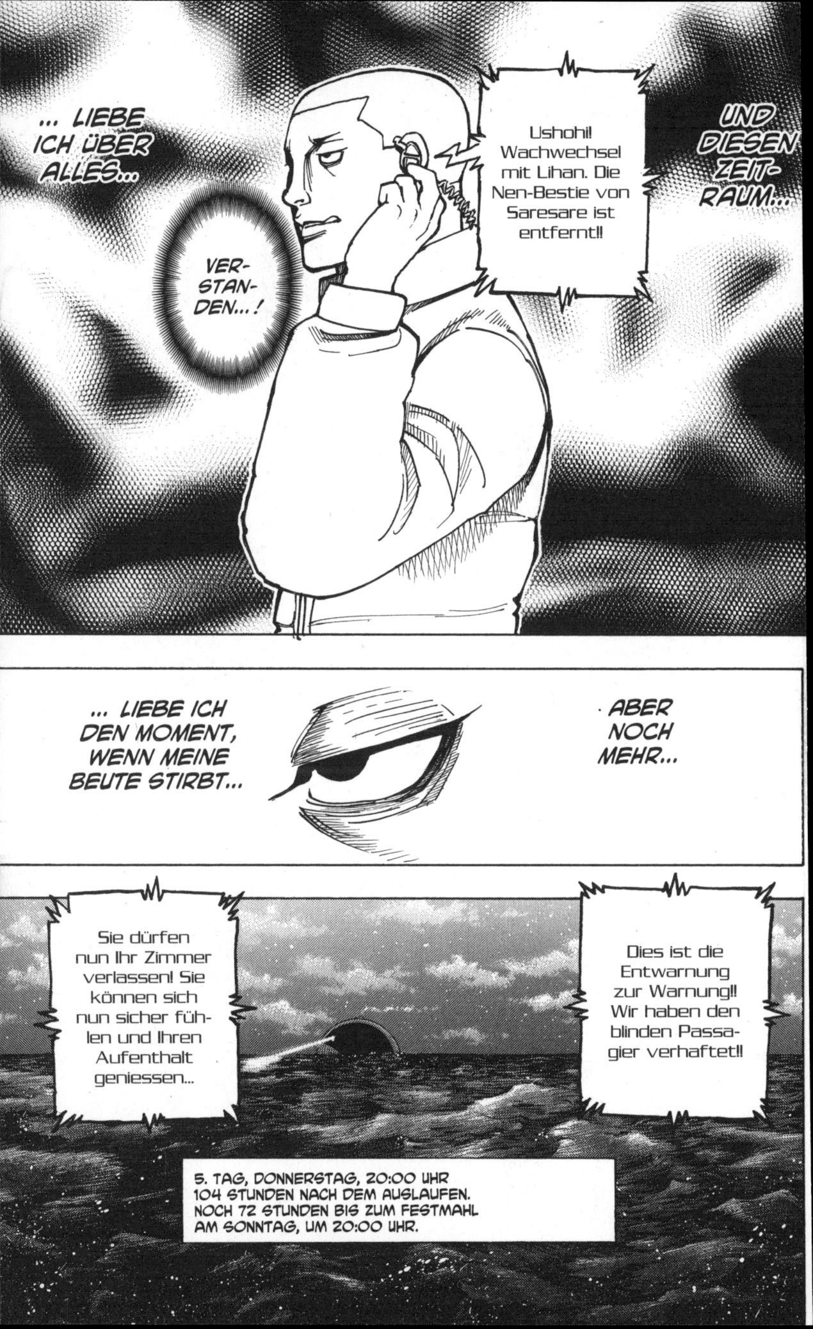
UND DIESEN ZEIT-RAUM...
Ushohi! Wachwechsel mit Lihan. Die Nen-Bestie von Saresare ist entfernt!!
VER-STAN-DEN...!
... LIEBE ICH ÜBER ALLES...
ABER NOCH MEHR...
... LIEBE ICH DEN MOMENT, WENN MEINE BEUTE STIRBT...
Dies ist die Entwarnung zur Warnung!! Wir haben den blinden Passagier verhaftet!!
Sie dürfen nun Ihr Zimmer verlassen! Sie können sich nun sicher fühlen und Ihren Aufenthalt geniessen...
5. TAG, DONNERSTAG, 20:00 UHR
104 STUNDEN NACH DEM AUSLAUFEN.
NOCH 72 STUNDEN BIS ZUM FESTMAHL
AM SONNTAG, UM 20:00 UHR.

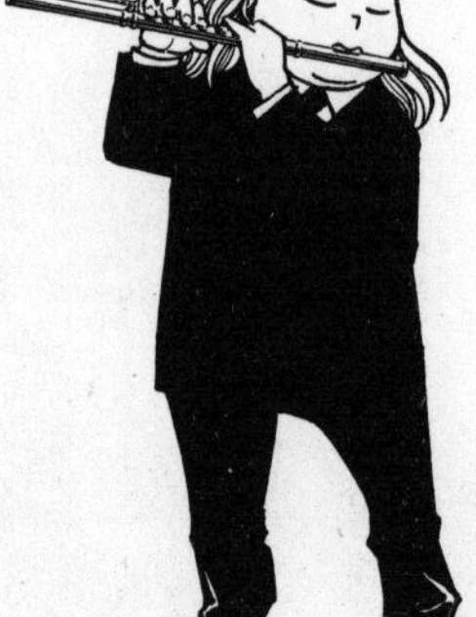

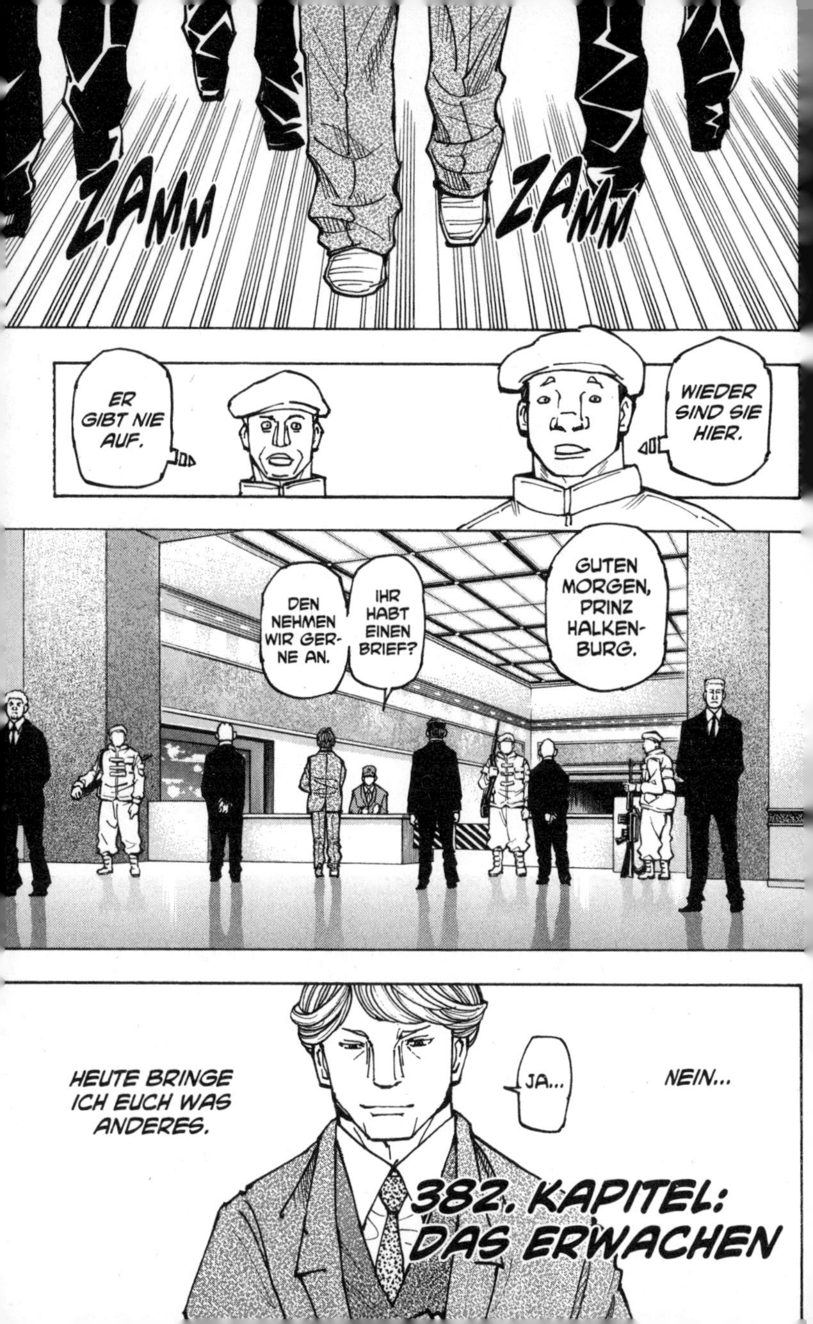
ZAMM
ZAMM
WIEDER SIND SIE HIER.
ER GIBT NIE AUF.
GUTEN MORGEN, PRINZ HALKEN-BURG.
IHR HABT EINEN BRIEF?
DEN NEHMEN WIR GER-NE AN.
NEIN...
JA...
HEUTE BRINGE ICH EUCH WAS ANDERES.
382. KAPITEL: DAS ERWACHEN

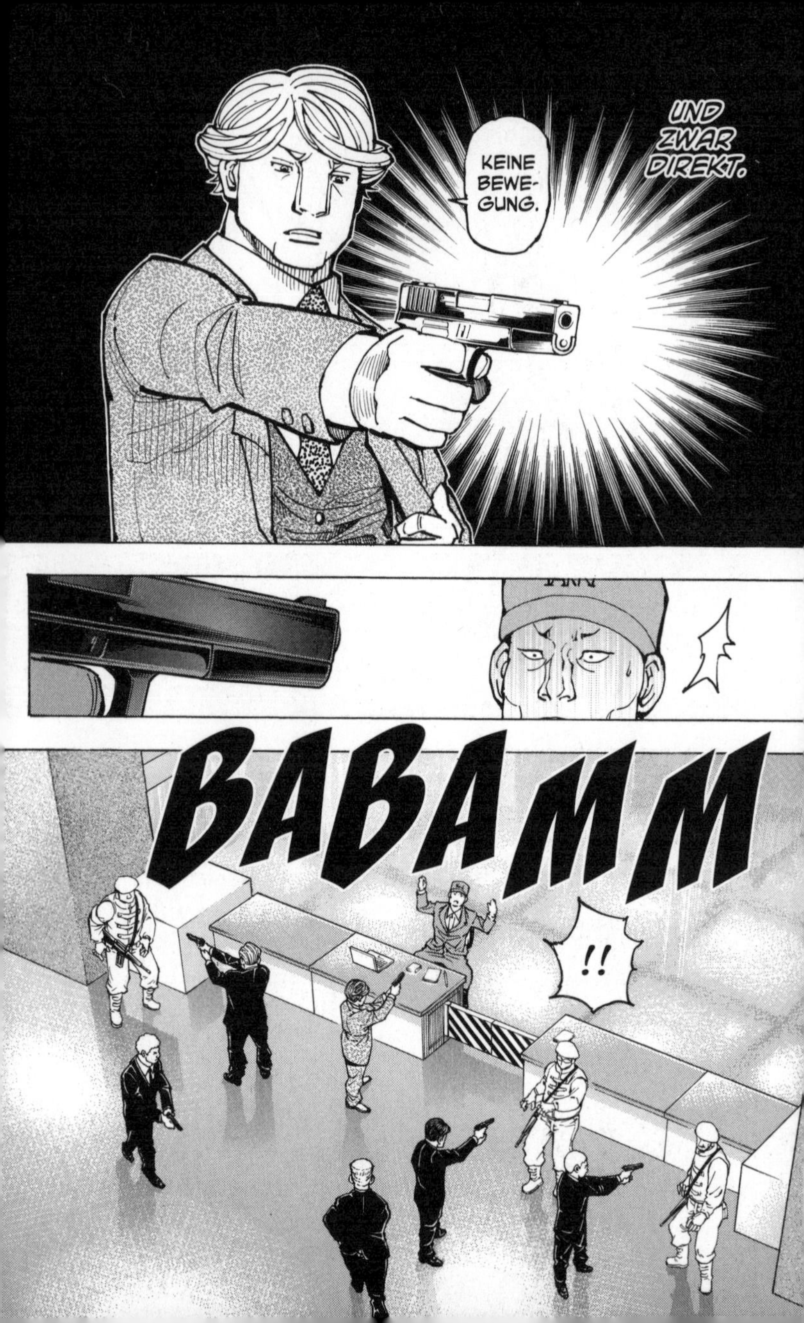
UND ZWAR DIREKT.
KEINE BEWEGUNG.
BABAMM
!!

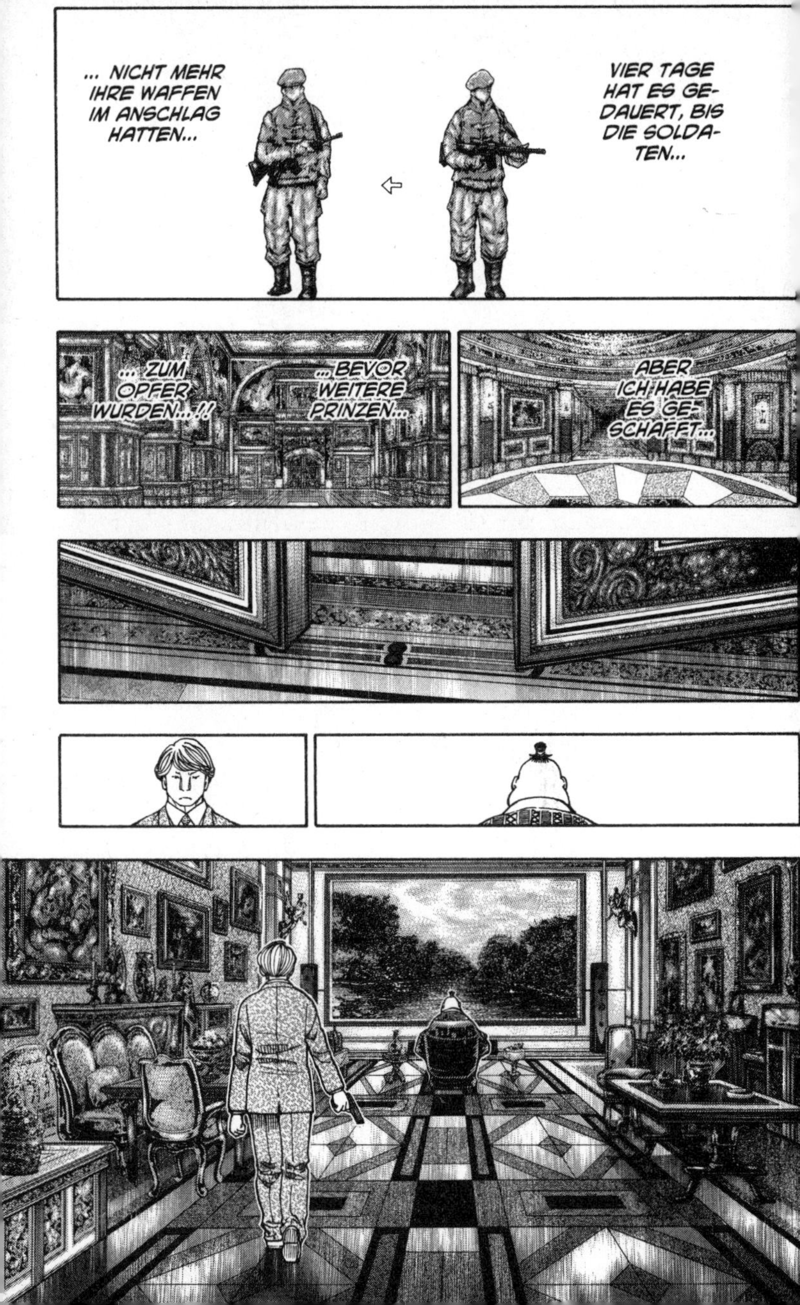
VIER TAGE HAT ES GE-DAUERT, BIS DIE SOLDA-TEN...
... NICHT MEHR IHRE WAFFEN IM ANSCHLAG HATTEN...
ABER ICH HABE ES GE-SCHAFFT...
... BEVOR WEITERE PRINZEN...
... ZUM OPFER WURDEN...!!

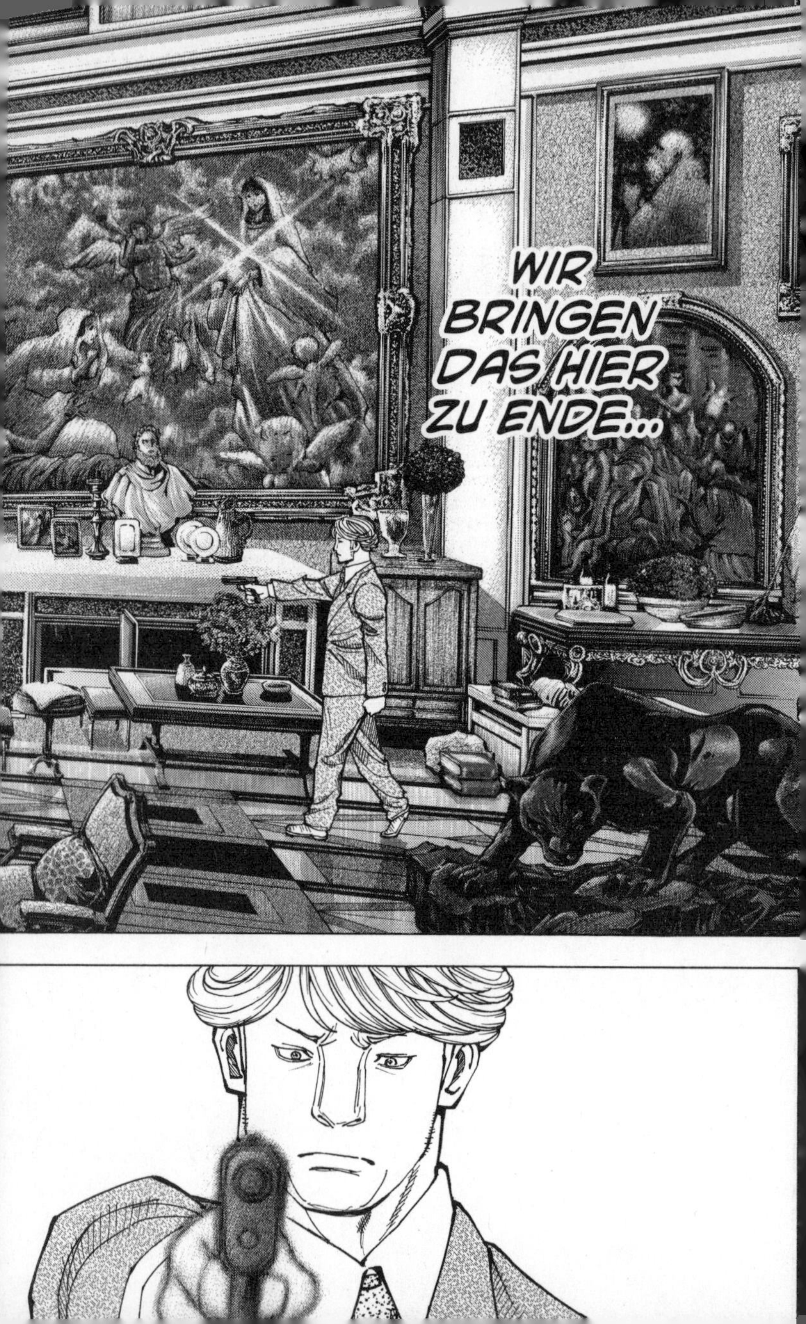
WIR BRINGEN DAS HIER ZU ENDE...

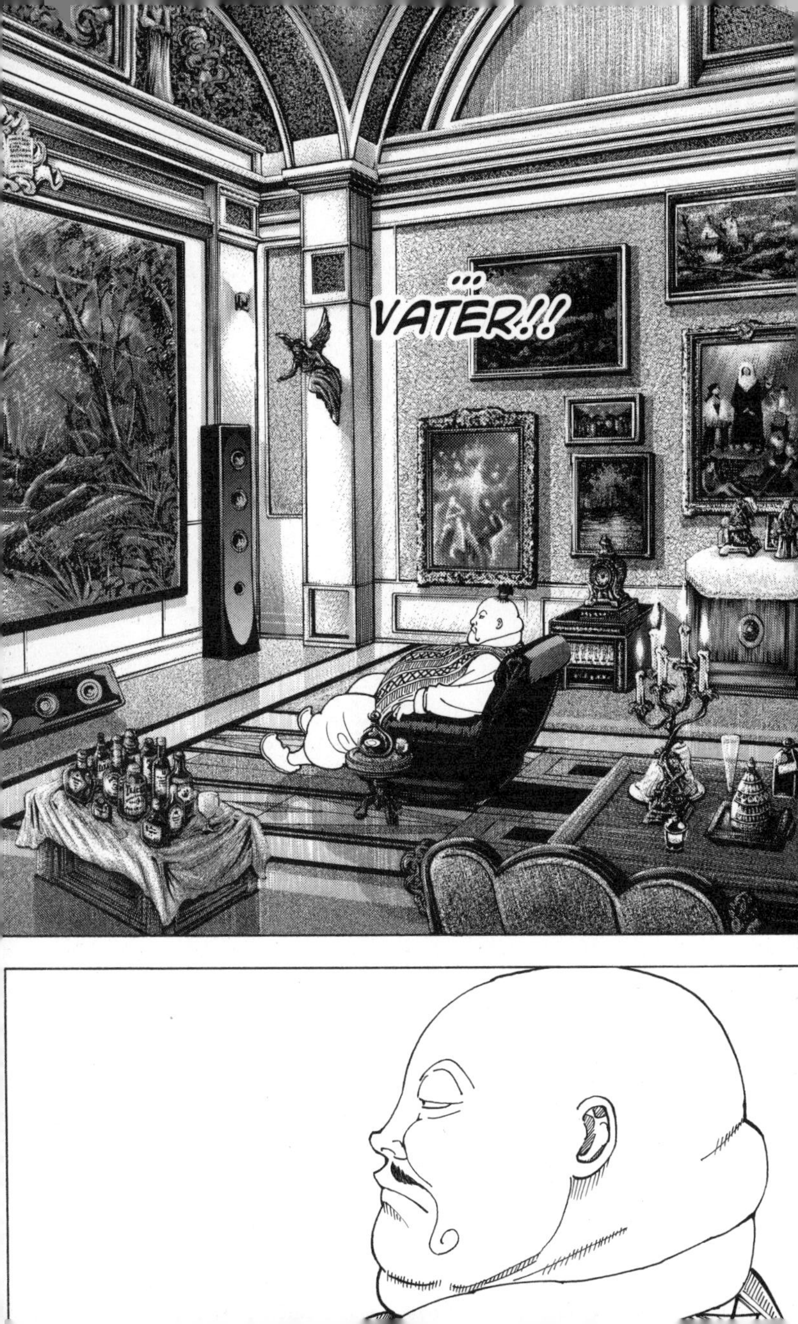
... VATER!!

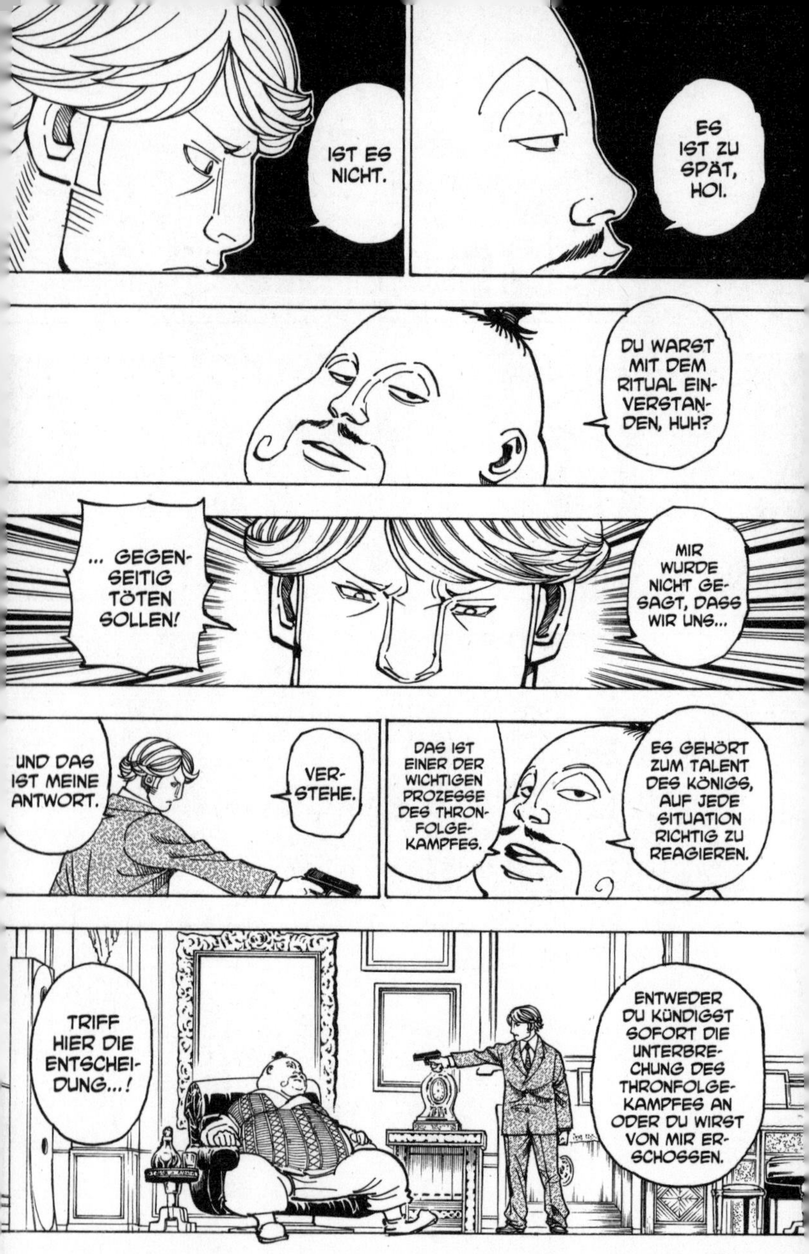
ES IST ZU SPÄT, HOI.
IST ES NICHT.
DU WARST MIT DEM RITUAL EINVERSTANDEN, HUH?
MIR WURDE NICHT GESAGT, DASS WIR UNS...
... GEGENSEITIG TÖTEN SOLLEN!
ES GEHÖRT ZUM TALENT DES KÖNIGS, AUF JEDE SITUATION RICHTIG ZU REAGIEREN.
DAS IST EINER DER WICHTIGEN PROZESSE DES THRONFOLGEKAMPFES.
VERSTEHE.
UND DAS IST MEINE ANTWORT.
ENTWEDER DU KÜNDIGST SOFORT DIE UNTERBRECHUNG DES THRONFOLGEKAMPFES AN ODER DU WIRST VON MIR ERSCHOSSEN.
TRIFF HIER DIE ENTSCHEIDUNG...!

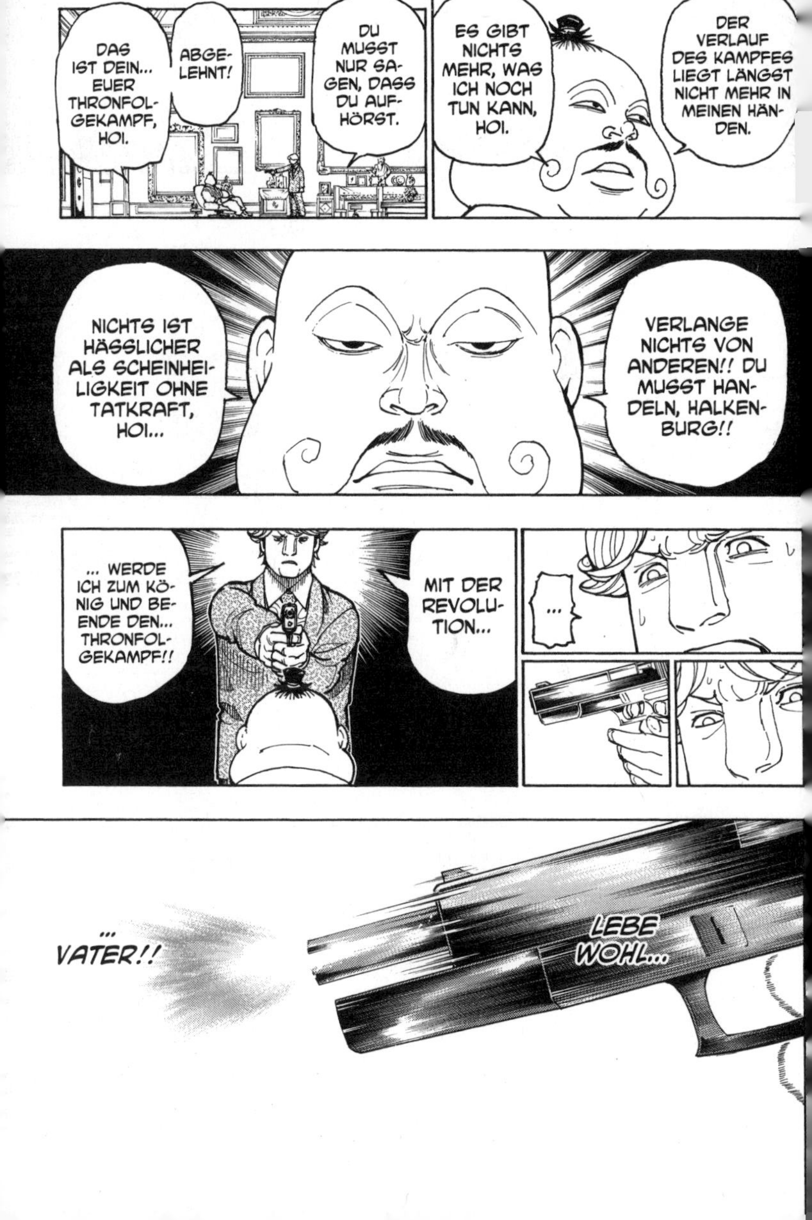
DER VERLAUF DES KAMPFES LIEGT LÄNGST NICHT MEHR IN MEINEN HÄNDEN.
ES GIBT NICHTS MEHR, WAS ICH NOCH TUN KANN, HOI.
DU MUSST NUR SAGEN, DASS DU AUFHÖRST.
ABGELEHNT!
DAS IST DEIN... EUER THRONFOLGEKAMPF, HOI.
VERLANGE NICHTS VON ANDEREN!! DU MUSST HANDELN, HALKENBURG!!
NICHTS IST HÄSSLICHER ALS SCHEINHEILIGKEIT OHNE TATKRAFT, HOI...
...
MIT DER REVOLUTION...
... WERDE ICH ZUM KÖNIG UND BEENDE DEN... THRONFOLGEKAMPF!!
LEBE WOHL...
... VATER!!

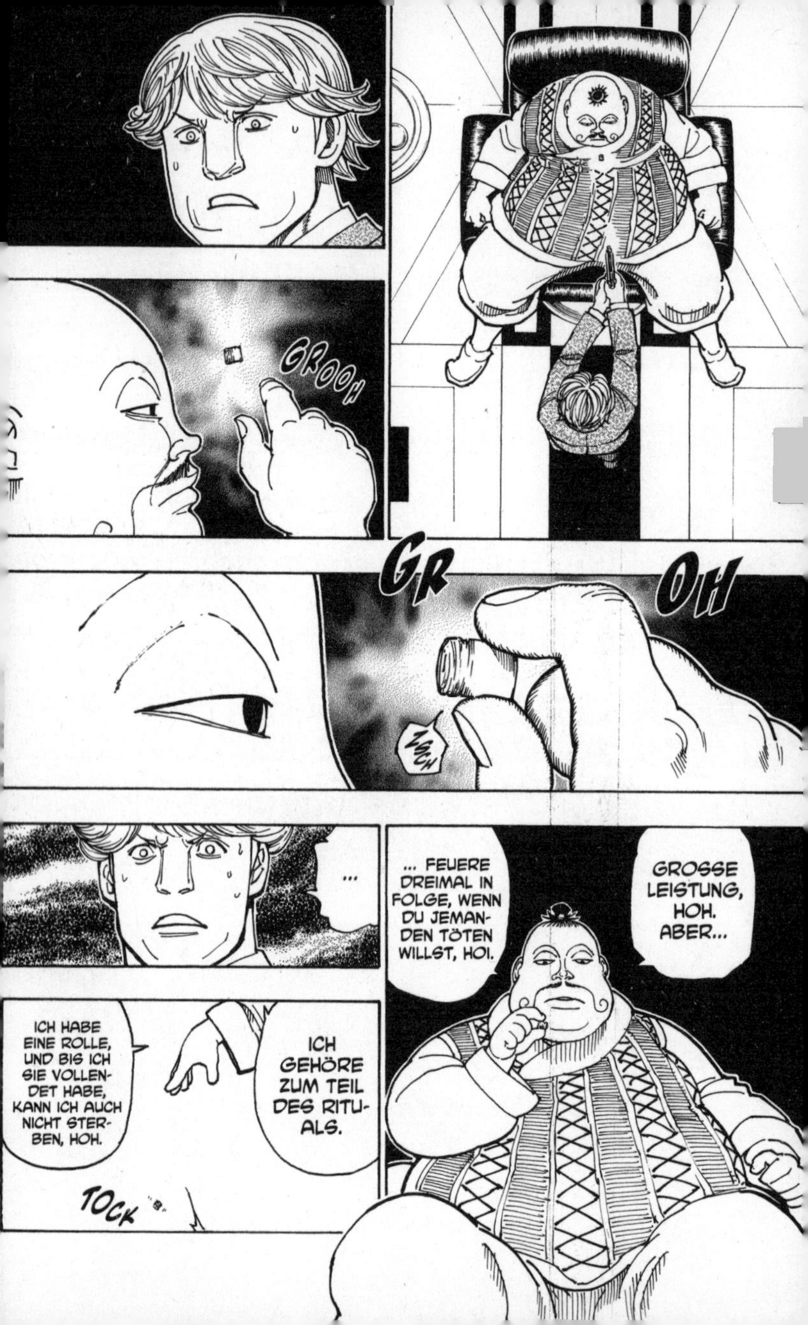
GROOH
GR
OH
ZISCH
GROSSE LEISTUNG, HOH. ABER...
... FEUERE DREIMAL IN FOLGE, WENN DU JEMANDEN TÖTEN WILLST, HOI.
...
ICH GEHÖRE ZUM TEIL DES RITUALS.
ICH HABE EINE ROLLE, UND BIS ICH SIE VOLLENDET HABE, KANN ICH AUCH NICHT STERBEN, HOH.
TOCK

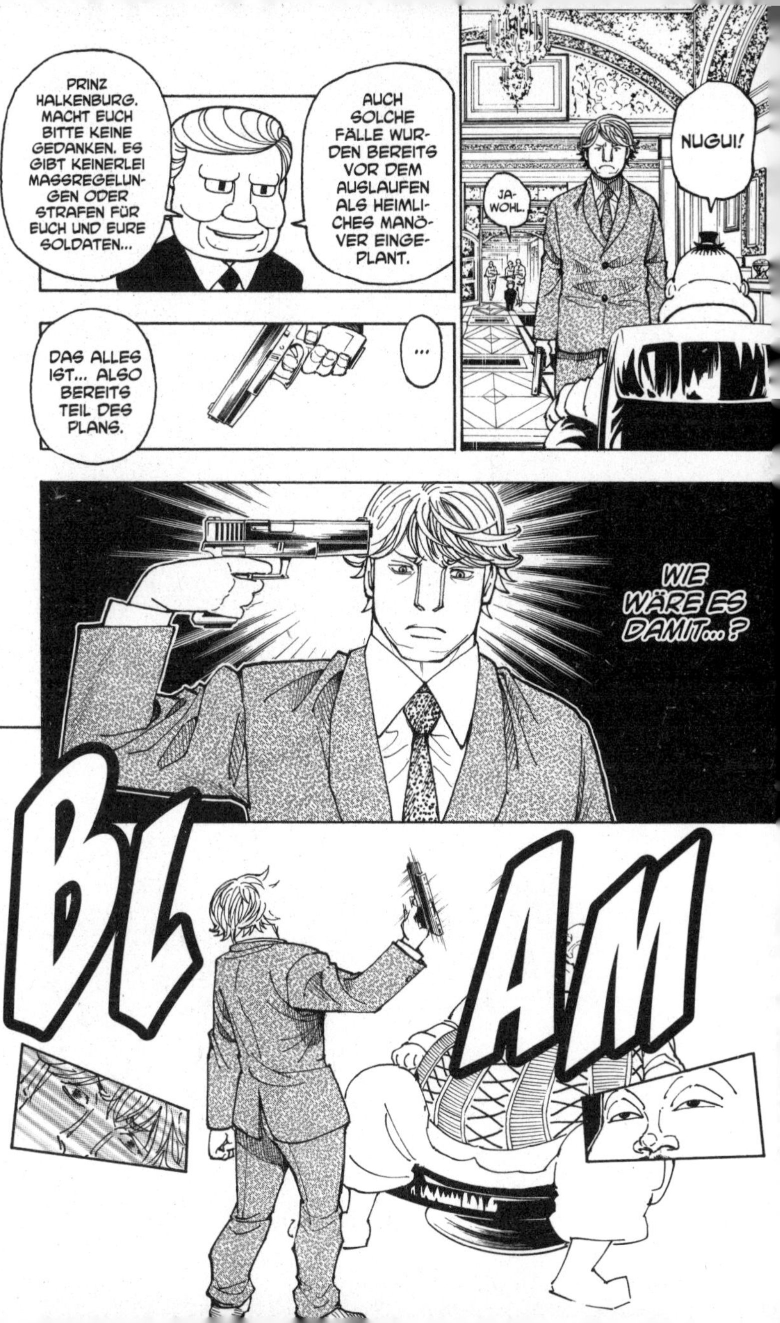
NUGUI!
JA-WOHL.
PRINZ HALKENBURG. MACHT EUCH BITTE KEINE GEDANKEN. ES GIBT KEINERLEI MASSREGELUNGEN ODER STRAFEN FÜR EUCH UND EURE SOLDATEN...
AUCH SOLCHE FÄLLE WURDEN BEREITS VOR DEM AUSLAUFEN ALS HEIMLICHES MANÖVER EINGEPLANT.
...
DAS ALLES IST... ALSO BEREITS TEIL DES PLANS.
WIE WÄRE ES DAMIT...?
BLAM

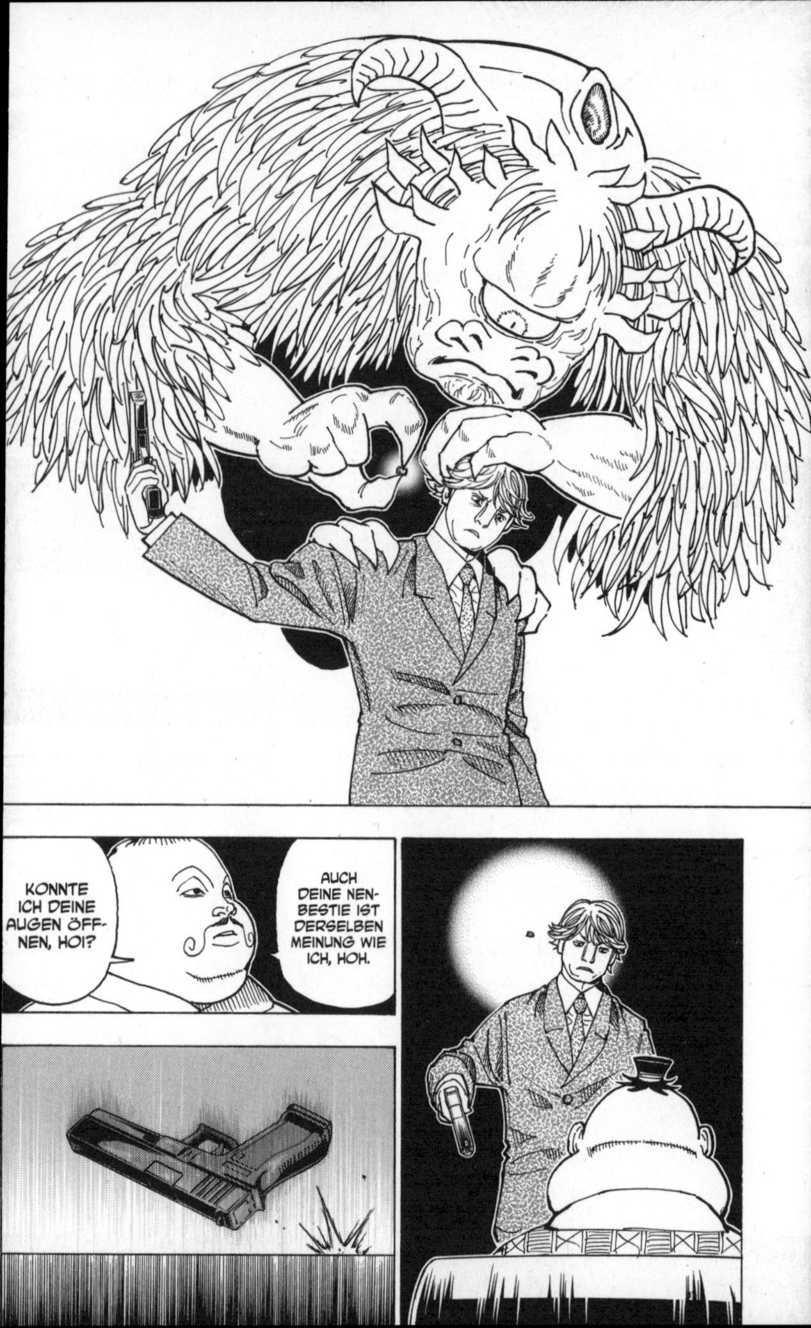
AUCH DEINE NEN-BESTIE IST DERSELBEN MEINUNG WIE ICH, HOH.
KONNTE ICH DEINE AUGEN ÖFF-NEN, HOI?

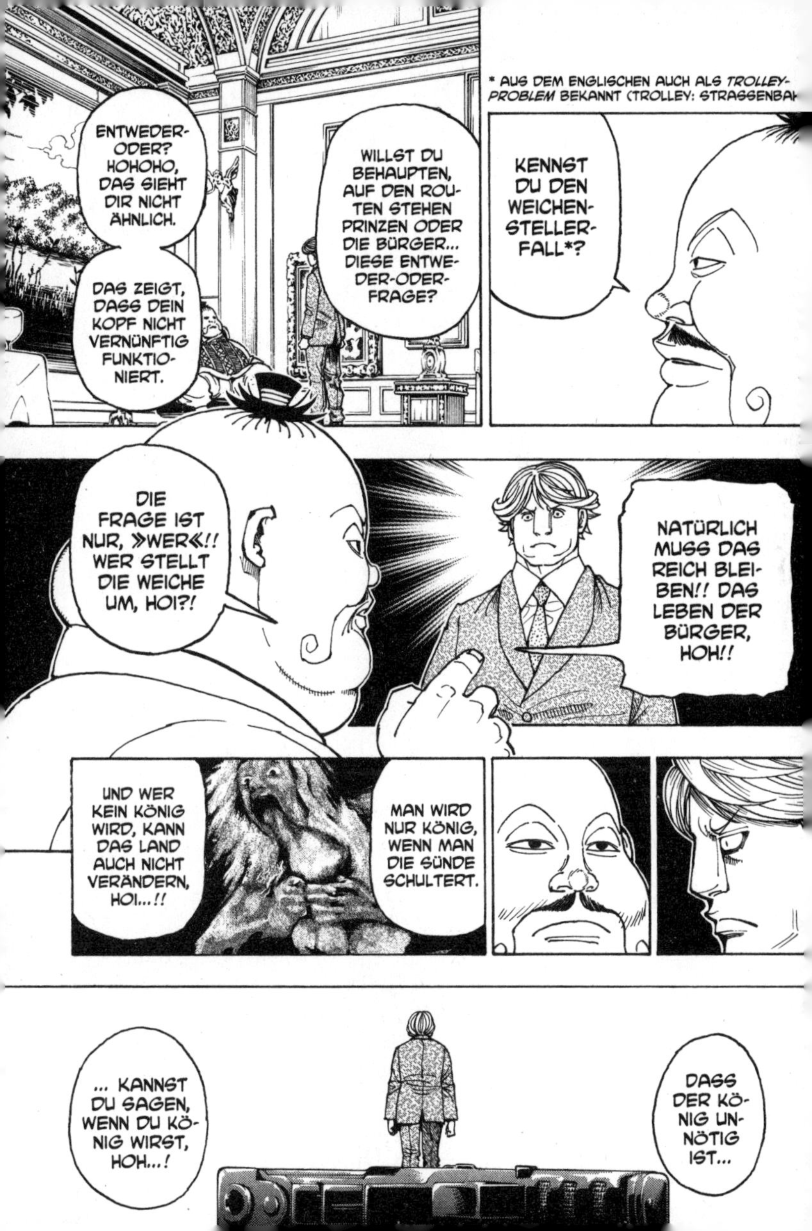

* AUS DEM ENGLISCHEN AUCH ALS *TROLLEY-PROBLEM* BEKANNT (TROLLEY: STRASSENBAH

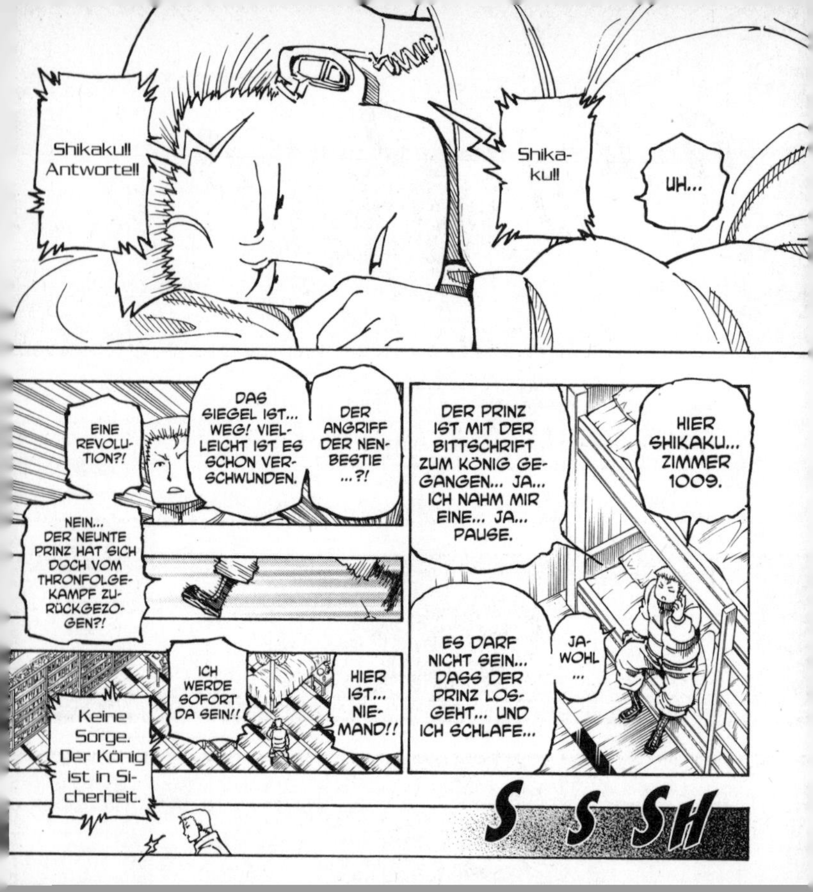
UH...
Shikaku!!
Shikaku!! Antworte!!
HIER SHIKAKU... ZIMMER 1009.
DER PRINZ IST MIT DER BITTSCHRIFT ZUM KÖNIG GEGANGEN... JA... ICH NAHM MIR EINE... JA... PAUSE.
JAWOHL...
ES DARF NICHT SEIN... DASS DER PRINZ LOSGEHT... UND ICH SCHLAFE...
DER ANGRIFF DER NEN-BESTIE ...?!
DAS SIEGEL IST... WEG! VIELLEICHT IST ES SCHON VERSCHWUNDEN.
EINE REVOLUTION?!
NEIN... DER NEUNTE PRINZ HAT SICH DOCH VOM THRONFOLGEKAMPF ZURÜCKGEZOGEN?!
HIER IST... NIEMAND!!
ICH WERDE SOFORT DA SEIN!!
Keine Sorge. Der König ist in Sicherheit.
S S SH

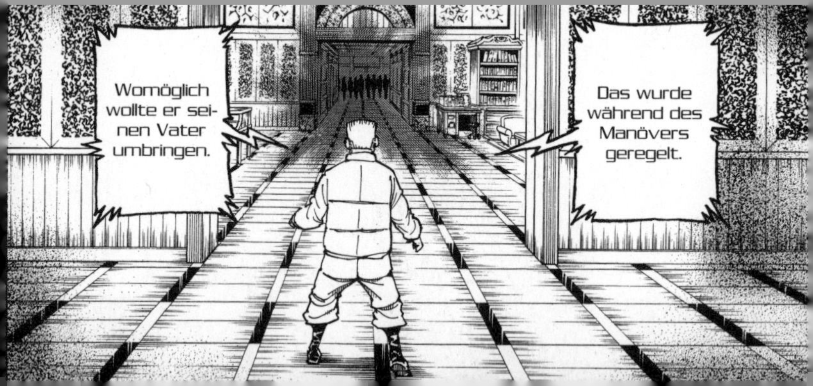
Das wurde während des Manövers geregelt.
Womöglich wollte er seinen Vater umbringen.

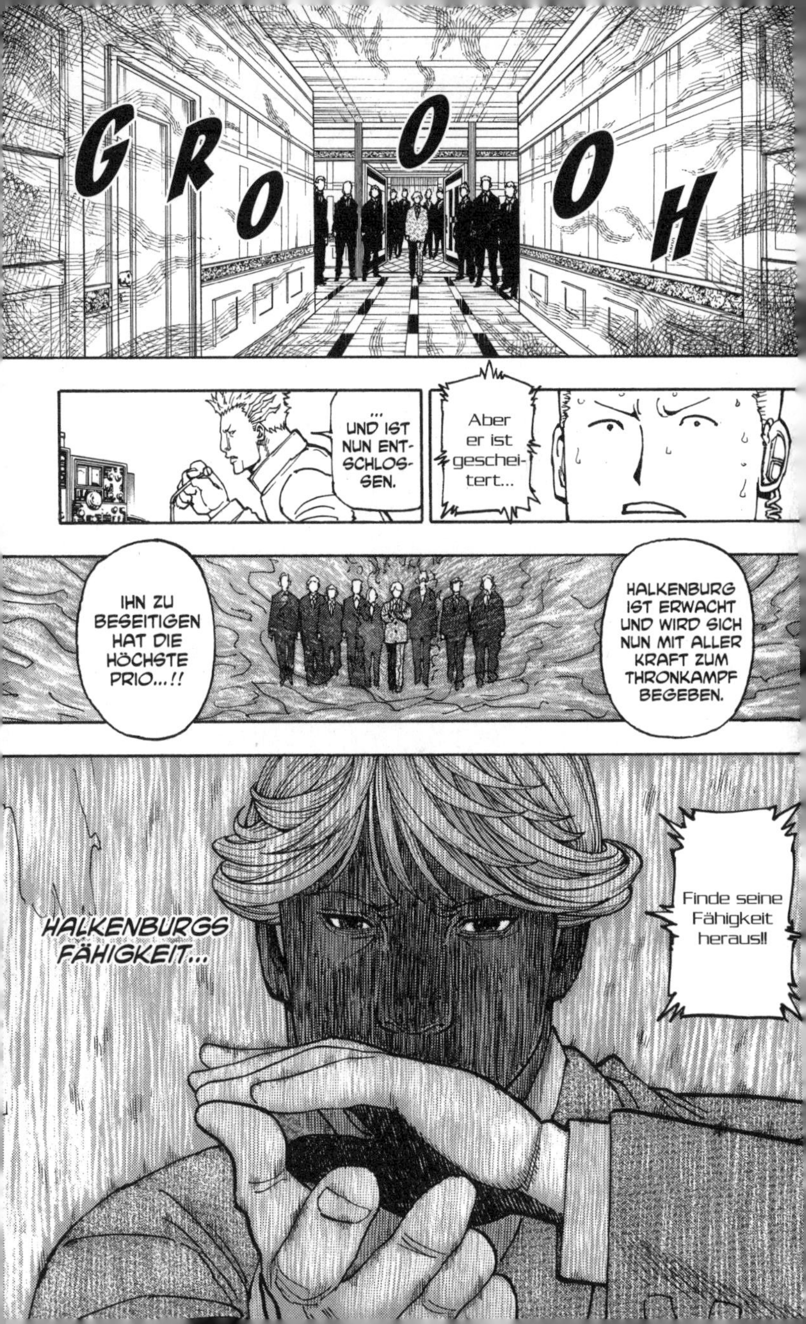
GROOOOH
Aber er ist gescheitert...
... UND IST NUN ENTSCHLOSSEN.
HALKENBURG IST ERWACHT UND WIRD SICH NUN MIT ALLER KRAFT ZUM THRONKAMPF BEGEBEN.
IHN ZU BESEITIGEN HAT DIE HÖCHSTE PRIO...!!
Finde seine Fähigkeit heraus!!
HALKENBURGS FÄHIGKEIT...

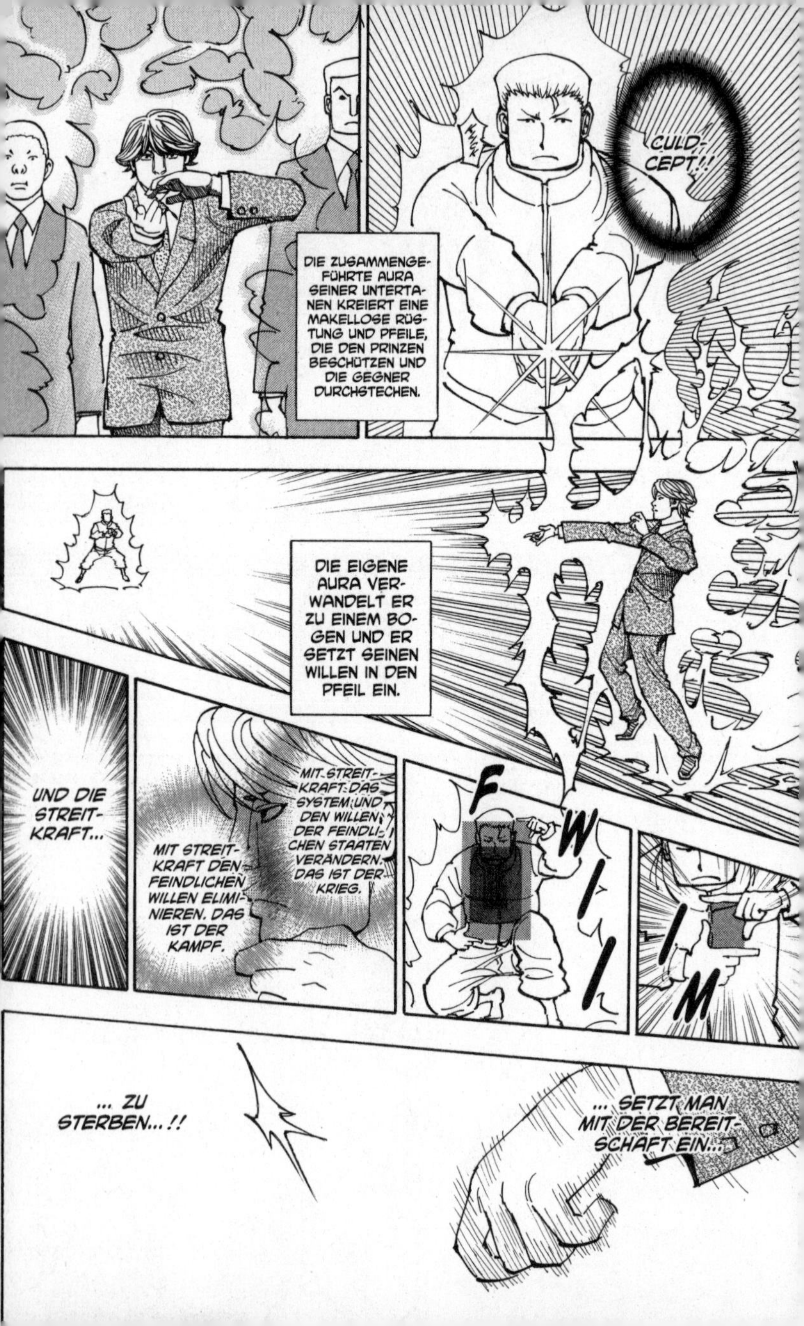
CULD-CEPT!!
DIE ZUSAMMENGEFÜHRTE AURA SEINER UNTERTANEN KREIERT EINE MAKELLOSE RÜSTUNG UND PFEILE, DIE DEN PRINZEN BESCHÜTZEN UND DIE GEGNER DURCHSTECHEN.
DIE EIGENE AURA VERWANDELT ER ZU EINEM BOGEN UND ER SETZT SEINEN WILLEN IN DEN PFEIL EIN.
FWIIIM
MIT STREITKRAFT DAS SYSTEM UND DEN WILLEN DER FEINDLICHEN STAATEN VERÄNDERN. DAS IST DER KRIEG.
MIT STREITKRAFT DEN FEINDLICHEN WILLEN ELIMINIEREN. DAS IST DER KAMPF.
UND DIE STREITKRAFT...
... SETZT MAN MIT DER BEREITSCHAFT EIN...
... ZU STERBEN...!!

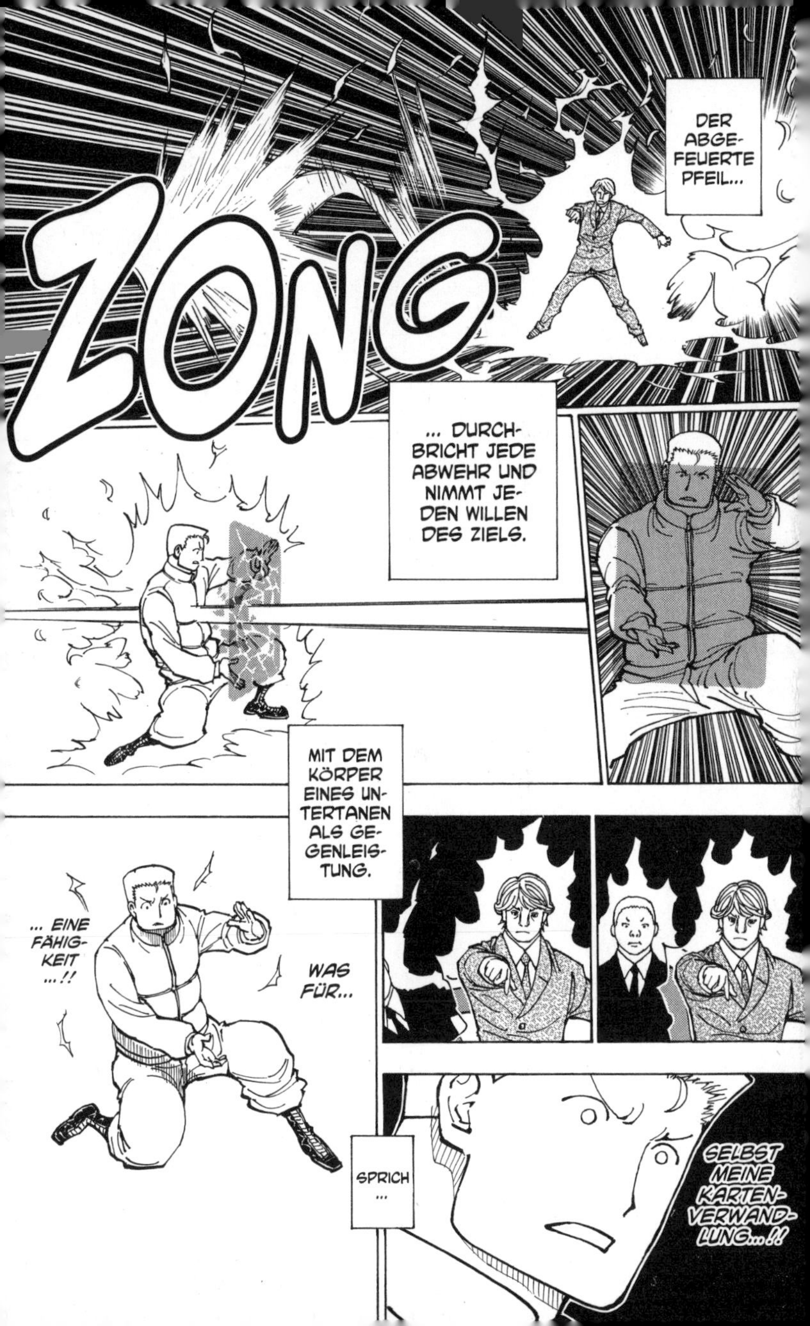
DER ABGEFEUERTE PFEIL...
ZONG
... DURCHBRICHT JEDE ABWEHR UND NIMMT JEDEN WILLEN DES ZIELS.
MIT DEM KÖRPER EINES UNTERTANEN ALS GEGENLEISTUNG.
SPRICH ...
SELBST MEINE KARTENVERWANDLUNG...!!
WAS FÜR...
... EINE FÄHIGKEIT ...!!

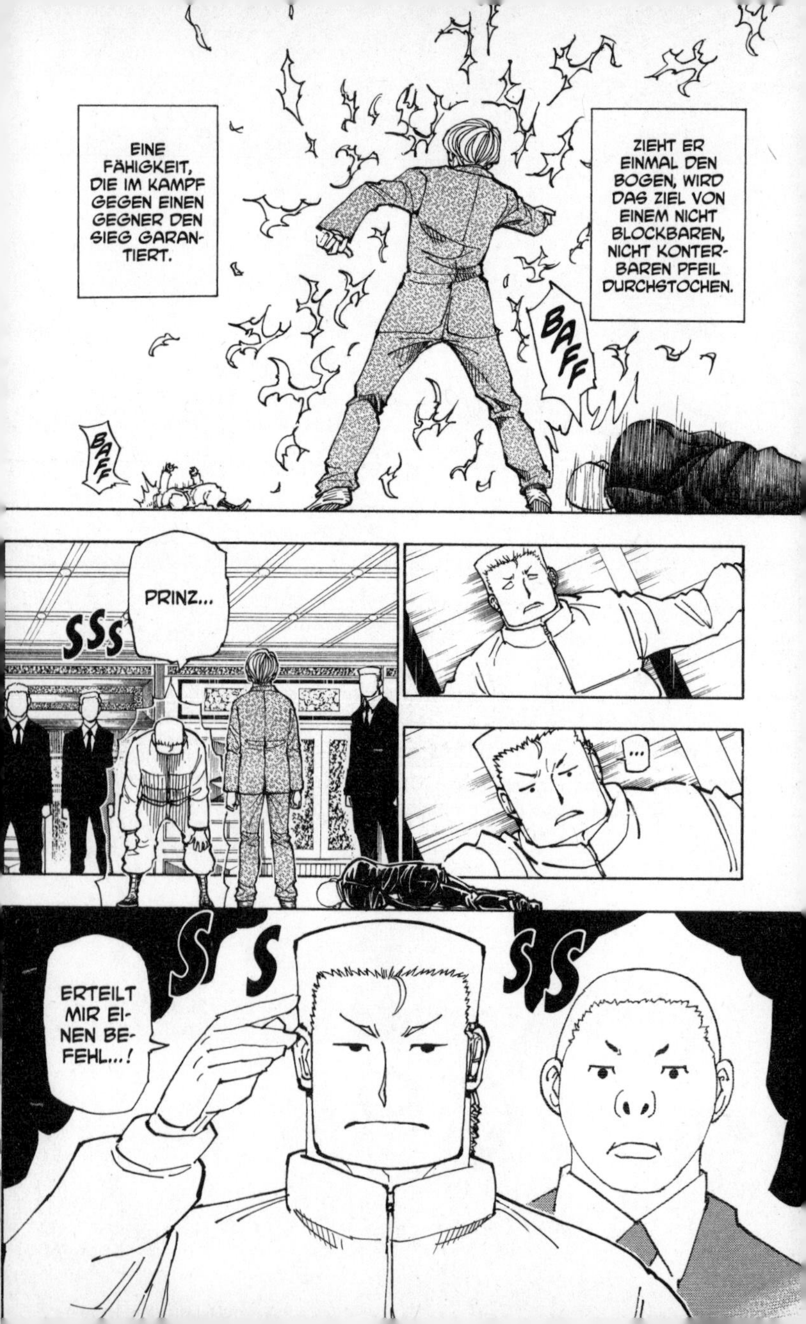
ZIEHT ER EINMAL DEN BOGEN, WIRD DAS ZIEL VON EINEM NICHT BLOCKBAREN, NICHT KONTER-BAREN PFEIL DURCHSTOCHEN.
EINE FÄHIGKEIT, DIE IM KAMPF GEGEN EINEN GEGNER DEN SIEG GARAN-TIERT.
BAFF
BAFF
…
SSS
PRINZ…
S S SS
ERTEILT MIR EI-NEN BE-FEHL…!

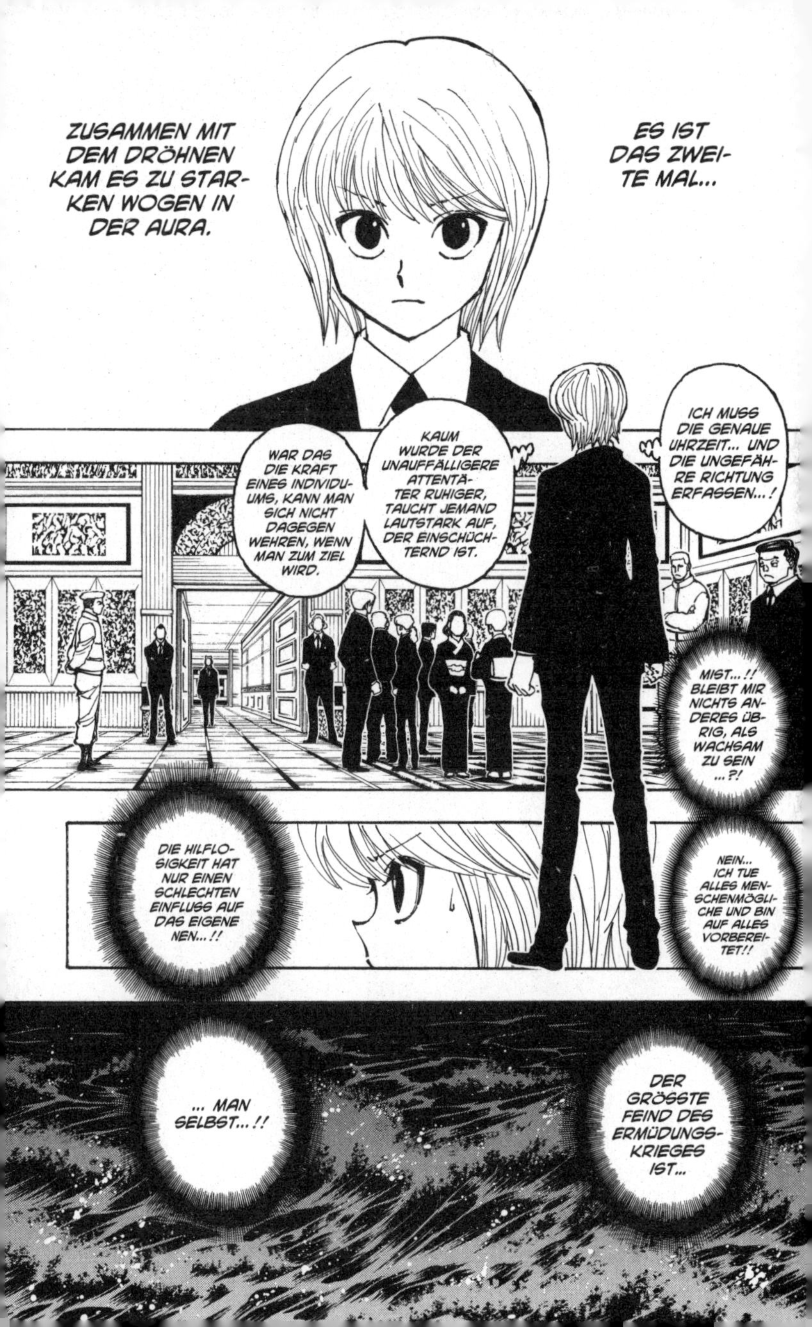
ES IST DAS ZWEITE MAL...
ZUSAMMEN MIT DEM DRÖHNEN KAM ES ZU STARKEN WOGEN IN DER AURA.
ICH MUSS DIE GENAUE UHRZEIT... UND DIE UNGEFÄHRE RICHTUNG ERFASSEN...!
KAUM WURDE DER UNAUFFÄLLIGERE ATTENTÄTER RUHIGER, TAUCHT JEMAND LAUTSTARK AUF, DER EINSCHÜCHTERND IST.
WAR DAS DIE KRAFT EINES INDIVIDUUMS, KANN MAN SICH NICHT DAGEGEN WEHREN, WENN MAN ZUM ZIEL WIRD.
MIST...!! BLEIBT MIR NICHTS ANDERES ÜBRIG, ALS WACHSAM ZU SEIN ...?!
NEIN... ICH TUE ALLES MENSCHENMÖGLICHE UND BIN AUF ALLES VORBEREITET!!
DIE HILFLOSIGKEIT HAT NUR EINEN SCHLECHTEN EINFLUSS AUF DAS EIGENE NEN...!!
DER GRÖSSTE FEIND DES ERMÜDUNGSKRIEGES IST...
... MAN SELBST...!!

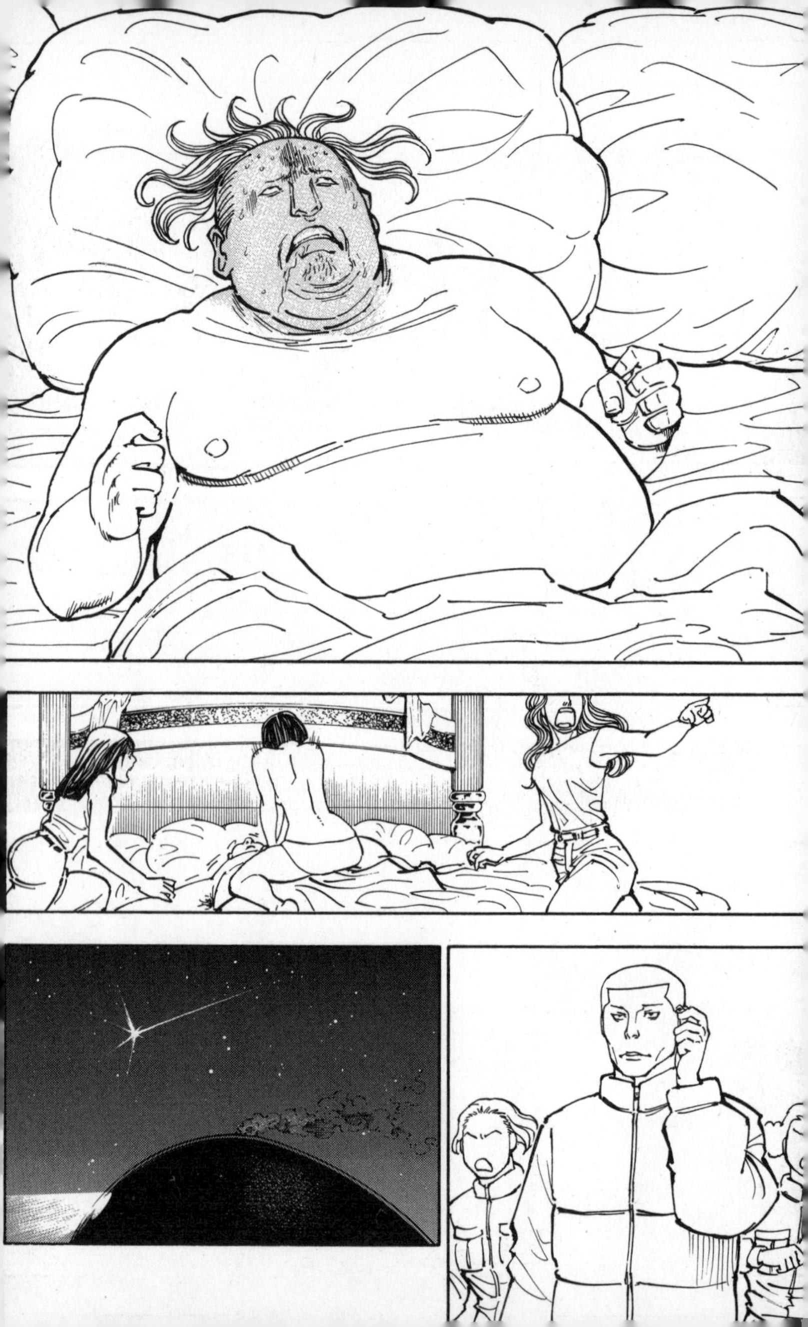

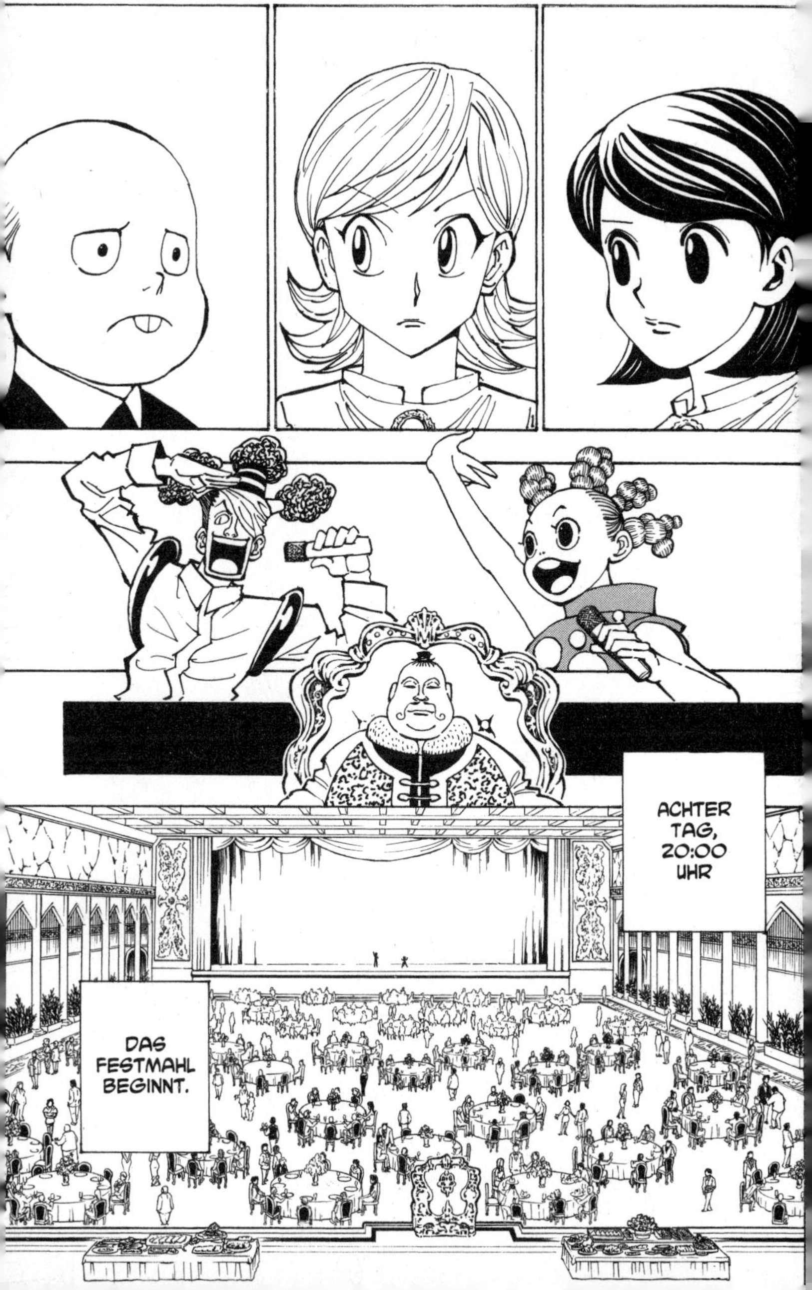
ACHTER TAG, 20:00 UHR
DAS FESTMAHL BEGINNT.

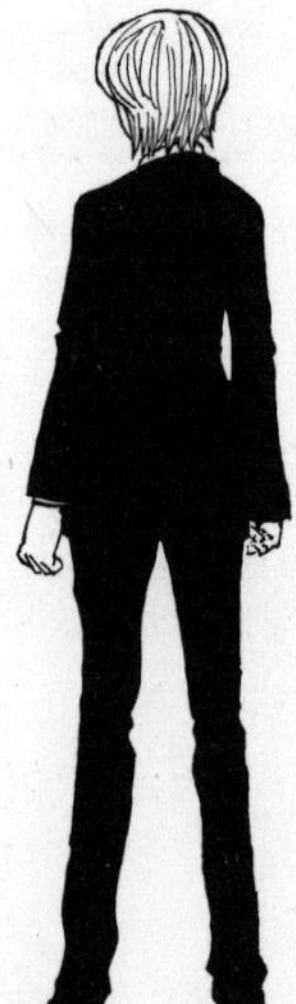

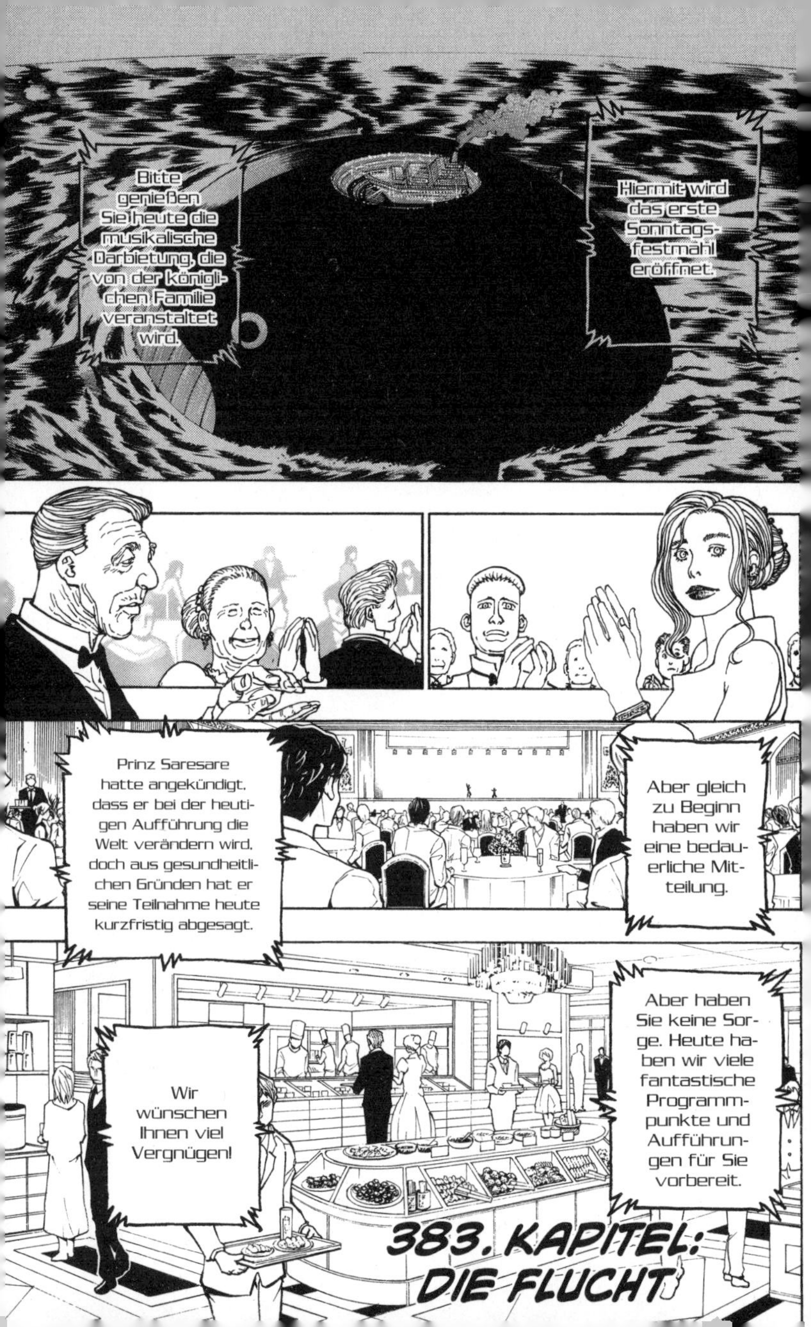

Hiermit wird das erste Sonntags-festmahl eröffnet.
Bitte genießen Sie heute die musikalische Darbietung, die von der königlichen Familie veranstaltet wird.
Aber gleich zu Beginn haben wir eine bedauerliche Mitteilung.
Prinz Saresare hatte angekündigt, dass er bei der heutigen Aufführung die Welt verändern wird, doch aus gesundheitlichen Gründen hat er seine Teilnahme heute kurzfristig abgesagt.
Aber haben Sie keine Sorge. Heute haben wir viele fantastische Programmpunkte und Aufführungen für Sie vorbereitet.
Wir wünschen Ihnen viel Vergnügen!
383. Kapitel: Die Flucht

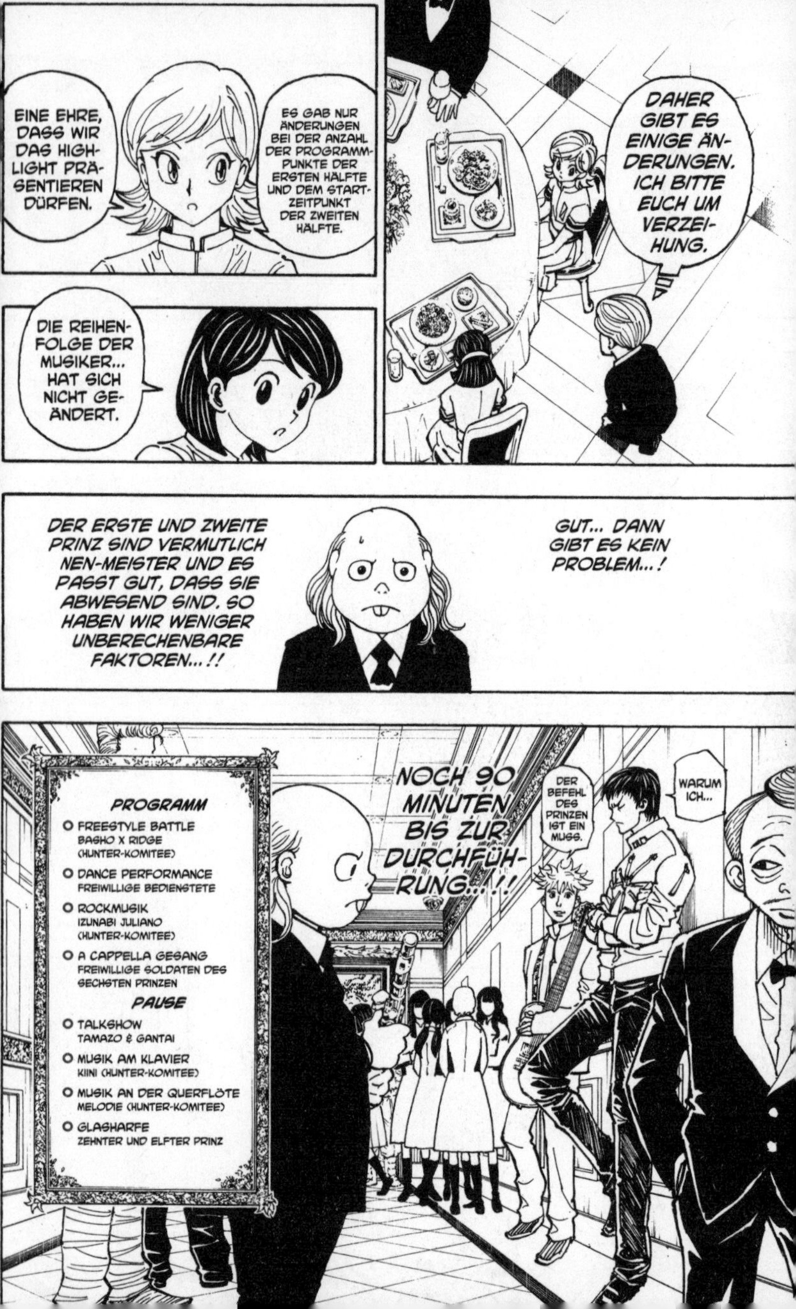
DAHER GIBT ES EINIGE ÄNDERUNGEN. ICH BITTE EUCH UM VERZEIHUNG.
ES GAB NUR ÄNDERUNGEN BEI DER ANZAHL DER PROGRAMMPUNKTE DER ERSTEN HÄLFTE UND DEM STARTZEITPUNKT DER ZWEITEN HÄLFTE.
EINE EHRE, DASS WIR DAS HIGHLIGHT PRÄSENTIEREN DÜRFEN.
DIE REIHENFOLGE DER MUSIKER... HAT SICH NICHT GEÄNDERT.
GUT... DANN GIBT ES KEIN PROBLEM...!
DER ERSTE UND ZWEITE PRINZ SIND VERMUTLICH NEN-MEISTER UND ES PASST GUT, DASS SIE ABWESEND SIND. SO HABEN WIR WENIGER UNBERECHENBARE FAKTOREN...!!
WARUM ICH...
DER BEFEHL DES PRINZEN IST EIN MUSS.
NOCH 90 MINUTEN BIS ZUR DURCHFÜHRUNG...!!
PROGRAMM
FREESTYLE BATTLE
BASHO X RIDGE
(HUNTER-KOMITEE)
DANCE PERFORMANCE
FREIWILLIGE BEDIENSTETE
ROCKMUSIK
IZUNABI JULIANO
(HUNTER-KOMITEE)
A CAPPELLA GESANG
FREIWILLIGE SOLDATEN DES SECHSTEN PRINZEN
PAUSE
TALKSHOW
TAMAZO & GANTAI
MUSIK AM KLAVIER
KIINI (HUNTER-KOMITEE)
MUSIK AN DER QUERFLÖTE
MELODIE (HUNTER-KOMITEE)
GLASHARFE
ZEHNTER UND ELFTER PRINZ

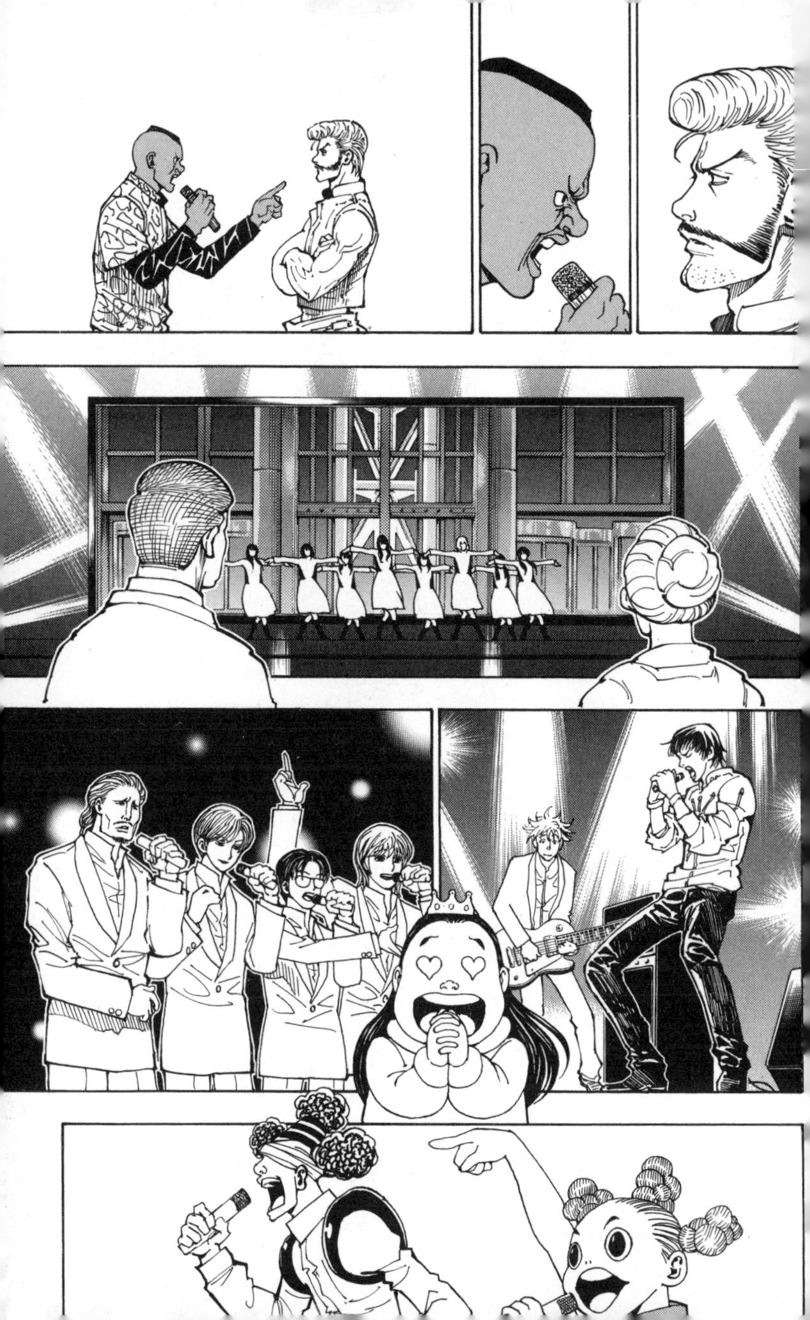

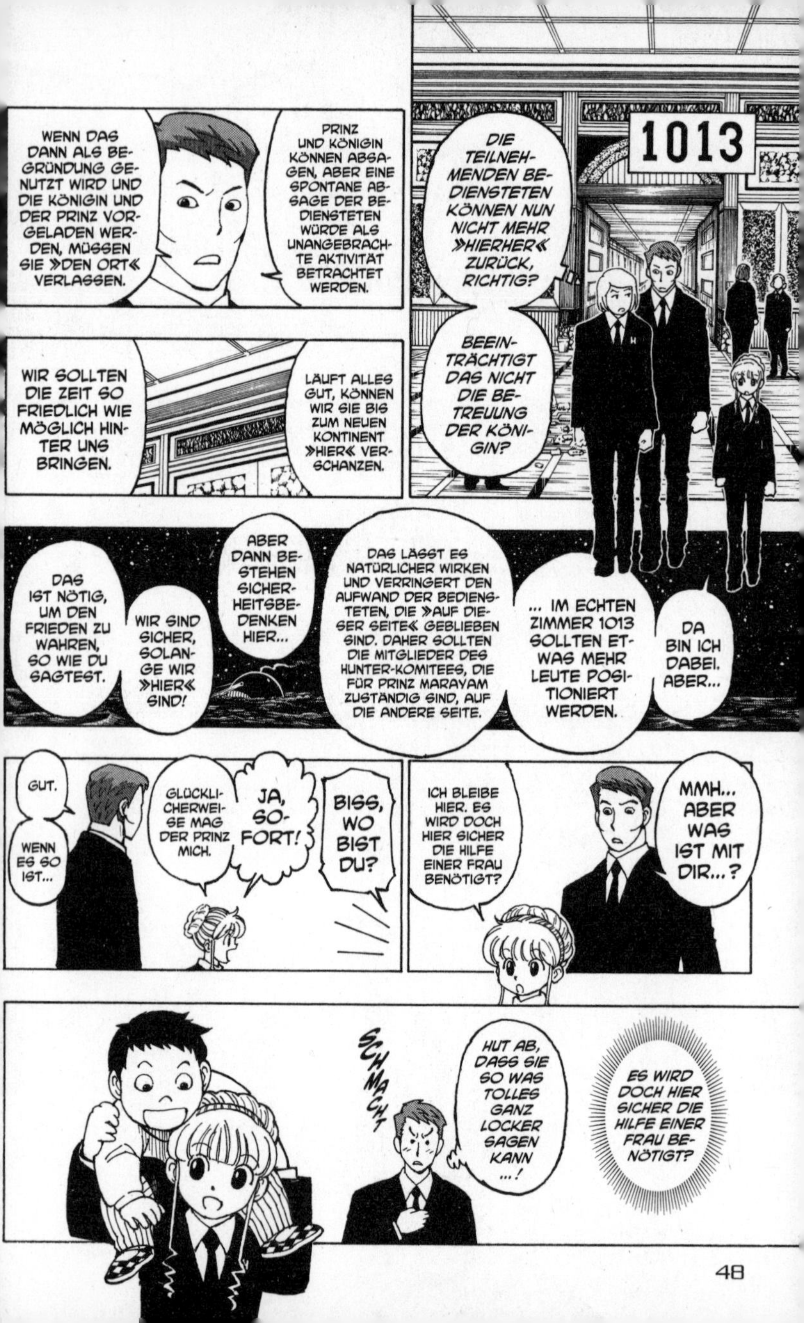
1013
DIE TEILNEHMENDEN BEDIENSTETEN KÖNNEN NUN NICHT MEHR »HIERHER« ZURÜCK, RICHTIG?
BEEINTRÄCHTIGT DAS NICHT DIE BETREUUNG DER KÖNIGIN?
PRINZ UND KÖNIGIN KÖNNEN ABSAGEN, ABER EINE SPONTANE ABSAGE DER BEDIENSTETEN WÜRDE ALS UNANGEBRACHTE AKTIVITÄT BETRACHTET WERDEN.
WENN DAS DANN ALS BEGRÜNDUNG GENUTZT WIRD UND DIE KÖNIGIN UND DER PRINZ VORGELADEN WERDEN, MÜSSEN SIE »DEN ORT« VERLASSEN.
LÄUFT ALLES GUT, KÖNNEN WIR SIE BIS ZUM NEUEN KONTINENT »HIER« VERSCHANZEN.
WIR SOLLTEN DIE ZEIT SO FRIEDLICH WIE MÖGLICH HINTER UNS BRINGEN.
DA BIN ICH DABEI. ABER...
... IM ECHTEN ZIMMER 1013 SOLLTEN ETWAS MEHR LEUTE POSITIONIERT WERDEN.
DAS LÄSST ES NATÜRLICHER WIRKEN UND VERRINGERT DEN AUFWAND DER BEDIENSTETEN, DIE »AUF DIESER SEITE« GEBLIEBEN SIND. DAHER SOLLTEN DIE MITGLIEDER DES HUNTER-KOMITEES, DIE FÜR PRINZ MARAYAM ZUSTÄNDIG SIND, AUF DIE ANDERE SEITE.
ABER DANN BESTEHEN SICHERHEITSBEDENKEN HIER...
WIR SIND SICHER, SOLANGE WIR »HIER« SIND!
DAS IST NÖTIG, UM DEN FRIEDEN ZU WAHREN, SO WIE DU SAGTEST.
MMH... ABER WAS IST MIT DIR...?
ICH BLEIBE HIER. ES WIRD DOCH HIER SICHER DIE HILFE EINER FRAU BENÖTIGT?
BISS, WO BIST DU?
JA, SOFORT!
GLÜCKLICHERWEISE MAG DER PRINZ MICH.
GUT.
WENN ES SO IST...
ES WIRD DOCH HIER SICHER DIE HILFE EINER FRAU BENÖTIGT?
HUT AB, DASS SIE SO WAS TOLLES GANZ LOCKER SAGEN KANN ...!
SCHMACHT

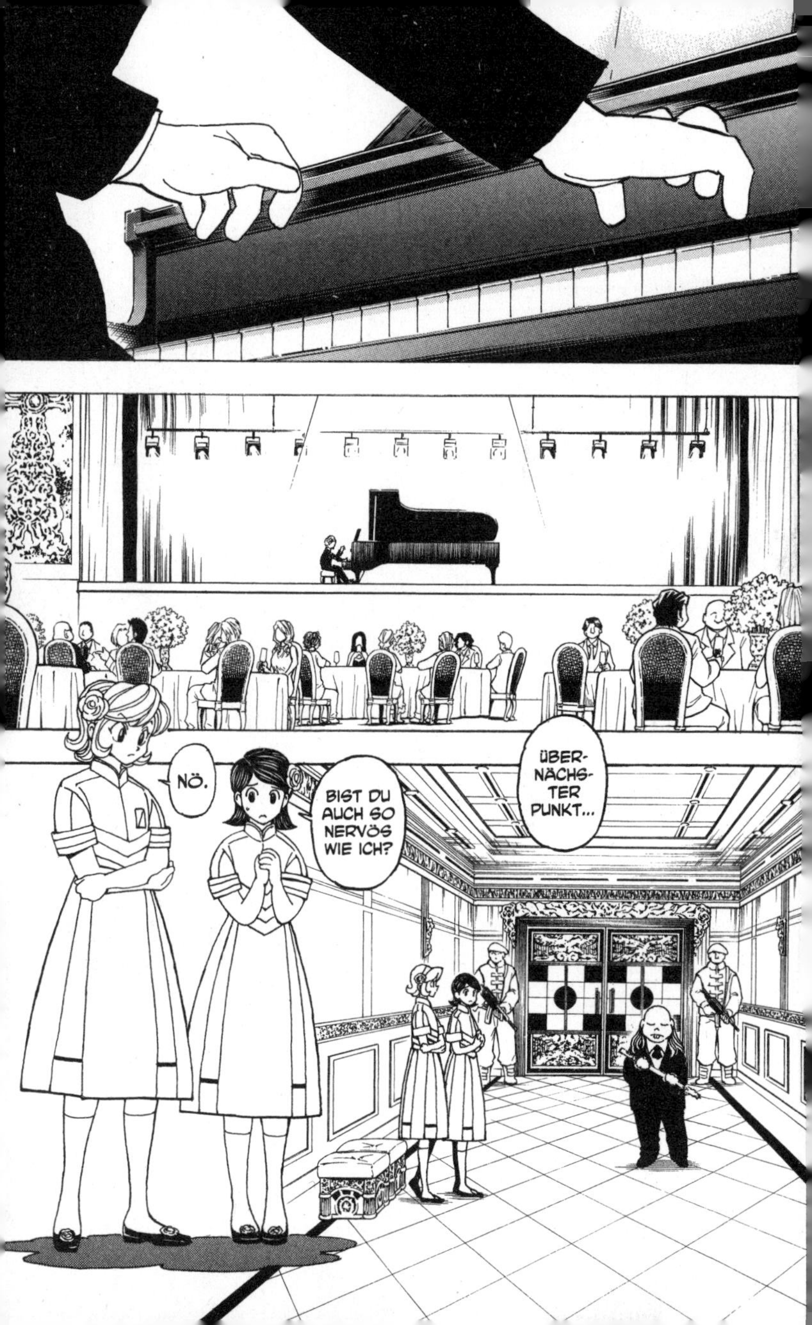
ÜBER-NÄCHS-TER PUNKT...
BIST DU AUCH SO NERVÖS WIE ICH?
NÖ.

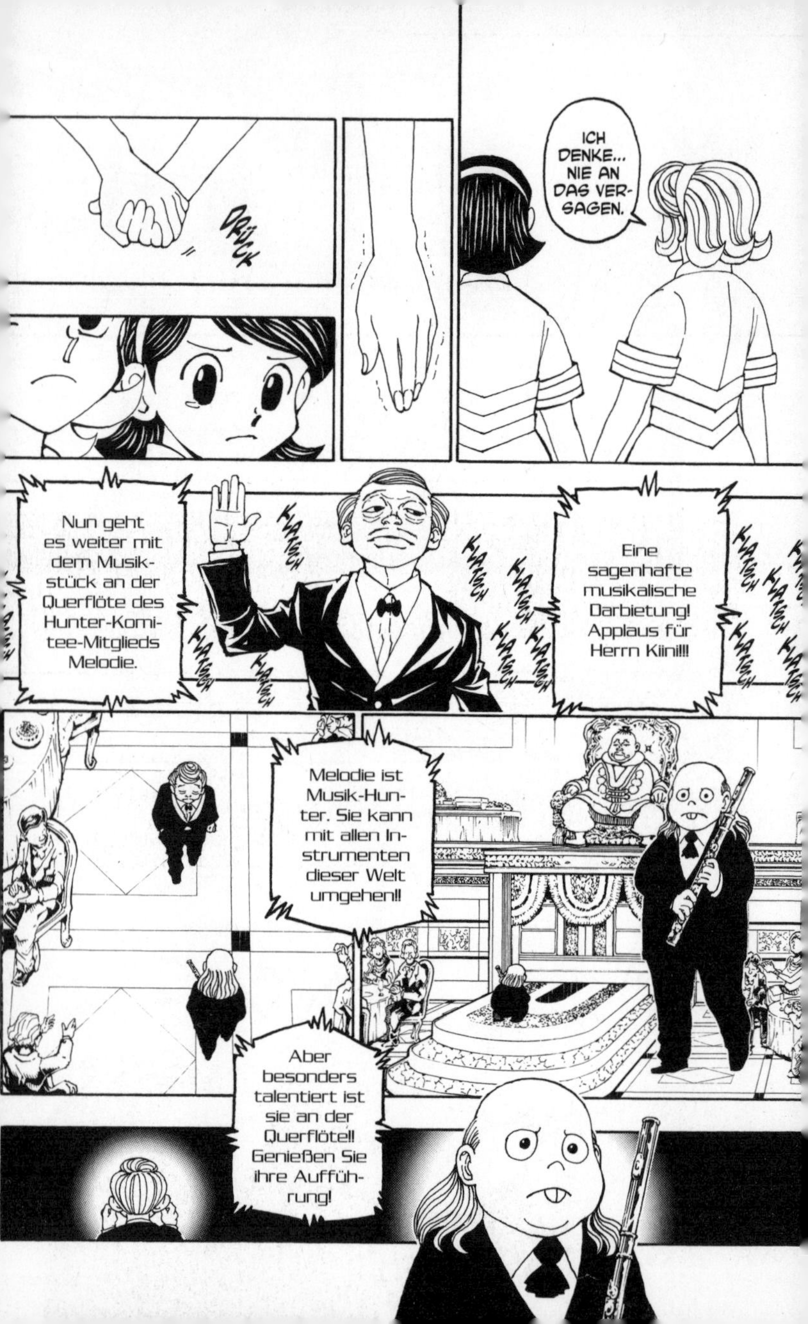
ICH DENKE... NIE AN DAS VERSAGEN.
DRÜCK
Eine sagenhafte musikalische Darbietung! Applaus für Herrn Kiini!!!
KLATSCH
Nun geht es weiter mit dem Musikstück an der Querflöte des Hunter-Komitee-Mitglieds Melodie.
Melodie ist Musik-Hunter. Sie kann mit allen Instrumenten dieser Welt umgehen!!
Aber besonders talentiert ist sie an der Querflöte!! Genießen Sie ihre Aufführung!

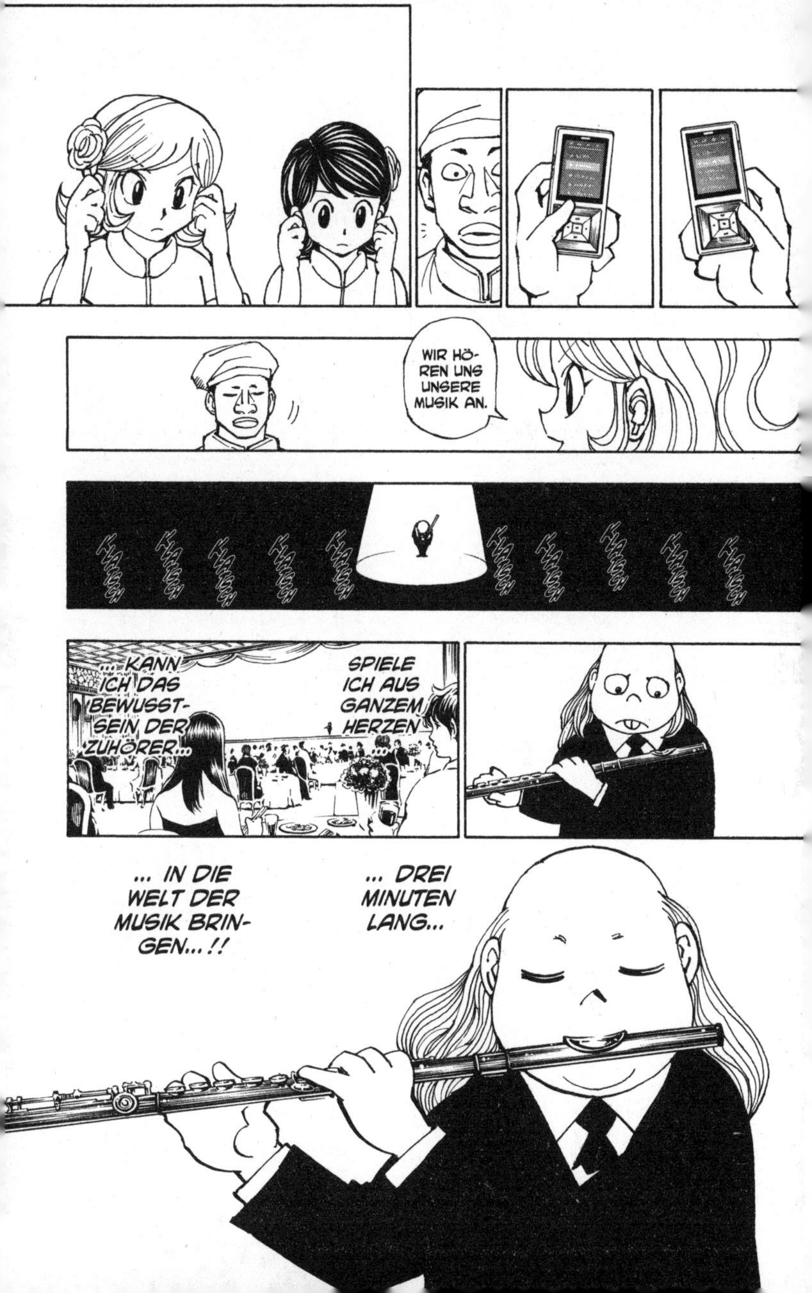
WIR HÖREN UNS UNSERE MUSIK AN.
KLATSCH KLATSCH KLATSCH KLATSCH KLATSCH
KLATSCH KLATSCH KLATSCH KLATSCH KLATSCH
SPIELE ICH AUS GANZEM HERZEN ...
... KANN ICH DAS BEWUSSTSEIN DER ZUHÖRER ...
... DREI MINUTEN LANG ...
... IN DIE WELT DER MUSIK BRINGEN ...!!

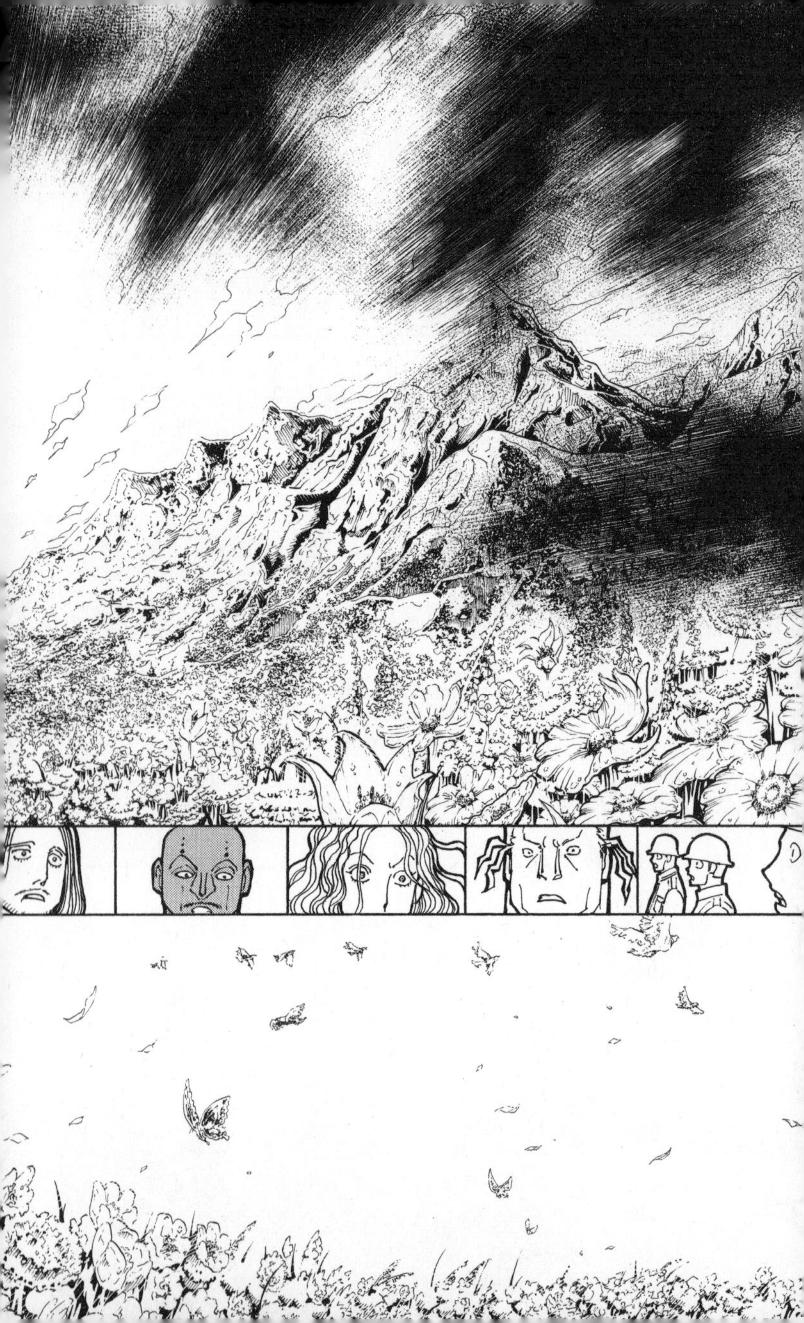

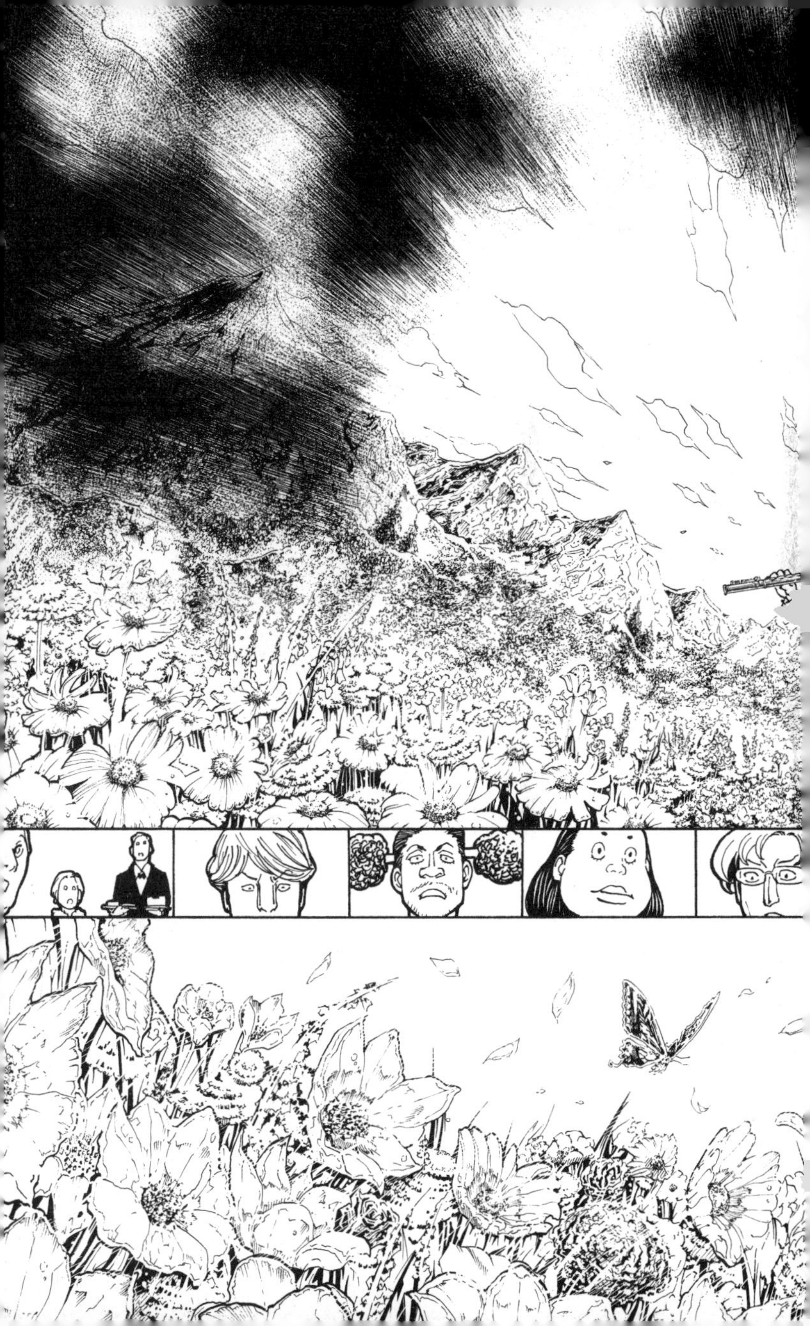

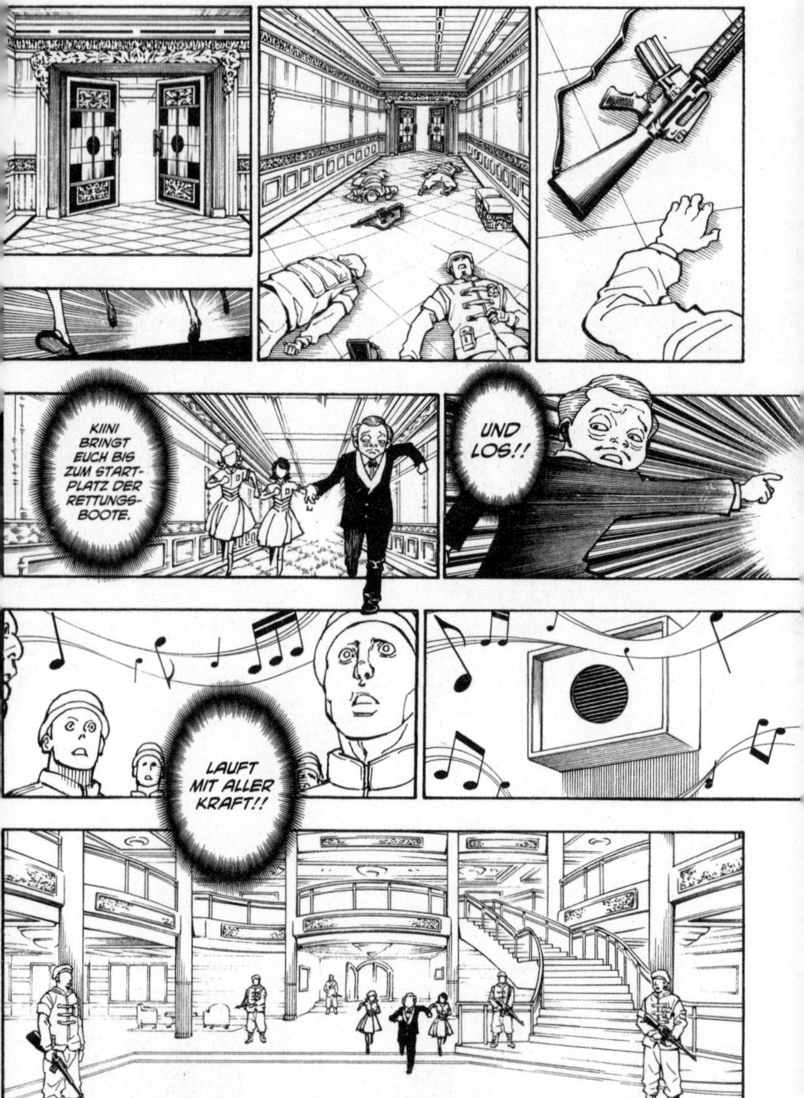
UND LOS!!
KIINI BRINGT EUCH BIS ZUM STARTPLATZ DER RETTUNGSBOOTE.
LAUFT MIT ALLER KRAFT!!

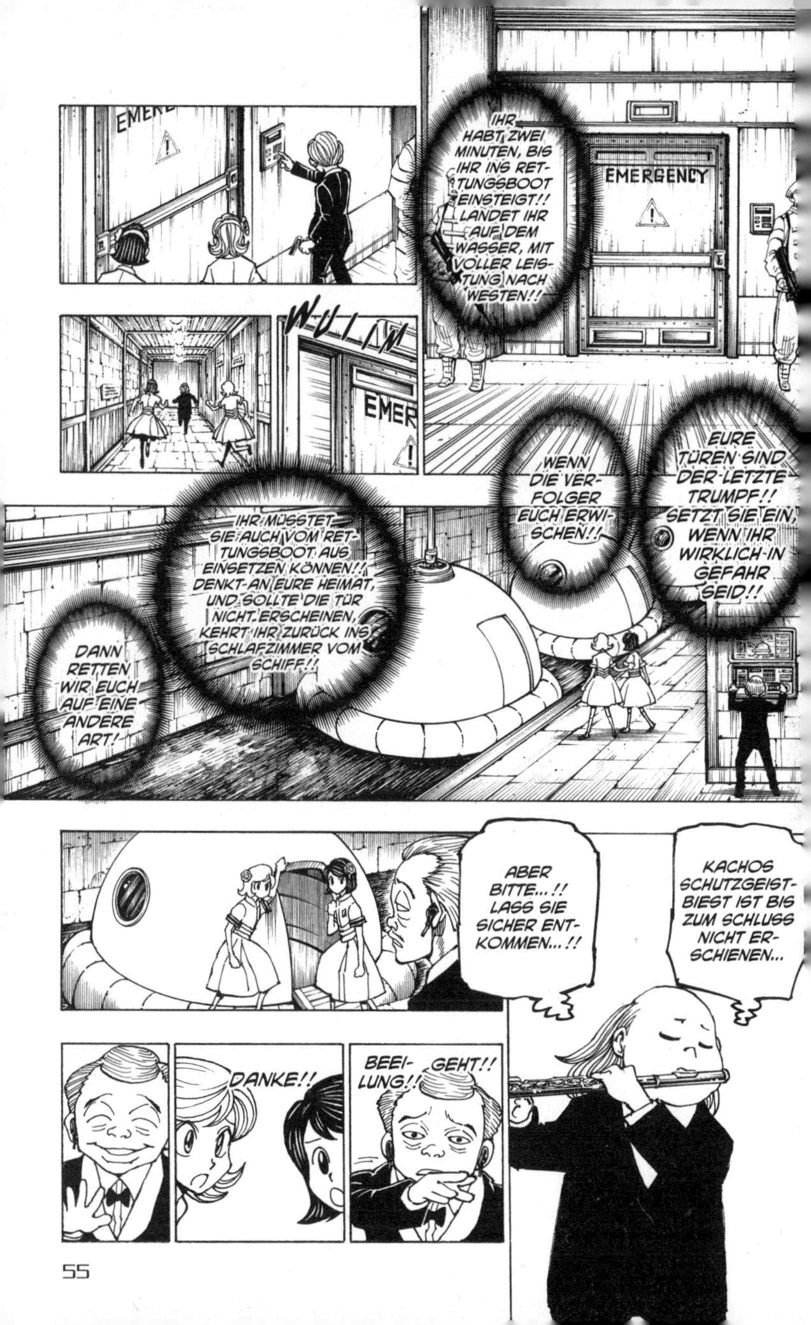
EMERGENCY
IHR HABT ZWEI MINUTEN, BIS IHR INS RETTUNGSBOOT EINSTEIGT!! LANDET IHR AUF DEM WASSER, MIT VOLLER LEISTUNG NACH WESTEN!!
EMER
WUIIM
EMER
EURE TÜREN SIND DER LETZTE TRUMPF!! SETZT SIE EIN, WENN IHR WIRKLICH IN GEFAHR SEID!!
WENN DIE VERFOLGER EUCH ERWISCHEN!!
IHR MÜSSTET SIE AUCH VOM RETTUNGSBOOT AUS EINSETZEN KÖNNEN!! DENKT AN EURE HEIMAT, UND SOLLTE DIE TÜR NICHT ERSCHEINEN, KEHRT IHR ZURÜCK INS SCHLAFZIMMER VOM SCHIFF!!
DANN RETTEN WIR EUCH AUF EINE ANDERE ART!
KACHOS SCHUTZGEISTBIEST IST BIS ZUM SCHLUSS NICHT ERSCHIENEN...
ABER BITTE...!! LASS SIE SICHER ENTKOMMEN...!!
BEEILUNG!! GEHT!!
DANKE!!

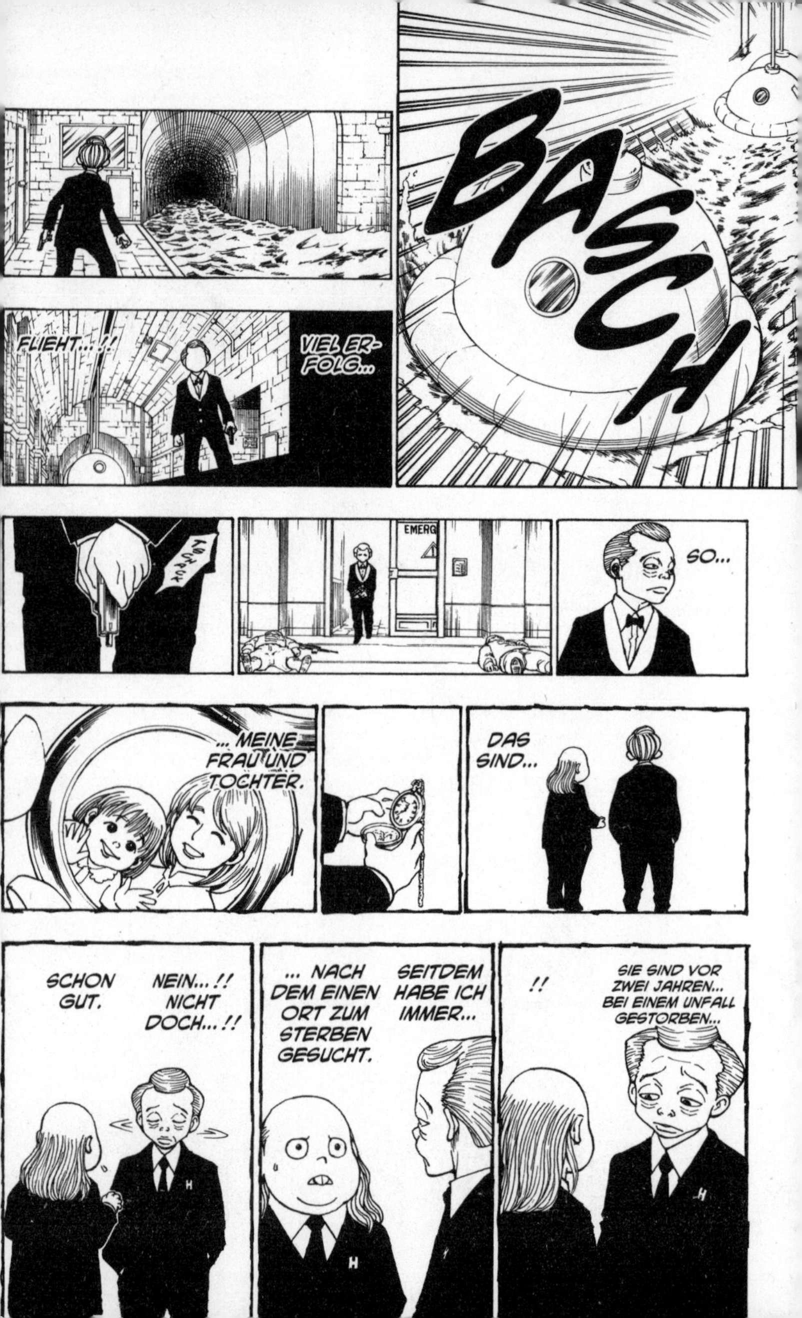
BASCH
VIEL ERFOLG...
FLIEHT...!!
SO...
EMERG
DAS SIND...
... MEINE FRAU UND TOCHTER.
SIE SIND VOR ZWEI JAHREN... BEI EINEM UNFALL GESTORBEN...
!!
SEITDEM HABE ICH IMMER...
... NACH DEM EINEN ORT ZUM STERBEN GESUCHT.
NEIN...!! NICHT DOCH...!!
SCHON GUT.

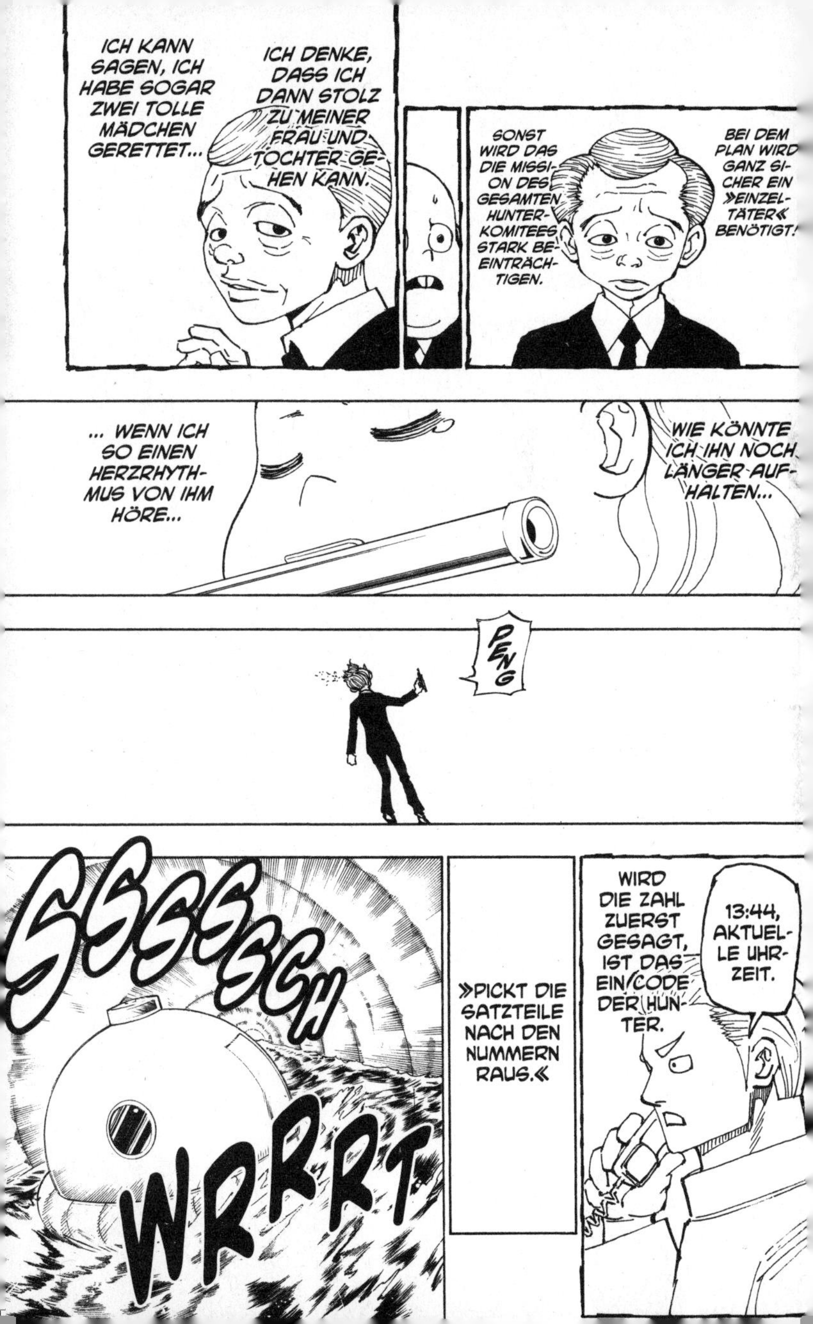
BEI DEM PLAN WIRD GANZ SICHER EIN »EINZELTÄTER« BENÖTIGT!
SONST WIRD DAS DIE MISSION DES GESAMTEN HUNTER-KOMITEES STARK BEEINTRÄCHTIGEN.
ICH DENKE, DASS ICH DANN STOLZ ZU MEINER FRAU UND TOCHTER GEHEN KANN.
ICH KANN SAGEN, ICH HABE SOGAR ZWEI TOLLE MÄDCHEN GERETTET...
WIE KÖNNTE ICH IHN NOCH LÄNGER AUFHALTEN...
... WENN ICH SO EINEN HERZRHYTHMUS VON IHM HÖRE...
PENG
13:44, AKTUELLE UHRZEIT.
WIRD DIE ZAHL ZUERST GESAGT, IST DAS EIN CODE DER HUNTER.
»PICKT DIE SATZTEILE NACH DEN NUMMERN RAUS.«
SSSSSCH
WRRRRT

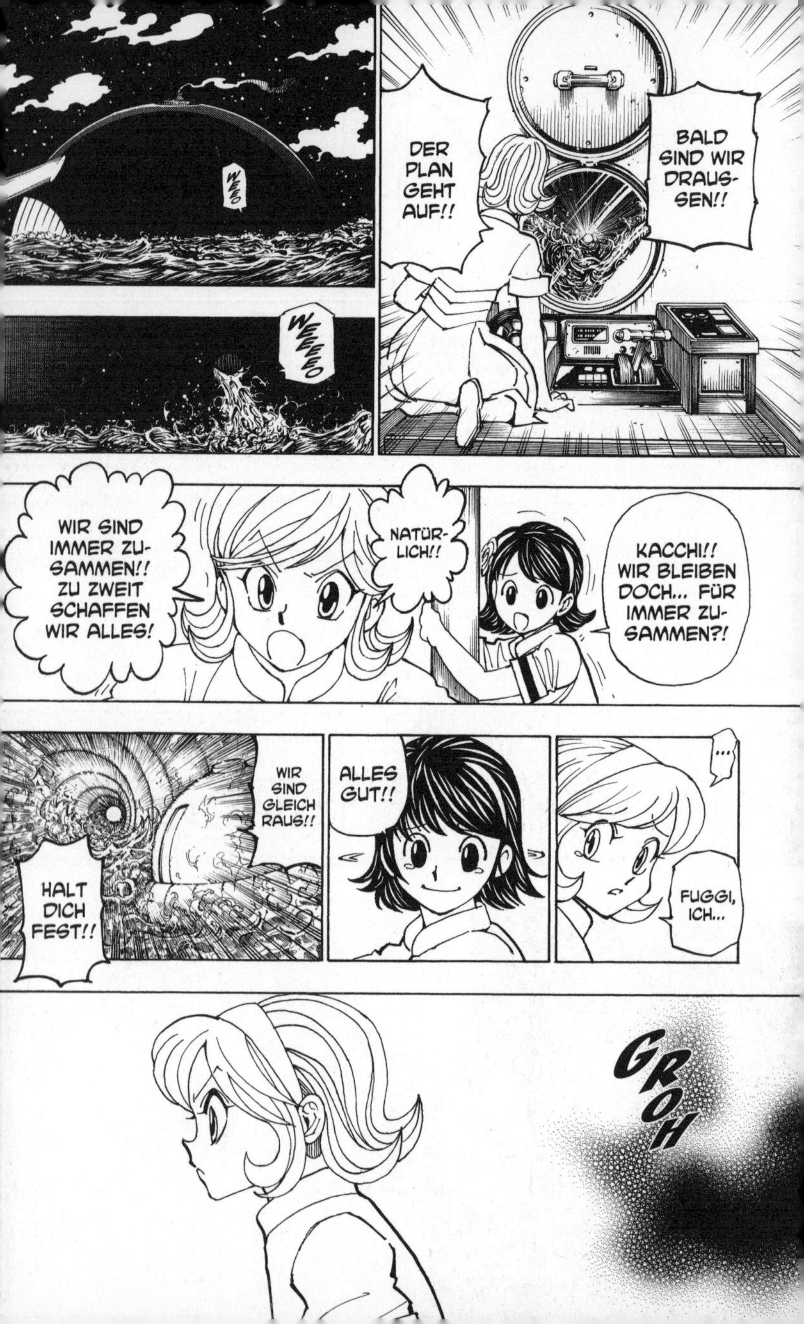
BALD SIND WIR DRAUS-SEN!!
DER PLAN GEHT AUF!!
WEEO
WEEEEO
KACCHI!! WIR BLEIBEN DOCH... FÜR IMMER ZU-SAMMEN?!
NATÜR-LICH!!
WIR SIND IMMER ZU-SAMMEN!! ZU ZWEIT SCHAFFEN WIR ALLES!
...
FUGGI, ICH...
ALLES GUT!!
WIR SIND GLEICH RAUS!!
HALT DICH FEST!!
GROH

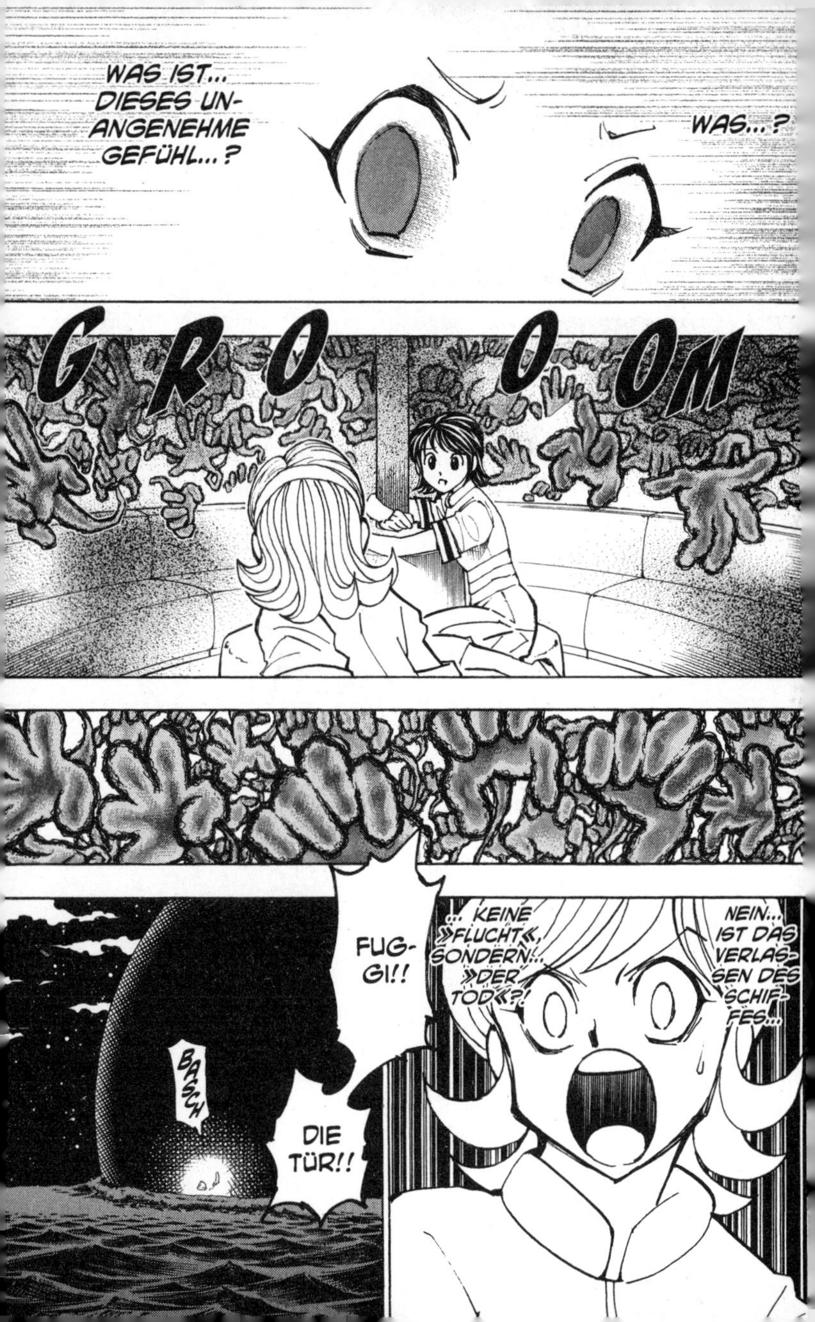
WAS...?
WAS IST... DIESES UN-ANGENEHME GEFÜHL...?
GROOOM
NEIN... IST DAS VERLAS-SEN DES SCHIF-FES...
... KEINE »FLUCHT«, SONDERN... »DER TOD«?!
FUG-GI!!
DIE TÜR!!
BASCH

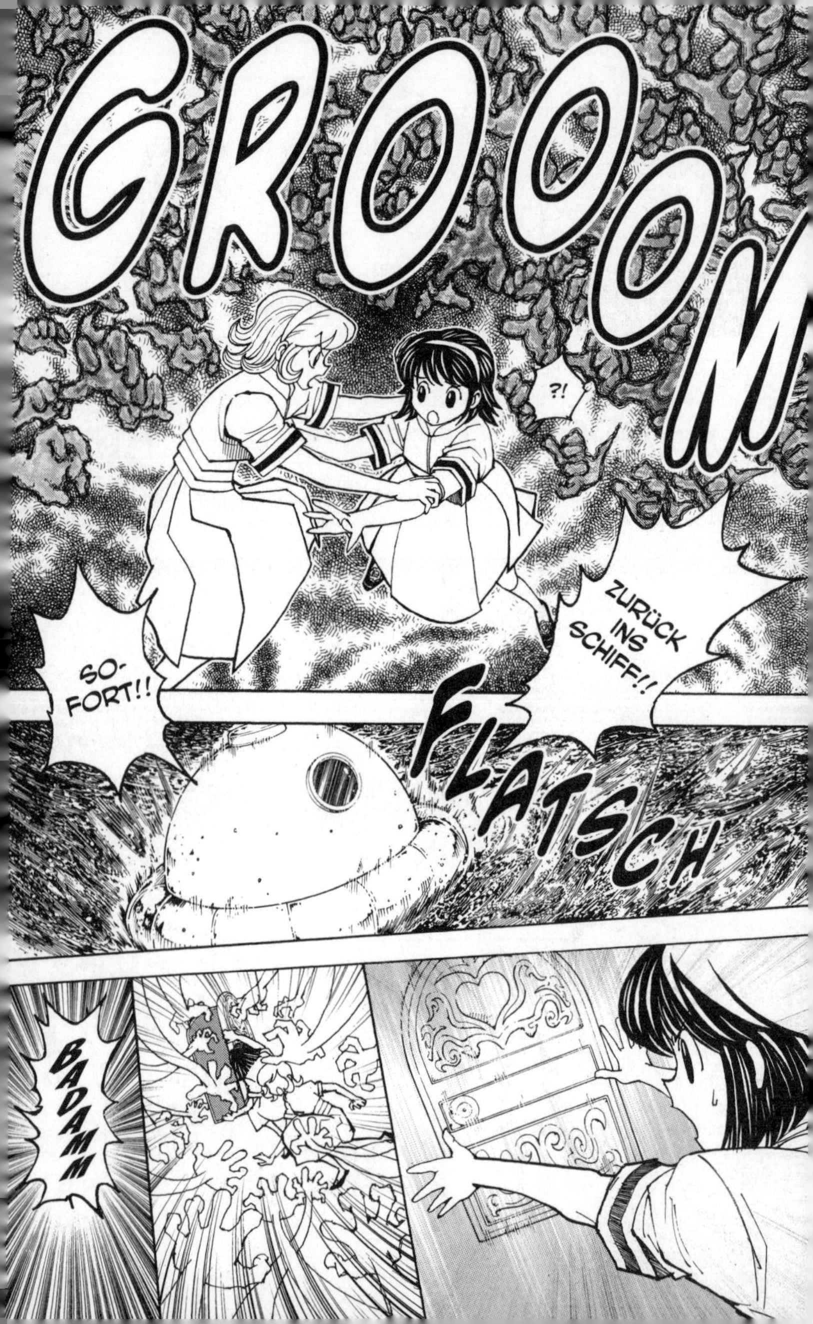
GROOOOM
?!
ZURÜCK INS SCHIFF!!
SO-FORT!!
FLATSCH
BADAMM

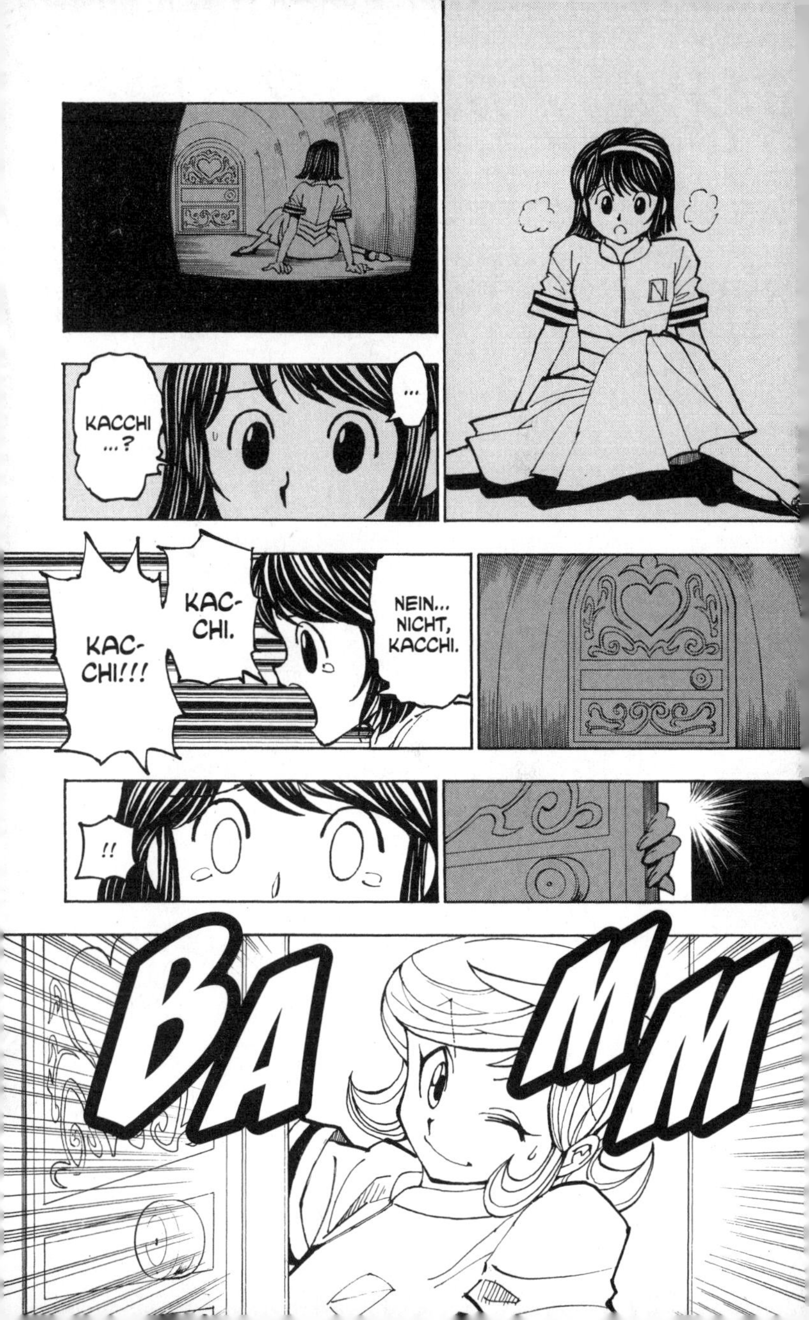
...
KACCHI ...?
NEIN... NICHT, KACCHI.
KAC-CHI.
KAC-CHI!!!
!!
BAMM

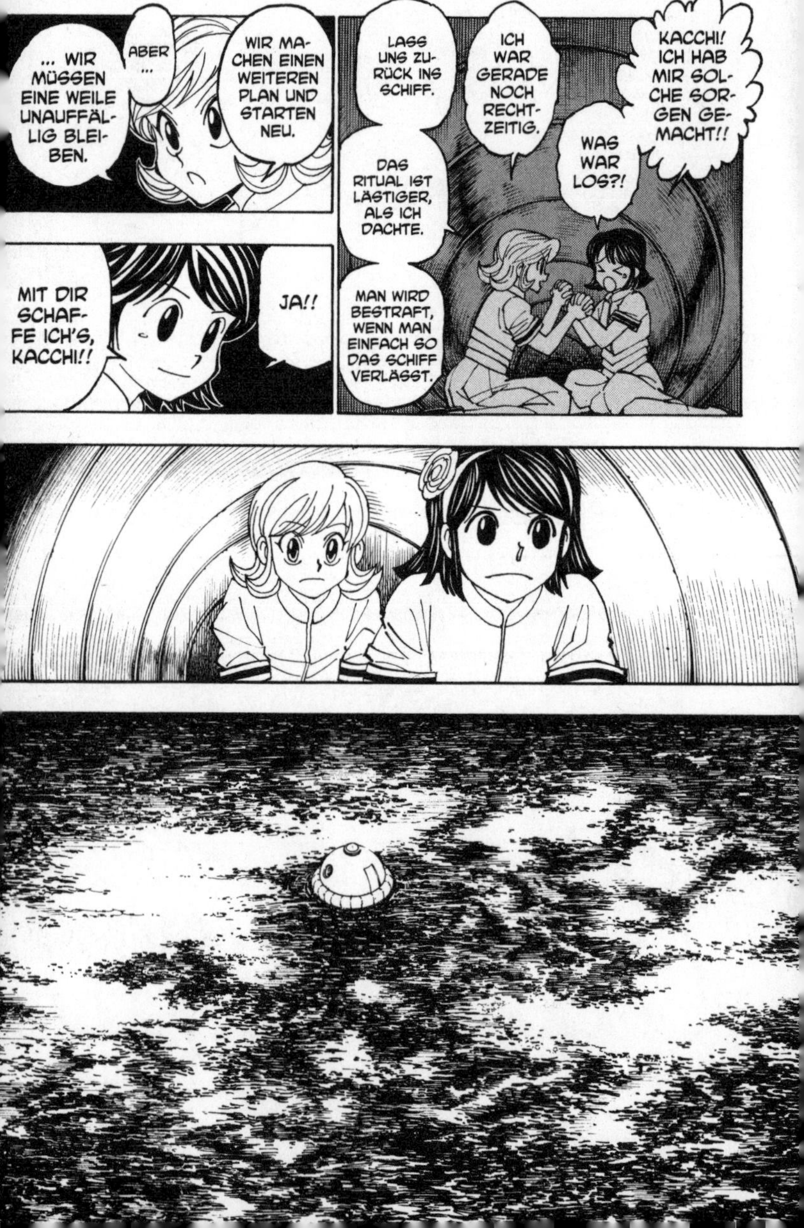
KACCHI! ICH HAB MIR SOLCHE SORGEN GEMACHT!!
WAS WAR LOS?!
ICH WAR GERADE NOCH RECHTZEITIG.
LASS UNS ZURÜCK INS SCHIFF.
DAS RITUAL IST LÄSTIGER, ALS ICH DACHTE.
MAN WIRD BESTRAFT, WENN MAN EINFACH SO DAS SCHIFF VERLÄSST.
WIR MACHEN EINEN WEITEREN PLAN UND STARTEN NEU.
ABER ...
... WIR MÜSSEN EINE WEILE UNAUFFÄLLIG BLEIBEN.
JA!!
MIT DIR SCHAFFE ICH'S, KACCHI!!

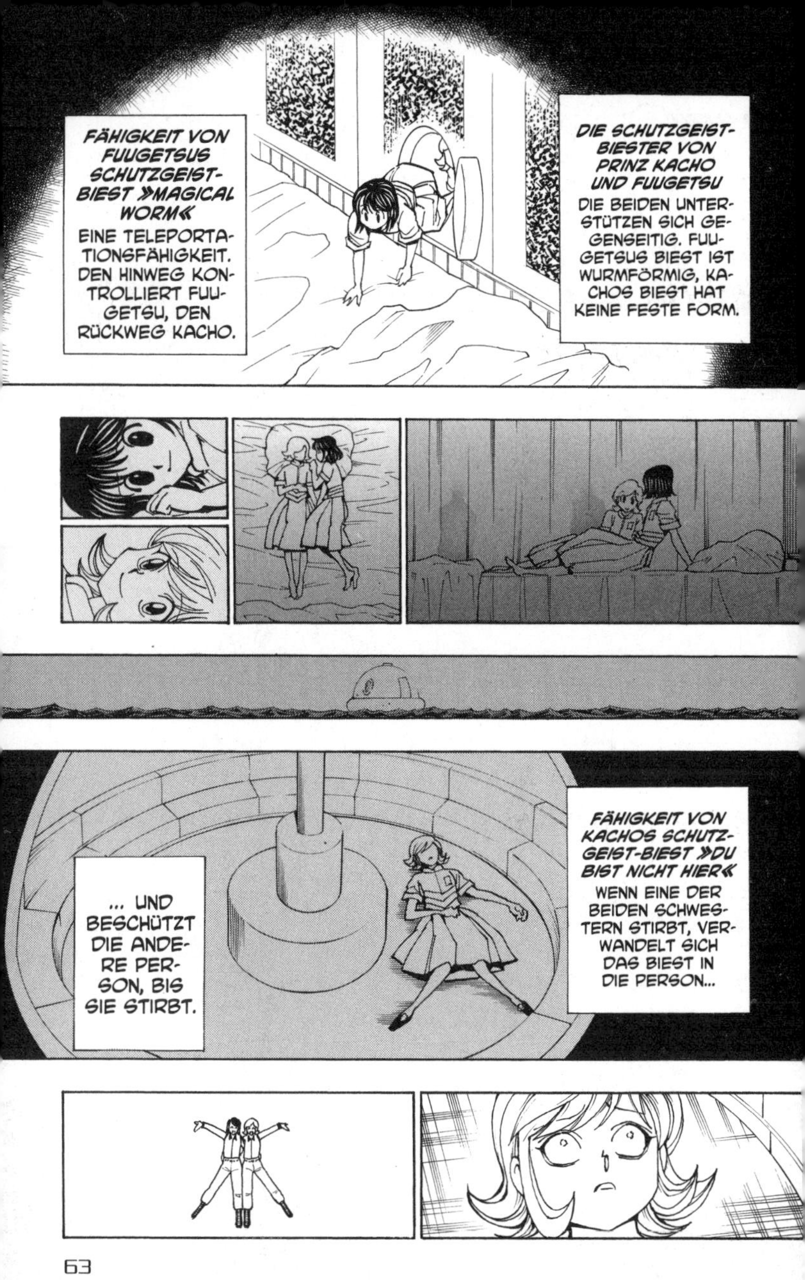
DIE SCHUTZGEIST-BIESTER VON PRINZ KACHO UND FUUGETSU
DIE BEIDEN UNTERSTÜTZEN SICH GEGENSEITIG. FUUGETSUS BIEST IST WURMFÖRMIG, KACHOS BIEST HAT KEINE FESTE FORM.
FÄHIGKEIT VON FUUGETSUS SCHUTZGEIST-BIEST »MAGICAL WORM«
EINE TELEPORTATIONSFÄHIGKEIT. DEN HINWEG KONTROLLIERT FUUGETSU, DEN RÜCKWEG KACHO.
FÄHIGKEIT VON KACHOS SCHUTZ-GEIST-BIEST »DU BIST NICHT HIER«
WENN EINE DER BEIDEN SCHWESTERN STIRBT, VERWANDELT SICH DAS BIEST IN DIE PERSON...
... UND BESCHÜTZT DIE ANDERE PERSON, BIS SIE STIRBT.

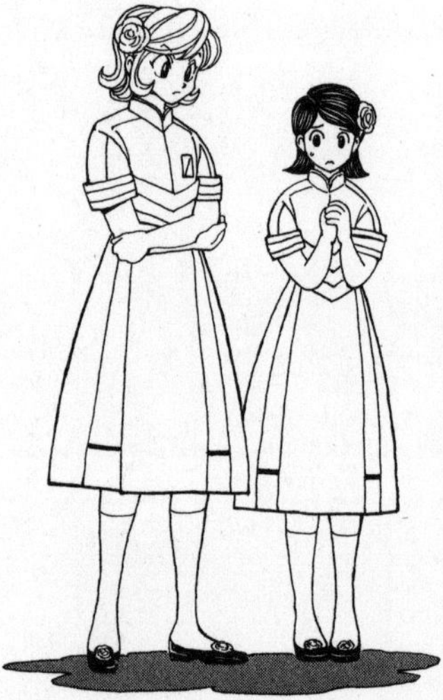

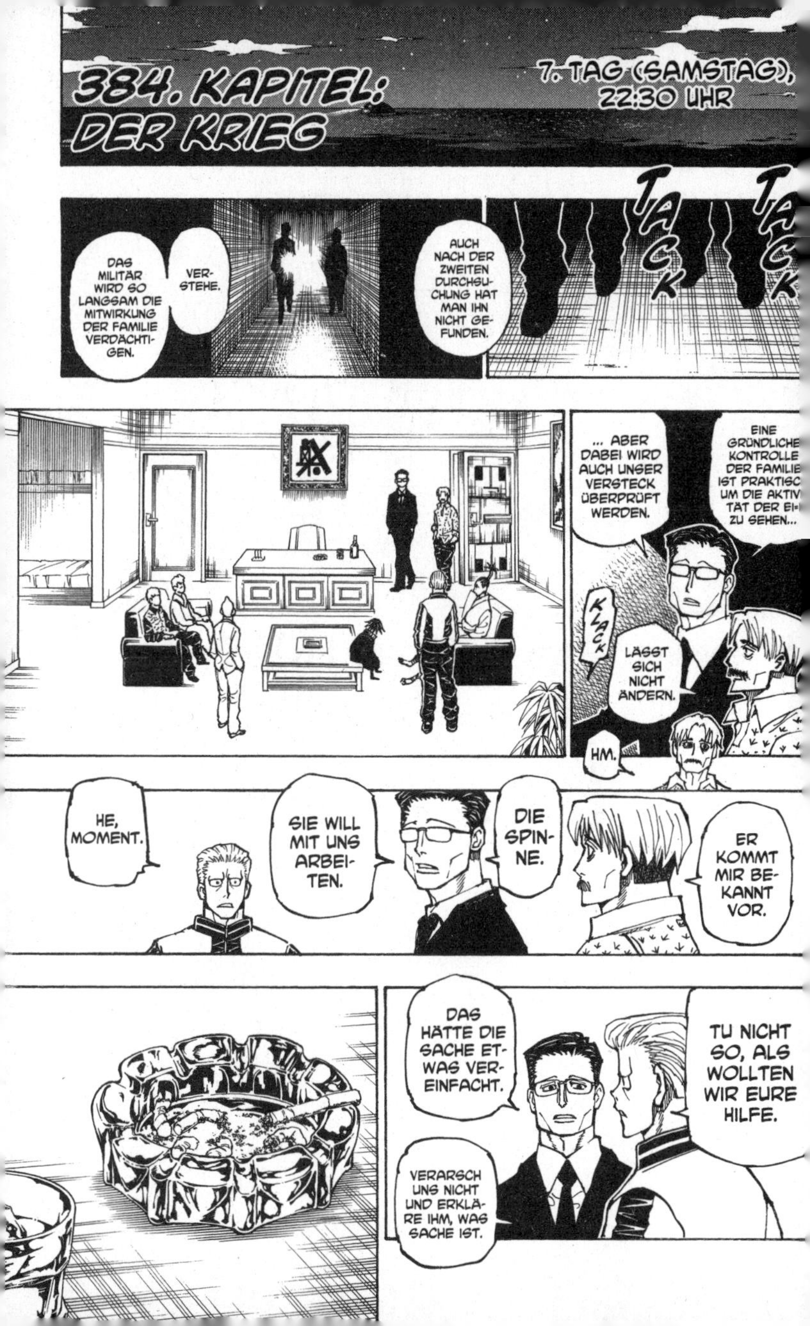
384. KAPITEL: DER KRIEG
7. TAG (SAMSTAG), 22:30 UHR
TACK TACK
AUCH NACH DER ZWEITEN DURCHSUCHUNG HAT MAN IHN NICHT GEFUNDEN.
VERSTEHE.
DAS MILITÄR WIRD SO LANGSAM DIE MITWIRKUNG DER FAMILIE VERDÄCHTIGEN.
EINE GRÜNDLICHE KONTROLLE DER FAMILIE IST PRAKTISC UM DIE AKTIV TÄT DER EI- ZU SEHEN...
... ABER DABEI WIRD AUCH UNSER VERSTECK ÜBERPRÜFT WERDEN.
KLACK
LÄSST SICH NICHT ÄNDERN.
HM.
ER KOMMT MIR BEKANNT VOR.
DIE SPINNE.
SIE WILL MIT UNS ARBEITEN.
HE, MOMENT.
TU NICHT SO, ALS WOLLTEN WIR EURE HILFE.
DAS HÄTTE DIE SACHE ETWAS VEREINFACHT.
VERARSCH UNS NICHT UND ERKLÄRE IHM, WAS SACHE IST.

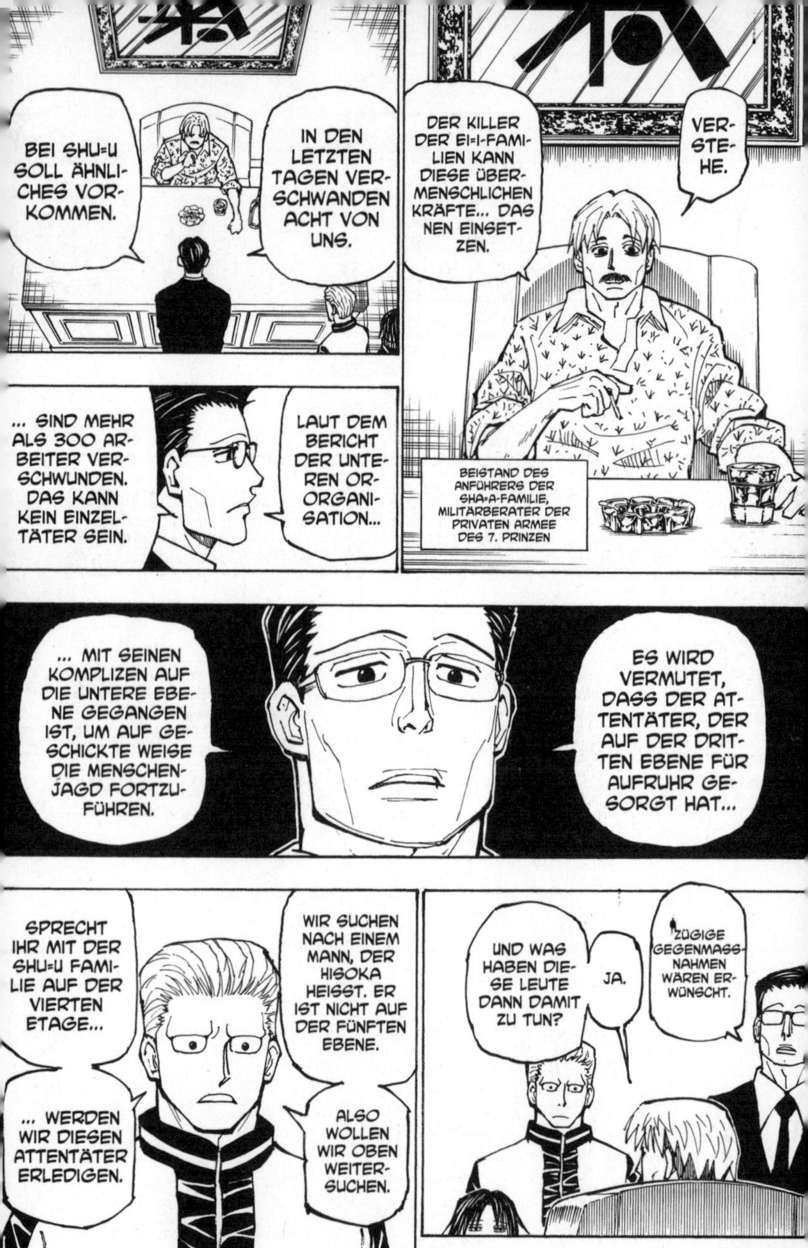

VERSTEHE.
DER KILLER DER EI=I-FAMILIEN KANN DIESE ÜBERMENSCHLICHEN KRÄFTE... DAS NEN EINSETZEN.
BEISTAND DES ANFÜHRERS DER SHA=A-FAMILIE, MILITÄRBERATER DER PRIVATEN ARMEE DES 7. PRINZEN
IN DEN LETZTEN TAGEN VERSCHWANDEN ACHT VON UNS.
BEI SHU=U SOLL ÄHNLICHES VORKOMMEN.
LAUT DEM BERICHT DER UNTEREN ORORGANISATION...
... SIND MEHR ALS 300 ARBEITER VERSCHWUNDEN. DAS KANN KEIN EINZELTÄTER SEIN.
ES WIRD VERMUTET, DASS DER ATTENTÄTER, DER AUF DER DRITTEN EBENE FÜR AUFRUHR GESORGT HAT...
... MIT SEINEN KOMPLIZEN AUF DIE UNTERE EBENE GEGANGEN IST, UM AUF GESCHICKTE WEISE DIE MENSCHENJAGD FORTZUFÜHREN.
ZÜGIGE GEGENMASSNAHMEN WÄREN ERWÜNSCHT.
JA.
UND WAS HABEN DIESE LEUTE DANN DAMIT ZU TUN?
WIR SUCHEN NACH EINEM MANN, DER HISOKA HEISST. ER IST NICHT AUF DER FÜNFTEN EBENE.
SPRECHT IHR MIT DER SHU=U FAMILIE AUF DER VIERTEN ETAGE...
ALSO WOLLEN WIR OBEN WEITERSUCHEN.
... WERDEN WIR DIESEN ATTENTÄTER ERLEDIGEN.

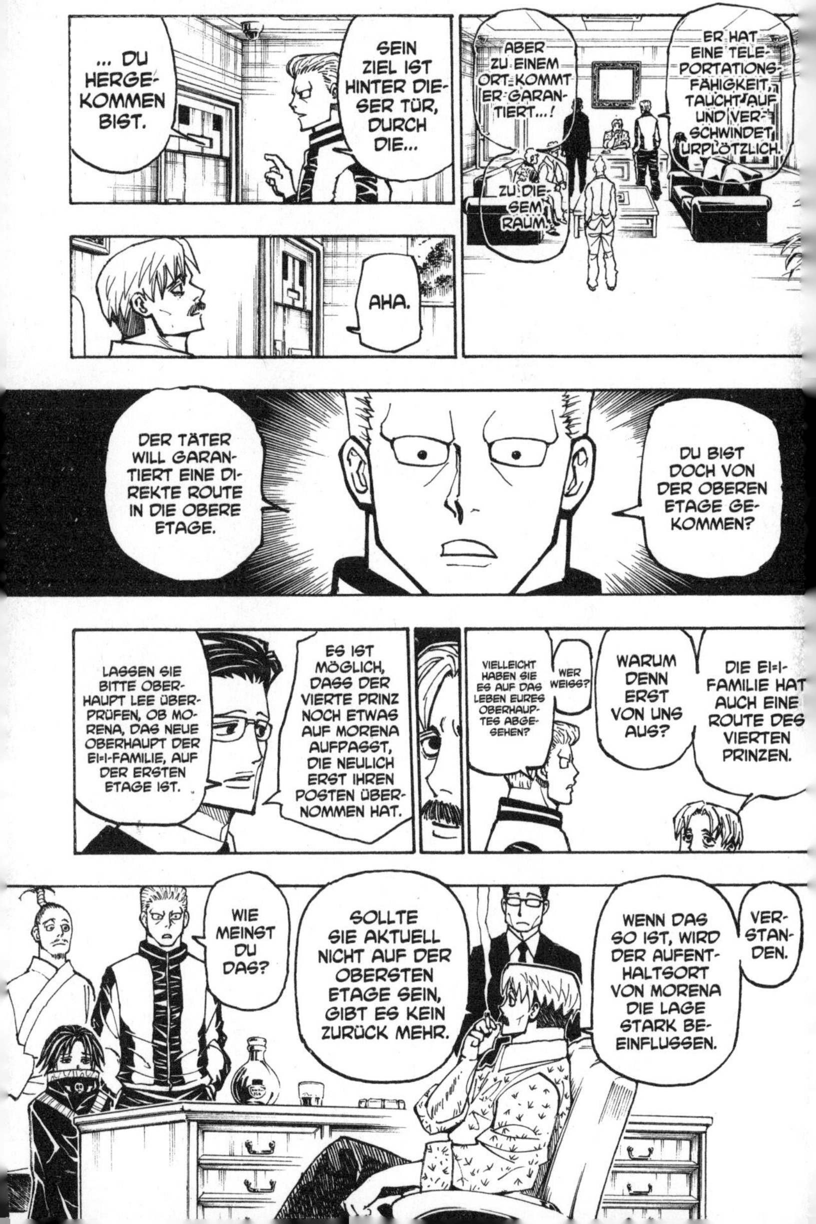
ER HAT EINE TELEPORTATIONSFÄHIGKEIT, TAUCHT AUF UND VERSCHWINDET URPLÖTZLICH.
ABER ZU EINEM ORT KOMMT ER GARANTIERT...!
ZU DIESEM RAUM.
SEIN ZIEL IST HINTER DIESER TÜR, DURCH DIE...
... DU HERGEKOMMEN BIST.
AHA.
DU BIST DOCH VON DER OBEREN ETAGE GEKOMMEN?
DER TÄTER WILL GARANTIERT EINE DIREKTE ROUTE IN DIE OBERE ETAGE.
DIE EI=I-FAMILIE HAT AUCH EINE ROUTE DES VIERTEN PRINZEN.
WARUM DENN ERST VON UNS AUS?
WER WEISS?
VIELLEICHT HABEN SIE ES AUF DAS LEBEN EURES OBERHAUPTES ABGESEHEN?
ES IST MÖGLICH, DASS DER VIERTE PRINZ NOCH ETWAS AUF MORENA AUFPASST, DIE NEULICH ERST IHREN POSTEN ÜBERNOMMEN HAT.
LASSEN SIE BITTE OBERHAUPT LEE ÜBERPRÜFEN, OB MORENA, DAS NEUE OBERHAUPT DER EI=I-FAMILIE, AUF DER ERSTEN ETAGE IST.
VERSTANDEN.
WENN DAS SO IST, WIRD DER AUFENTHALTSORT VON MORENA DIE LAGE STARK BEEINFLUSSEN.
SOLLTE SIE AKTUELL NICHT AUF DER OBERSTEN ETAGE SEIN, GIBT ES KEIN ZURÜCK MEHR.
WIE MEINST DU DAS?

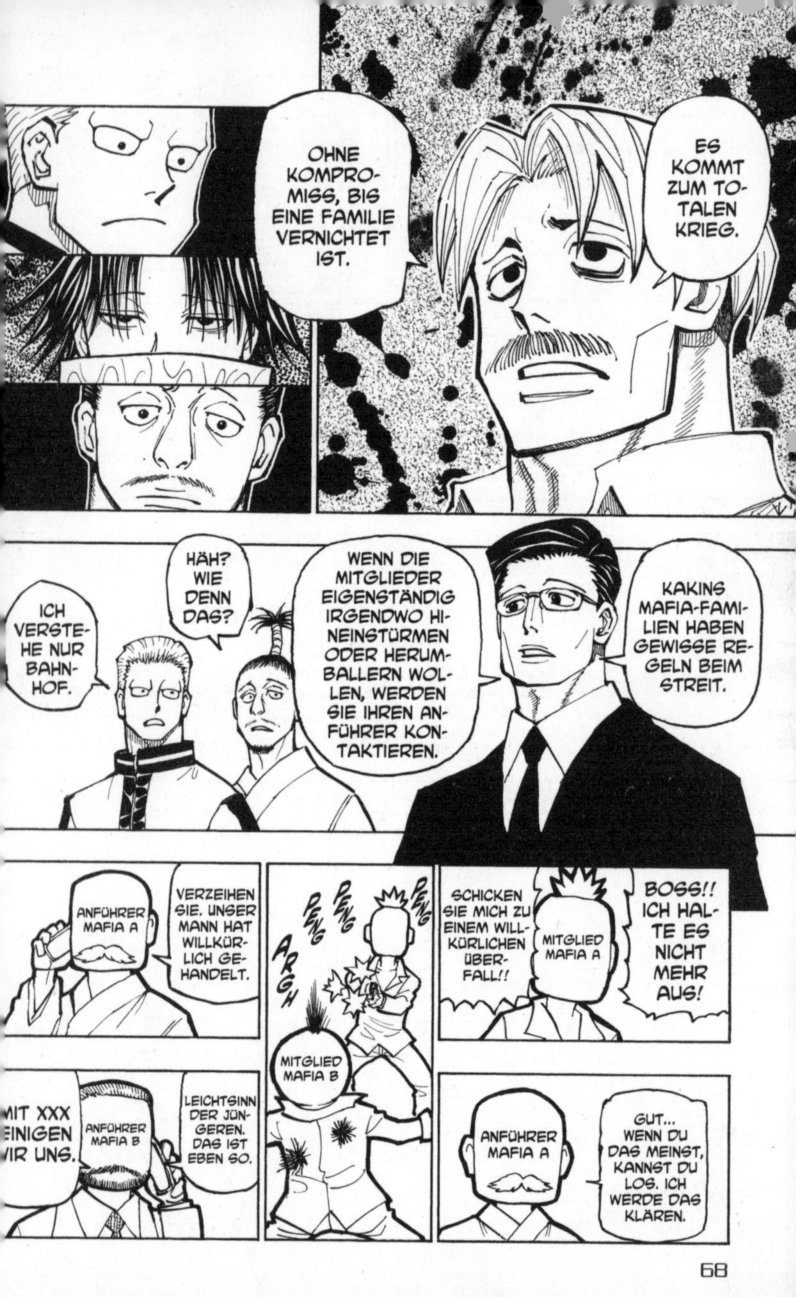
ES KOMMT ZUM TOTALEN KRIEG.
OHNE KOMPROMISS, BIS EINE FAMILIE VERNICHTET IST.
KAKINS MAFIA-FAMILIEN HABEN GEWISSE REGELN BEIM STREIT.
WENN DIE MITGLIEDER EIGENSTÄNDIG IRGENDWO HINEINSTÜRMEN ODER HERUMBALLERN WOLLEN, WERDEN SIE IHREN ANFÜHRER KONTAKTIEREN.
HÄH? WIE DENN DAS?
ICH VERSTEHE NUR BAHNHOF.
BOSS!! ICH HALTE ES NICHT MEHR AUS!
MITGLIED MAFIA A
SCHICKEN SIE MICH ZU EINEM WILLKÜRLICHEN ÜBERFALL!!
PENG
PENG
ARGH
MITGLIED MAFIA B
VERZEIHEN SIE. UNSER MANN HAT WILLKÜRLICH GEHANDELT.
ANFÜHRER MAFIA A
GUT... WENN DU DAS MEINST, KANNST DU LOS. ICH WERDE DAS KLÄREN.
ANFÜHRER MAFIA A
LEICHTSINN DER JÜNGEREN. DAS IST EBEN SO.
ANFÜHRER MAFIA B
MIT XXX EINIGEN WIR UNS.

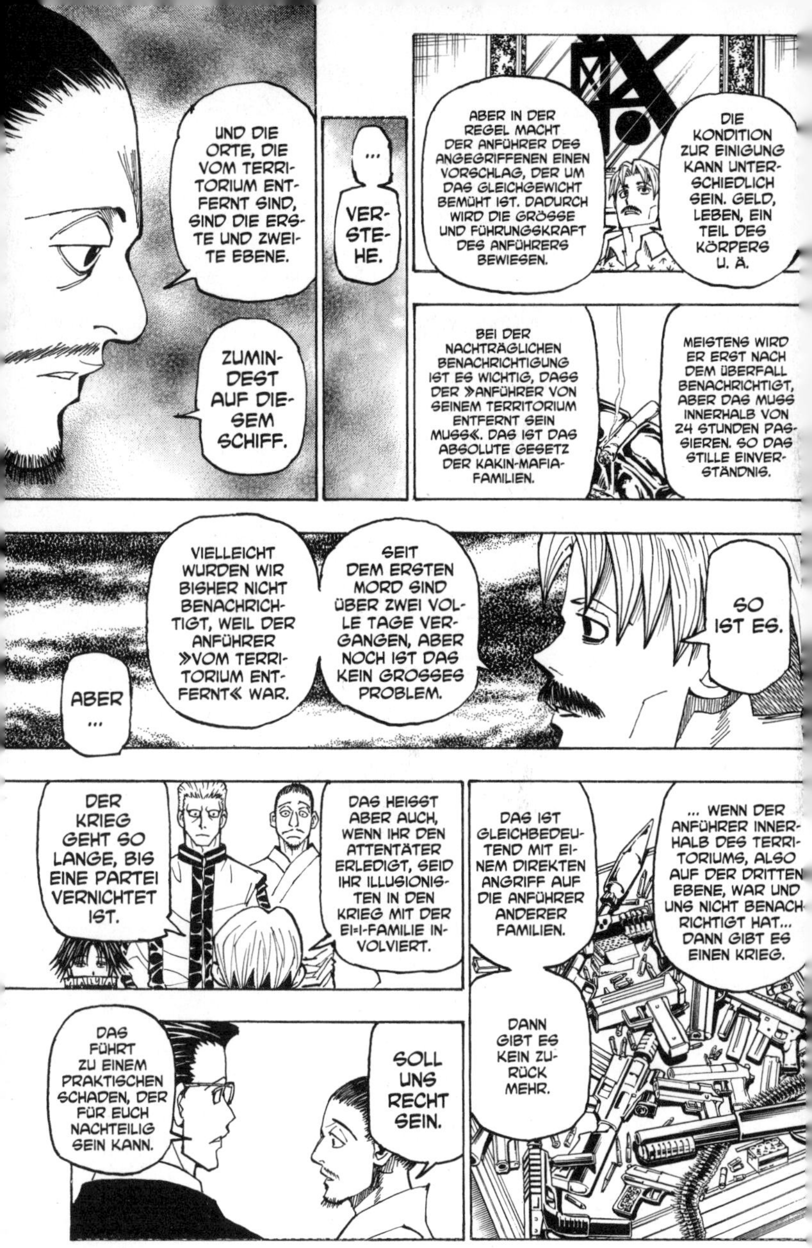
DIE KONDITION ZUR EINIGUNG KANN UNTERSCHIEDLICH SEIN. GELD, LEBEN, EIN TEIL DES KÖRPERS U. Ä.
ABER IN DER REGEL MACHT DER ANFÜHRER DES ANGEGRIFFENEN EINEN VORSCHLAG, DER UM DAS GLEICHGEWICHT BEMÜHT IST. DADURCH WIRD DIE GRÖSSE UND FÜHRUNGSKRAFT DES ANFÜHRERS BEWIESEN.
MEISTENS WIRD ER ERST NACH DEM ÜBERFALL BENACHRICHTIGT, ABER DAS MUSS INNERHALB VON 24 STUNDEN PASSIEREN. SO DAS STILLE EINVERSTÄNDNIS.
BEI DER NACHTRÄGLICHEN BENACHRICHTIGUNG IST ES WICHTIG, DASS DER »ANFÜHRER VON SEINEM TERRITORIUM ENTFERNT SEIN MUSS«. DAS IST DAS ABSOLUTE GESETZ DER KAKIN-MAFIA-FAMILIEN.
...
VERSTEHE.
UND DIE ORTE, DIE VOM TERRITORIUM ENTFERNT SIND, SIND DIE ERSTE UND ZWEITE EBENE.
ZUMINDEST AUF DIESEM SCHIFF.
SO IST ES.
SEIT DEM ERSTEN MORD SIND ÜBER ZWEI VOLLE TAGE VERGANGEN, ABER NOCH IST DAS KEIN GROSSES PROBLEM.
VIELLEICHT WURDEN WIR BISHER NICHT BENACHRICHTIGT, WEIL DER ANFÜHRER »VOM TERRITORIUM ENTFERNT« WAR.
ABER ...
... WENN DER ANFÜHRER INNERHALB DES TERRITORIUMS, ALSO AUF DER DRITTEN EBENE, WAR UND UNS NICHT BENACHRICHTIGT HAT... DANN GIBT ES EINEN KRIEG.
DANN GIBT ES KEIN ZURÜCK MEHR.
DAS IST GLEICHBEDEUTEND MIT EINEM DIREKTEN ANGRIFF AUF DIE ANFÜHRER ANDERER FAMILIEN.
DAS HEISST ABER AUCH, WENN IHR DEN ATTENTÄTER ERLEDIGT, SEID IHR ILLUSIONISTEN IN DEN KRIEG MIT DER EI=I-FAMILIE INVOLVIERT.
DER KRIEG GEHT SO LANGE, BIS EINE PARTEI VERNICHTET IST.
DAS FÜHRT ZU EINEM PRAKTISCHEN SCHADEN, DER FÜR EUCH NACHTEILIG SEIN KANN.
SOLL UNS RECHT SEIN.

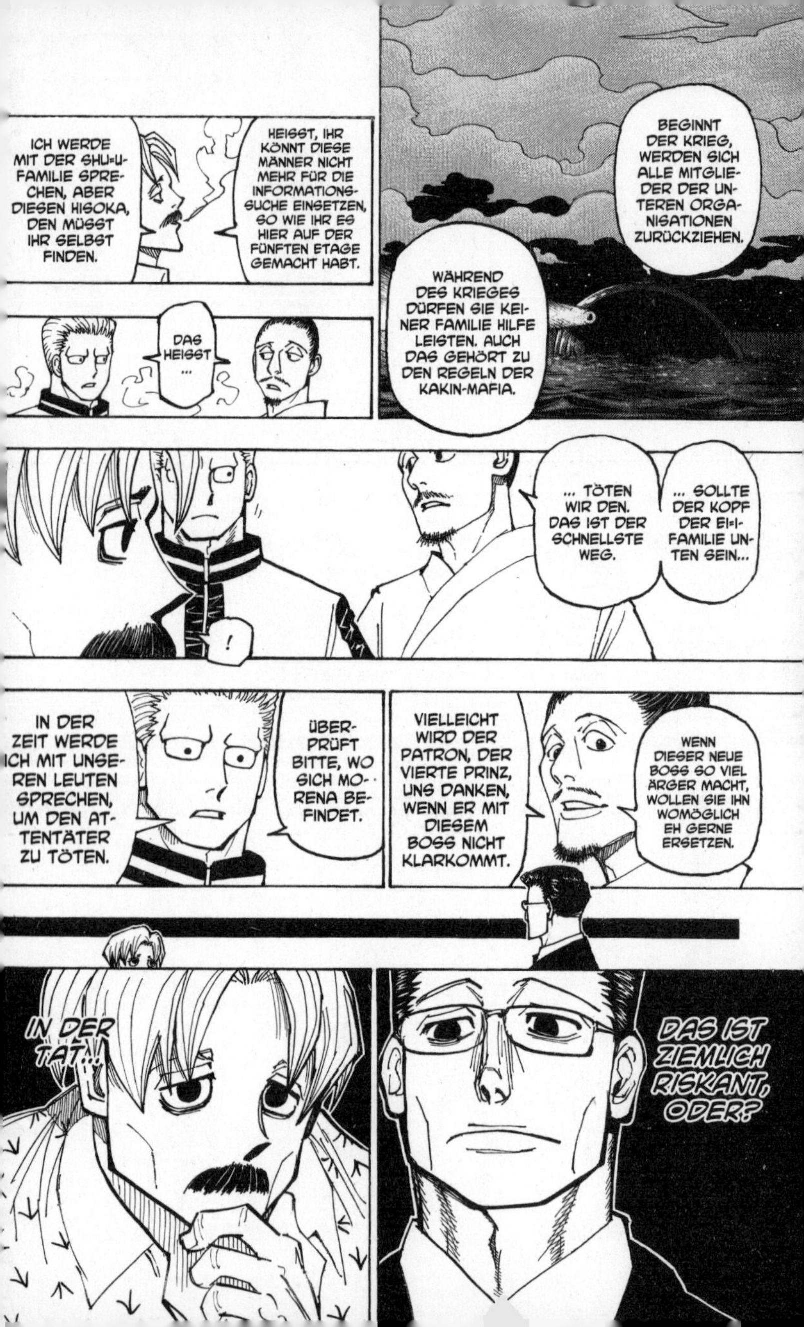

BEGINNT DER KRIEG, WERDEN SICH ALLE MITGLIEDER DER UNTEREN ORGANISATIONEN ZURÜCKZIEHEN.
WÄHREND DES KRIEGES DÜRFEN SIE KEINER FAMILIE HILFE LEISTEN. AUCH DAS GEHÖRT ZU DEN REGELN DER KAKIN-MAFIA.
HEISST, IHR KÖNNT DIESE MÄNNER NICHT MEHR FÜR DIE INFORMATIONSSUCHE EINSETZEN, SO WIE IHR ES HIER AUF DER FÜNFTEN ETAGE GEMACHT HABT.
ICH WERDE MIT DER SHU=U-FAMILIE SPRECHEN, ABER DIESEN HISOKA, DEN MÜSST IHR SELBST FINDEN.
DAS HEISST ...
... SOLLTE DER KOPF DER EI=I-FAMILIE UNTEN SEIN...
... TÖTEN WIR DEN. DAS IST DER SCHNELLSTE WEG.
!
WENN DIESER NEUE BOSS SO VIEL ÄRGER MACHT, WOLLEN SIE IHN WOMÖGLICH EH GERNE ERSETZEN.
VIELLEICHT WIRD DER PATRON, DER VIERTE PRINZ, UNS DANKEN, WENN ER MIT DIESEM BOSS NICHT KLARKOMMT.
ÜBERPRÜFT BITTE, WO SICH MORENA BEFINDET.
IN DER ZEIT WERDE ICH MIT UNSEREN LEUTEN SPRECHEN, UM DEN ATTENTÄTER ZU TÖTEN.
DAS IST ZIEMLICH RISKANT, ODER?
IN DER TAT...!

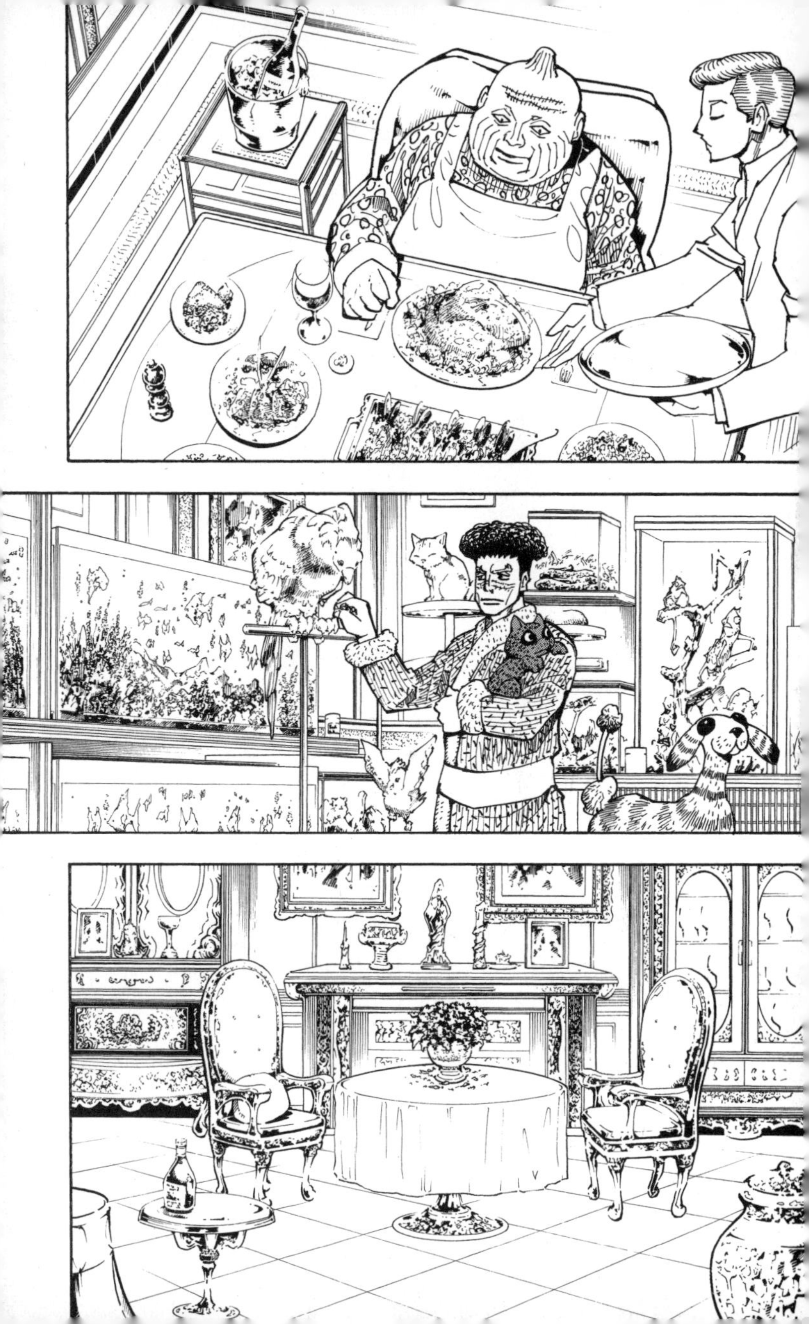

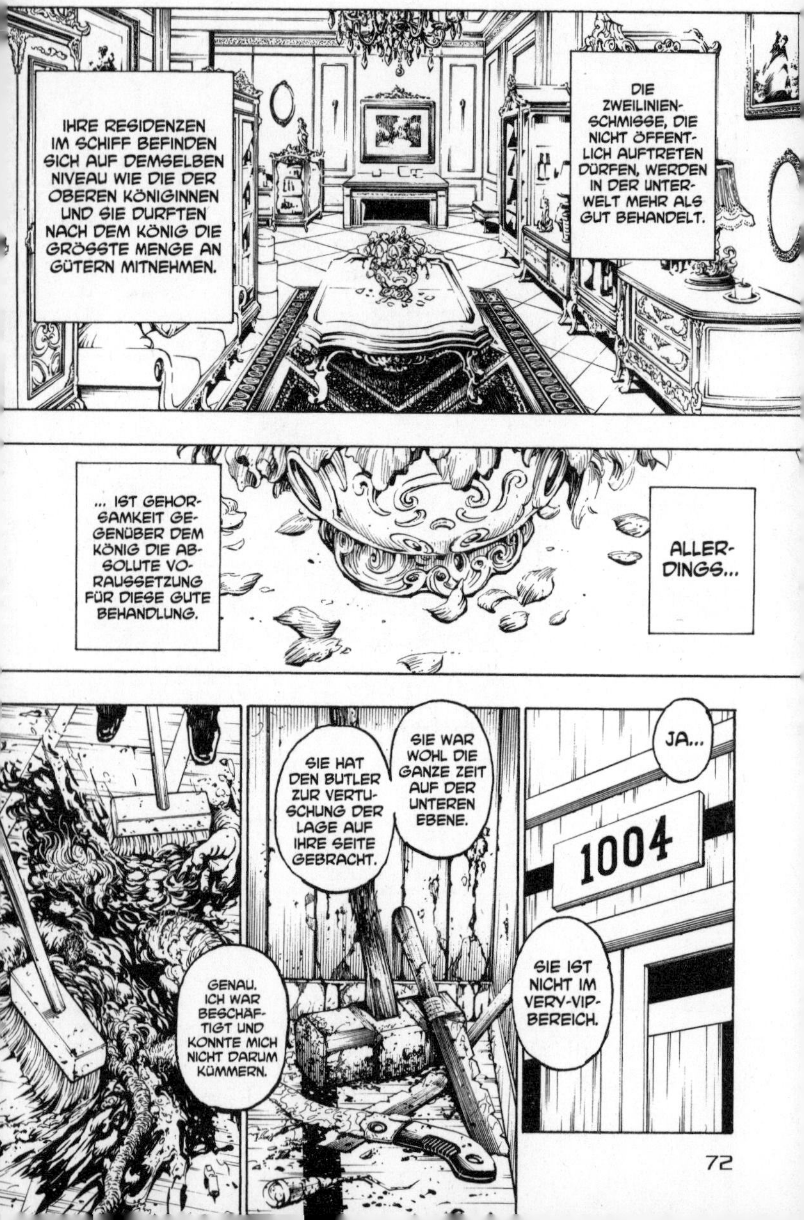
DIE ZWEILINIEN-SCHMISSE, DIE NICHT ÖFFENTLICH AUFTRETEN DÜRFEN, WERDEN IN DER UNTERWELT MEHR ALS GUT BEHANDELT.
IHRE RESIDENZEN IM SCHIFF BEFINDEN SICH AUF DEMSELBEN NIVEAU WIE DIE DER OBEREN KÖNIGINNEN UND SIE DURFTEN NACH DEM KÖNIG DIE GRÖSSTE MENGE AN GÜTERN MITNEHMEN.
ALLERDINGS...
... IST GEHORSAMKEIT GEGENÜBER DEM KÖNIG DIE ABSOLUTE VORAUSSETZUNG FÜR DIESE GUTE BEHANDLUNG.
JA...
1004
SIE IST NICHT IM VERY-VIP-BEREICH.
SIE WAR WOHL DIE GANZE ZEIT AUF DER UNTEREN EBENE.
SIE HAT DEN BUTLER ZUR VERTUSCHUNG DER LAGE AUF IHRE SEITE GEBRACHT.
GENAU. ICH WAR BESCHÄFTIGT UND KONNTE MICH NICHT DARUM KÜMMERN.

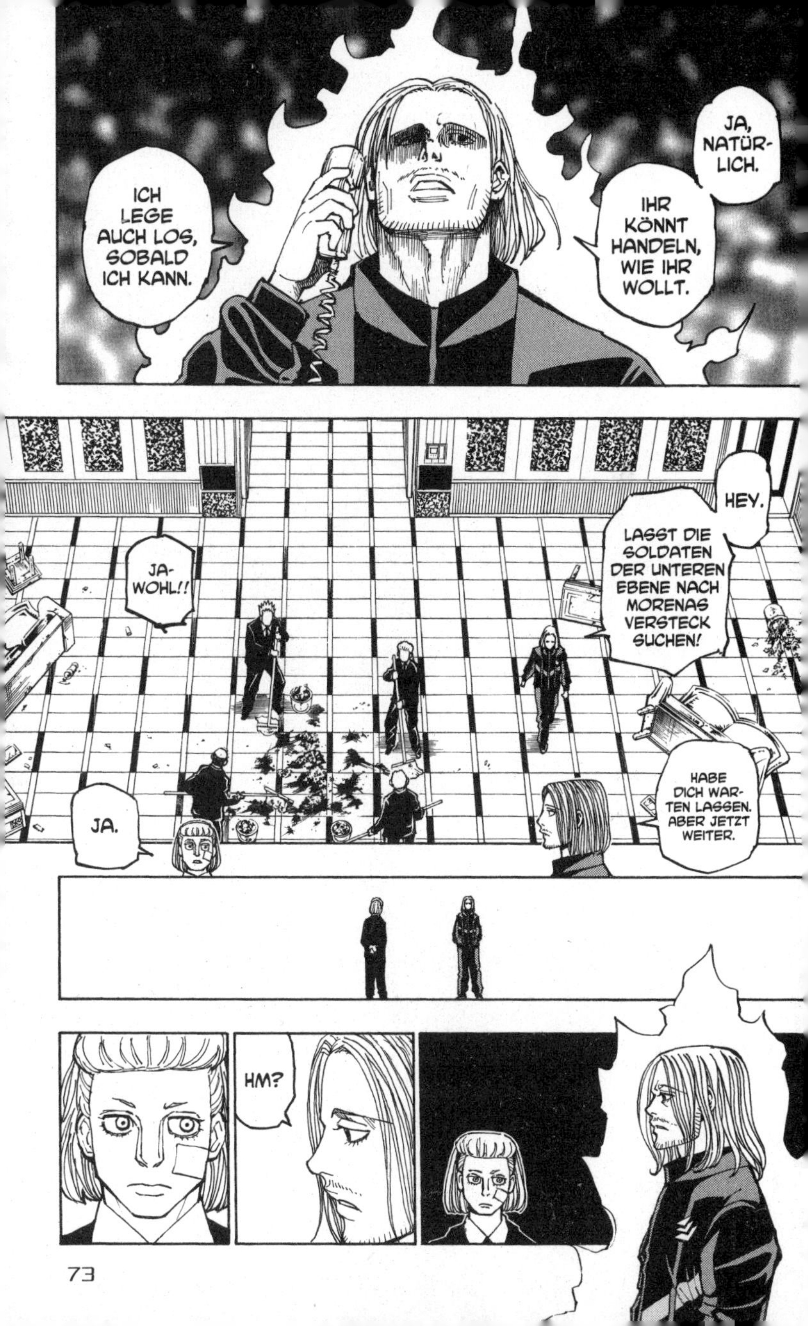
JA, NATÜRLICH.
IHR KÖNNT HANDELN, WIE IHR WOLLT.
ICH LEGE AUCH LOS, SOBALD ICH KANN.
HEY.
LASST DIE SOLDATEN DER UNTEREN EBENE NACH MORENAS VERSTECK SUCHEN!
JA-WOHL!!
HABE DICH WARTEN LASSEN. ABER JETZT WEITER.
JA.
HM?

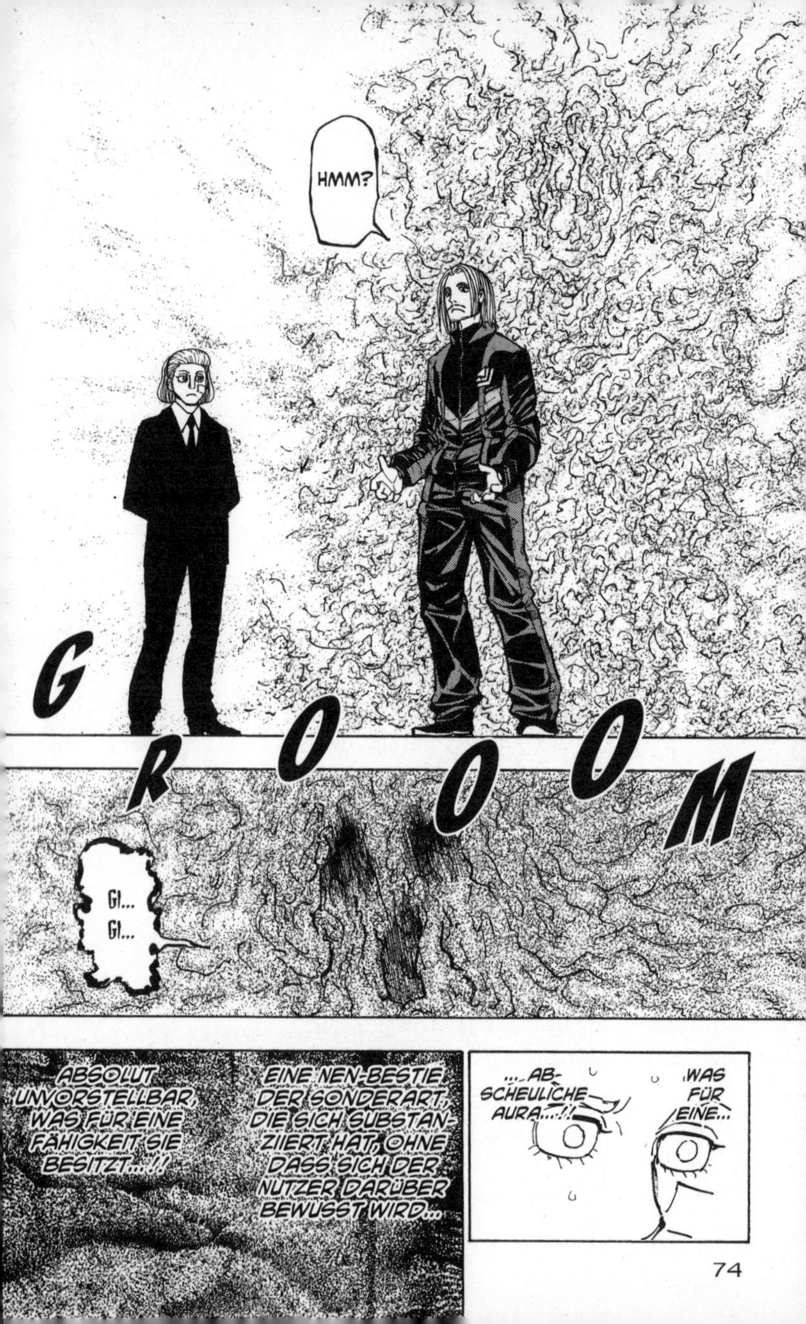
HMM?
GROOOOM
GI... GI...
WAS FÜR EINE...
...AB-SCHEULICHE AURA...!!
EINE NEN-BESTIE DER SONDERART, DIE SICH SUBSTANZIERT HAT, OHNE DASS SICH DER NUTZER DARÜBER BEWUSST WIRD...
ABSOLUT UNVORSTELLBAR, WAS FÜR EINE FÄHIGKEIT SIE BESITZT...!!

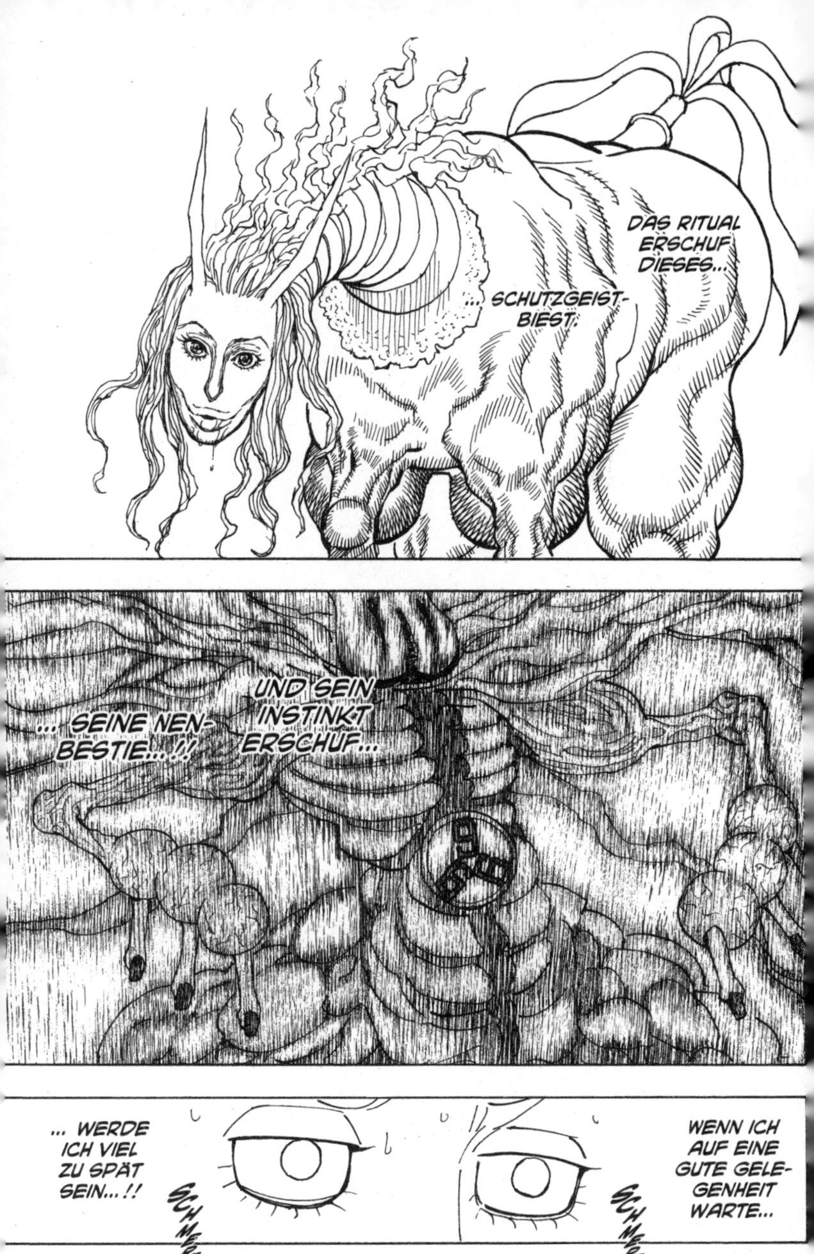
DAS RITUAL ERSCHUF DIESES...
... SCHUTZGEIST-BIEST.
UND SEIN INSTINKT ERSCHUF...
... SEINE NEN-BESTIE...!!
WENN ICH AUF EINE GUTE GELE-GENHEIT WARTE...
SCHMERZ
SCHMERZ
... WERDE ICH VIEL ZU SPÄT SEIN...!!

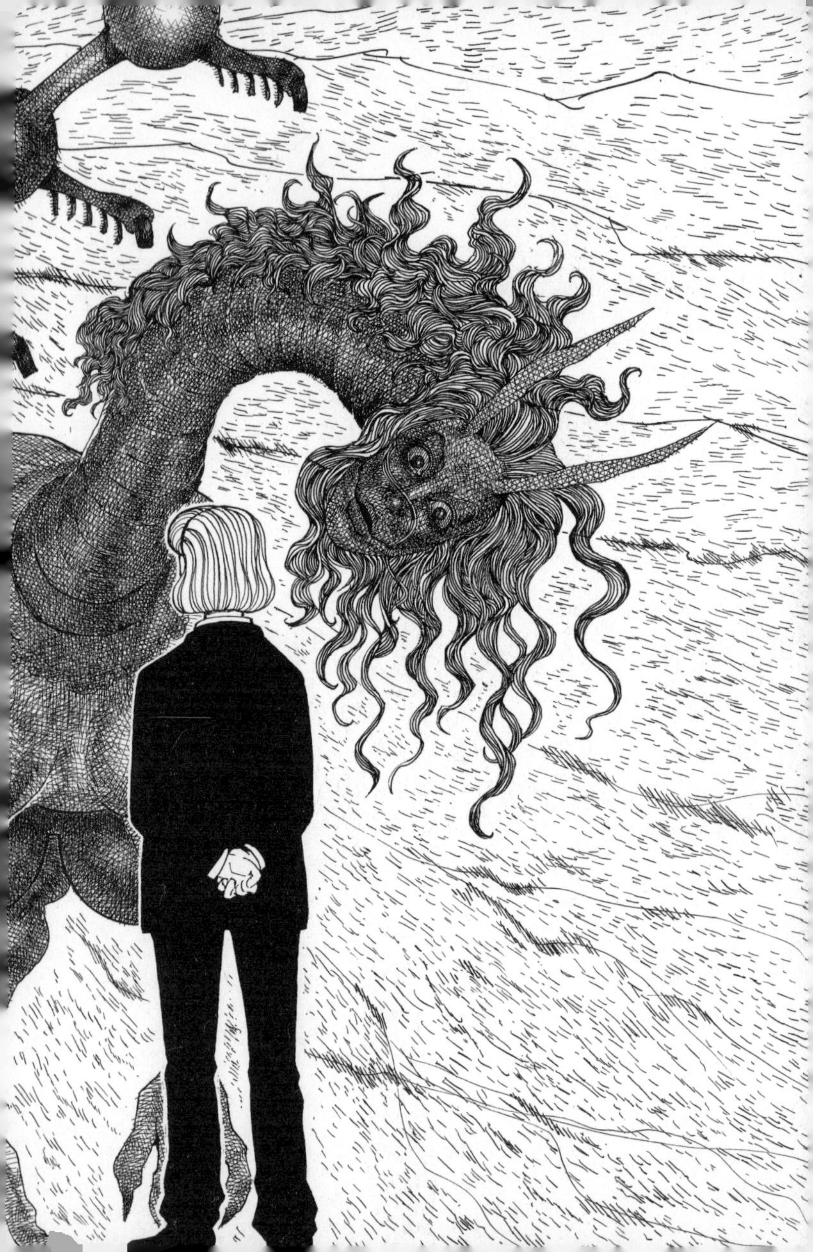

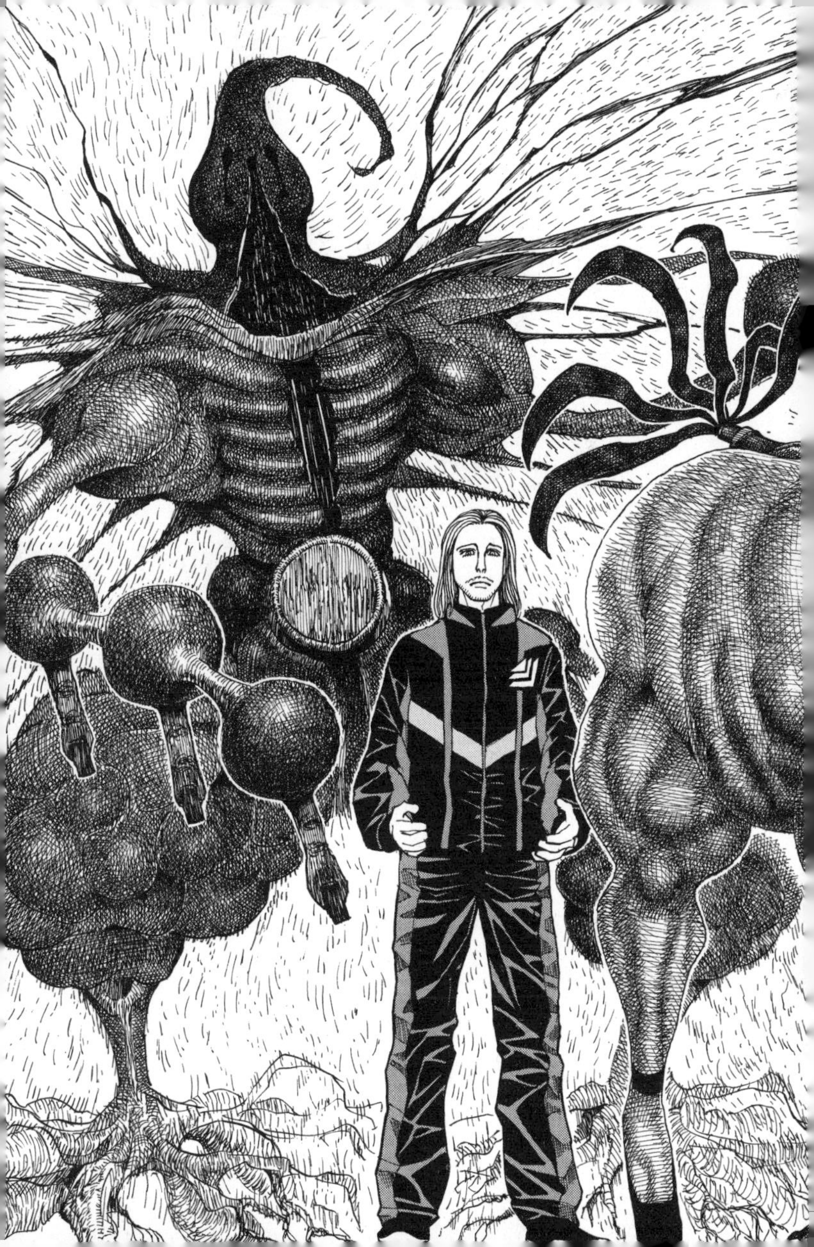

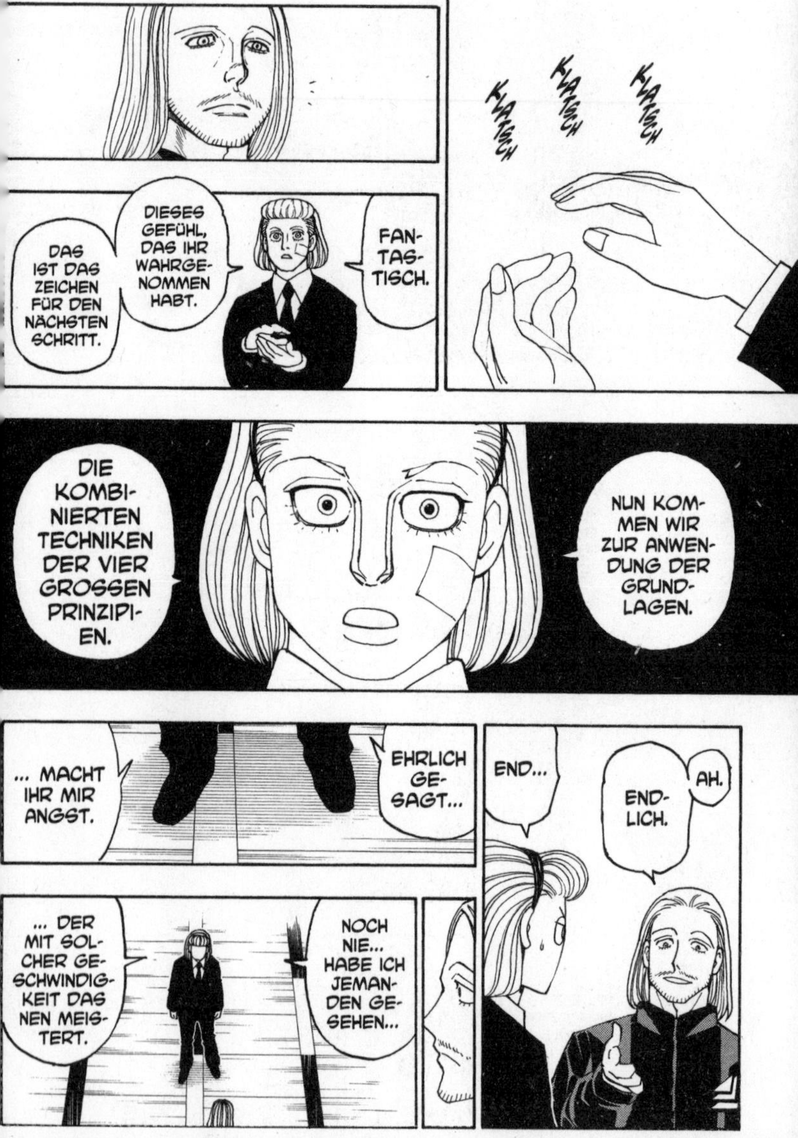
KLATSCH
KLATSCH
KLATSCH
FAN-TASTISCH.
DIESES GEFÜHL, DAS IHR WAHRGENOMMEN HABT.
DAS IST DAS ZEICHEN FÜR DEN NÄCHSTEN SCHRITT.
NUN KOMMEN WIR ZUR ANWENDUNG DER GRUNDLAGEN.
DIE KOMBINIERTEN TECHNIKEN DER VIER GROSSEN PRINZIPIEN.
AH.
ENDLICH.
END...
EHRLICH GESAGT...
... MACHT IHR MIR ANGST.
NOCH NIE... HABE ICH JEMANDEN GESEHEN...
... DER MIT SOLCHER GESCHWINDIGKEIT DAS NEN MEISTERT.

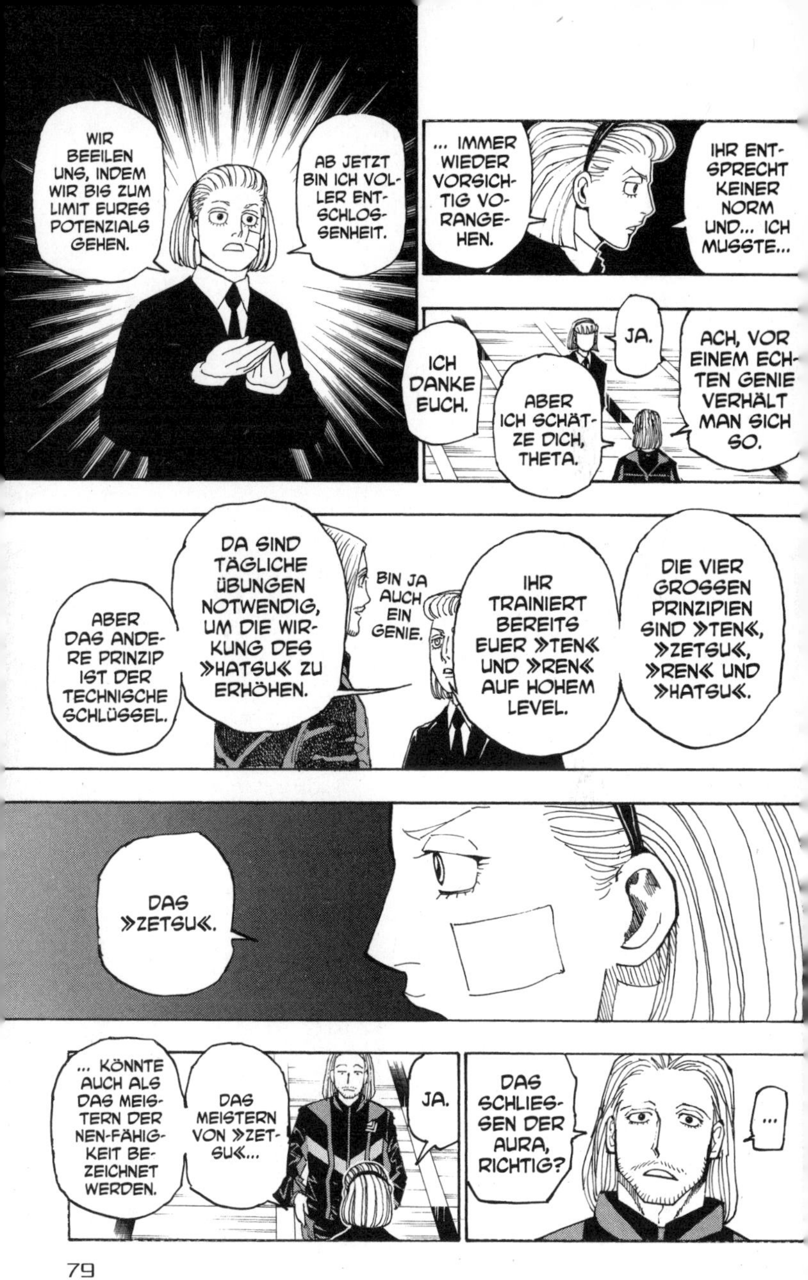
IHR ENTSPRECHT KEINER NORM UND... ICH MUSSTE...
... IMMER WIEDER VORSICHTIG VORANGEHEN.
AB JETZT BIN ICH VOLLER ENTSCHLOSSENHEIT.
WIR BEEILEN UNS, INDEM WIR BIS ZUM LIMIT EURES POTENZIALS GEHEN.
ACH, VOR EINEM ECHTEN GENIE VERHÄLT MAN SICH SO.
JA.
ABER ICH SCHÄTZE DICH, THETA.
ICH DANKE EUCH.
DIE VIER GROSSEN PRINZIPIEN SIND »TEN«, »ZETSU«, »REN« UND »HATSU«.
IHR TRAINIERT BEREITS EUER »TEN« UND »REN« AUF HOHEM LEVEL.
BIN JA AUCH EIN GENIE.
DA SIND TÄGLICHE ÜBUNGEN NOTWENDIG, UM DIE WIRKUNG DES »HATSU« ZU ERHÖHEN.
ABER DAS ANDERE PRINZIP IST DER TECHNISCHE SCHLÜSSEL.
DAS »ZETSU«.
...
DAS SCHLIESSEN DER AURA, RICHTIG?
JA.
DAS MEISTERN VON »ZETSU«...
... KÖNNTE AUCH ALS DAS MEISTERN DER NEN-FÄHIGKEIT BEZEICHNET WERDEN.

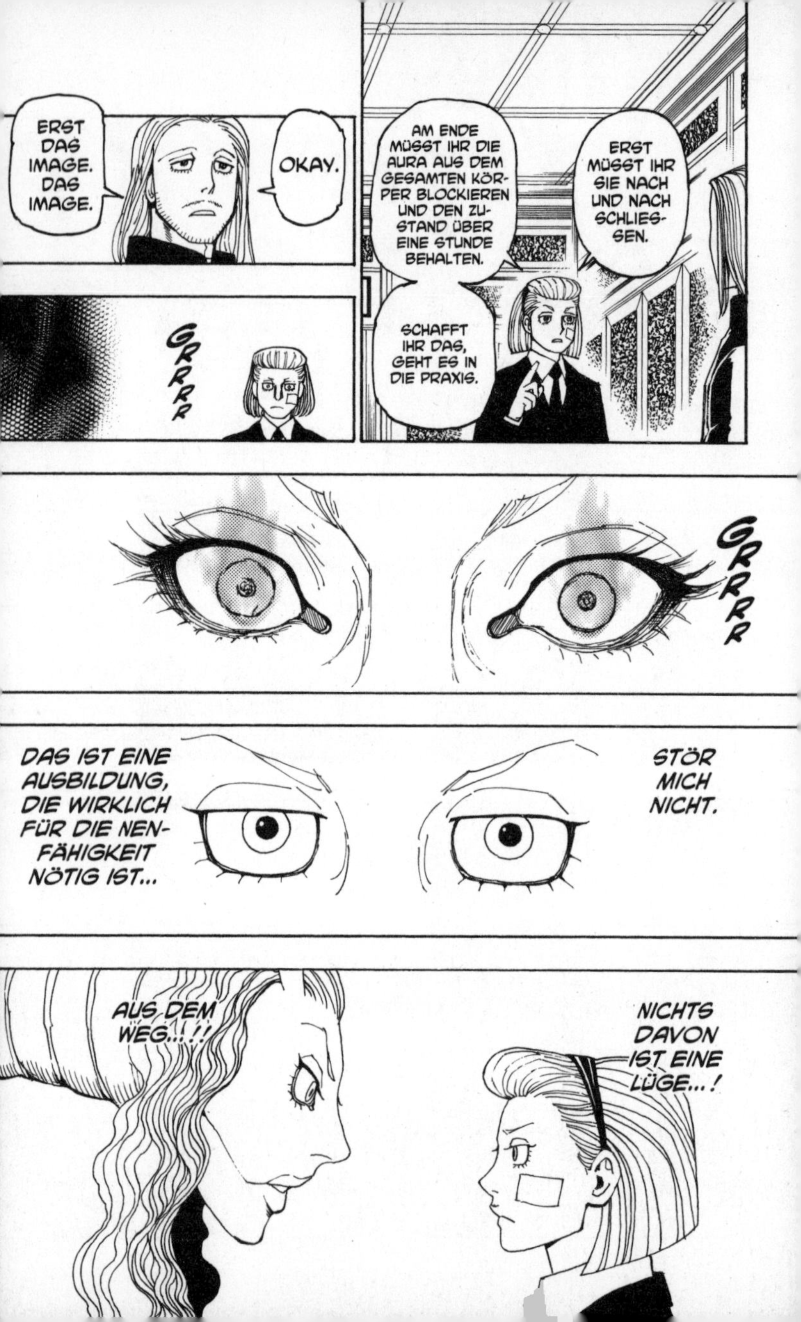
ERST MÜSST IHR SIE NACH UND NACH SCHLIESSEN.
AM ENDE MÜSST IHR DIE AURA AUS DEM GESAMTEN KÖRPER BLOCKIEREN UND DEN ZUSTAND ÜBER EINE STUNDE BEHALTEN.
SCHAFFT IHR DAS, GEHT ES IN DIE PRAXIS.
OKAY.
ERST DAS IMAGE. DAS IMAGE.
GRRRR
GRRRR
STÖR MICH NICHT.
DAS IST EINE AUSBILDUNG, DIE WIRKLICH FÜR DIE NEN-FÄHIGKEIT NÖTIG IST...
NICHTS DAVON IST EINE LÜGE...!
AUS DEM WEG...!!

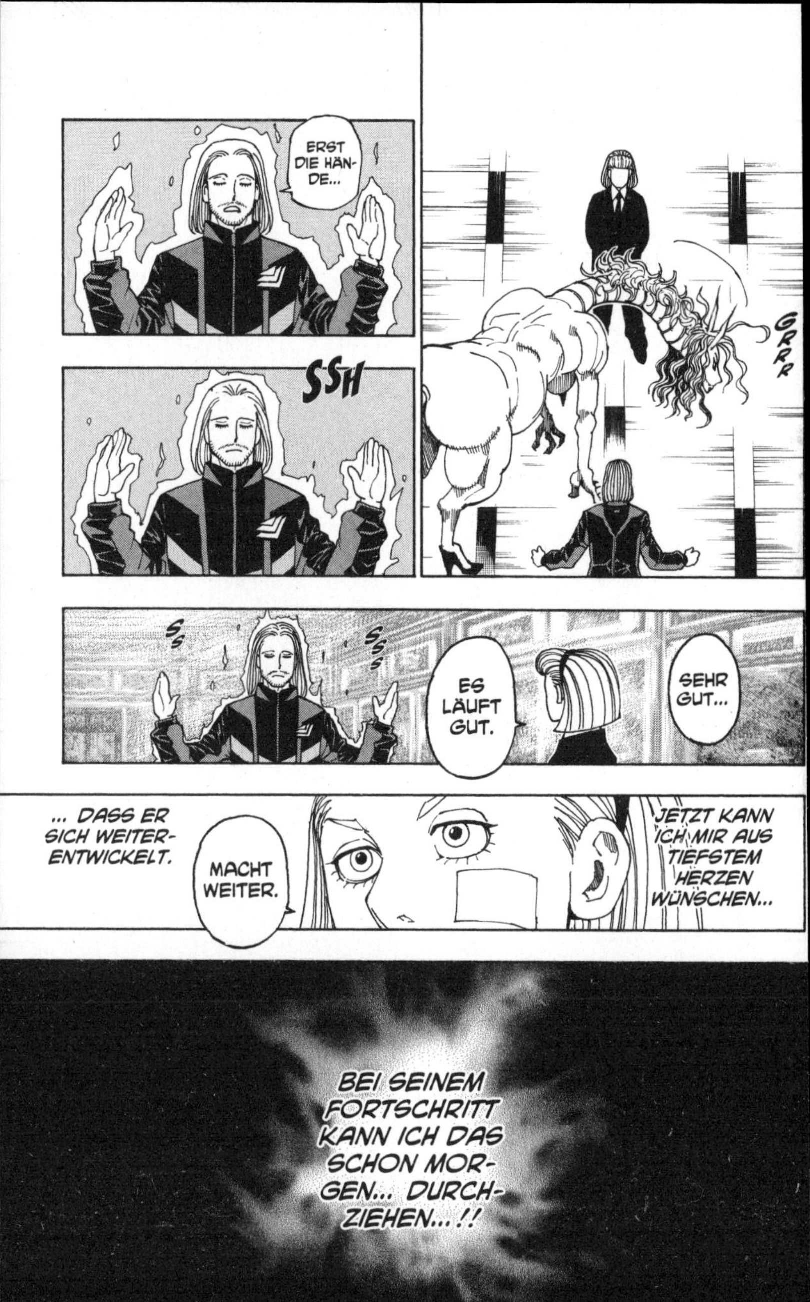
GRRR
ERST DIE HÄNDE...
S-SH
SEHR GUT...
ES LÄUFT GUT.
SS
SSS
JETZT KANN ICH MIR AUS TIEFSTEM HERZEN WÜNSCHEN...
MACHT WEITER.
... DASS ER SICH WEITERENTWICKELT.
BEI SEINEM FORTSCHRITT KANN ICH DAS SCHON MORGEN... DURCHZIEHEN...!!

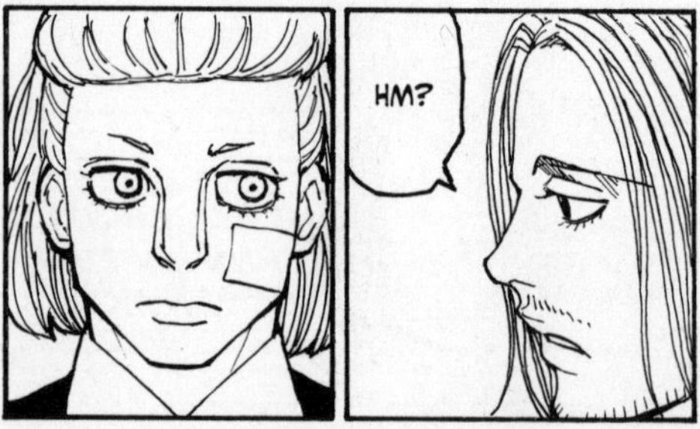
HM?

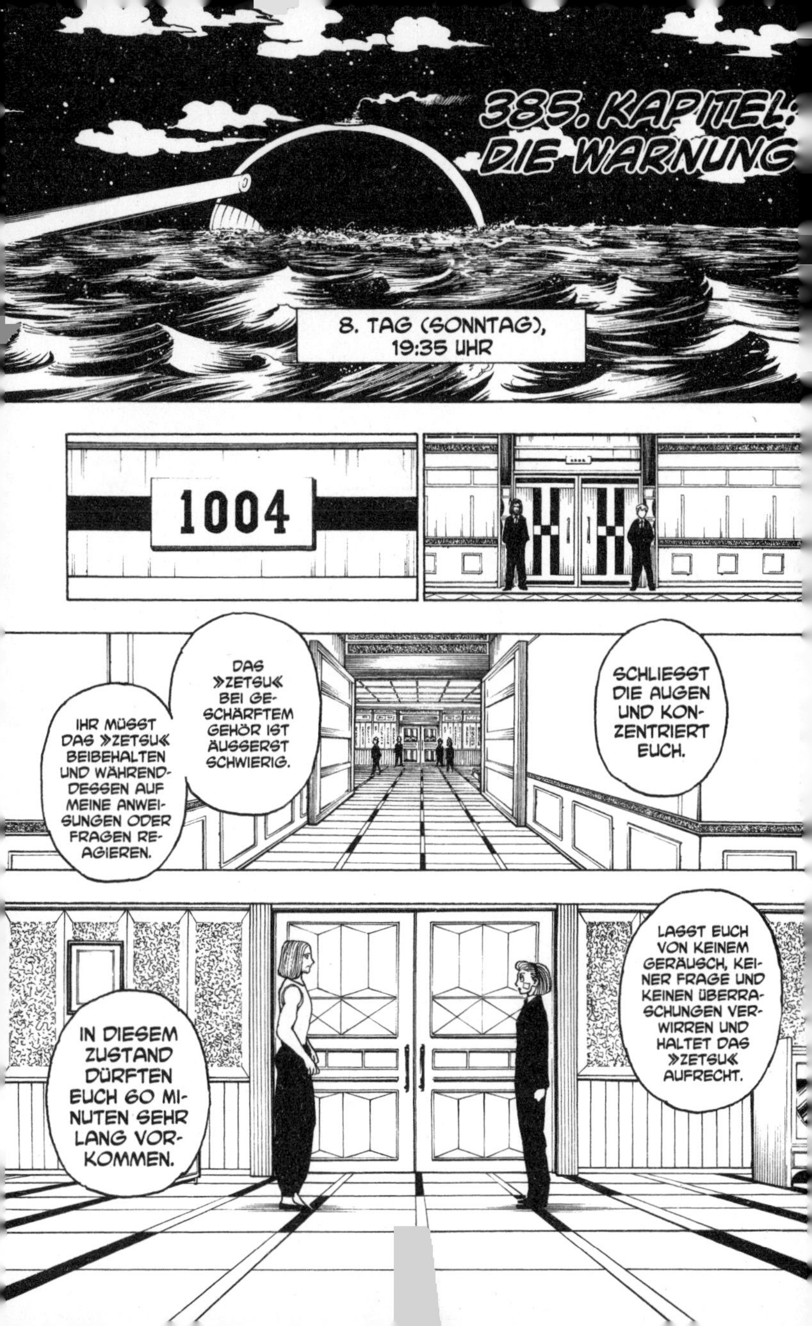
385. KAPITEL: DIE WARNUNG
8. TAG (SONNTAG), 19:35 UHR
1004
SCHLIESST DIE AUGEN UND KONZENTRIERT EUCH.
DAS »ZETSU« BEI GESCHÄRFTEM GEHÖR IST ÄUSSERST SCHWIERIG.
IHR MÜSST DAS »ZETSU« BEIBEHALTEN UND WÄHRENDDESSEN AUF MEINE ANWEISUNGEN ODER FRAGEN REAGIEREN.
LASST EUCH VON KEINEM GERÄUSCH, KEINER FRAGE UND KEINEN ÜBERRASCHUNGEN VERWIRREN UND HALTET DAS »ZETSU« AUFRECHT.
IN DIESEM ZUSTAND DÜRFTEN EUCH 60 MINUTEN SEHR LANG VORKOMMEN.

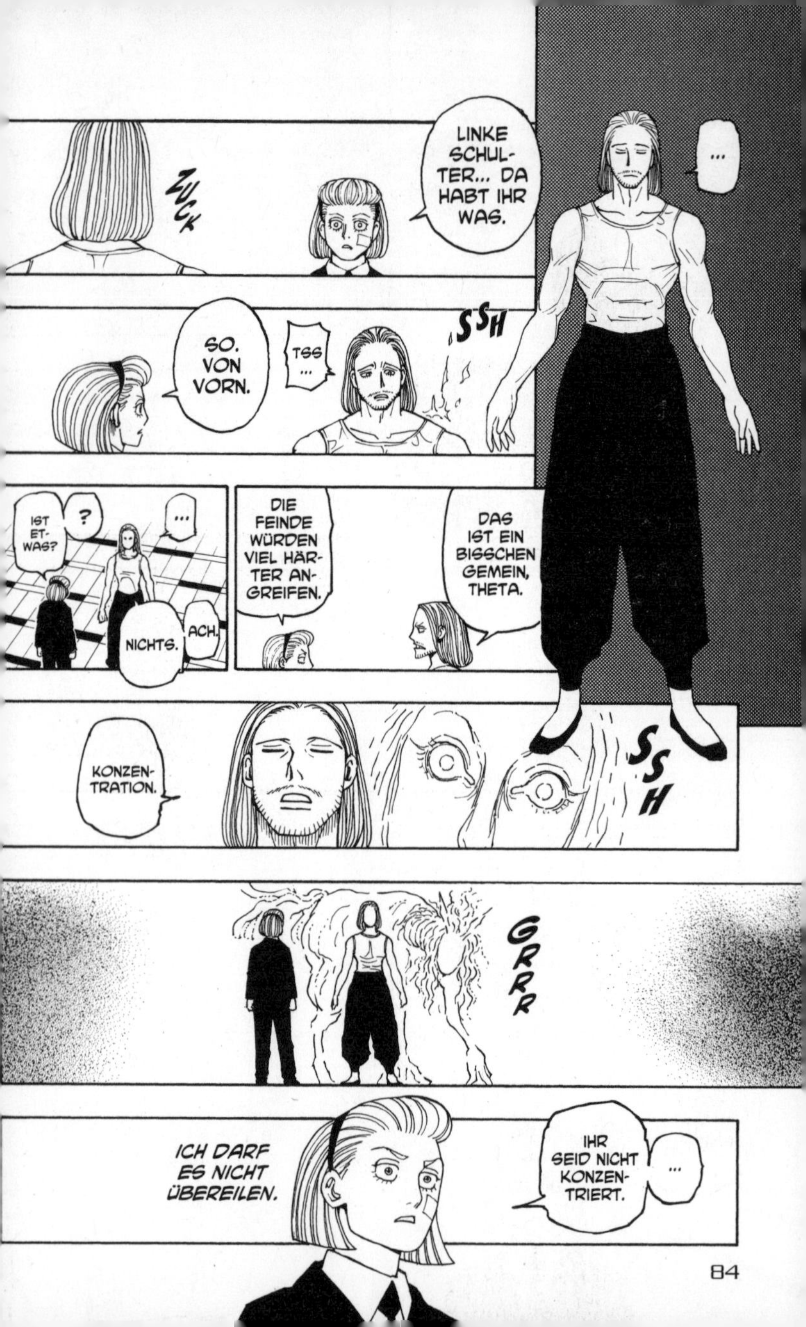
LINKE SCHULTER... DA HABT IHR WAS.
ZUCK
...
TSS ...
SO. VON VORN.
SSH
DAS IST EIN BISSCHEN GEMEIN, THETA.
DIE FEINDE WÜRDEN VIEL HÄRTER ANGREIFEN.
...
?
IST ETWAS?
ACH.
NICHTS.
SSH
KONZENTRATION.
GRRR
...
IHR SEID NICHT KONZENTRIERT.
ICH DARF ES NICHT ÜBEREILEN.

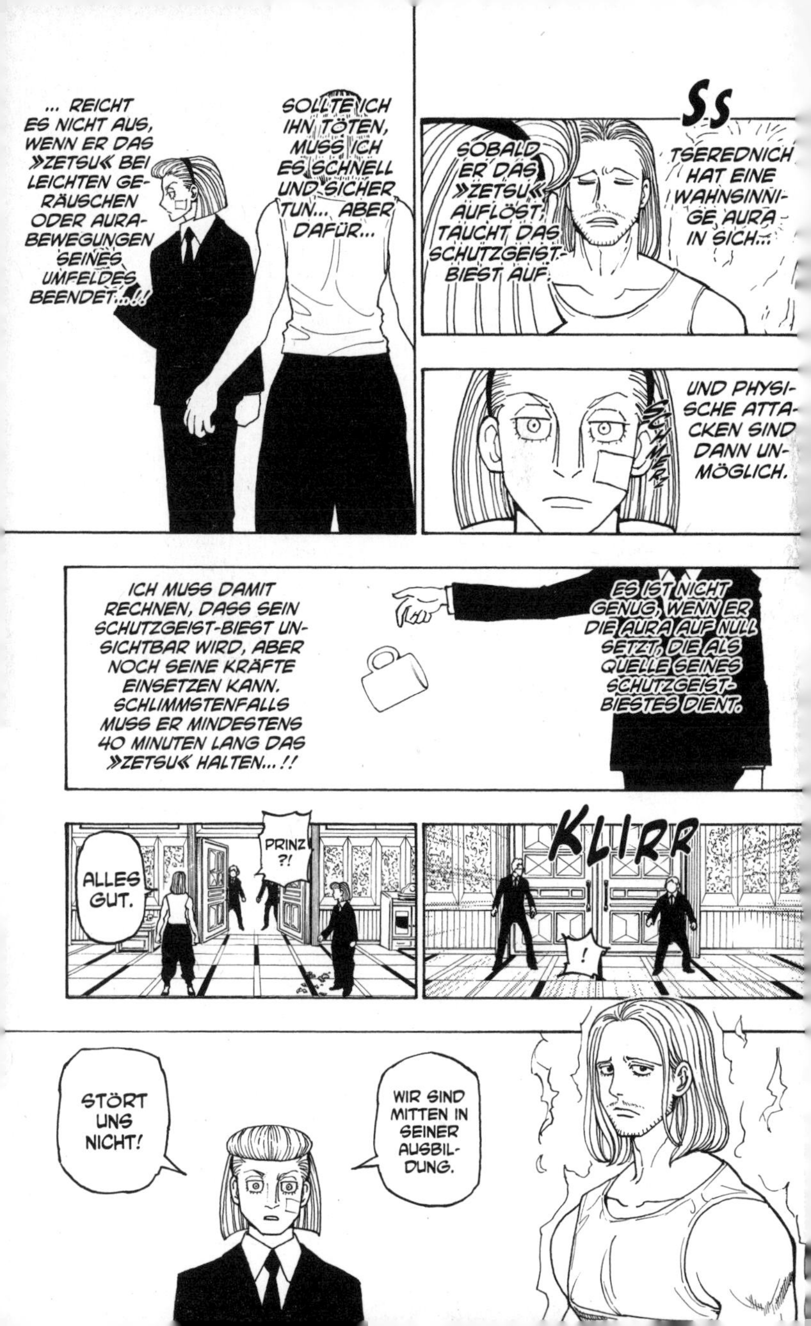
Ss
TSEREDNICH HAT EINE WAHNSINNIGE AURA IN SICH...
SOBALD ER DAS »ZETSU« AUFLÖST, TAUCHT DAS SCHUTZGEIST-BIEST AUF.
SOLLTE ICH IHN TÖTEN, MUSS ICH ES SCHNELL UND SICHER TUN... ABER DAFÜR...
... REICHT ES NICHT AUS, WENN ER DAS »ZETSU« BEI LEICHTEN GERÄUSCHEN ODER AURABEWEGUNGEN SEINES UMFELDES BEENDET...!!
UND PHYSISCHE ATTACKEN SIND DANN UNMÖGLICH.
SCHWER
ES IST NICHT GENUG, WENN ER DIE AURA AUF NULL SETZT, DIE ALS QUELLE SEINES SCHUTZGEIST-BIESTES DIENT.
ICH MUSS DAMIT RECHNEN, DASS SEIN SCHUTZGEIST-BIEST UNSICHTBAR WIRD, ABER NOCH SEINE KRÄFTE EINSETZEN KANN. SCHLIMMSTENFALLS MUSS ER MINDESTENS 40 MINUTEN LANG DAS »ZETSU« HALTEN...!!
KLIRR
!
PRINZ?!
ALLES GUT.
WIR SIND MITTEN IN SEINER AUSBILDUNG.
STÖRT UNS NICHT!

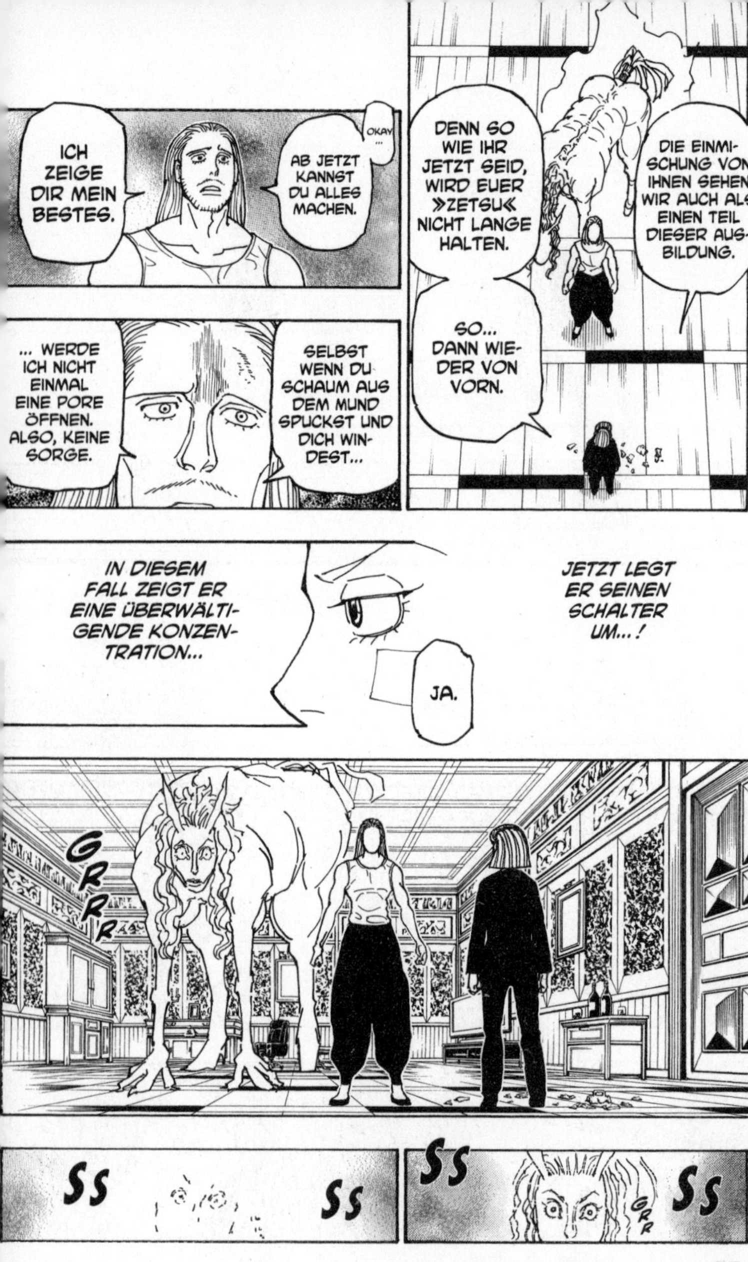
DIE EINMISCHUNG VON IHNEN SEHEN WIR AUCH ALS EINEN TEIL DIESER AUSBILDUNG.
DENN SO WIE IHR JETZT SEID, WIRD EUER »ZETSU« NICHT LANGE HALTEN.
SO... DANN WIEDER VON VORN.
OKAY ...
AB JETZT KANNST DU ALLES MACHEN.
ICH ZEIGE DIR MEIN BESTES.
SELBST WENN DU SCHAUM AUS DEM MUND SPUCKST UND DICH WINDEST...
... WERDE ICH NICHT EINMAL EINE PORE ÖFFNEN. ALSO, KEINE SORGE.
JETZT LEGT ER SEINEN SCHALTER UM...!
JA.
IN DIESEM FALL ZEIGT ER EINE ÜBERWÄLTIGENDE KONZENTRATION...
GRRR
SS
SS
SS
GRR
SS

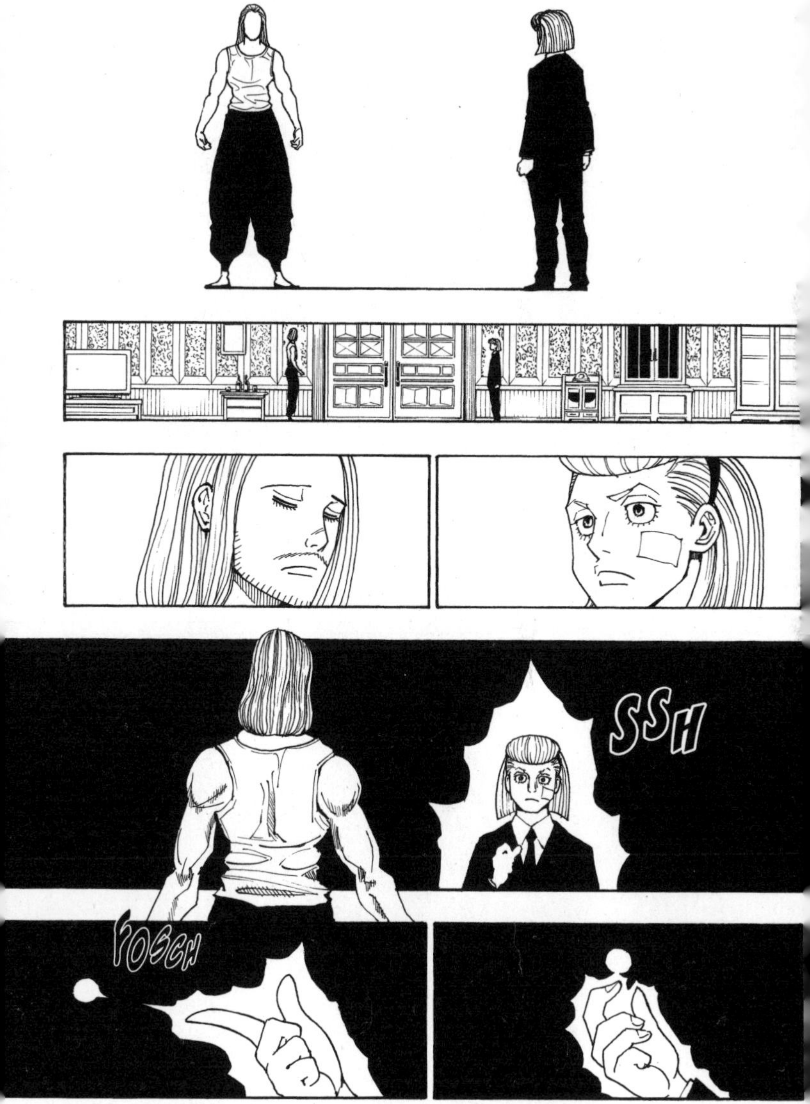
SSH
VOSCH

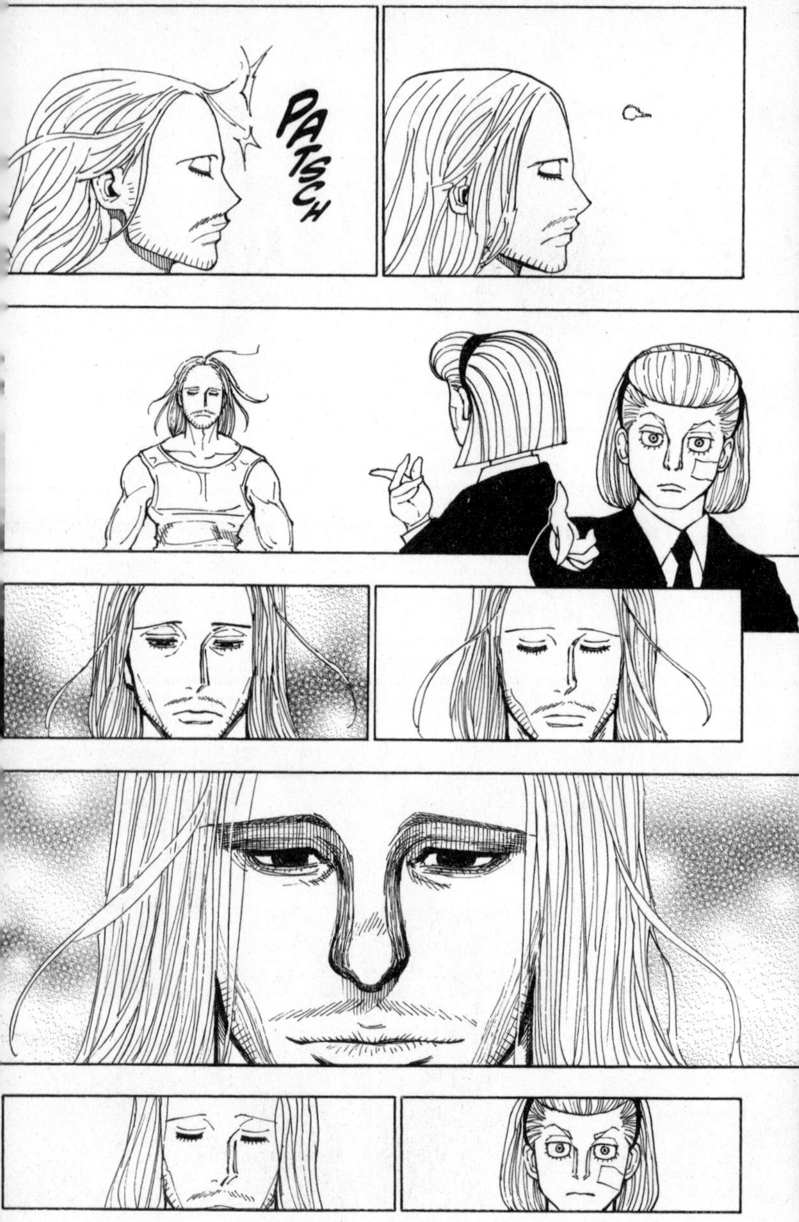
PATSCH

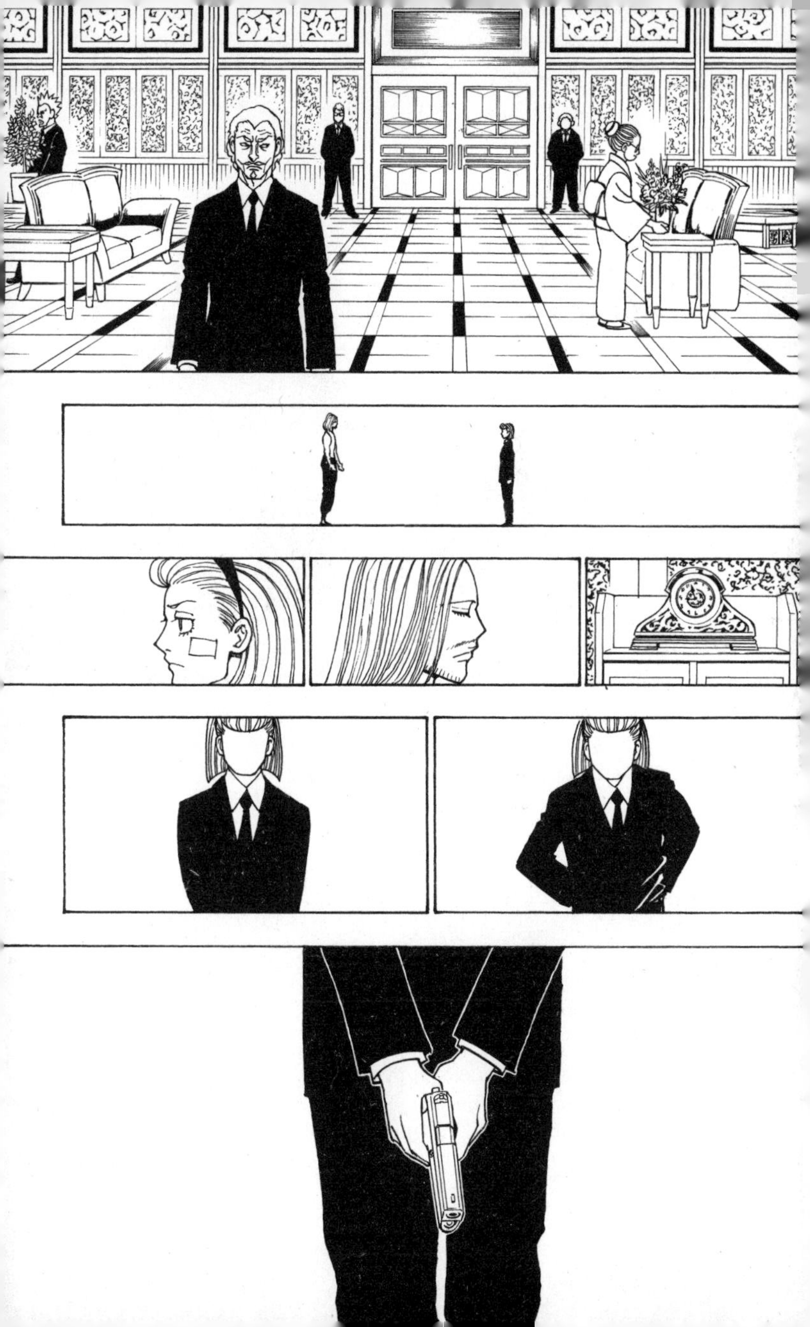

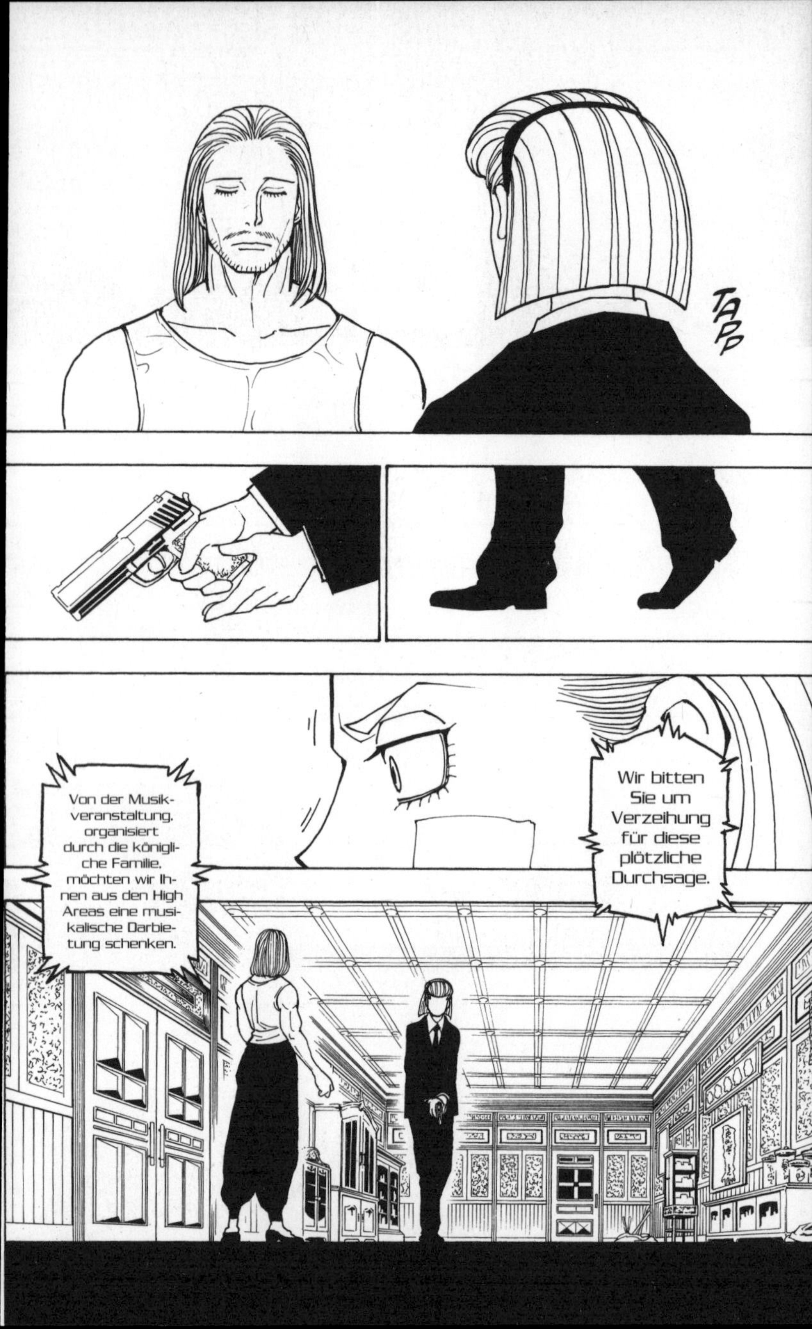
TAPP
Wir bitten Sie um Verzeihung für diese plötzliche Durchsage.
Von der Musikveranstaltung, organisiert durch die königliche Familie, möchten wir Ihnen aus den High Areas eine musikalische Darbietung schenken.

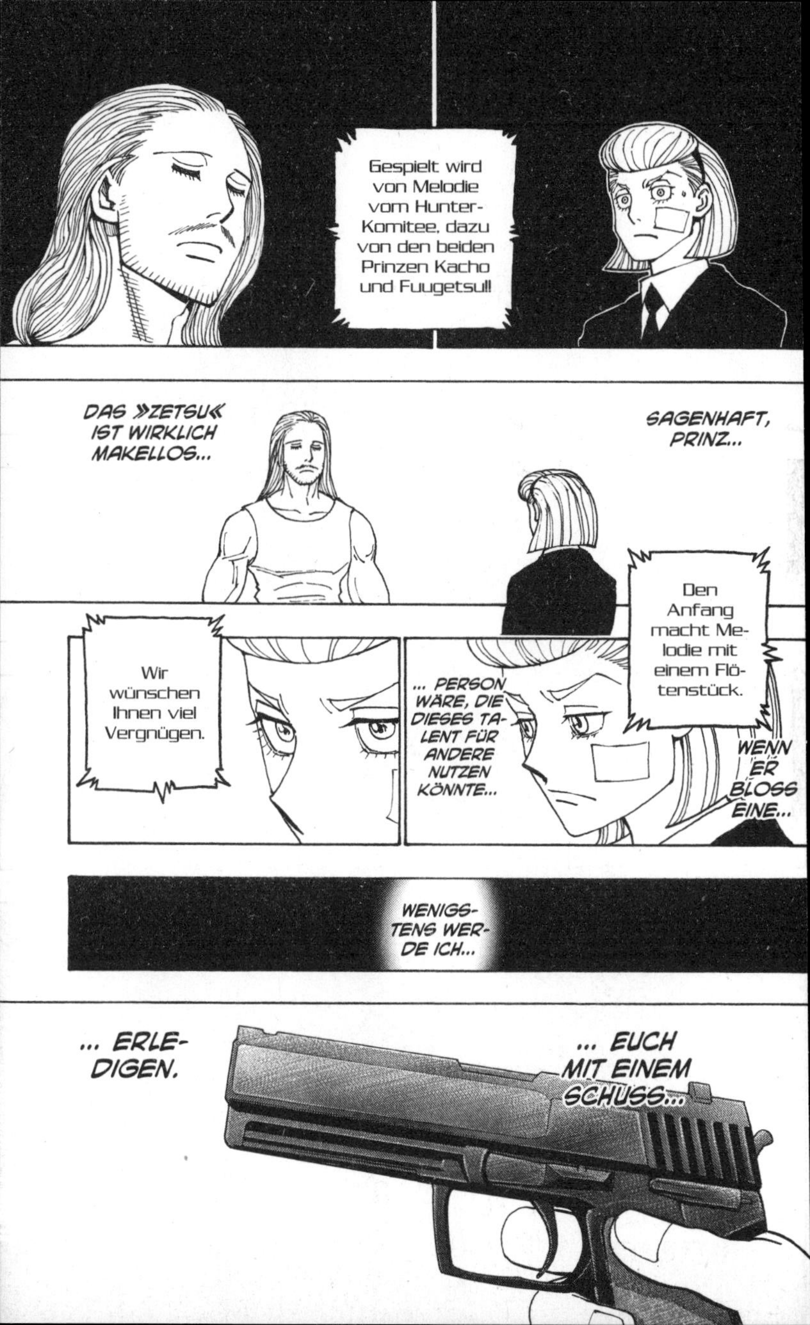
Gespielt wird von Melodie vom Hunter-Komitee, dazu von den beiden Prinzen Kacho und Fuugetsu!!
SAGENHAFT, PRINZ...
DAS »ZETSU« IST WIRKLICH MAKELLOS...
Den Anfang macht Melodie mit einem Flötenstück.
WENN ER BLOSS EINE...
... PERSON WÄRE, DIE DIESES TALENT FÜR ANDERE NUTZEN KÖNNTE...
Wir wünschen Ihnen viel Vergnügen.
WENIGSTENS WERDE ICH...
... EUCH MIT EINEM SCHUSS...
... ERLEDIGEN.

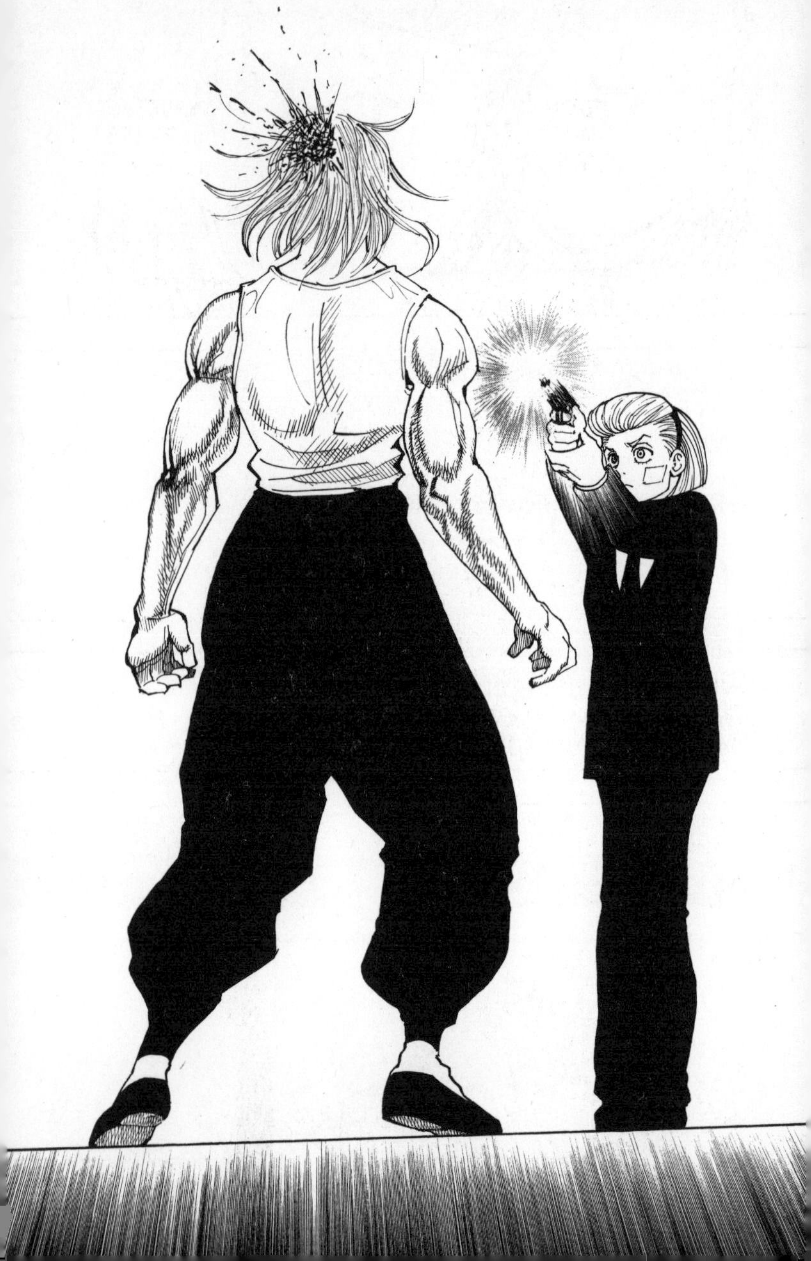

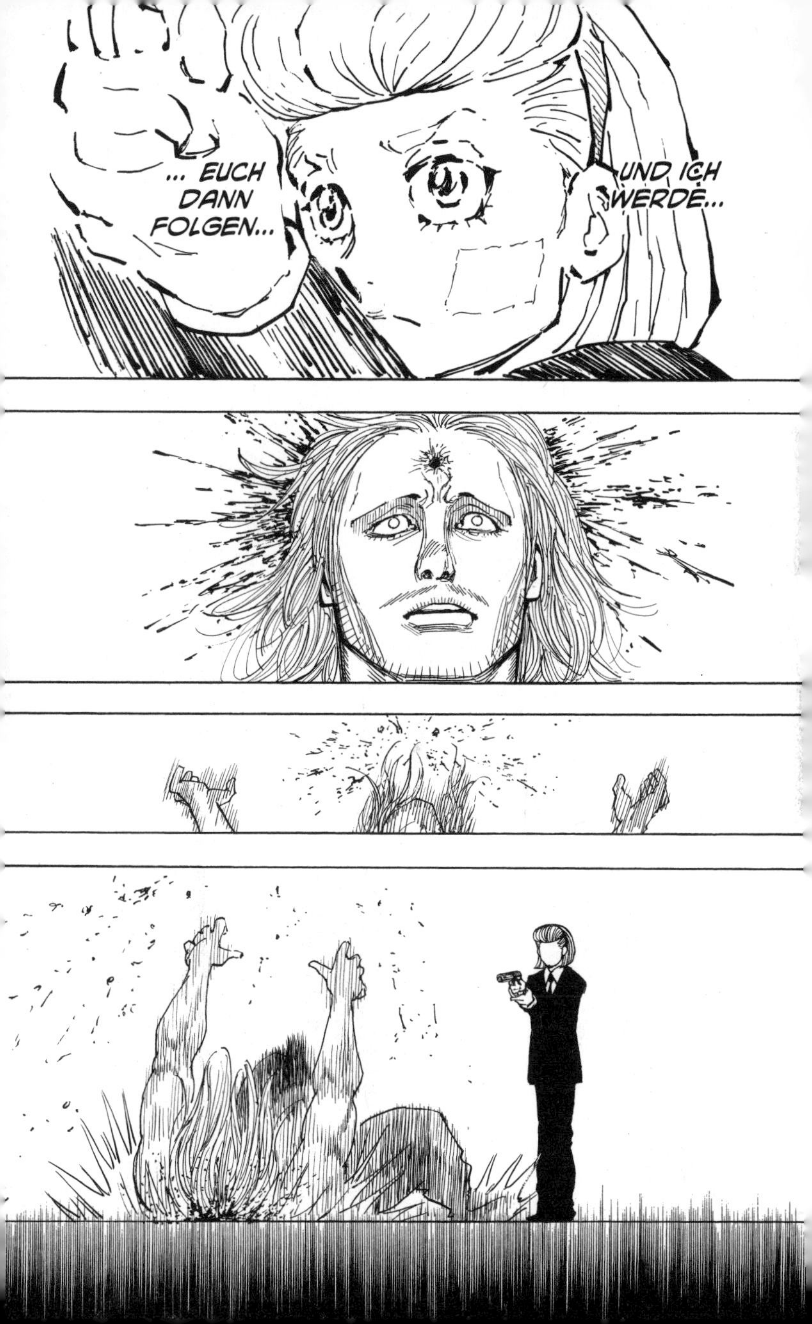
UND ICH WERDE...
... EUCH DANN FOLGEN...

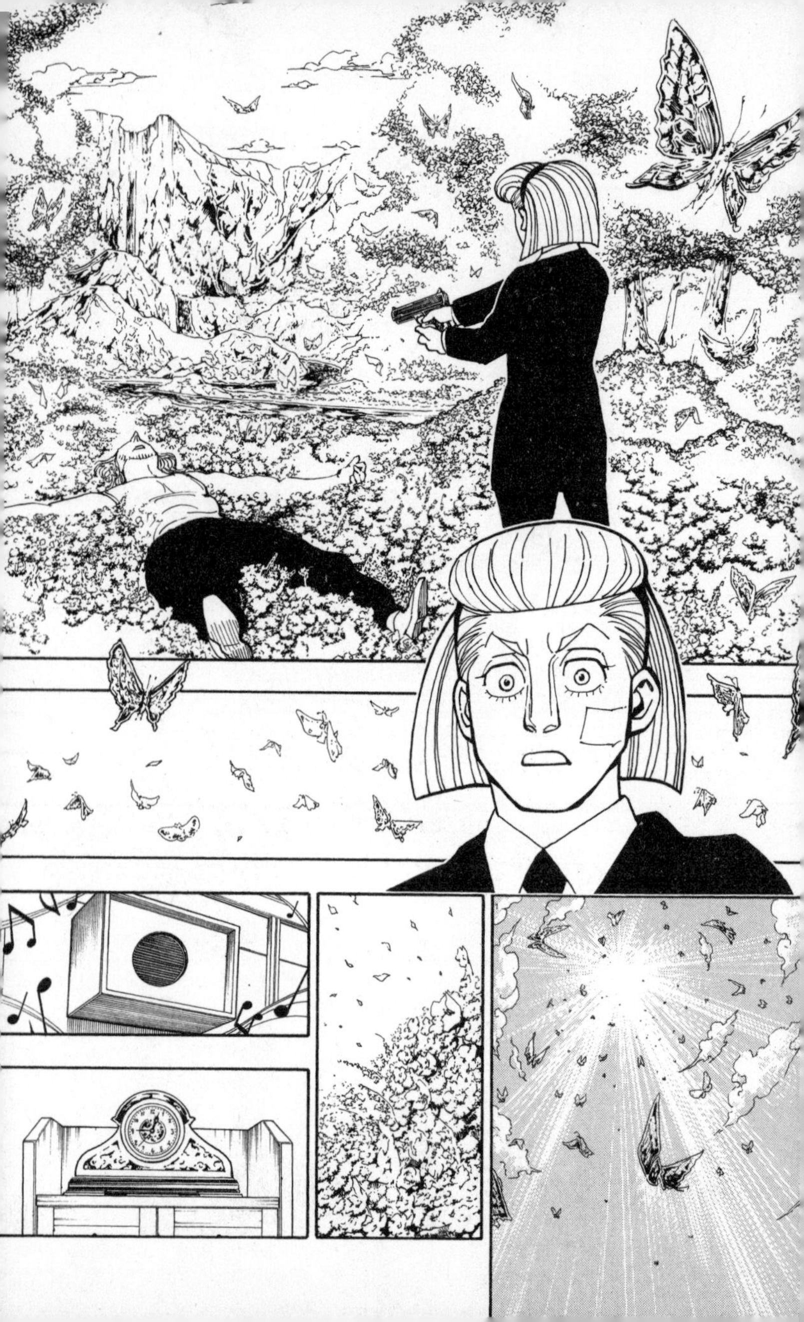

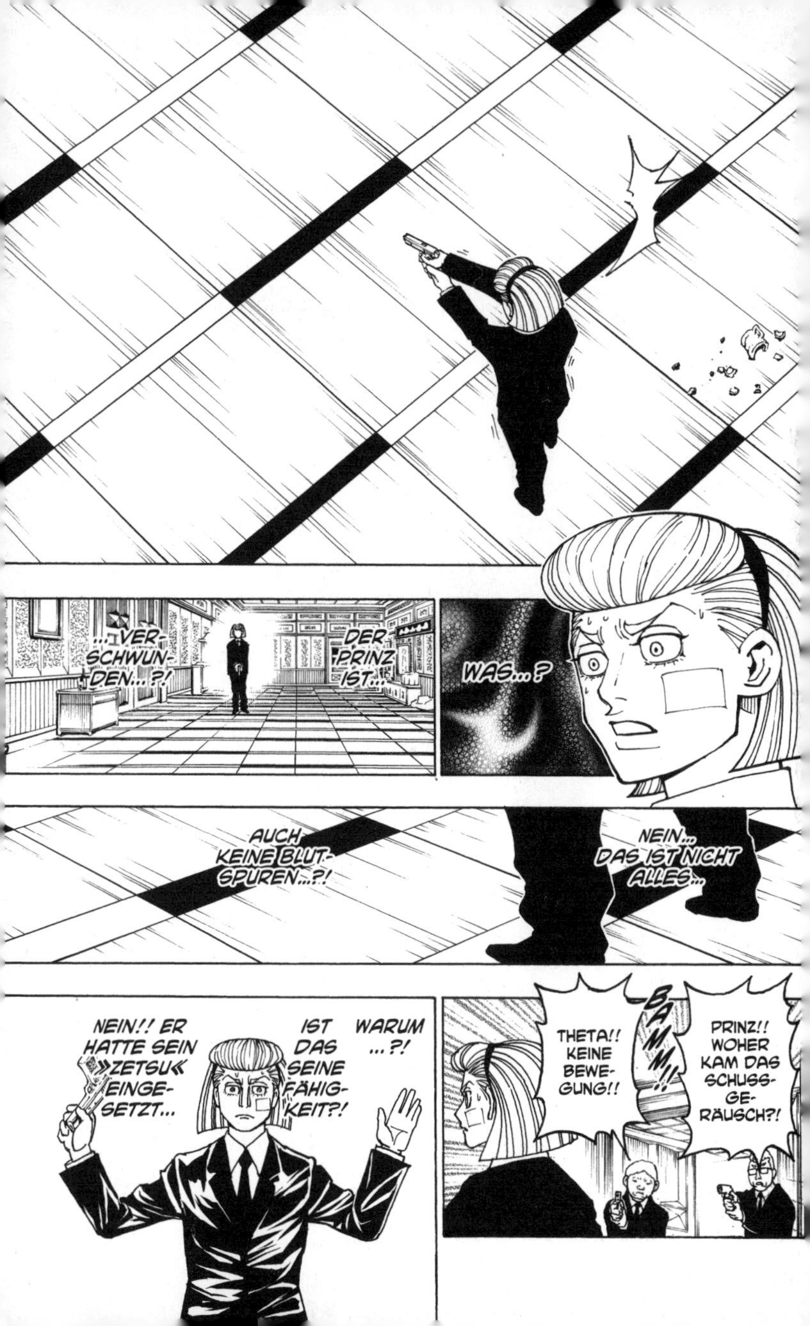

WAS...?
DER PRINZ IST...
...VER-SCHWUN-DEN...?!
NEIN... DAS IST NICHT ALLES...
AUCH KEINE BLUT-SPUREN...?!
PRINZ!! WOHER KAM DAS SCHUSS-GE-RÄUSCH?!
BAMM!!
THETA!! KEINE BEWE-GUNG!!
WARUM ...?!
IST DAS SEINE FÄHIG-KEIT?!
NEIN!! ER HATTE SEIN »ZETSU« EINGE-SETZT...

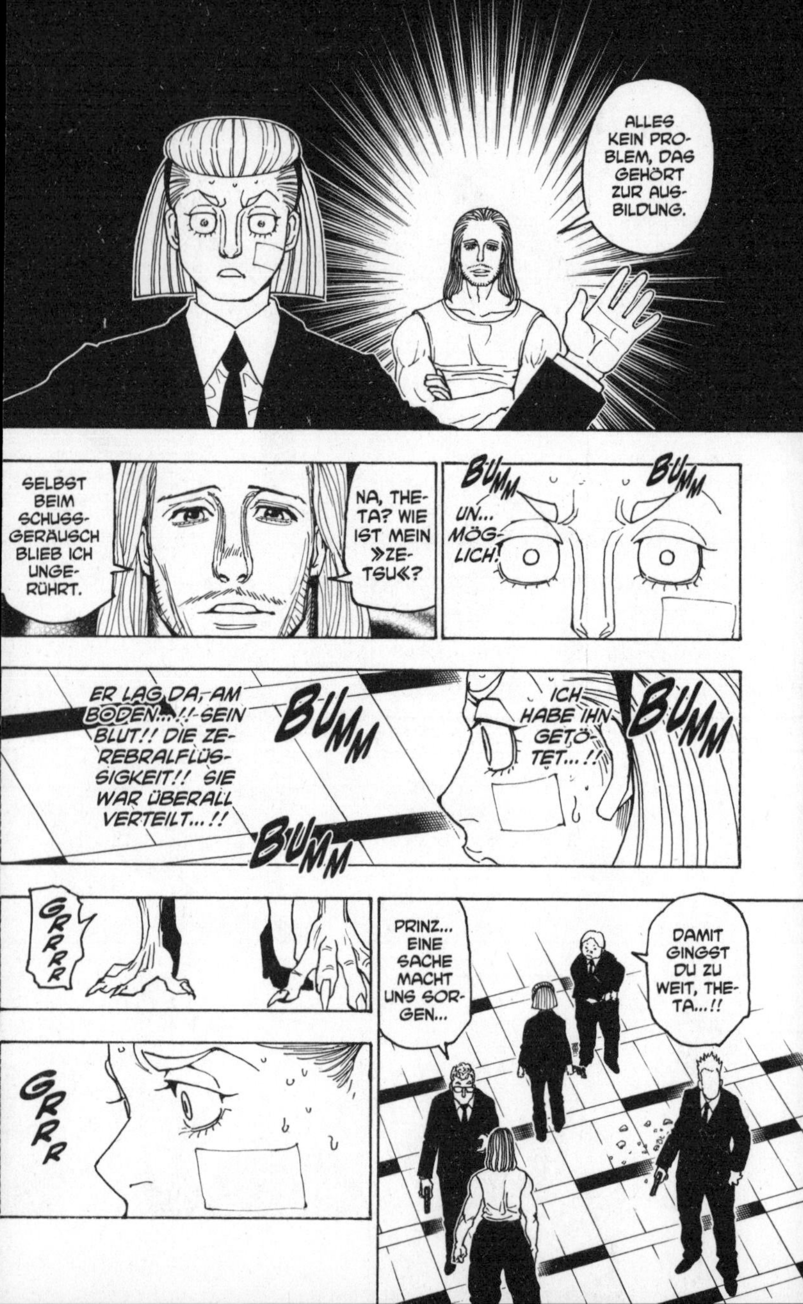
ALLES KEIN PROBLEM, DAS GEHÖRT ZUR AUSBILDUNG.
BUMM
BUMM
UN... MÖGLICH!
NA, THETA? WIE IST MEIN »ZETSU«?
SELBST BEIM SCHUSSGERÄUSCH BLIEB ICH UNGERÜHRT.
BUMM
ICH HABE IHN GETÖTET...!!
BUMM
ER LAG DA, AM BODEN...!! SEIN BLUT!! DIE ZEREBRALFLÜSSIGKEIT!! SIE WAR ÜBERALL VERTEILT...!!
BUMM
DAMIT GINGST DU ZU WEIT, THETA...!!
PRINZ... EINE SACHE MACHT UNS SORGEN...
GRRRR
GRRR

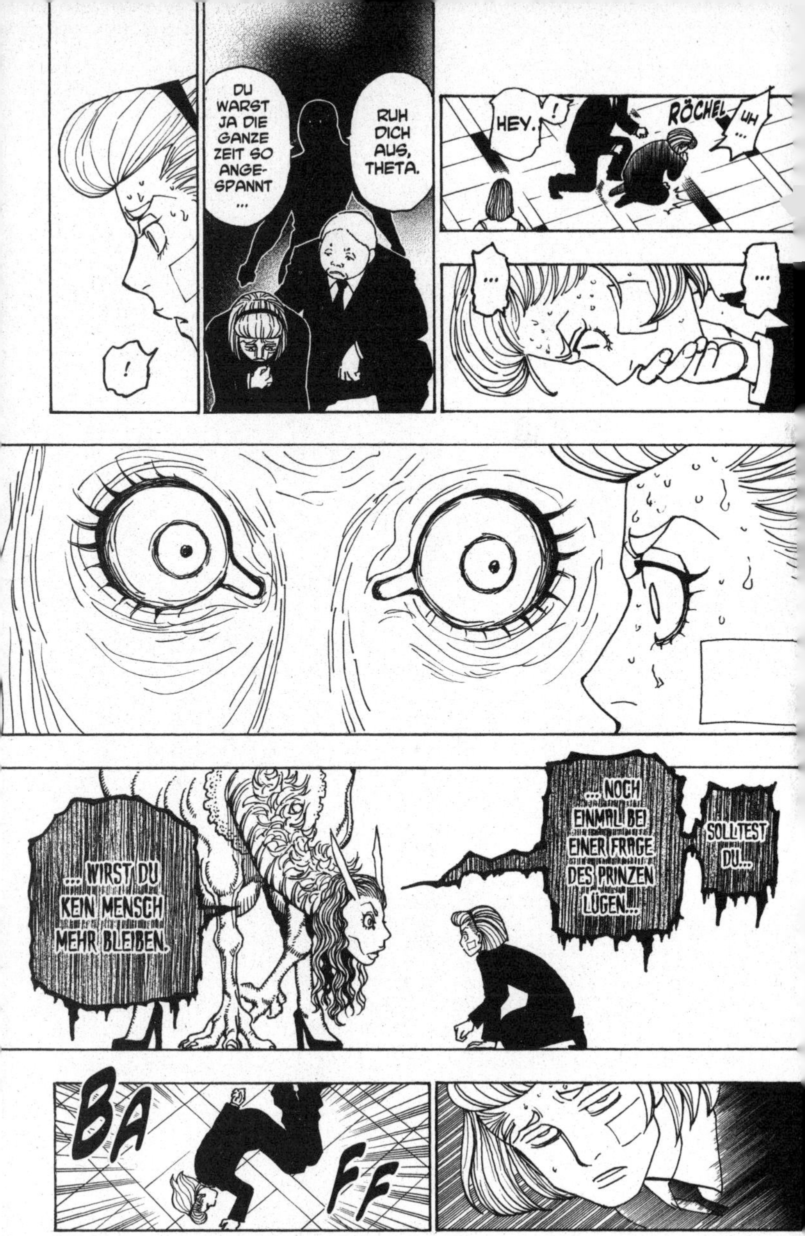
HEY.
!
RÖCHEL
UH ...
...
...
RUH DICH AUS, THETA.
DU WARST JA DIE GANZE ZEIT SO ANGE-SPANNT ...
!
SOLLTEST DU...
... NOCH EINMAL BEI EINER FRAGE DES PRINZEN LÜGEN...
... WIRST DU KEIN MENSCH MEHR BLEIBEN.
BA FF

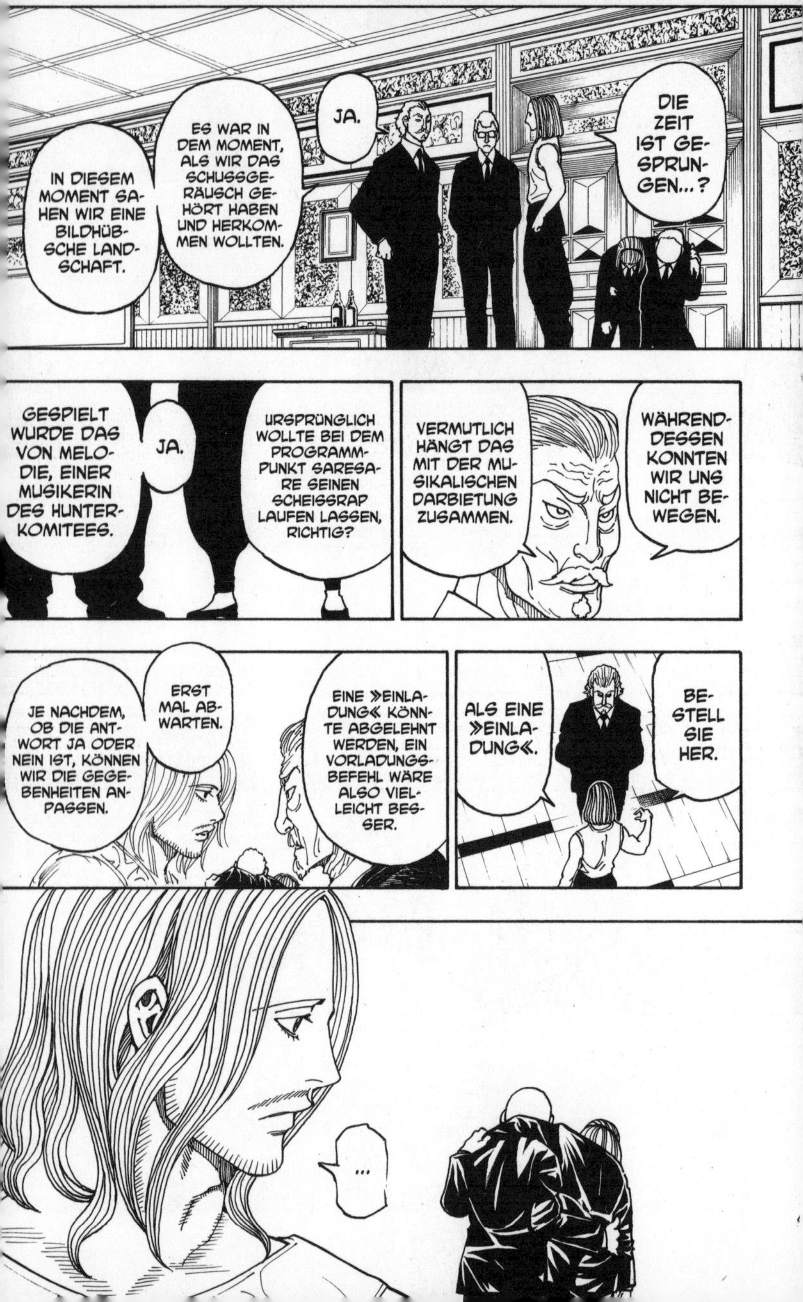
DIE ZEIT IST GESPRUNGEN...?
JA.
ES WAR IN DEM MOMENT, ALS WIR DAS SCHUSSGERÄUSCH GEHÖRT HABEN UND HERKOMMEN WOLLTEN.
IN DIESEM MOMENT SAHEN WIR EINE BILDHÜBSCHE LANDSCHAFT.
WÄHRENDDESSEN KONNTEN WIR UNS NICHT BEWEGEN.
VERMUTLICH HÄNGT DAS MIT DER MUSIKALISCHEN DARBIETUNG ZUSAMMEN.
URSPRÜNGLICH WOLLTE BEI DEM PROGRAMMPUNKT SARESARE SEINEN SCHEISSRAP LAUFEN LASSEN, RICHTIG?
JA.
GESPIELT WURDE DAS VON MELODIE, EINER MUSIKERIN DES HUNTERKOMITEES.
BESTELL SIE HER.
ALS EINE »EINLADUNG«.
EINE »EINLADUNG« KÖNNTE ABGELEHNT WERDEN, EIN VORLADUNGSBEFEHL WÄRE ALSO VIELLEICHT BESSER.
ERST MAL ABWARTEN.
JE NACHDEM, OB DIE ANTWORT JA ODER NEIN IST, KÖNNEN WIR DIE GEGEBENHEITEN ANPASSEN.
...

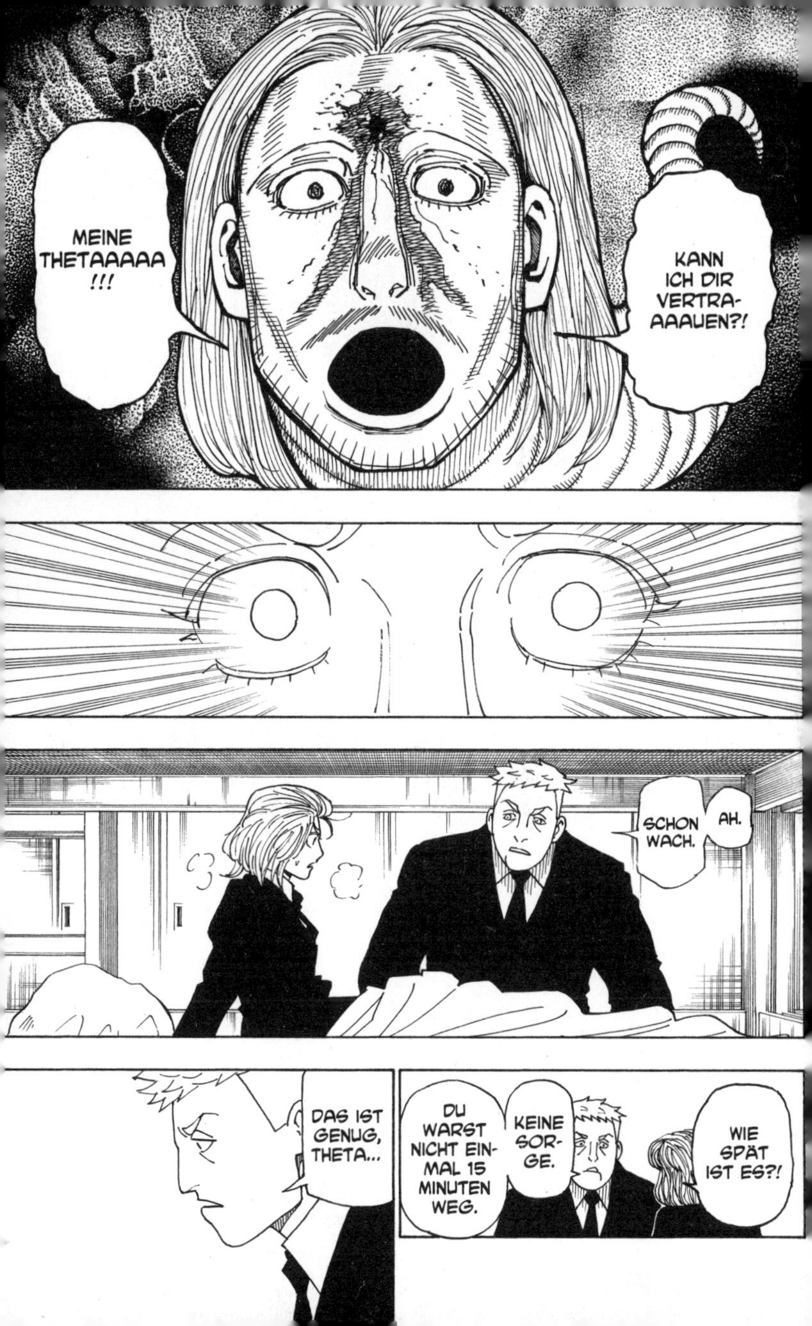
KANN ICH DIR VERTRA-AAAUEN?!
MEINE THETAAAAAA!!!
AH.
SCHON WACH.
WIE SPÄT IST ES?!
KEINE SOR-GE.
DU WARST NICHT EIN-MAL 15 MINUTEN WEG.
DAS IST GENUG, THETA...

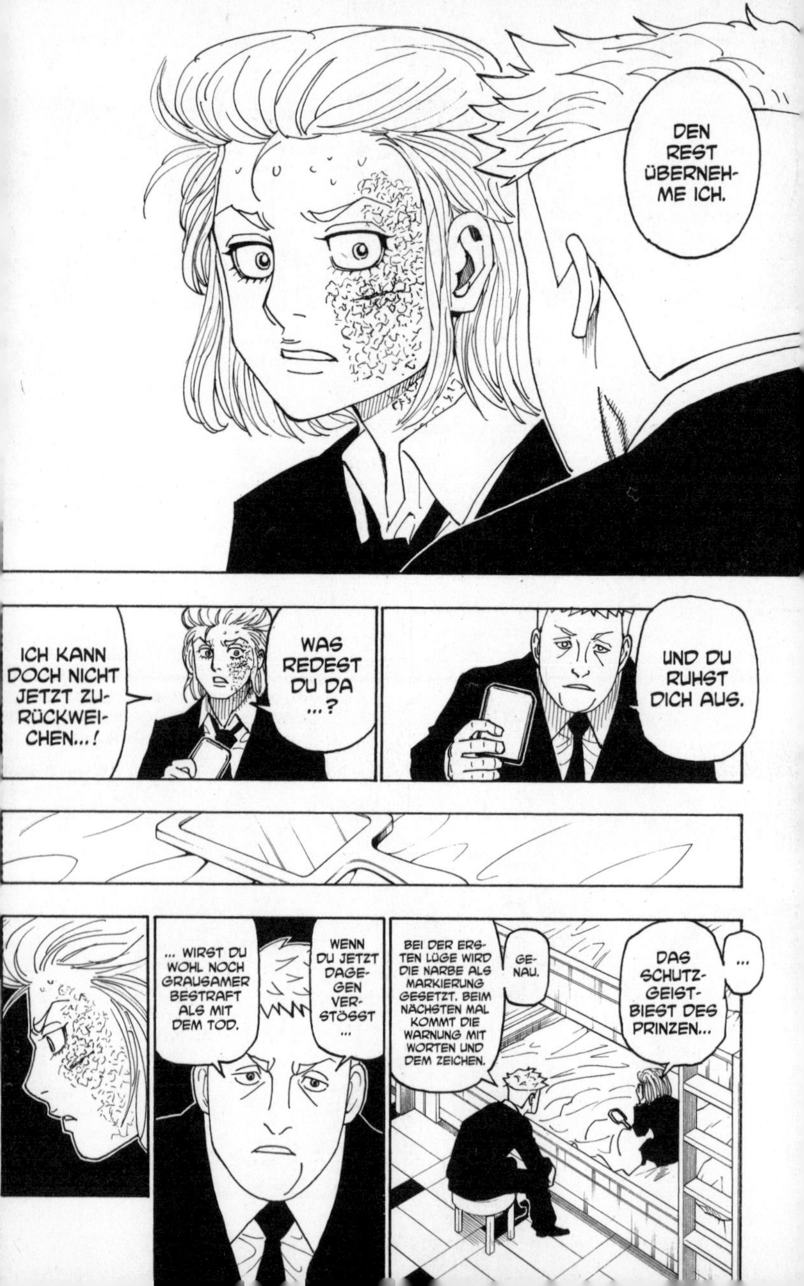
DEN REST ÜBERNEHME ICH.
UND DU RUHST DICH AUS.
WAS REDEST DU DA ...?
ICH KANN DOCH NICHT JETZT ZURÜCKWEICHEN...!
...
DAS SCHUTZGEISTBIEST DES PRINZEN...
GENAU.
BEI DER ERSTEN LÜGE WIRD DIE NARBE ALS MARKIERUNG GESETZT. BEIM NÄCHSTEN MAL KOMMT DIE WARNUNG MIT WORTEN UND DEM ZEICHEN.
WENN DU JETZT DAGEGEN VERSTÖSST ...
... WIRST DU WOHL NOCH GRAUSAMER BESTRAFT ALS MIT DEM TOD.

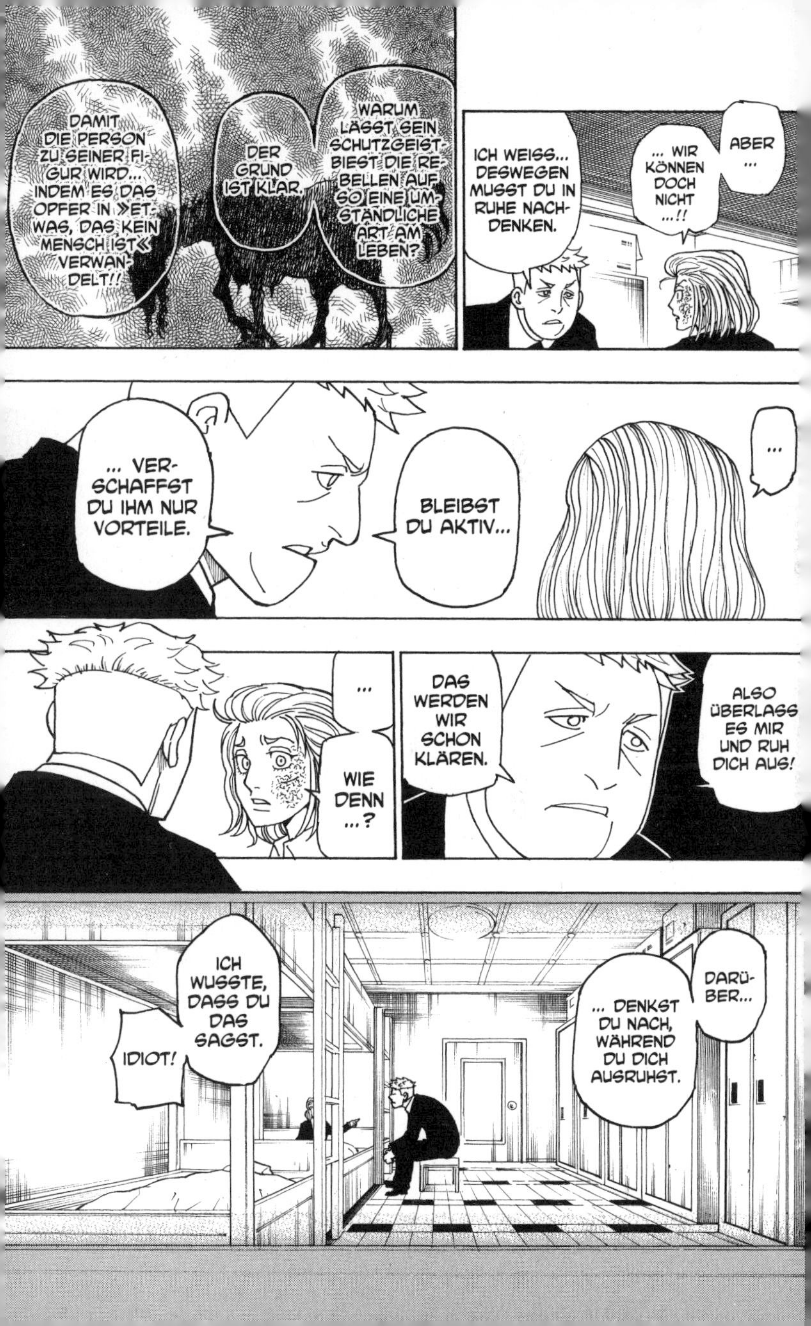

WARUM LÄSST SEIN SCHUTZGEIST-BIEST DIE REBELLEN AUF SO EINE UMSTÄNDLICHE ART AM LEBEN?
DER GRUND IST KLAR.
DAMIT DIE PERSON ZU SEINER FIGUR WIRD... INDEM ES DAS OPFER IN »ETWAS, DAS KEIN MENSCH IST« VERWANDELT!!
ABER ...
... WIR KÖNNEN DOCH NICHT ...!!
ICH WEISS... DESWEGEN MUSST DU IN RUHE NACHDENKEN.
...
BLEIBST DU AKTIV...
... VERSCHAFFST DU IHM NUR VORTEILE.
ALSO ÜBERLASS ES MIR UND RUH DICH AUS!
DAS WERDEN WIR SCHON KLÄREN.
...
WIE DENN ...?
DARÜBER...
... DENKST DU NACH, WÄHREND DU DICH AUSRUHST.
ICH WUSSTE, DASS DU DAS SAGST.
IDIOT!

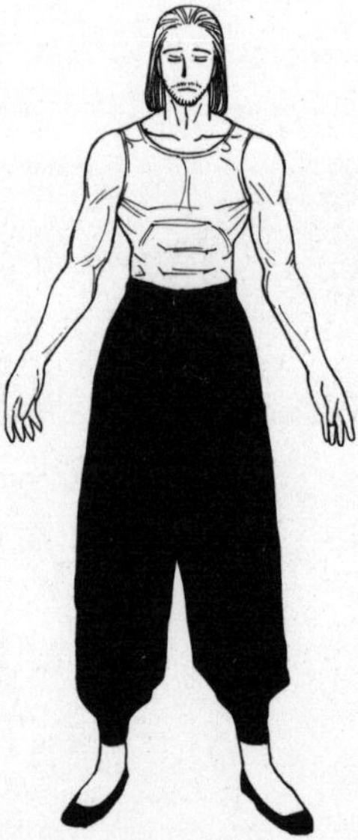

386. KAPITEL: DIE HYPOTHESE

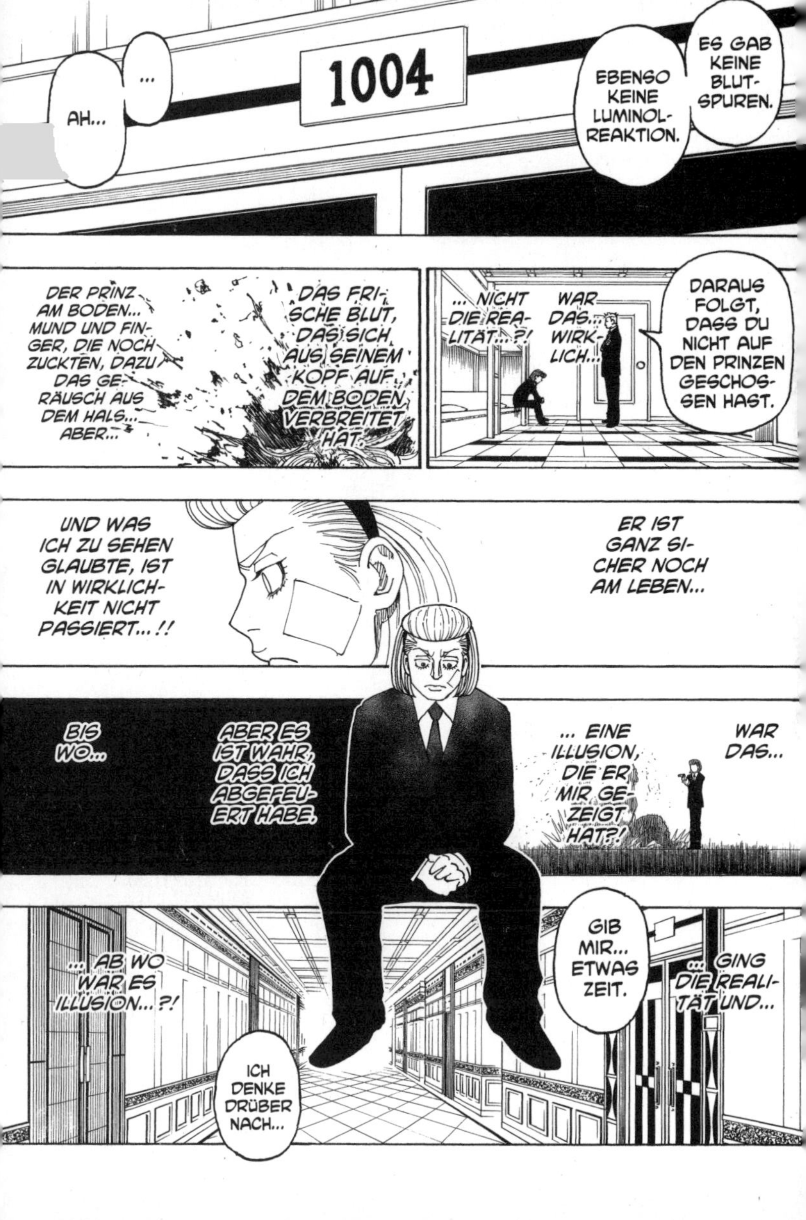

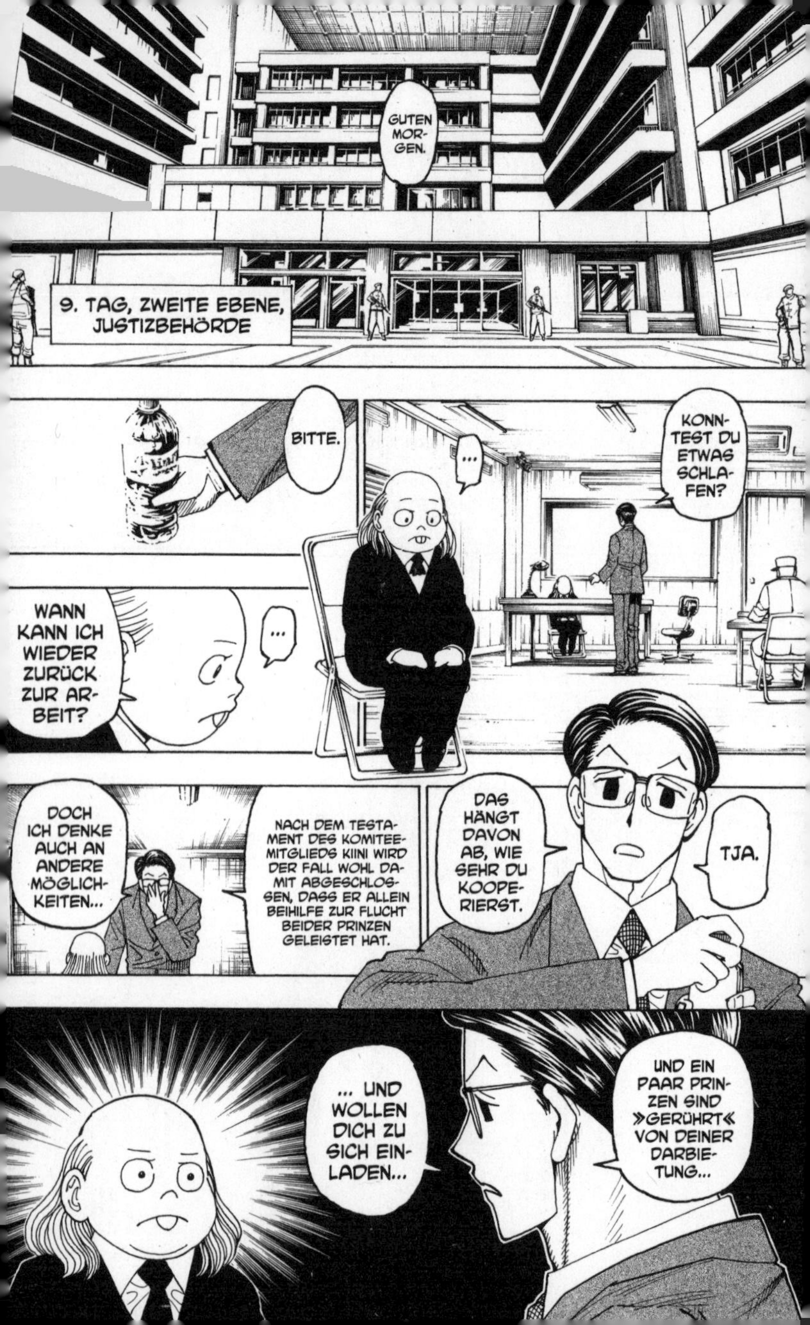
GUTEN MORGEN.
9. TAG, ZWEITE EBENE, JUSTIZBEHÖRDE
KONNTEST DU ETWAS SCHLAFEN?
...
BITTE.
...
WANN KANN ICH WIEDER ZURÜCK ZUR ARBEIT?
TJA.
DAS HÄNGT DAVON AB, WIE SEHR DU KOOPERIERST.
NACH DEM TESTAMENT DES KOMITEEMITGLIEDS KIINI WIRD DER FALL WOHL DAMIT ABGESCHLOSSEN, DASS ER ALLEIN BEIHILFE ZUR FLUCHT BEIDER PRINZEN GELEISTET HAT.
DOCH ICH DENKE AUCH AN ANDERE MÖGLICHKEITEN...
UND EIN PAAR PRINZEN SIND »GERÜHRT« VON DEINER DARBIETUNG...
... UND WOLLEN DICH ZU SICH EINLADEN...

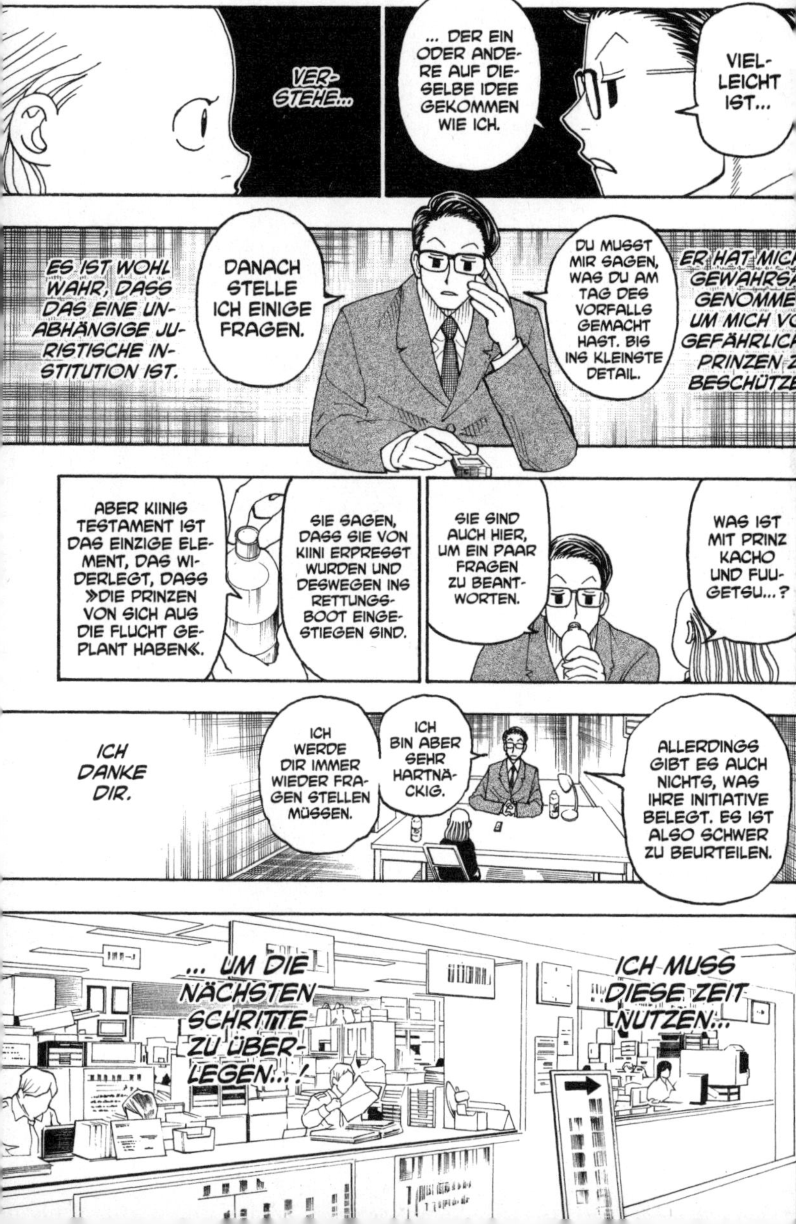
VIELLEICHT IST...
... DER EIN ODER ANDERE AUF DIESELBE IDEE GEKOMMEN WIE ICH.
VERSTEHE...
ER HAT MICH GEWAHRSA GENOMME UM MICH VO GEFÄHRLICH PRINZEN Z BESCHÜTZE
DU MUSST MIR SAGEN, WAS DU AM TAG DES VORFALLS GEMACHT HAST. BIS INS KLEINSTE DETAIL.
DANACH STELLE ICH EINIGE FRAGEN.
ES IST WOHL WAHR, DASS DAS EINE UNABHÄNGIGE JURISTISCHE INSTITUTION IST.
WAS IST MIT PRINZ KACHO UND FUUGETSU...?
SIE SIND AUCH HIER, UM EIN PAAR FRAGEN ZU BEANTWORTEN.
SIE SAGEN, DASS SIE VON KIINI ERPRESST WURDEN UND DESWEGEN INS RETTUNGSBOOT EINGESTIEGEN SIND.
ABER KIINIS TESTAMENT IST DAS EINZIGE ELEMENT, DAS WIDERLEGT, DASS »DIE PRINZEN VON SICH AUS DIE FLUCHT GEPLANT HABEN«.
ALLERDINGS GIBT ES AUCH NICHTS, WAS IHRE INITIATIVE BELEGT. ES IST ALSO SCHWER ZU BEURTEILEN.
ICH BIN ABER SEHR HARTNÄCKIG.
ICH WERDE DIR IMMER WIEDER FRAGEN STELLEN MÜSSEN.
ICH DANKE DIR.
ICH MUSS DIESE ZEIT NUTZEN...
... UM DIE NÄCHSTEN SCHRITTE ZU ÜBERLEGEN...!

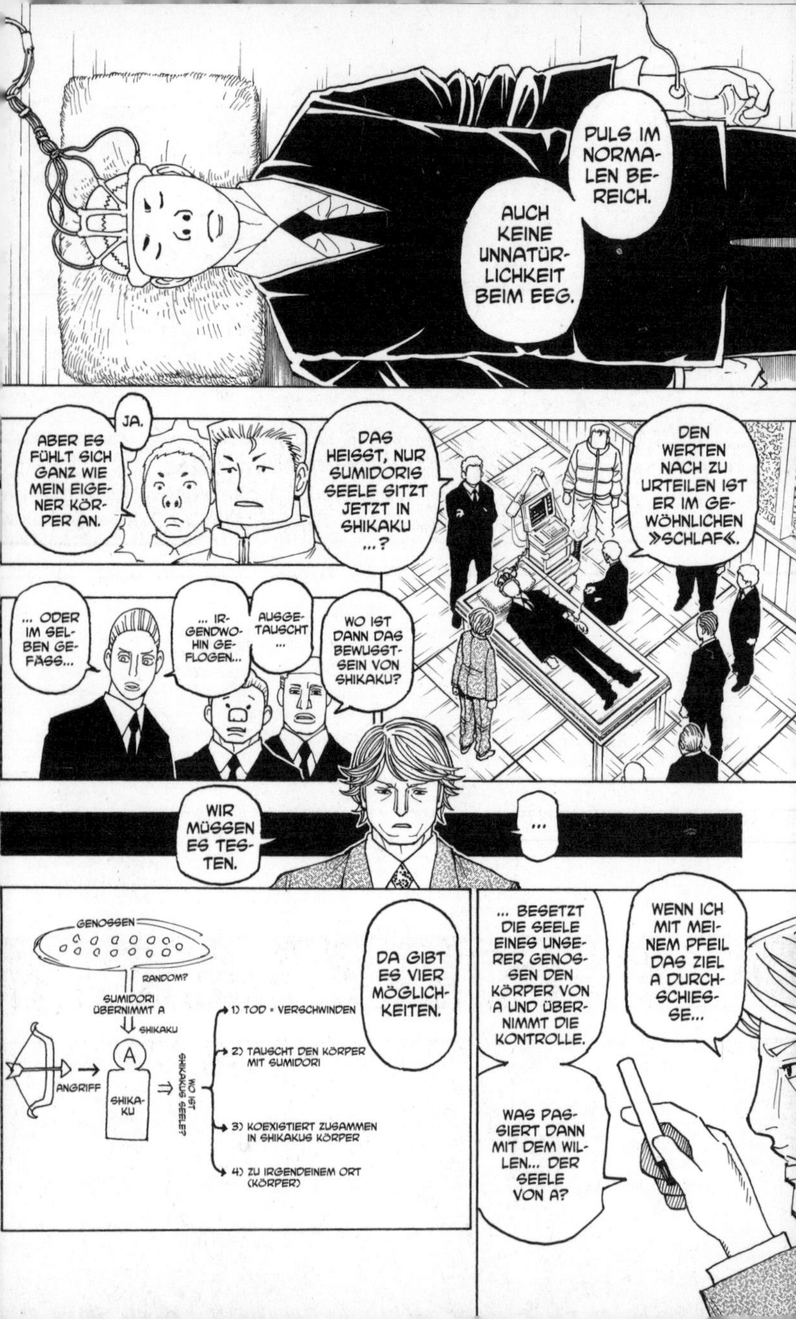
PULS IM NORMALEN BEREICH.
AUCH KEINE UNNATÜRLICHKEIT BEIM EEG.
DEN WERTEN NACH ZU URTEILEN IST ER IM GEWÖHNLICHEN »SCHLAF«.
DAS HEISST, NUR SUMIDORIS SEELE SITZT JETZT IN SHIKAKU ...?
JA.
ABER ES FÜHLT SICH GANZ WIE MEIN EIGENER KÖRPER AN.
WO IST DANN DAS BEWUSSTSEIN VON SHIKAKU?
AUSGETAUSCHT ...
... IRGENDWOHIN GEFLOGEN...
... ODER IM SELBEN GEFÄSS...
...
WIR MÜSSEN ES TESTEN.
WENN ICH MIT MEINEM PFEIL DAS ZIEL A DURCHSCHIESSE...
... BESETZT DIE SEELE EINES UNSERER GENOSSEN DEN KÖRPER VON A UND ÜBERNIMMT DIE KONTROLLE.
WAS PASSIERT DANN MIT DEM WILLEN... DER SEELE VON A?
DA GIBT ES VIER MÖGLICHKEITEN.
GENOSSEN
RANDOM?
SUMIDORI ÜBERNIMMT A
SHIKAKU
A
ANGRIFF
SHIKAKU
WO IST SHIKAKUS SEELE?
1) TOD = VERSCHWINDEN
2) TAUSCHT DEN KÖRPER MIT SUMIDORI
3) KOEXISTIERT ZUSAMMEN IN SHIKAKUS KÖRPER
4) ZU IRGENDEINEM ORT (KÖRPER)

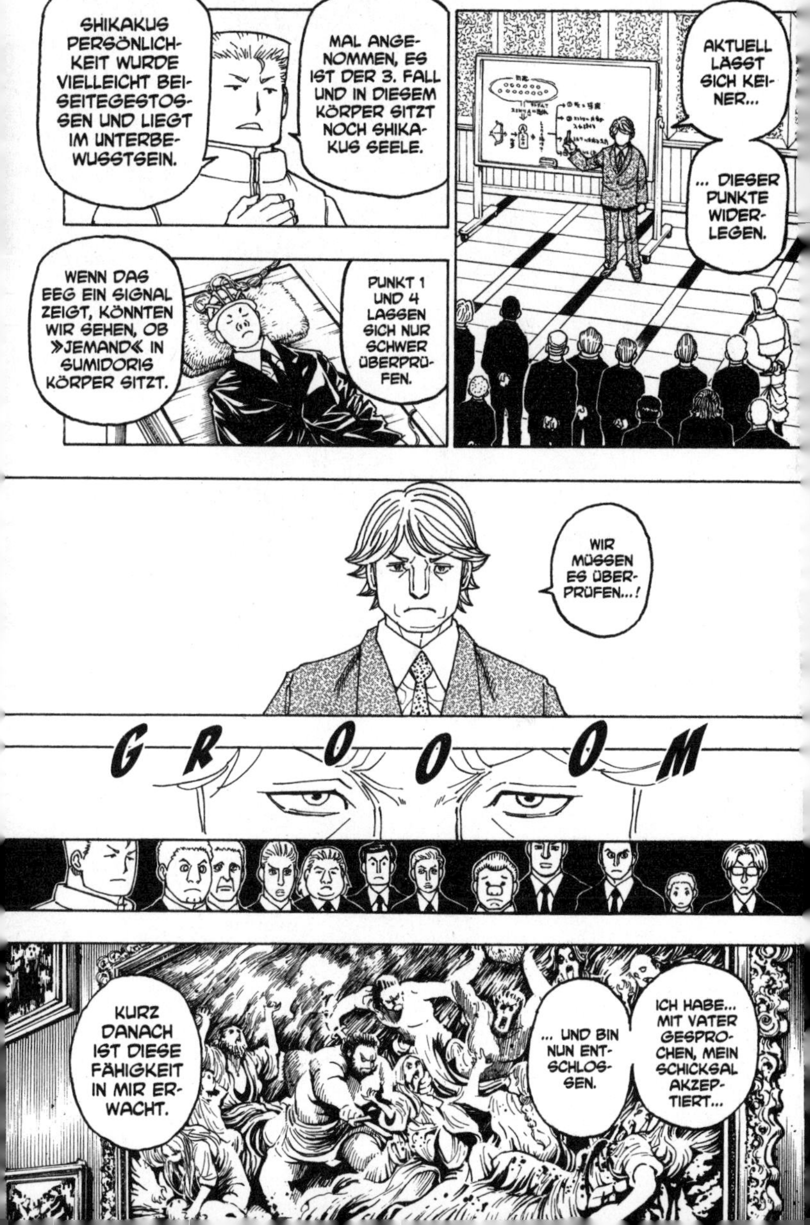
AKTUELL LÄSST SICH KEINER...
... DIESER PUNKTE WIDERLEGEN.
MAL ANGENOMMEN, ES IST DER 3. FALL UND IN DIESEM KÖRPER SITZT NOCH SHIKAKUS SEELE.
SHIKAKUS PERSÖNLICHKEIT WURDE VIELLEICHT BEISEITEGESTOSSEN UND LIEGT IM UNTERBEWUSSTSEIN.
PUNKT 1 UND 4 LASSEN SICH NUR SCHWER ÜBERPRÜFEN.
WENN DAS EEG EIN SIGNAL ZEIGT, KÖNNTEN WIR SEHEN, OB »JEMAND« IN SUMIDORIS KÖRPER SITZT.
WIR MÜSSEN ES ÜBERPRÜFEN...!
GROOOM
ICH HABE... MIT VATER GESPROCHEN, MEIN SCHICKSAL AKZEPTIERT...
... UND BIN NUN ENTSCHLOSSEN.
KURZ DANACH IST DIESE FÄHIGKEIT IN MIR ERWACHT.

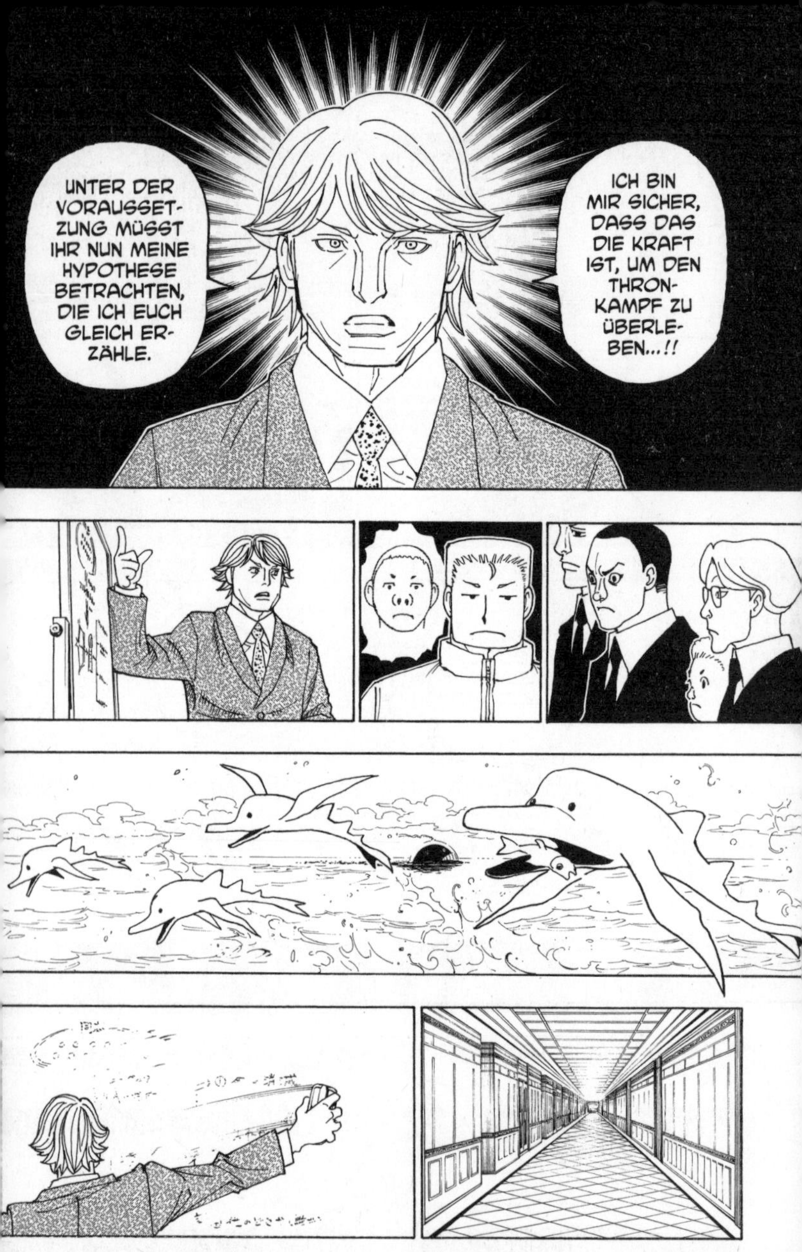
ICH BIN MIR SICHER, DASS DAS DIE KRAFT IST, UM DEN THRON-KAMPF ZU ÜBERLE-BEN...!!
UNTER DER VORAUSSET-ZUNG MÜSST IHR NUN MEINE HYPOTHESE BETRACHTEN, DIE ICH EUCH GLEICH ER-ZÄHLE.

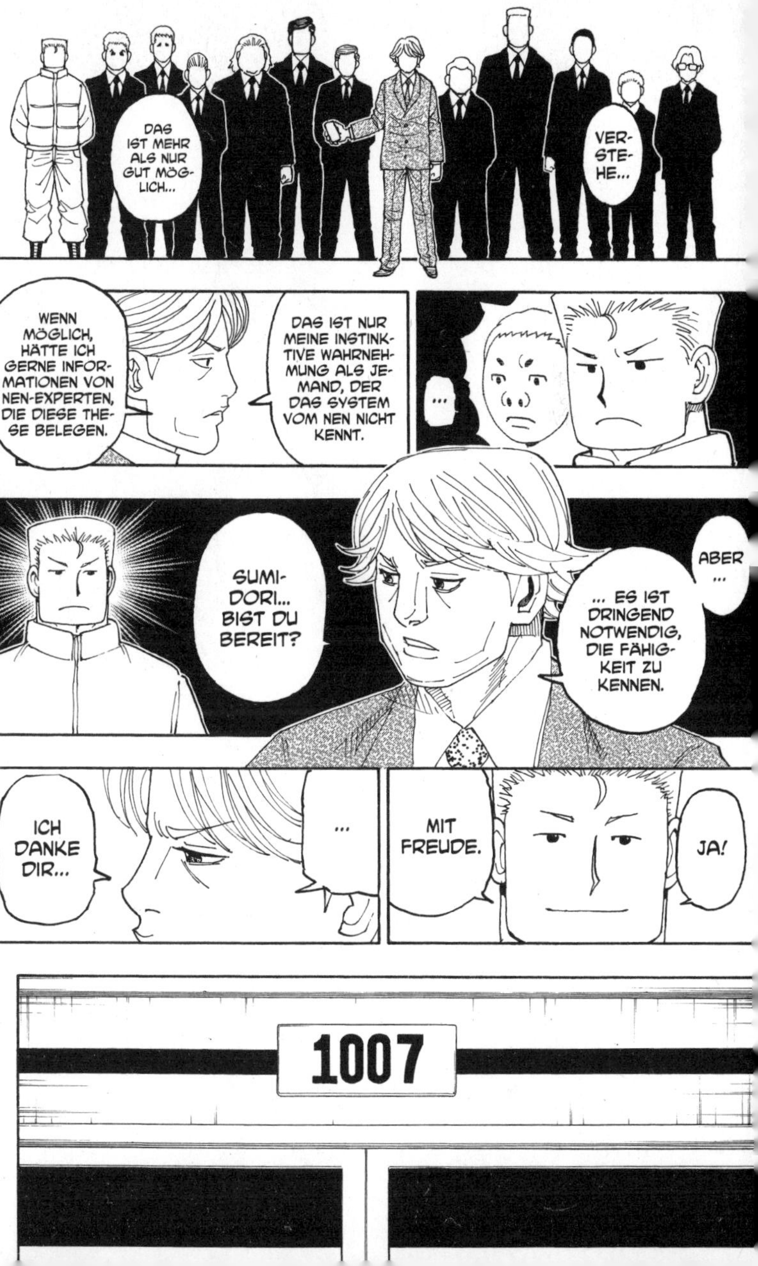
VERSTEHE...
DAS IST MEHR ALS NUR GUT MÖGLICH...
...
DAS IST NUR MEINE INSTINKTIVE WAHRNEHMUNG ALS JEMAND, DER DAS SYSTEM VOM NEN NICHT KENNT.
WENN MÖGLICH, HÄTTE ICH GERNE INFORMATIONEN VON NEN-EXPERTEN, DIE DIESE THESE BELEGEN.
ABER ...
... ES IST DRINGEND NOTWENDIG, DIE FÄHIGKEIT ZU KENNEN.
SUMIDORI... BIST DU BEREIT?
JA!
MIT FREUDE.
...
ICH DANKE DIR...
1007

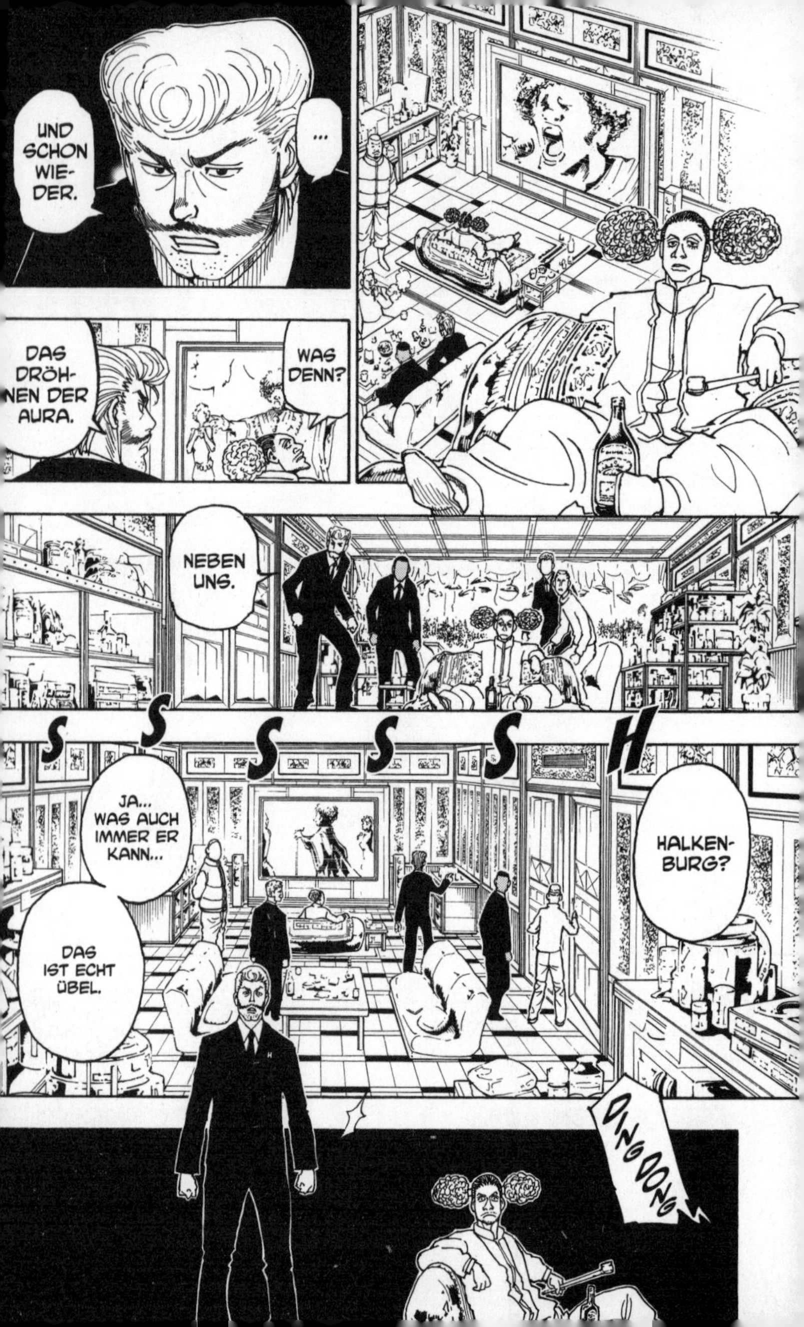
...
UND SCHON WIEDER.
WAS DENN?
DAS DRÖHNEN DER AURA.
NEBEN UNS.
SSSSSH
HALKENBURG?
JA... WAS AUCH IMMER ER KANN...
DAS IST ECHT ÜBEL.
DING DONG

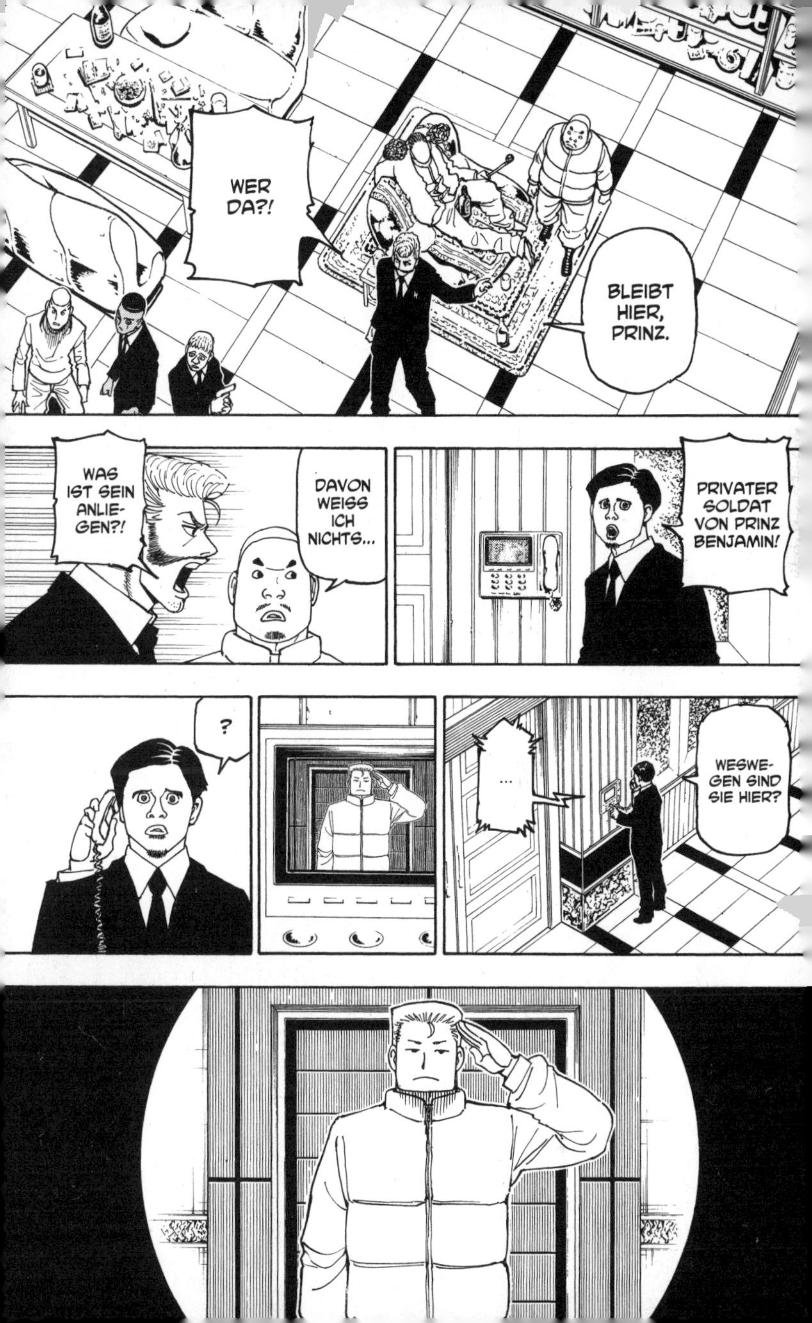
WER DA?!
BLEIBT HIER, PRINZ.
PRIVATER SOLDAT VON PRINZ BENJAMIN!
WAS IST SEIN ANLIE-GEN?!
DAVON WEISS ICH NICHTS...
WESWE-GEN SIND SIE HIER?
...
?

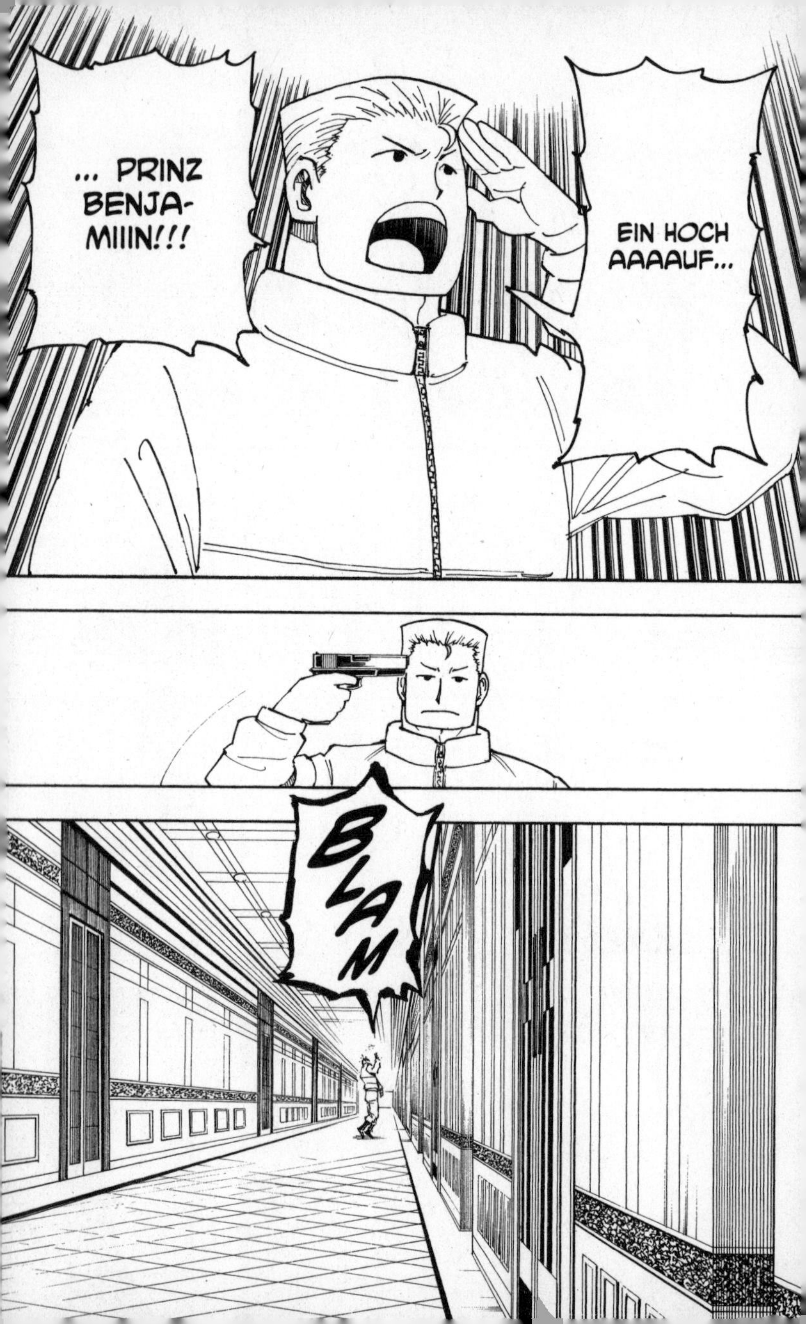
EIN HOCH AAAAUF...
... PRINZ BENJA-MIIIN!!!
BLAM

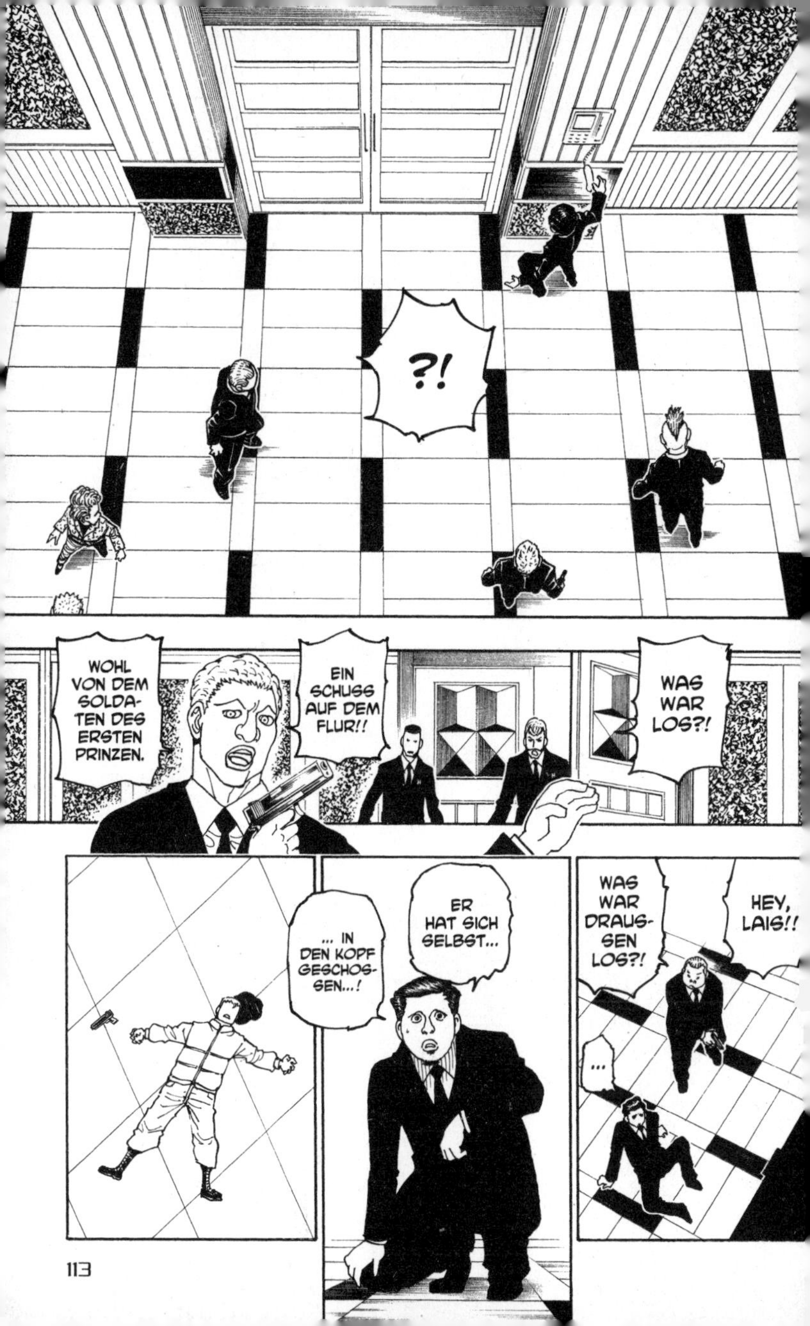
?!
WAS WAR LOS?!
EIN SCHUSS AUF DEM FLUR!!
WOHL VON DEM SOLDATEN DES ERSTEN PRINZEN.
HEY, LAIS!!
WAS WAR DRAUSSEN LOS?!
...
ER HAT SICH SELBST...
... IN DEN KOPF GESCHOSSEN...!

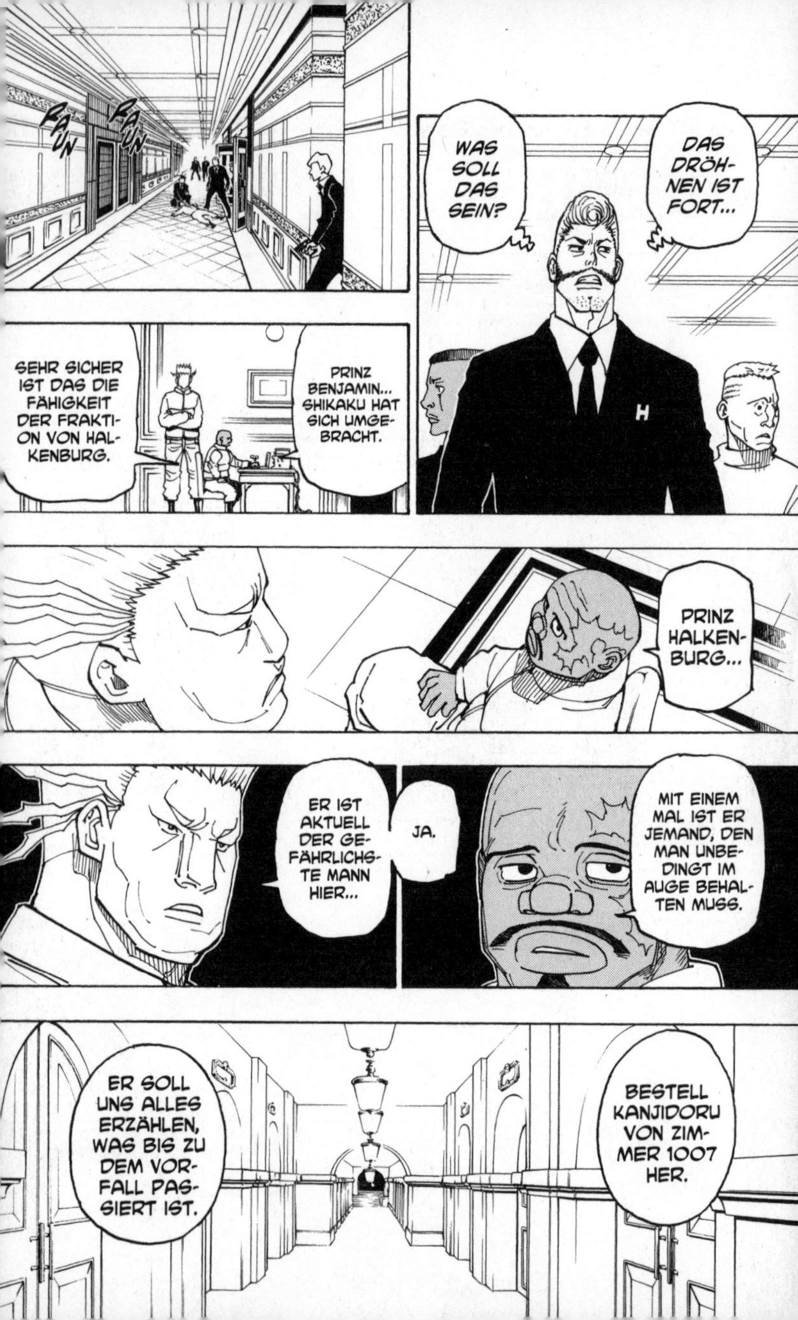
PAUN
PAUN
DAS DRÖHNEN IST FORT...
WAS SOLL DAS SEIN?
PRINZ BENJAMIN... SHIKAKU HAT SICH UMGEBRACHT.
SEHR SICHER IST DAS DIE FÄHIGKEIT DER FRAKTION VON HALKENBURG.
PRINZ HALKENBURG...
MIT EINEM MAL IST ER JEMAND, DEN MAN UNBEDINGT IM AUGE BEHALTEN MUSS.
JA.
ER IST AKTUELL DER GEFÄHRLICHSTE MANN HIER...
BESTELL KANJIDORU VON ZIMMER 1007 HER.
ER SOLL UNS ALLES ERZÄHLEN, WAS BIS ZU DEM VORFALL PASSIERT IST.

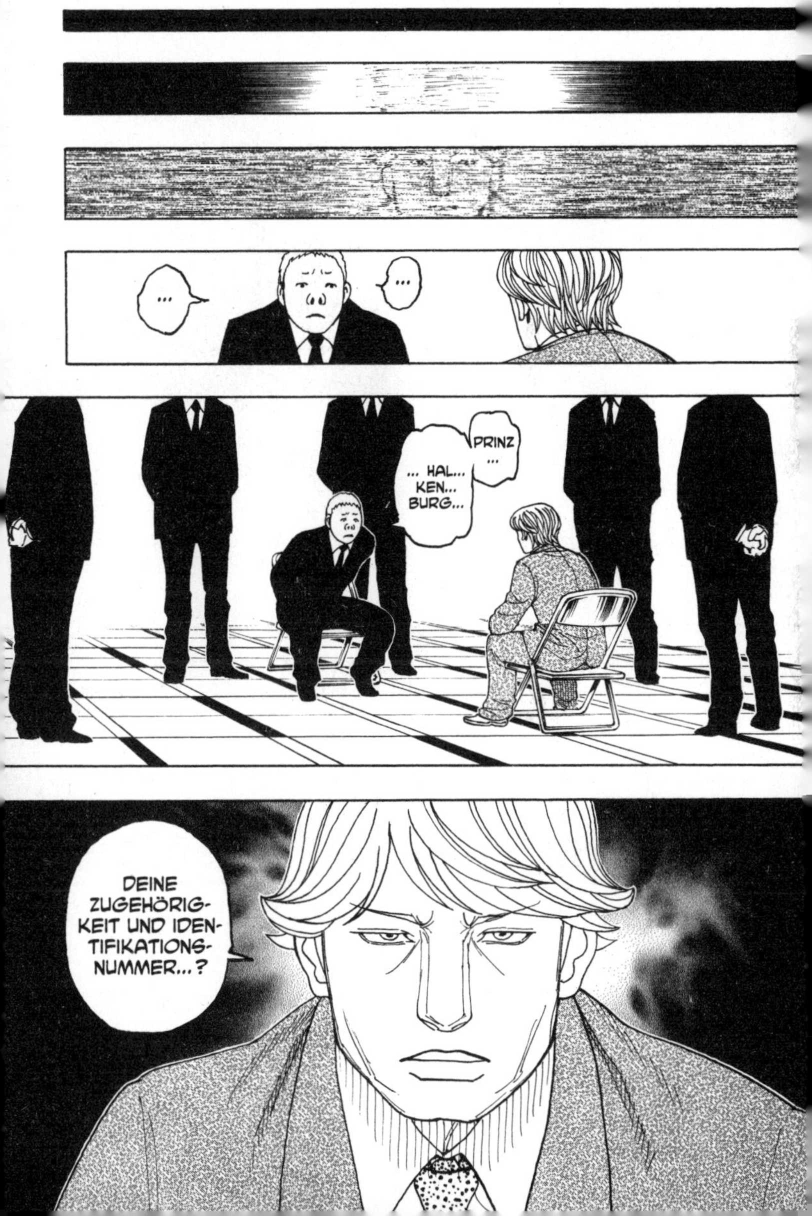
...
...
PRINZ ...
... HAL... KEN... BURG...
DEINE ZUGEHÖRIG-KEIT UND IDEN-TIFIKATIONS-NUMMER...?

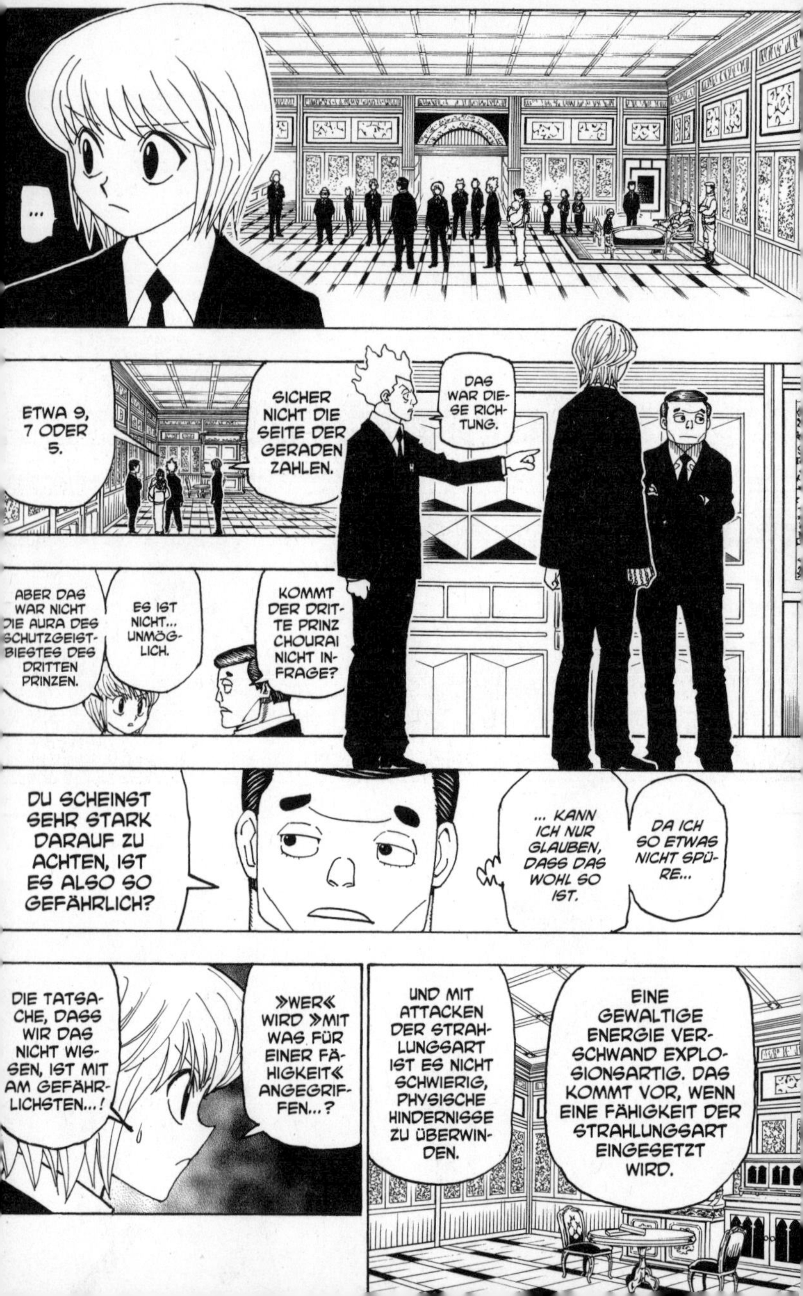
...
DAS WAR DIESE RICHTUNG.
SICHER NICHT DIE SEITE DER GERADEN ZAHLEN.
ETWA 9, 7 ODER 5.
KOMMT DER DRITTE PRINZ CHOURAI NICHT INFRAGE?
ES IST NICHT... UNMÖGLICH.
ABER DAS WAR NICHT DIE AURA DES SCHUTZGEISTBIESTES DES DRITTEN PRINZEN.
DA ICH SO ETWAS NICHT SPÜRE...
... KANN ICH NUR GLAUBEN, DASS DAS WOHL SO IST.
DU SCHEINST SEHR STARK DARAUF ZU ACHTEN, IST ES ALSO SO GEFÄHRLICH?
EINE GEWALTIGE ENERGIE VERSCHWAND EXPLOSIONSARTIG. DAS KOMMT VOR, WENN EINE FÄHIGKEIT DER STRAHLUNGSART EINGESETZT WIRD.
UND MIT ATTACKEN DER STRAHLUNGSART IST ES NICHT SCHWIERIG, PHYSISCHE HINDERNISSE ZU ÜBERWINDEN.
»WER« WIRD »MIT WAS FÜR EINER FÄHIGKEIT« ANGEGRIFFEN...?
DIE TATSACHE, DASS WIR DAS NICHT WISSEN, IST MIT AM GEFÄHRLICHSTEN...!

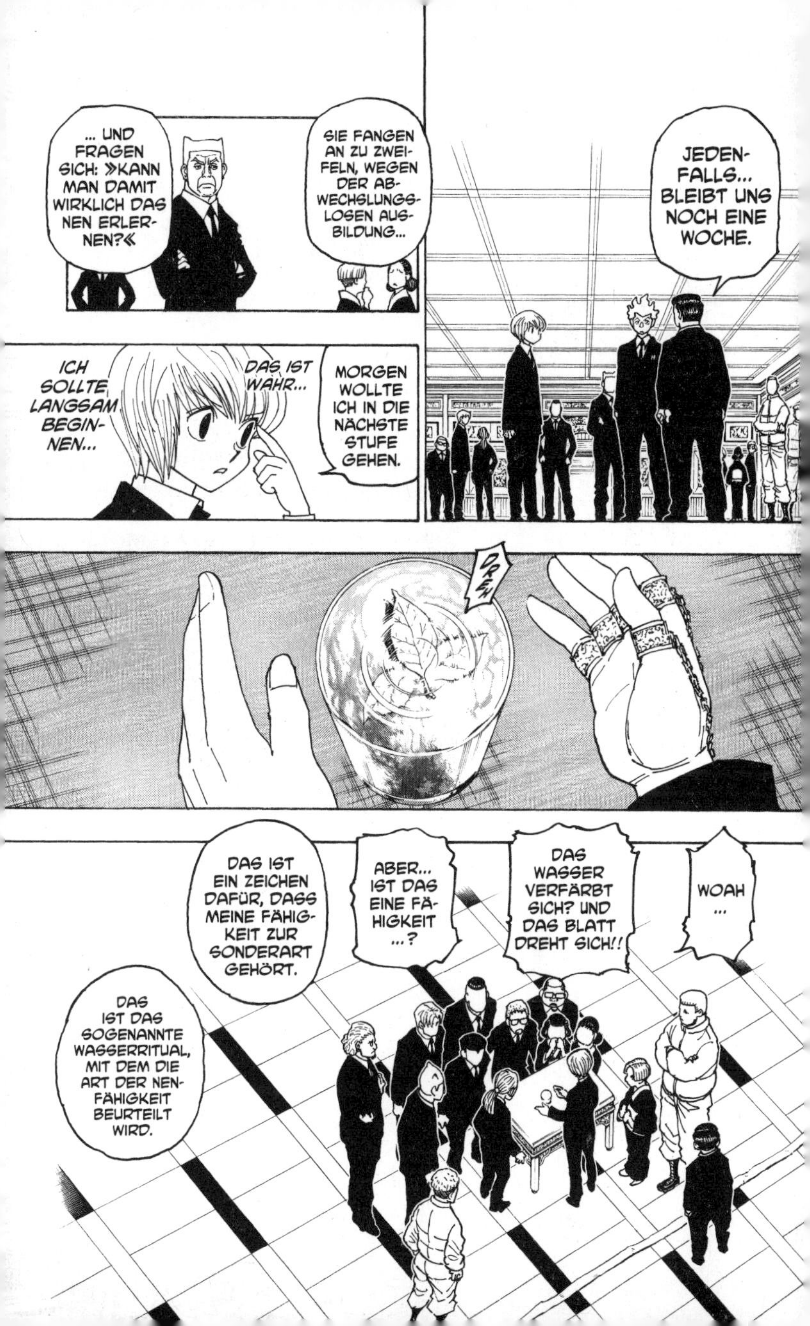
JEDENFALLS... BLEIBT UNS NOCH EINE WOCHE.
SIE FANGEN AN ZU ZWEIFELN, WEGEN DER ABWECHSLUNGSLOSEN AUSBILDUNG...
... UND FRAGEN SICH: »KANN MAN DAMIT WIRKLICH DAS NEN ERLERNEN?«
MORGEN WOLLTE ICH IN DIE NÄCHSTE STUFE GEHEN.
DAS IST WAHR...
ICH SOLLTE LANGSAM BEGINNEN...
DREH
WOAH ...
DAS WASSER VERFÄRBT SICH? UND DAS BLATT DREHT SICH!!
ABER... IST DAS EINE FÄHIGKEIT ...?
DAS IST EIN ZEICHEN DAFÜR, DASS MEINE FÄHIGKEIT ZUR SONDERART GEHÖRT.
DAS IST DAS SOGENANNTE WASSERRITUAL, MIT DEM DIE ART DER NEN-FÄHIGKEIT BEURTEILT WIRD.

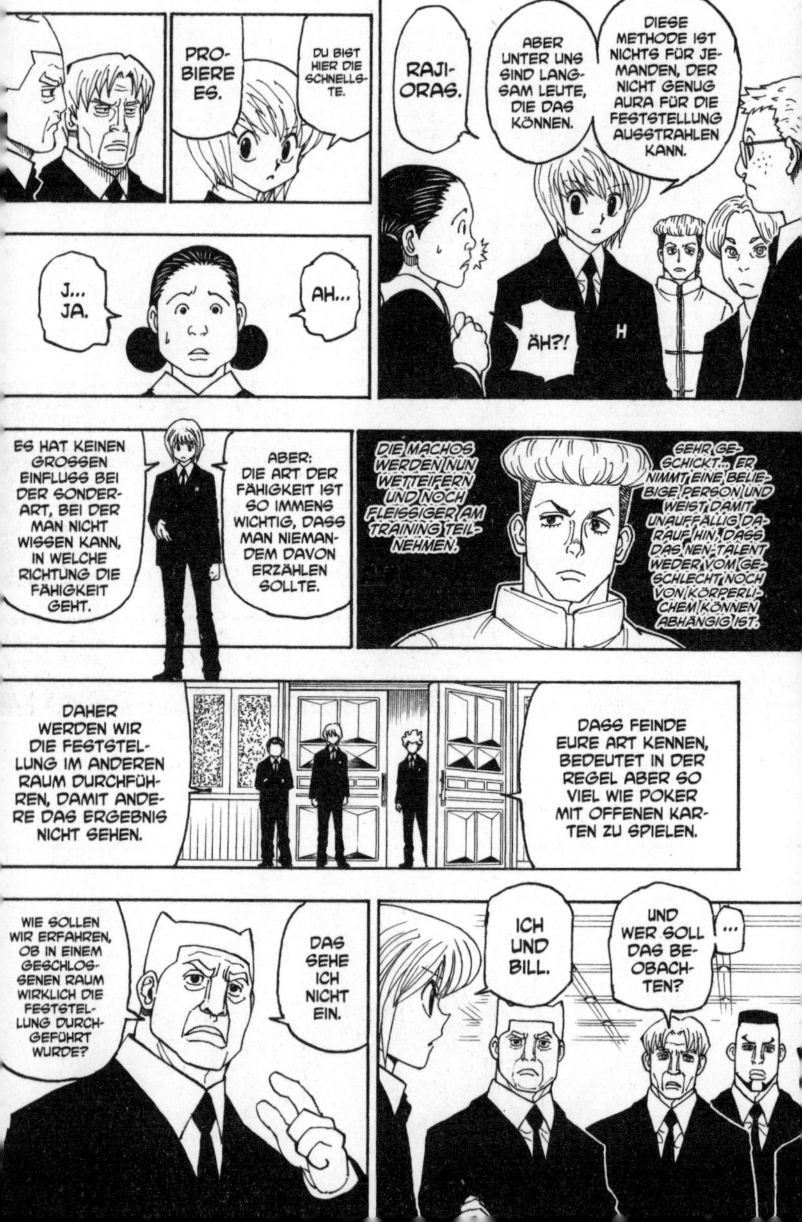
DIESE METHODE IST NICHTS FÜR JEMANDEN, DER NICHT GENUG AURA FÜR DIE FESTSTELLUNG AUSSTRAHLEN KANN.
ABER UNTER UNS SIND LANGSAM LEUTE, DIE DAS KÖNNEN.
RAJIORAS.
ÄH?!
DU BIST HIER DIE SCHNELLSTE.
PROBIERE ES.
AH...
J... JA.
SEHR GESCHICKT... ER NIMMT EINE BELIEBIGE PERSON UND WEIST DAMIT UNAUFFÄLLIG DARAUF HIN, DASS DAS NEN-TALENT WEDER VOM GESCHLECHT NOCH VON KÖRPERLICHEM KÖNNEN ABHÄNGIG IST.
DIE MACHOS WERDEN NUN WETTEIFERN UND NOCH FLEISSIGER AM TRAINING TEILNEHMEN.
ES HAT KEINEN GROSSEN EINFLUSS BEI DER SONDERART, BEI DER MAN NICHT WISSEN KANN, IN WELCHE RICHTUNG DIE FÄHIGKEIT GEHT.
ABER: DIE ART DER FÄHIGKEIT IST SO IMMENS WICHTIG, DASS MAN NIEMANDEM DAVON ERZÄHLEN SOLLTE.
DASS FEINDE EURE ART KENNEN, BEDEUTET IN DER REGEL ABER SO VIEL WIE POKER MIT OFFENEN KARTEN ZU SPIELEN.
DAHER WERDEN WIR DIE FESTSTELLUNG IM ANDEREN RAUM DURCHFÜHREN, DAMIT ANDERE DAS ERGEBNIS NICHT SEHEN.
...
UND WER SOLL DAS BEOBACHTEN?
ICH UND BILL.
WIE SOLLEN WIR ERFAHREN, OB IN EINEM GESCHLOSSENEN RAUM WIRKLICH DIE FESTSTELLUNG DURCHGEFÜHRT WURDE?
DAS SEHE ICH NICHT EIN.

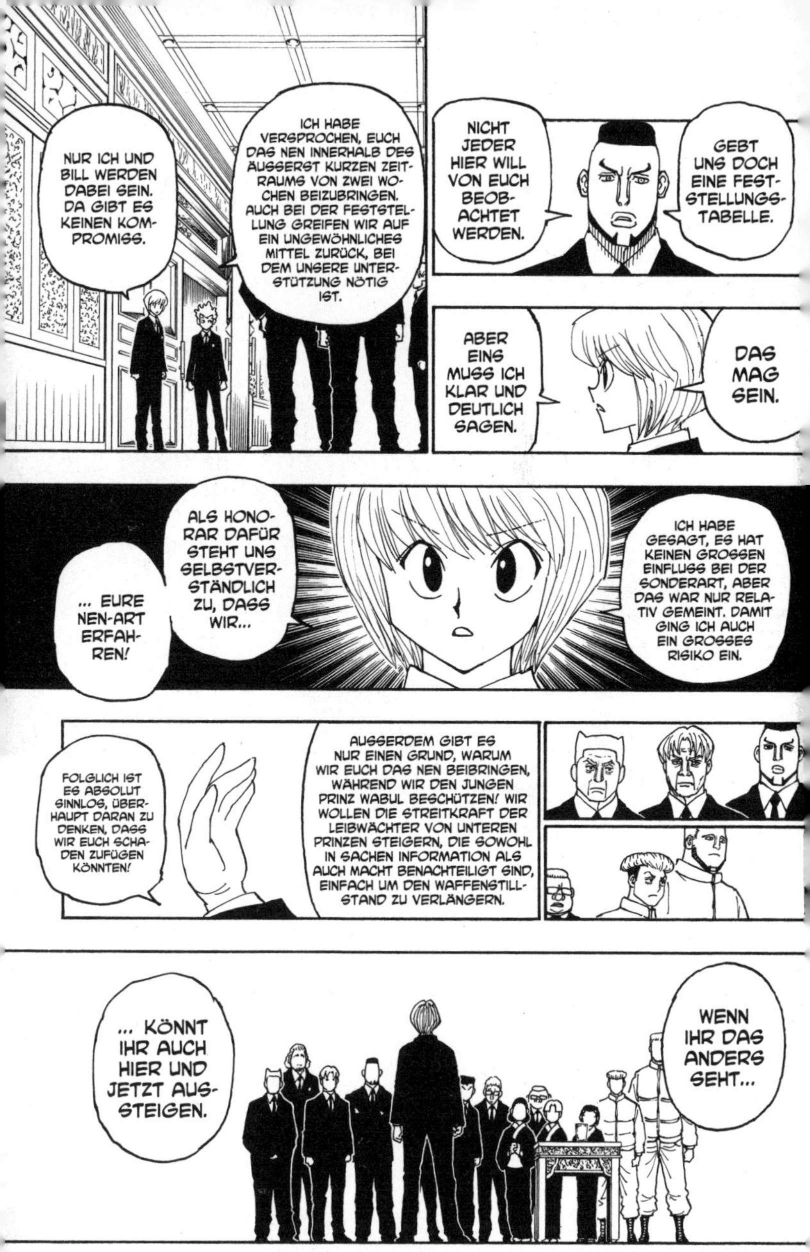
GEBT UNS DOCH EINE FESTSTELLUNGSTABELLE.
NICHT JEDER HIER WILL VON EUCH BEOBACHTET WERDEN.
DAS MAG SEIN.
ABER EINS MUSS ICH KLAR UND DEUTLICH SAGEN.
ICH HABE VERSPROCHEN, EUCH DAS NEN INNERHALB DES ÄUSSERST KURZEN ZEITRAUMS VON ZWEI WOCHEN BEIZUBRINGEN. AUCH BEI DER FESTSTELLUNG GREIFEN WIR AUF EIN UNGEWÖHNLICHES MITTEL ZURÜCK, BEI DEM UNSERE UNTERSTÜTZUNG NÖTIG IST.
NUR ICH UND BILL WERDEN DABEI SEIN. DA GIBT ES KEINEN KOMPROMISS.
ICH HABE GESAGT, ES HAT KEINEN GROSSEN EINFLUSS BEI DER SONDERART, ABER DAS WAR NUR RELATIV GEMEINT. DAMIT GING ICH AUCH EIN GROSSES RISIKO EIN.
ALS HONORAR DAFÜR STEHT UNS SELBSTVERSTÄNDLICH ZU, DASS WIR...
... EURE NEN-ART ERFAHREN!
AUSSERDEM GIBT ES NUR EINEN GRUND, WARUM WIR EUCH DAS NEN BEIBRINGEN, WÄHREND WIR DEN JUNGEN PRINZ WABUL BESCHÜTZEN! WIR WOLLEN DIE STREITKRAFT DER LEIBWÄCHTER VON UNTEREN PRINZEN STEIGERN, DIE SOWOHL IN SACHEN INFORMATION ALS AUCH MACHT BENACHTEILIGT SIND, EINFACH UM DEN WAFFENSTILLSTAND ZU VERLÄNGERN.
FOLGLICH IST ES ABSOLUT SINNLOS, ÜBERHAUPT DARAN ZU DENKEN, DASS WIR EUCH SCHADEN ZUFÜGEN KÖNNTEN!
WENN IHR DAS ANDERS SEHT...
... KÖNNT IHR AUCH HIER UND JETZT AUSSTEIGEN.

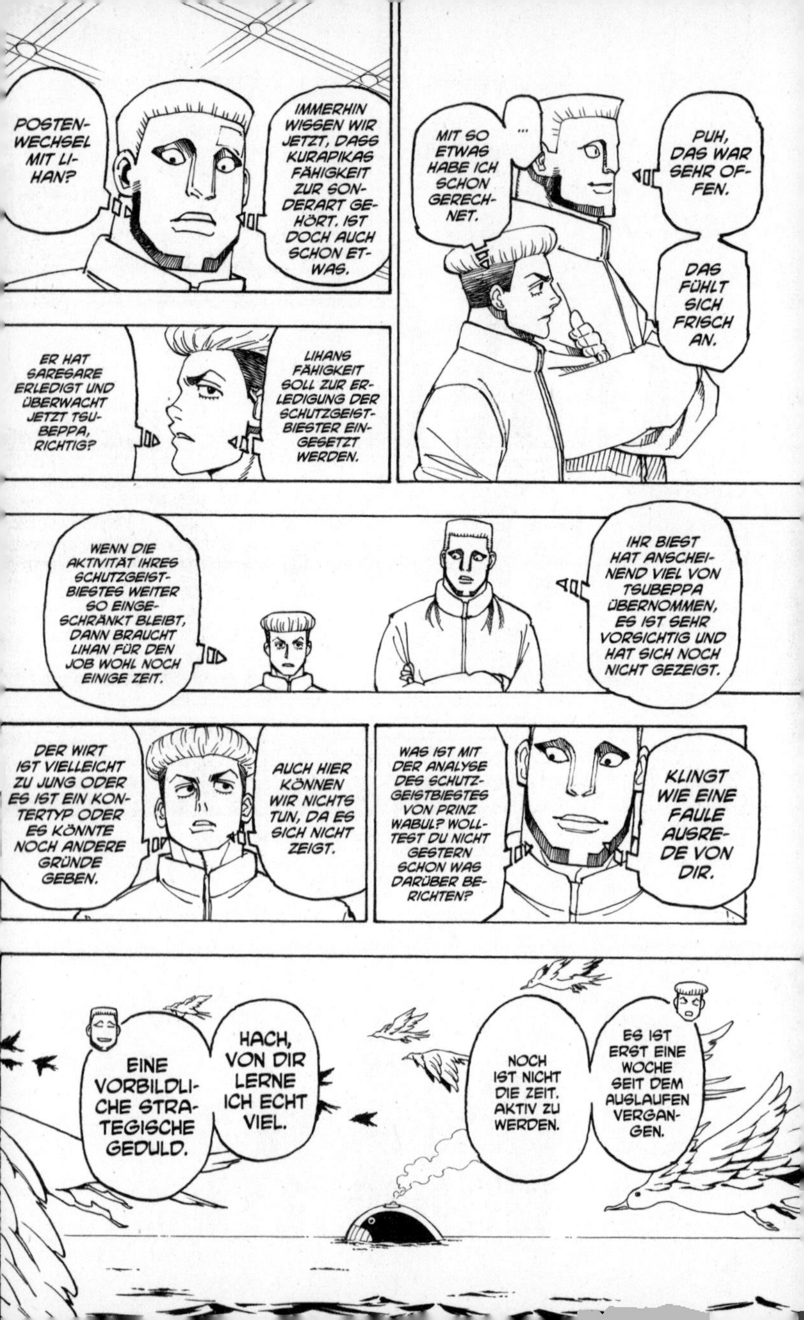
PUH, DAS WAR SEHR OF-FEN.
DAS FÜHLT SICH FRISCH AN.
...
MIT SO ETWAS HABE ICH SCHON GERECH-NET.
IMMERHIN WISSEN WIR JETZT, DASS KURAPIKAS FÄHIGKEIT ZUR SON-DERART GE-HÖRT. IST DOCH AUCH SCHON ET-WAS.
POSTEN-WECHSEL MIT LI-HAN?
LIHANS FÄHIGKEIT SOLL ZUR ER-LEDIGUNG DER SCHUTZGEIST-BIESTER EIN-GESETZT WERDEN.
ER HAT SARESARE ERLEDIGT UND ÜBERWACHT JETZT TSU-BEPPA, RICHTIG?
IHR BIEST HAT ANSCHEI-NEND VIEL VON TSUBEPPA ÜBERNOMMEN, ES IST SEHR VORSICHTIG UND HAT SICH NOCH NICHT GEZEIGT.
WENN DIE AKTIVITÄT IHRES SCHUTZGEIST-BIESTES WEITER SO EINGE-SCHRÄNKT BLEIBT, DANN BRAUCHT LIHAN FÜR DEN JOB WOHL NOCH EINIGE ZEIT.
KLINGT WIE EINE FAULE AUSRE-DE VON DIR.
WAS IST MIT DER ANALYSE DES SCHUTZ-GEISTBIESTES VON PRINZ WABUL? WOLL-TEST DU NICHT GESTERN SCHON WAS DARÜBER BE-RICHTEN?
AUCH HIER KÖNNEN WIR NICHTS TUN, DA ES SICH NICHT ZEIGT.
DER WIRT IST VIELLEICHT ZU JUNG ODER ES IST EIN KON-TERTYP ODER ES KÖNNTE NOCH ANDERE GRÜNDE GEBEN.
ES IST ERST EINE WOCHE SEIT DEM AUSLAUFEN VERGAN-GEN.
NOCH IST NICHT DIE ZEIT, AKTIV ZU WERDEN.
HACH, VON DIR LERNE ICH ECHT VIEL.
EINE VORBILDLI-CHE STRA-TEGISCHE GEDULD.

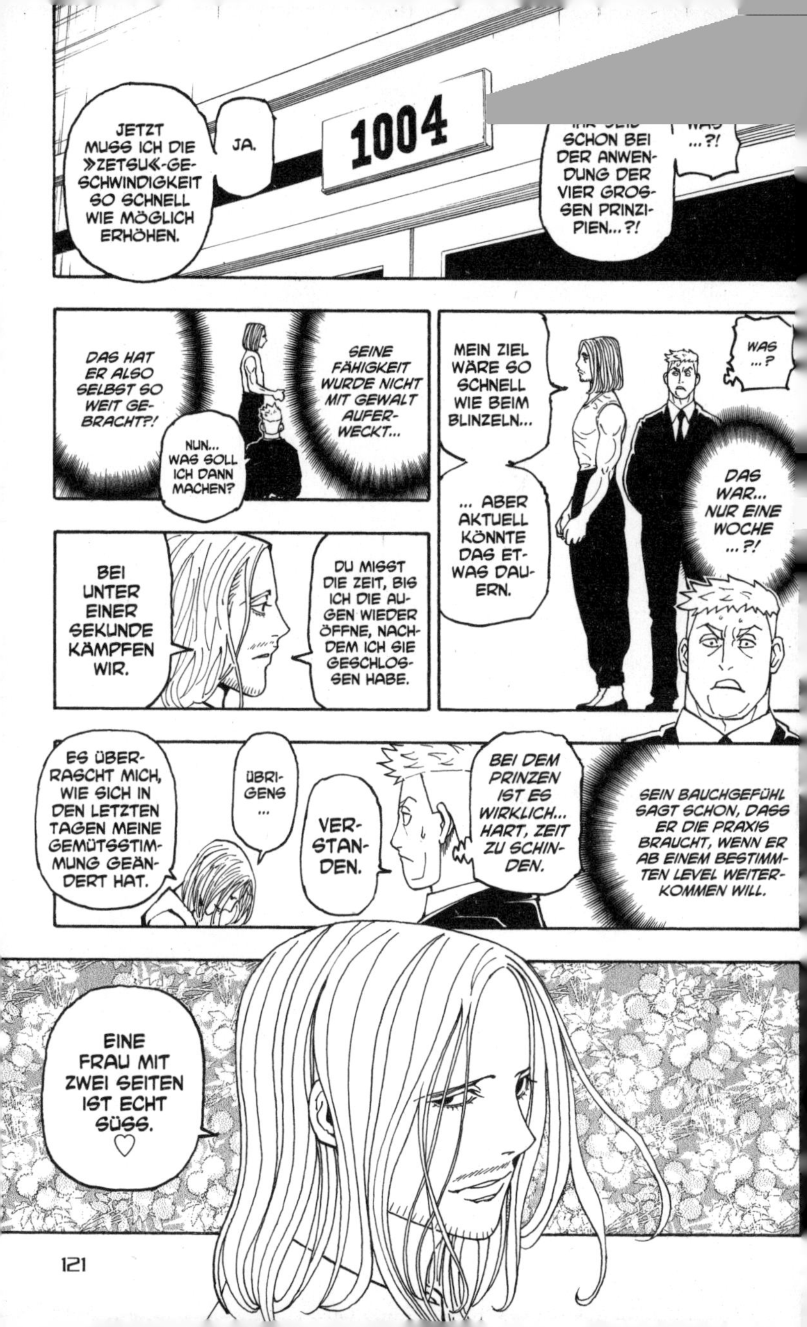
...?!
SCHON BEI DER ANWENDUNG DER VIER GROSSEN PRINZIPIEN...?!
JA.
JETZT MUSS ICH DIE »ZETSU«-GESCHWINDIGKEIT SO SCHNELL WIE MÖGLICH ERHÖHEN.
WAS ...?
MEIN ZIEL WÄRE SO SCHNELL WIE BEIM BLINZELN...
... ABER AKTUELL KÖNNTE DAS ETWAS DAUERN.
DAS WAR... NUR EINE WOCHE ...?!
SEINE FÄHIGKEIT WURDE NICHT MIT GEWALT AUFERWECKT...
DAS HAT ER ALSO SELBST SO WEIT GEBRACHT?!
NUN... WAS SOLL ICH DANN MACHEN?
DU MISST DIE ZEIT, BIS ICH DIE AUGEN WIEDER ÖFFNE, NACHDEM ICH SIE GESCHLOSSEN HABE.
BEI UNTER EINER SEKUNDE KÄMPFEN WIR.
SEIN BAUCHGEFÜHL SAGT SCHON, DASS ER DIE PRAXIS BRAUCHT, WENN ER AB EINEM BESTIMMTEN LEVEL WEITERKOMMEN WILL.
BEI DEM PRINZEN IST ES WIRKLICH... HART, ZEIT ZU SCHINDEN.
VERSTANDEN.
ÜBRIGENS ...
ES ÜBERRASCHT MICH, WIE SICH IN DEN LETZTEN TAGEN MEINE GEMÜTSSTIMMUNG GEÄNDERT HAT.
EINE FRAU MIT ZWEI SEITEN IST ECHT SÜSS. ♡

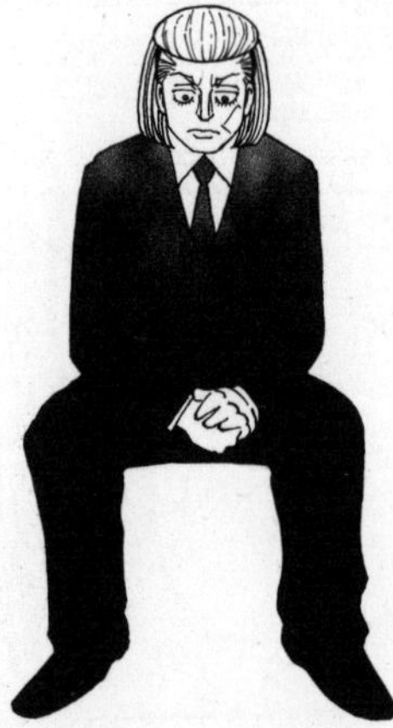

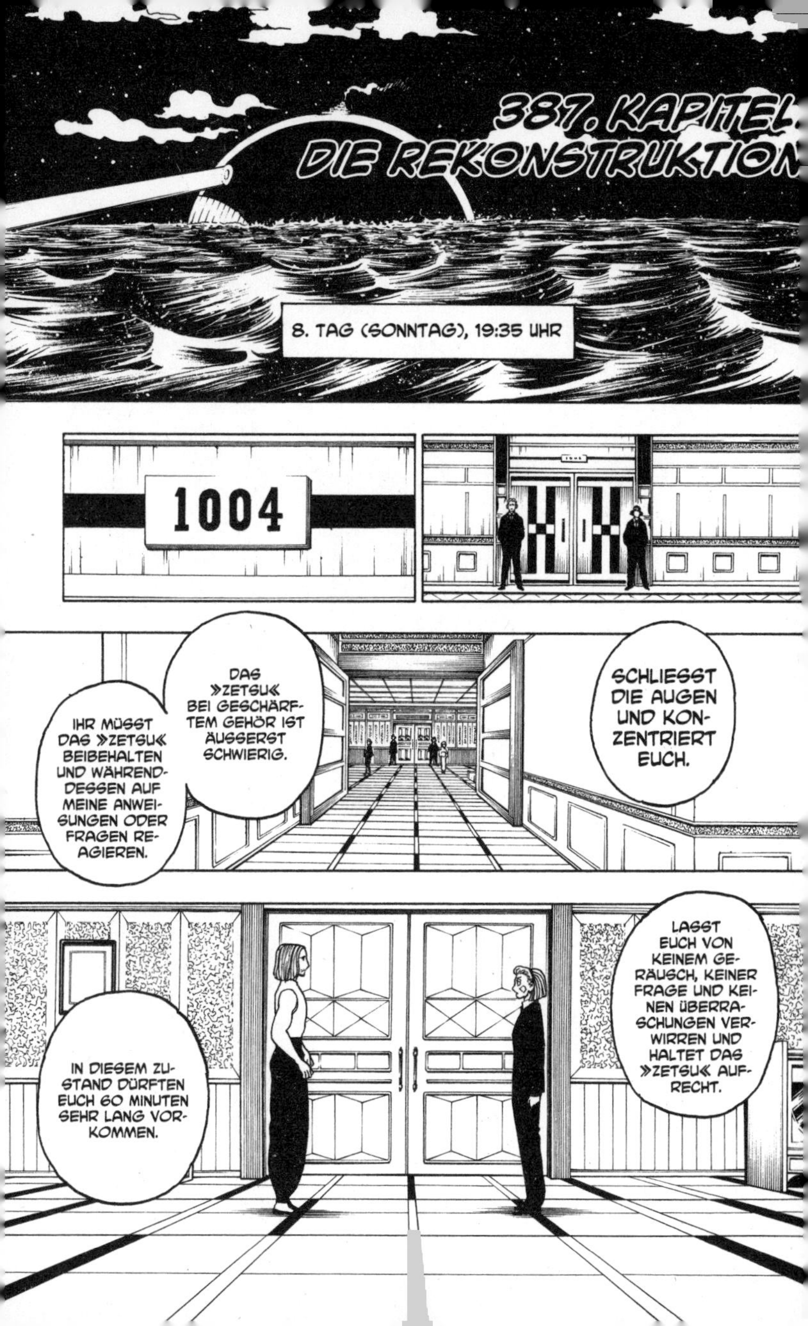
387. KAPITEL: DIE REKONSTRUKTION
8. TAG (SONNTAG), 19:35 UHR
1004
SCHLIESST DIE AUGEN UND KONZENTRIERT EUCH.
DAS »ZETSU« BEI GESCHÄRFTEM GEHÖR IST ÄUSSERST SCHWIERIG.
IHR MÜSST DAS »ZETSU« BEIBEHALTEN UND WÄHRENDDESSEN AUF MEINE ANWEISUNGEN ODER FRAGEN REAGIEREN.
LASST EUCH VON KEINEM GERÄUSCH, KEINER FRAGE UND KEINEN ÜBERRASCHUNGEN VERWIRREN UND HALTET DAS »ZETSU« AUFRECHT.
IN DIESEM ZUSTAND DÜRFTEN EUCH 60 MINUTEN SEHR LANG VORKOMMEN.

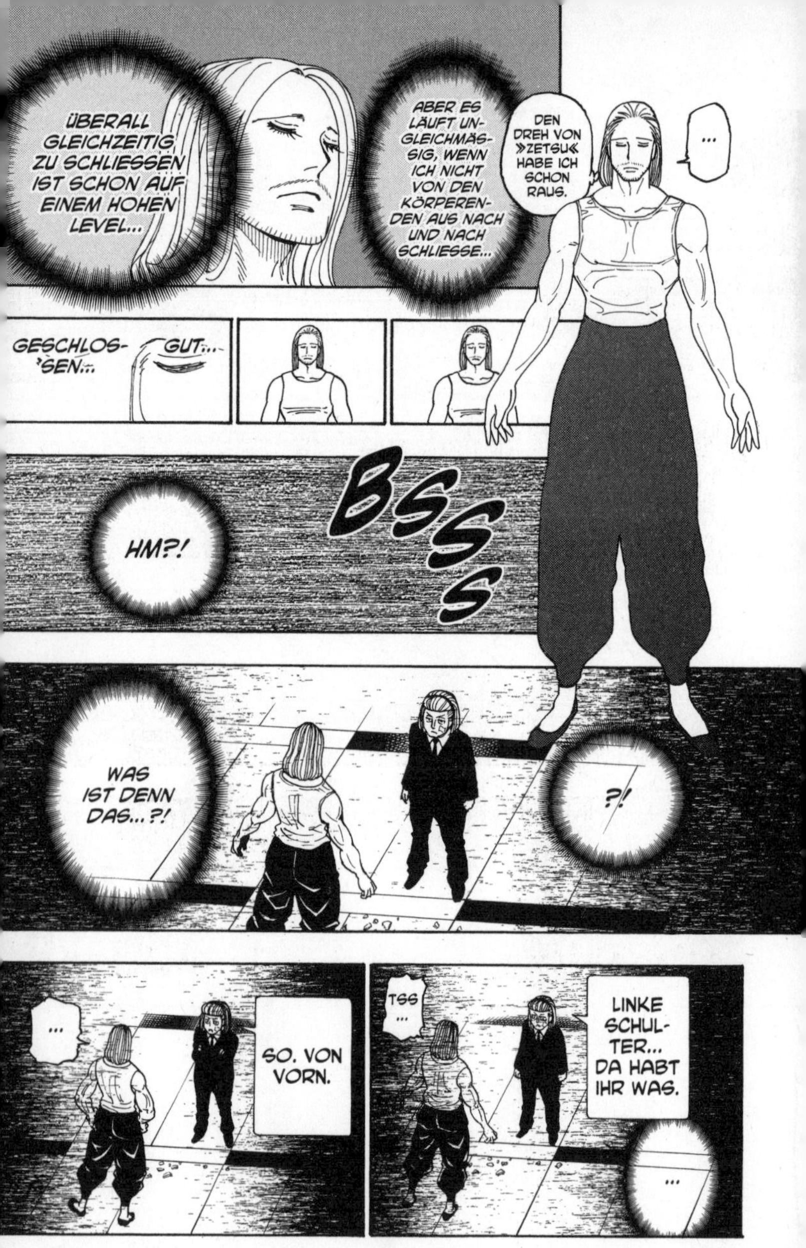
...
DEN DREH VON »ZETSU« HABE ICH SCHON RAUS.
ABER ES LÄUFT UNGLEICHMÄSSIG, WENN ICH NICHT VON DEN KÖRPERENDEN AUS NACH UND NACH SCHLIESSE...
ÜBERALL GLEICHZEITIG ZU SCHLIESSEN IST SCHON AUF EINEM HOHEN LEVEL...
GUT...
GESCHLOSSEN...
BSSSS
HM?!
?!
WAS IST DENN DAS...?!
LINKE SCHULTER... DA HABT IHR WAS.
TSS ...
...
SO. VON VORN.
...

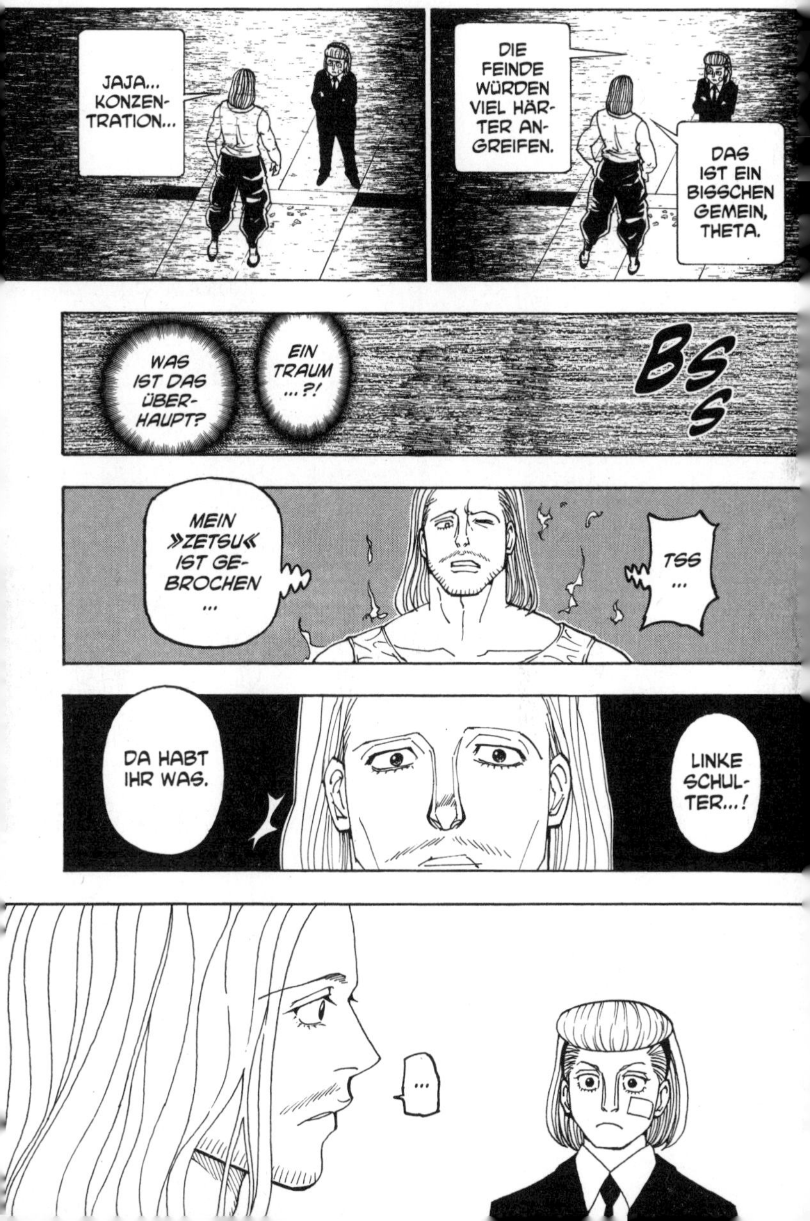
DAS IST EIN BISSCHEN GEMEIN, THETA.
DIE FEINDE WÜRDEN VIEL HÄRTER ANGREIFEN.
JAJA... KONZENTRATION...
BSS
EIN TRAUM ...?!
WAS IST DAS ÜBERHAUPT?
TSS ...
MEIN »ZETSU« IST GEBROCHEN ...
LINKE SCHULTER...!
DA HABT IHR WAS.
...

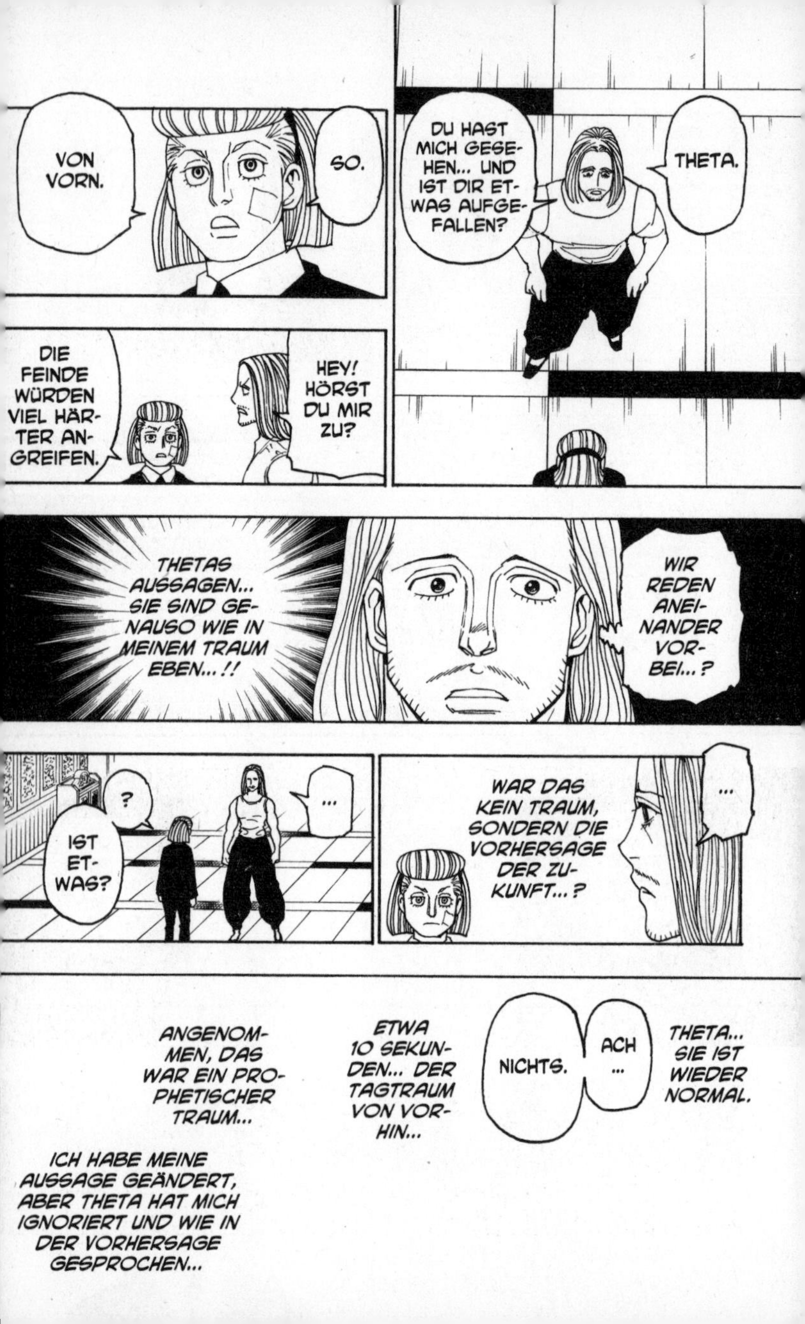
THETA.
DU HAST MICH GESEHEN... UND IST DIR ETWAS AUFGEFALLEN?
SO.
VON VORN.
HEY! HÖRST DU MIR ZU?
DIE FEINDE WÜRDEN VIEL HÄRTER ANGREIFEN.
WIR REDEN ANEINANDER VORBEI...?
THETAS AUSSAGEN... SIE SIND GENAUSO WIE IN MEINEM TRAUM EBEN...!!
...
WAR DAS KEIN TRAUM, SONDERN DIE VORHERSAGE DER ZUKUNFT...?
...
?
IST ETWAS?
THETA... SIE IST WIEDER NORMAL.
ACH ...
NICHTS.
ETWA 10 SEKUNDEN... DER TAGTRAUM VON VORHIN...
ANGENOMMEN, DAS WAR EIN PROPHETISCHER TRAUM...
ICH HABE MEINE AUSSAGE GEÄNDERT, ABER THETA HAT MICH IGNORIERT UND WIE IN DER VORHERSAGE GESPROCHEN...

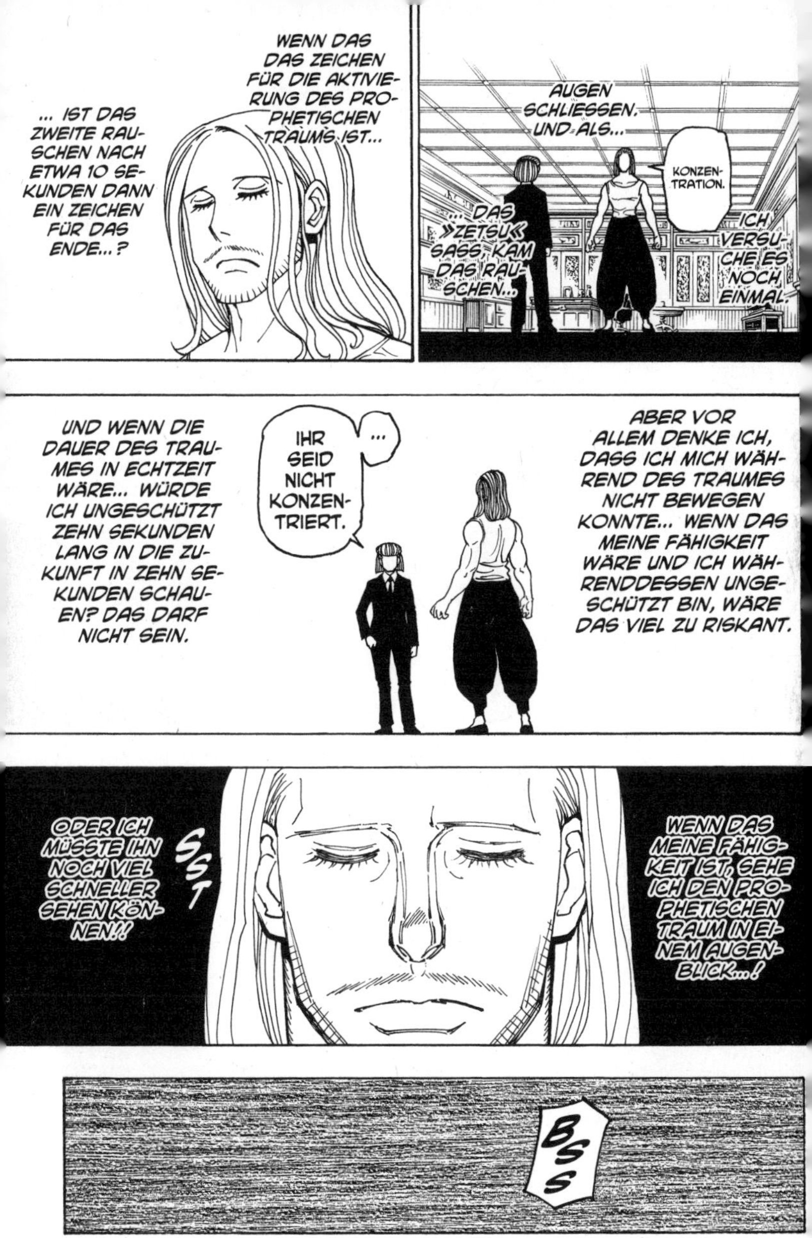
ICH VERSUCHE ES NOCH EINMAL.
KONZENTRATION.
AUGEN SCHLIESSEN. UND ALS...
... DAS »ZETSU« SASS, KAM DAS RAUSCHEN...
WENN DAS DAS ZEICHEN FÜR DIE AKTIVIERUNG DES PROPHETISCHEN TRAUMS IST...
... IST DAS ZWEITE RAUSCHEN NACH ETWA 10 SEKUNDEN DANN EIN ZEICHEN FÜR DAS ENDE...?
ABER VOR ALLEM DENKE ICH, DASS ICH MICH WÄHREND DES TRAUMES NICHT BEWEGEN KONNTE... WENN DAS MEINE FÄHIGKEIT WÄRE UND ICH WÄHRENDDESSEN UNGESCHÜTZT BIN, WÄRE DAS VIEL ZU RISKANT.
...
IHR SEID NICHT KONZENTRIERT.
UND WENN DIE DAUER DES TRAUMES IN ECHTZEIT WÄRE... WÜRDE ICH UNGESCHÜTZT ZEHN SEKUNDEN LANG IN DIE ZUKUNFT IN ZEHN SEKUNDEN SCHAUEN? DAS DARF NICHT SEIN.
WENN DAS MEINE FÄHIGKEIT IST, SEHE ICH DEN PROPHETISCHEN TRAUM IN EINEM AUGENBLICK...!
SST
ODER ICH MÜSSTE IHN NOCH VIEL SCHNELLER SEHEN KÖNNEN!!
BSS

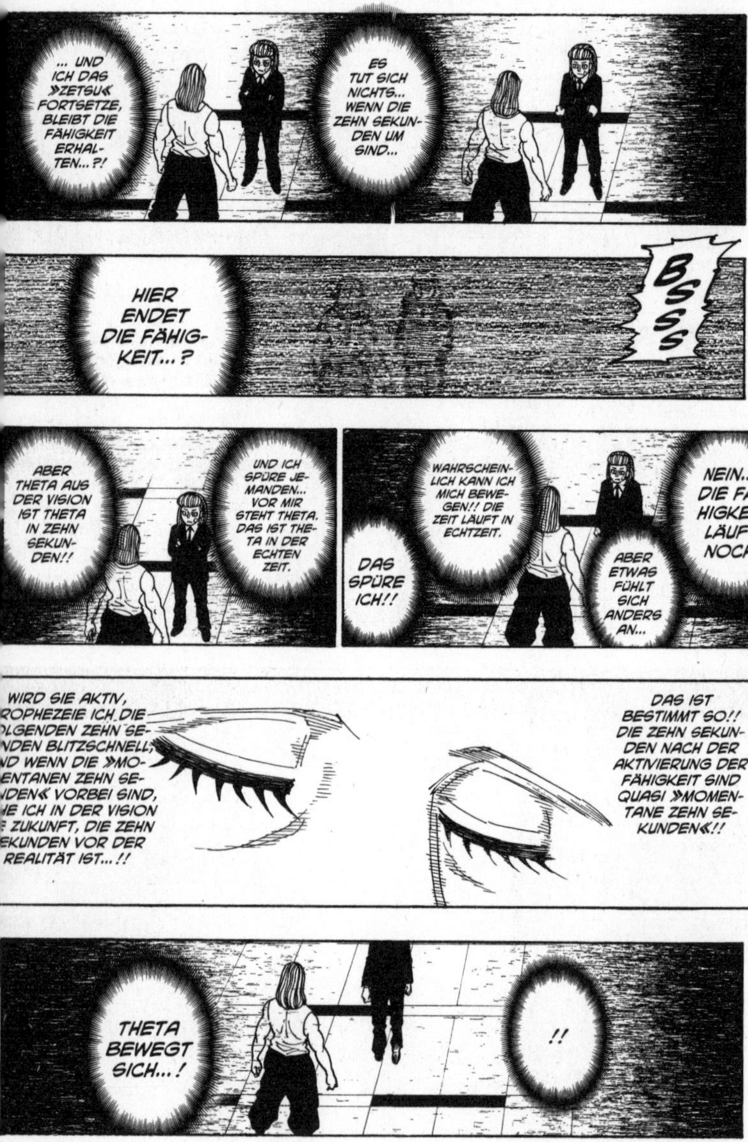
ES TUT SICH NICHTS... WENN DIE ZEHN SEKUNDEN UM SIND...
... UND ICH DAS »ZETSU« FORTSETZE, BLEIBT DIE FÄHIGKEIT ERHALTEN...?!
BSSS
HIER ENDET DIE FÄHIGKEIT...?
NEIN... DIE FÄHIGKEIT LÄUFT NOCH.
ABER ETWAS FÜHLT SICH ANDERS AN...
WAHRSCHEINLICH KANN ICH MICH BEWEGEN!! DIE ZEIT LÄUFT IN ECHTZEIT.
DAS SPÜRE ICH!!
UND ICH SPÜRE JEMANDEN... VOR MIR STEHT THETA. DAS IST THETA IN DER ECHTEN ZEIT.
ABER THETA AUS DER VISION IST THETA IN ZEHN SEKUNDEN!!
DAS IST BESTIMMT SO!! DIE ZEHN SEKUNDEN NACH DER AKTIVIERUNG DER FÄHIGKEIT SIND QUASI »MOMENTANE ZEHN SEKUNDEN«!!
WIRD SIE AKTIV, ROPHEZEIE ICH DIE OLGENDEN ZEHN SE- NDEN BLITZSCHNELL, ND WENN DIE »MO- ENTANEN ZEHN SE- NDEN« VORBEI SIND, HE ICH IN DER VISION ZUKUNFT, DIE ZEHN EKUNDEN VOR DER REALITÄT IST...!!
!!
THETA BEWEGT SICH...!

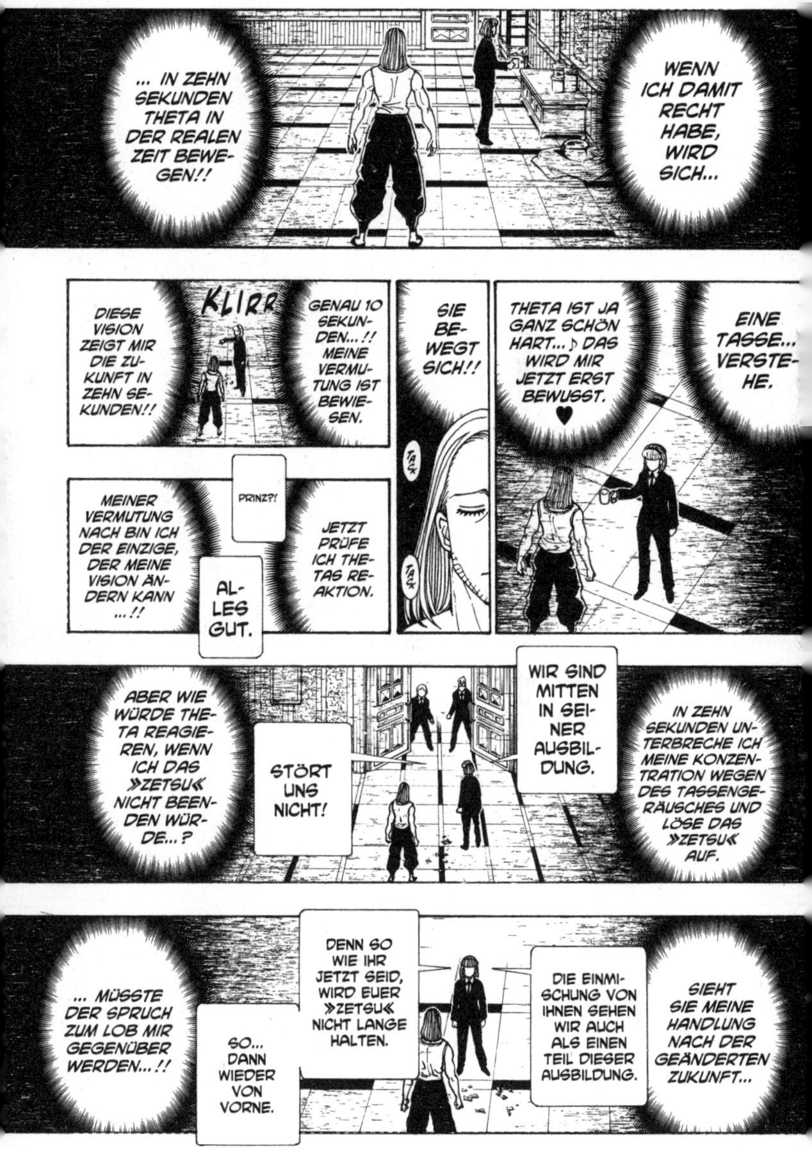
WENN ICH DAMIT RECHT HABE, WIRD SICH...
... IN ZEHN SEKUNDEN THETA IN DER REALEN ZEIT BEWEGEN!!
EINE TASSE... VERSTEHE.
THETA IST JA GANZ SCHÖN HART...♪ DAS WIRD MIR JETZT ERST BEWUSST. ♥
SIE BEWEGT SICH!!
TACK
TACK
KLIRR
GENAU 10 SEKUNDEN...!! MEINE VERMUTUNG IST BEWIESEN.
DIESE VISION ZEIGT MIR DIE ZUKUNFT IN ZEHN SEKUNDEN!!
JETZT PRÜFE ICH THETAS REAKTION.
PRINZ?!
ALLES GUT.
MEINER VERMUTUNG NACH BIN ICH DER EINZIGE, DER MEINE VISION ÄNDERN KANN ...!!
IN ZEHN SEKUNDEN UNTERBRECHE ICH MEINE KONZENTRATION WEGEN DES TASSENGERÄUSCHES UND LÖSE DAS »ZETSU« AUF.
WIR SIND MITTEN IN SEINER AUSBILDUNG.
STÖRT UNS NICHT!
ABER WIE WÜRDE THETA REAGIEREN, WENN ICH DAS »ZETSU« NICHT BEENDEN WÜRDE...?
SIEHT SIE MEINE HANDLUNG NACH DER GEÄNDERTEN ZUKUNFT...
DIE EINMISCHUNG VON IHNEN SEHEN WIR AUCH ALS EINEN TEIL DIESER AUSBILDUNG.
DENN SO WIE IHR JETZT SEID, WIRD EUER »ZETSU« NICHT LANGE HALTEN.
SO... DANN WIEDER VON VORNE.
... MÜSSTE DER SPRUCH ZUM LOB MIR GEGENÜBER WERDEN...!!

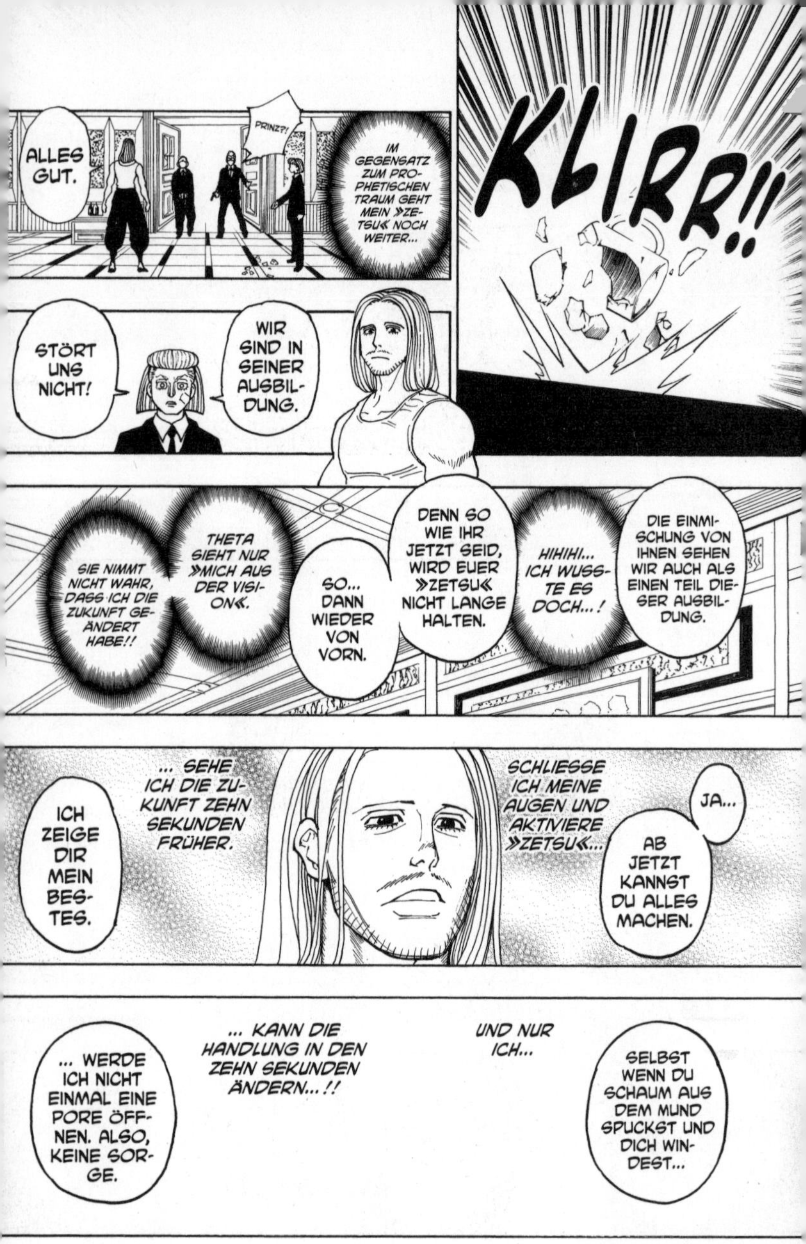
KLIRR!!
IM GEGENSATZ ZUM PROPHETISCHEN TRAUM GEHT MEIN »ZETSU« NOCH WEITER...
PRINZ?!
ALLES GUT.
WIR SIND IN SEINER AUSBILDUNG.
STÖRT UNS NICHT!
DIE EINMISCHUNG VON IHNEN SEHEN WIR AUCH ALS EINEN TEIL DIESER AUSBILDUNG.
HIHIHI... ICH WUSSTE ES DOCH...!
DENN SO WIE IHR JETZT SEID, WIRD EUER »ZETSU« NICHT LANGE HALTEN.
SO... DANN WIEDER VON VORN.
THETA SIEHT NUR »MICH AUS DER VISION«.
SIE NIMMT NICHT WAHR, DASS ICH DIE ZUKUNFT GEÄNDERT HABE!!
JA...
AB JETZT KANNST DU ALLES MACHEN.
SCHLIESSE ICH MEINE AUGEN UND AKTIVIERE »ZETSU«...
... SEHE ICH DIE ZUKUNFT ZEHN SEKUNDEN FRÜHER.
ICH ZEIGE DIR MEIN BESTES.
SELBST WENN DU SCHAUM AUS DEM MUND SPUCKST UND DICH WINDEST...
UND NUR ICH...
... KANN DIE HANDLUNG IN DEN ZEHN SEKUNDEN ÄNDERN...!!
... WERDE ICH NICHT EINMAL EINE PORE ÖFFNEN. ALSO, KEINE SORGE.

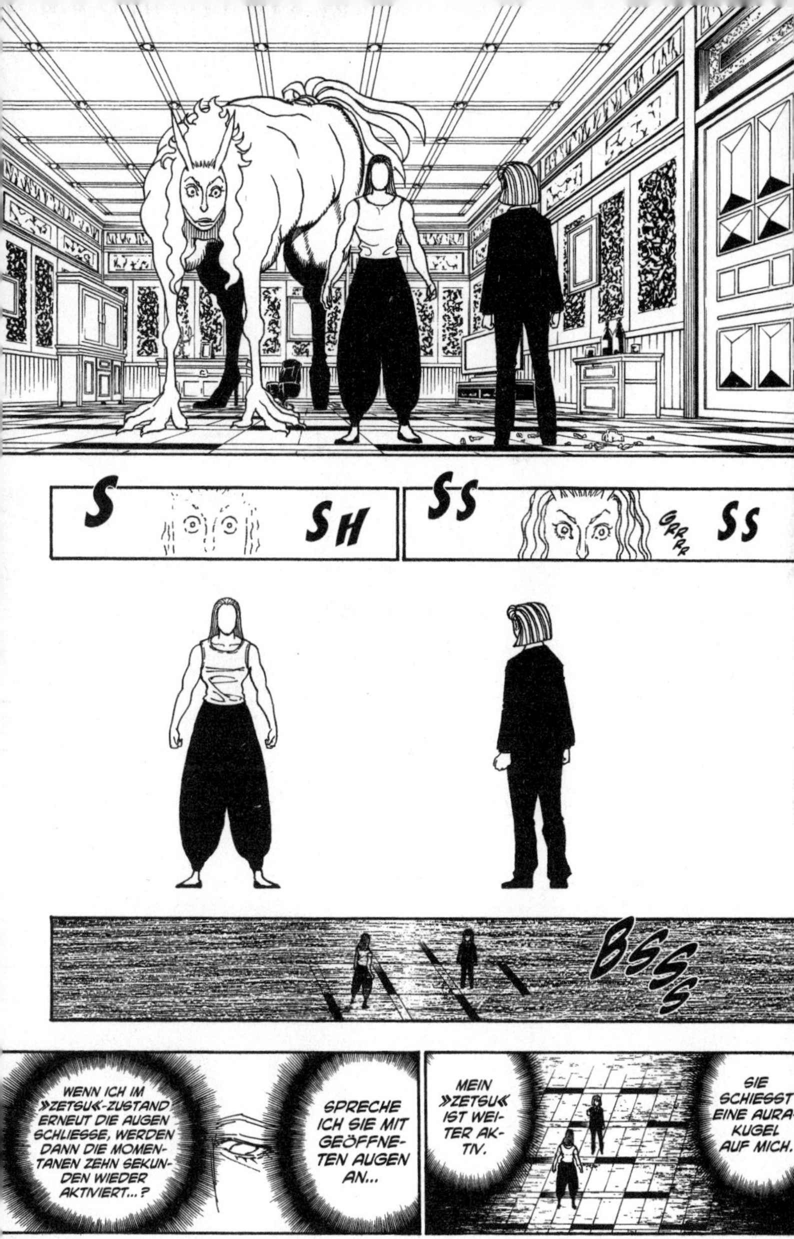
S
SH
SS
GRRRR
SS
BSSS
WENN ICH IM »ZETSU«-ZUSTAND ERNEUT DIE AUGEN SCHLIESSE, WERDEN DANN DIE MOMENTANEN ZEHN SEKUNDEN WIEDER AKTIVIERT...?
SPRECHE ICH SIE MIT GEÖFFNETEN AUGEN AN...
MEIN »ZETSU« IST WEITER AKTIV.
SIE SCHIESST EINE AURAKUGEL AUF MICH.

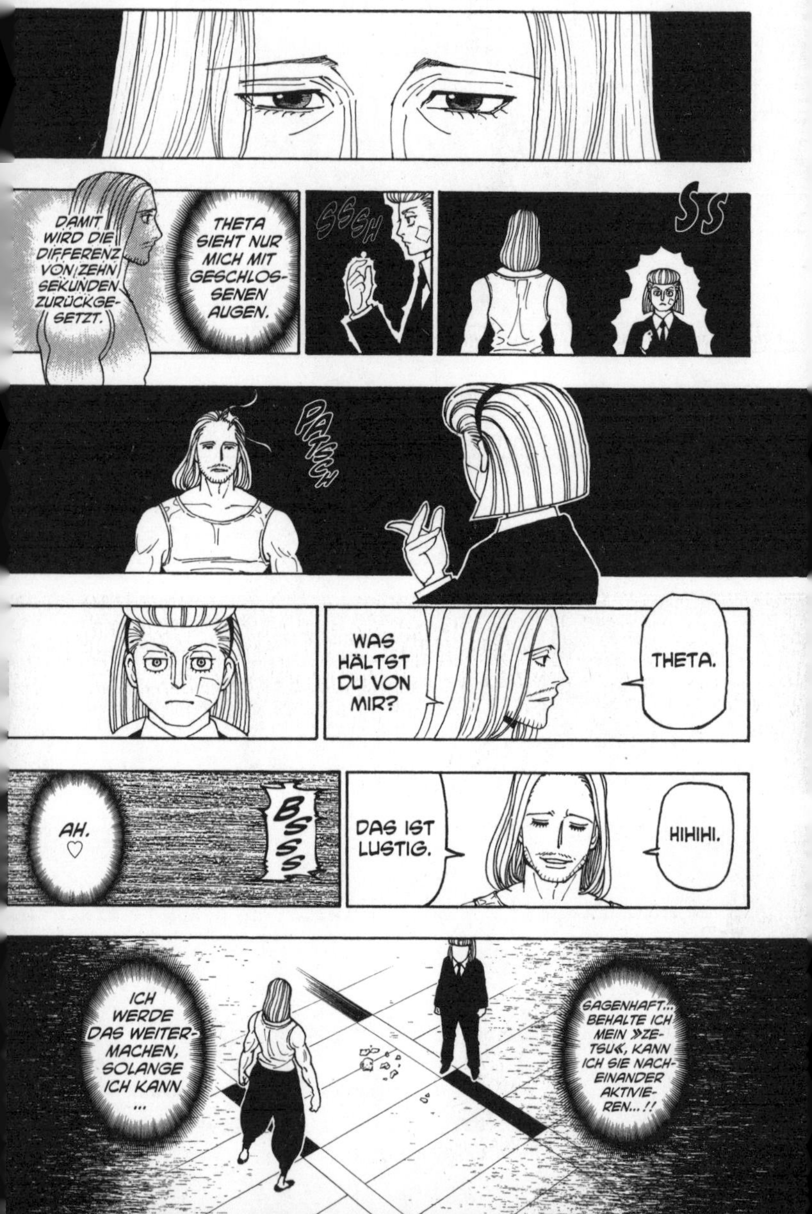

DAMIT WIRD DIE DIFFERENZ VON ZEHN SEKUNDEN ZURÜCKGESETZT.
THETA SIEHT NUR MICH MIT GESCHLOSSENEN AUGEN.
SSSH
SS
PATSCH
THETA.
WAS HÄLTST DU VON MIR?
HIHIHI.
DAS IST LUSTIG.
BSSS
AH. ♡
SAGENHAFT... BEHALTE ICH MEIN »ZETSU«, KANN ICH SIE NACHEINANDER AKTIVIEREN...!!
ICH WERDE DAS WEITERMACHEN, SOLANGE ICH KANN ...

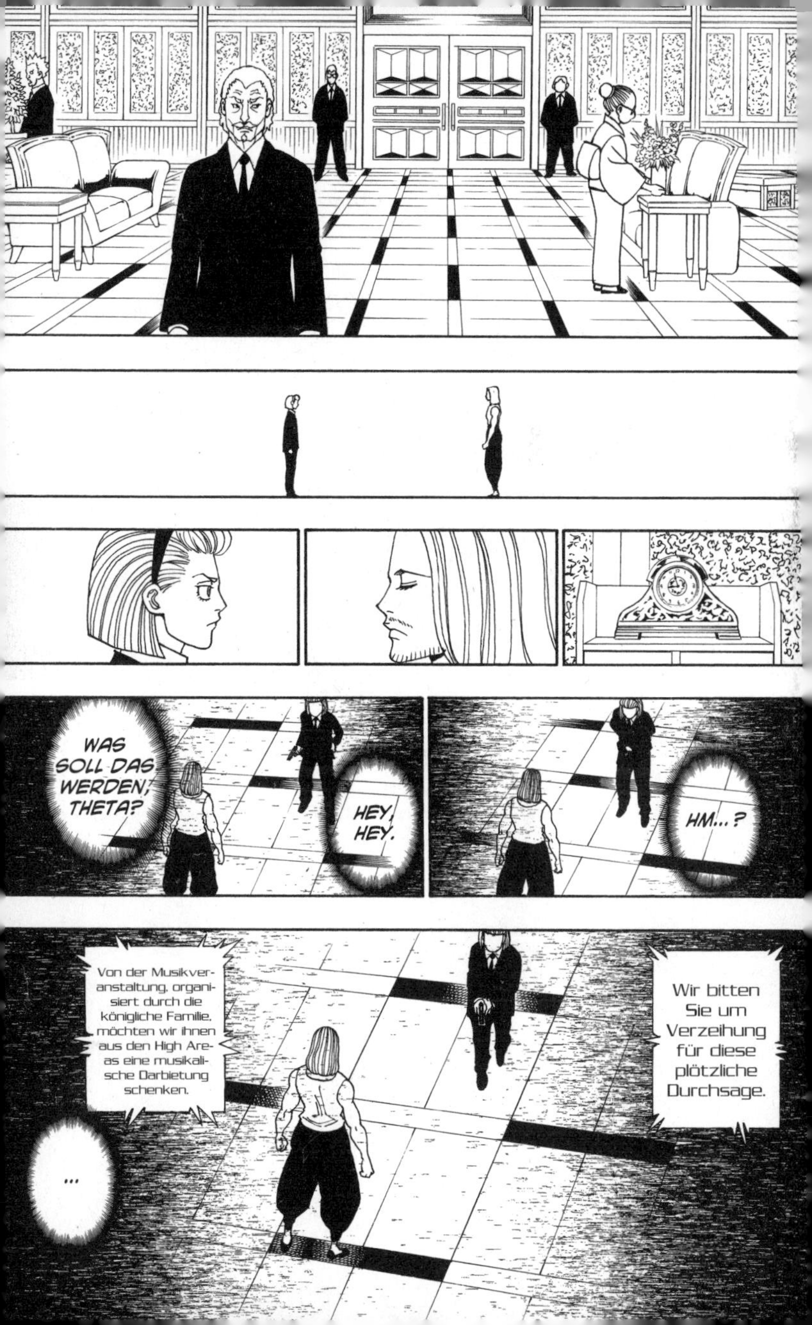
HEY, HEY.
WAS SOLL DAS WERDEN, THETA?
HM...?
Wir bitten Sie um Verzeihung für diese plötzliche Durchsage.
Von der Musikveranstaltung, organisiert durch die königliche Familie, möchten wir ihnen aus den High Areas eine musikalische Darbietung schenken.
...

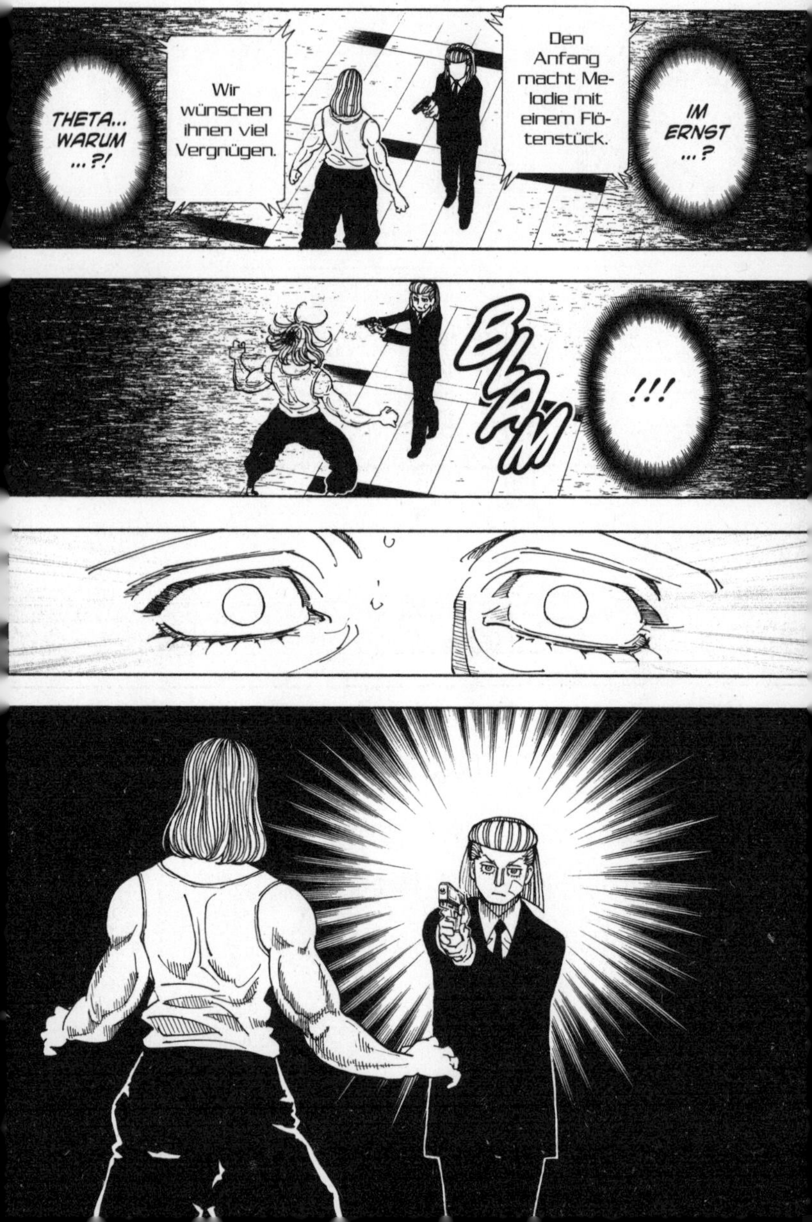
IM ERNST ...?
Den Anfang macht Melodie mit einem Flötenstück.
Wir wünschen ihnen viel Vergnügen.
THETA... WARUM ...?!
!!!
BLAM

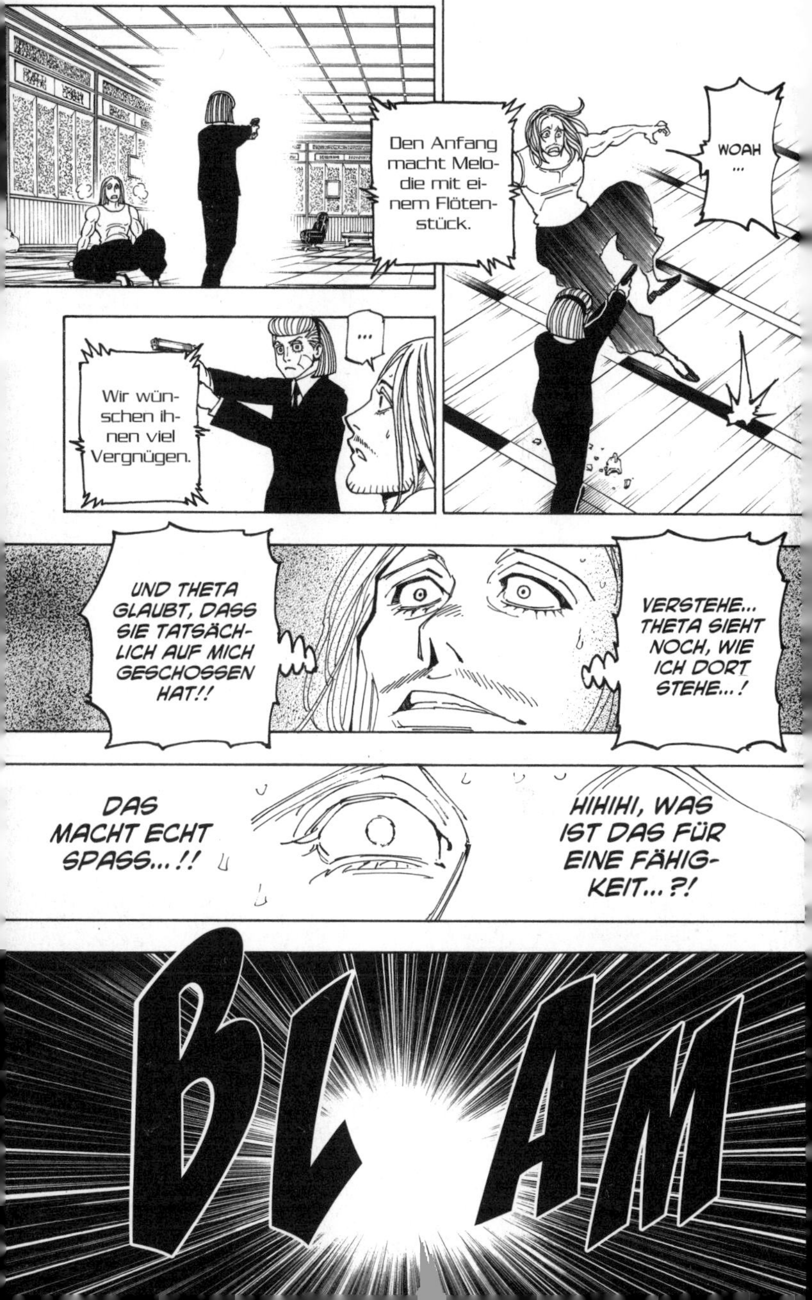
Den Anfang macht Melodie mit einem Flötenstück.
WOAH ...
...
Wir wünschen ihnen viel Vergnügen.
VERSTEHE... THETA SIEHT NOCH, WIE ICH DORT STEHE...!
UND THETA GLAUBT, DASS SIE TATSÄCHLICH AUF MICH GESCHOSSEN HAT!!
HIHIHI, WAS IST DAS FÜR EINE FÄHIGKEIT...?!
DAS MACHT ECHT SPASS...!!
BLAM

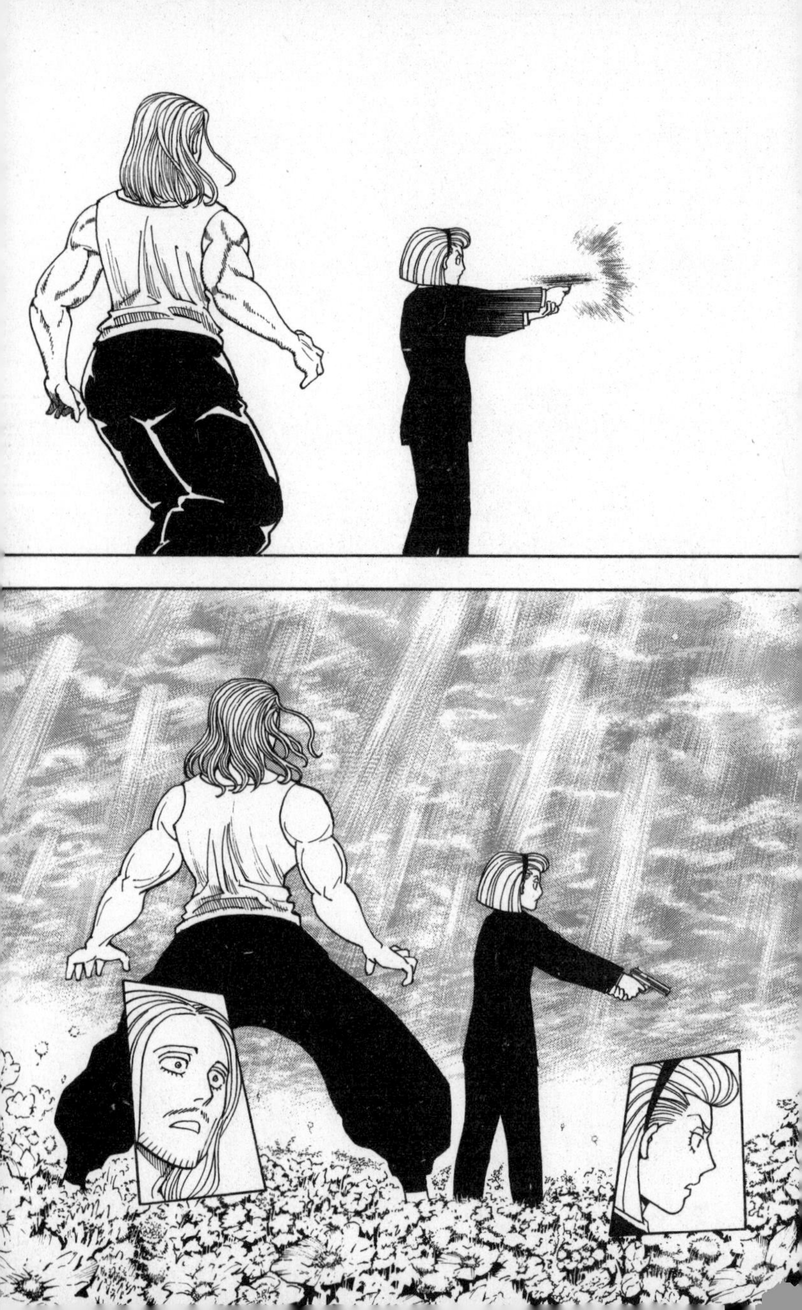

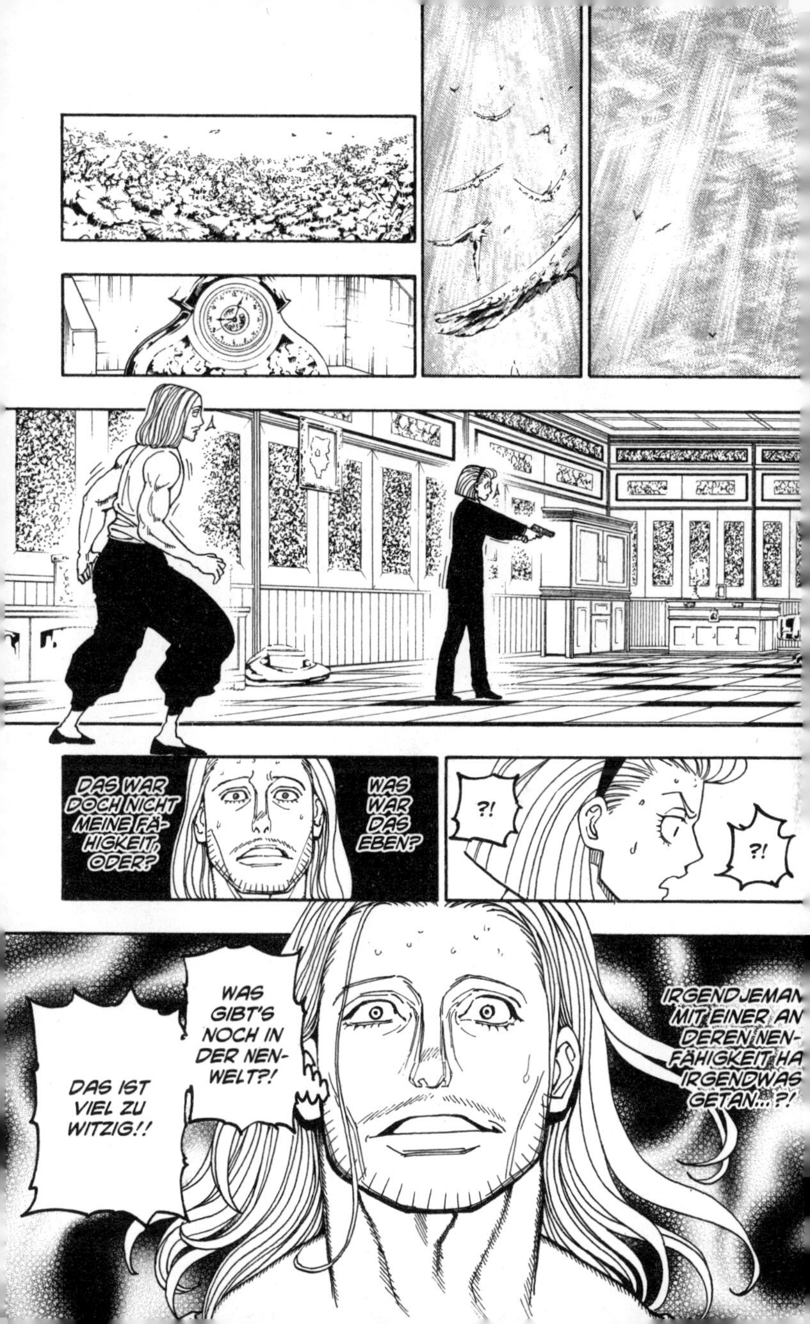
?!
?!
WAS WAR DAS EBEN?
DAS WAR DOCH NICHT MEINE FÄHIGKEIT, ODER?
IRGENDJEMAN MIT EINER AN DEREN NEN-FÄHIGKEIT HA IRGENDWAS GETAN...?!
WAS GIBT'S NOCH IN DER NEN-WELT?!
DAS IST VIEL ZU WITZIG!!

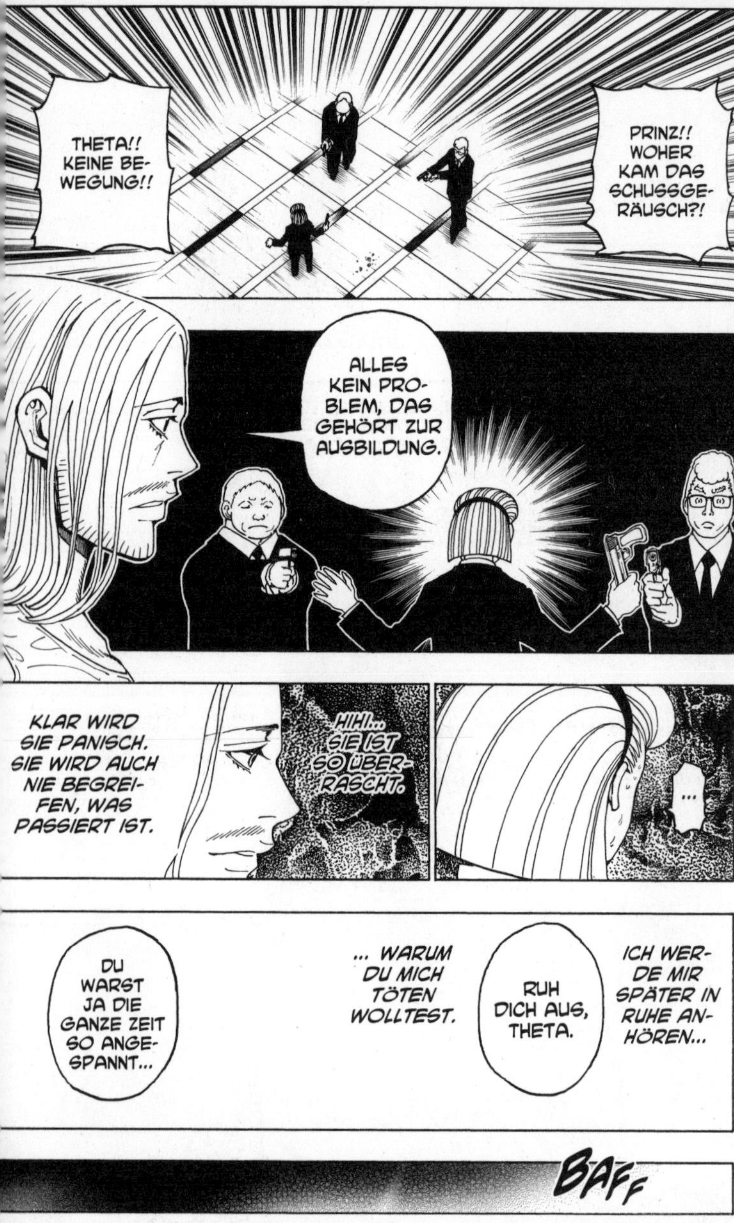
PRINZ!! WOHER KAM DAS SCHUSSGE-RÄUSCH?!
THETA!! KEINE BE-WEGUNG!!
ALLES KEIN PRO-BLEM, DAS GEHÖRT ZUR AUSBILDUNG.
HIHI... SIE IST SO ÜBER-RASCHT.
KLAR WIRD SIE PANISCH. SIE WIRD AUCH NIE BEGREI-FEN, WAS PASSIERT IST.
...
ICH WER-DE MIR SPÄTER IN RUHE AN-HÖREN...
RUH DICH AUS, THETA.
... WARUM DU MICH TÖTEN WOLLTEST.
DU WARST JA DIE GANZE ZEIT SO ANGE-SPANNT...
BAFF

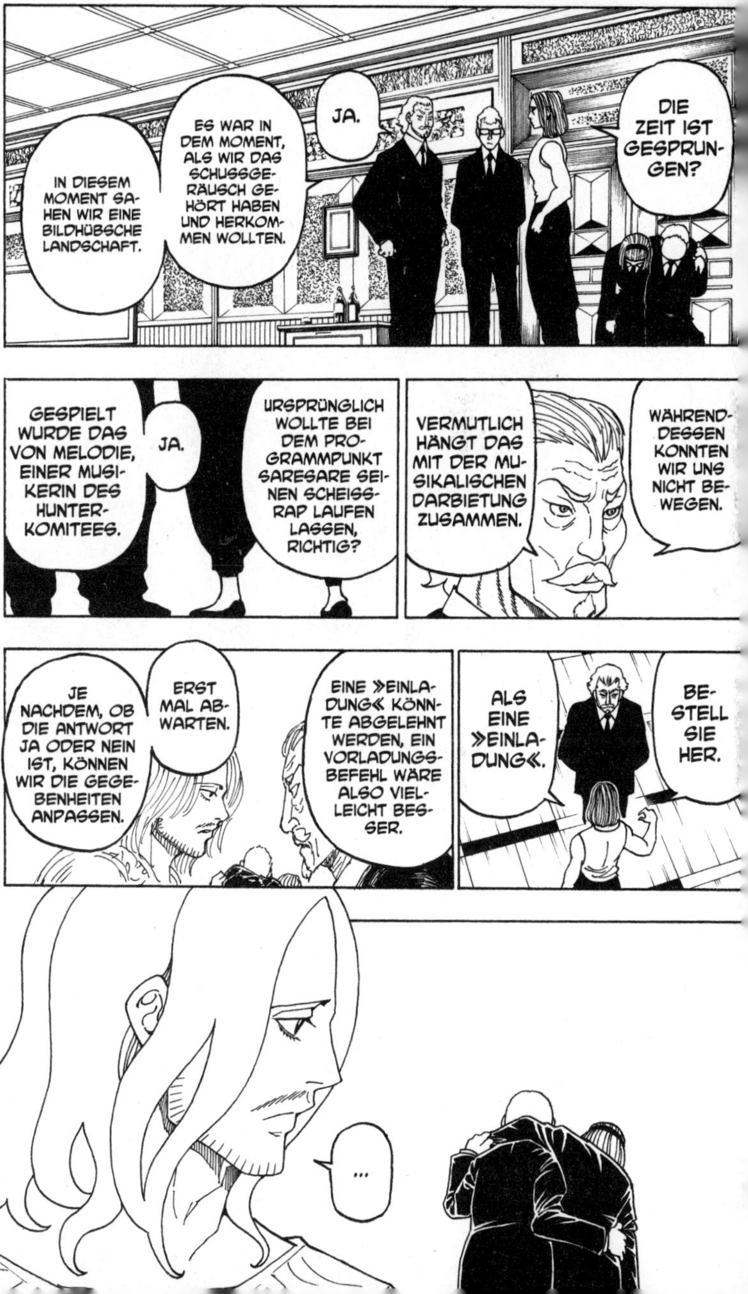
DIE ZEIT IST GESPRUNGEN?
JA.
ES WAR IN DEM MOMENT, ALS WIR DAS SCHUSSGERÄUSCH GEHÖRT HABEN UND HERKOMMEN WOLLTEN.
IN DIESEM MOMENT SAHEN WIR EINE BILDHÜBSCHE LANDSCHAFT.
WÄHRENDDESSEN KONNTEN WIR UNS NICHT BEWEGEN.
VERMUTLICH HÄNGT DAS MIT DER MUSIKALISCHEN DARBIETUNG ZUSAMMEN.
URSPRÜNGLICH WOLLTE BEI DEM PROGRAMMPUNKT SARESARE SEINEN SCHEISSRAP LAUFEN LASSEN, RICHTIG?
JA.
GESPIELT WURDE DAS VON MELODIE, EINER MUSIKERIN DES HUNTERKOMITEES.
BESTELL SIE HER.
ALS EINE »EINLADUNG«.
EINE »EINLADUNG« KÖNNTE ABGELEHNT WERDEN, EIN VORLADUNGSBEFEHL WÄRE ALSO VIELLEICHT BESSER.
ERST MAL ABWARTEN.
JE NACHDEM, OB DIE ANTWORT JA ODER NEIN IST, KÖNNEN WIR DIE GEGEBENHEITEN ANPASSEN.
...

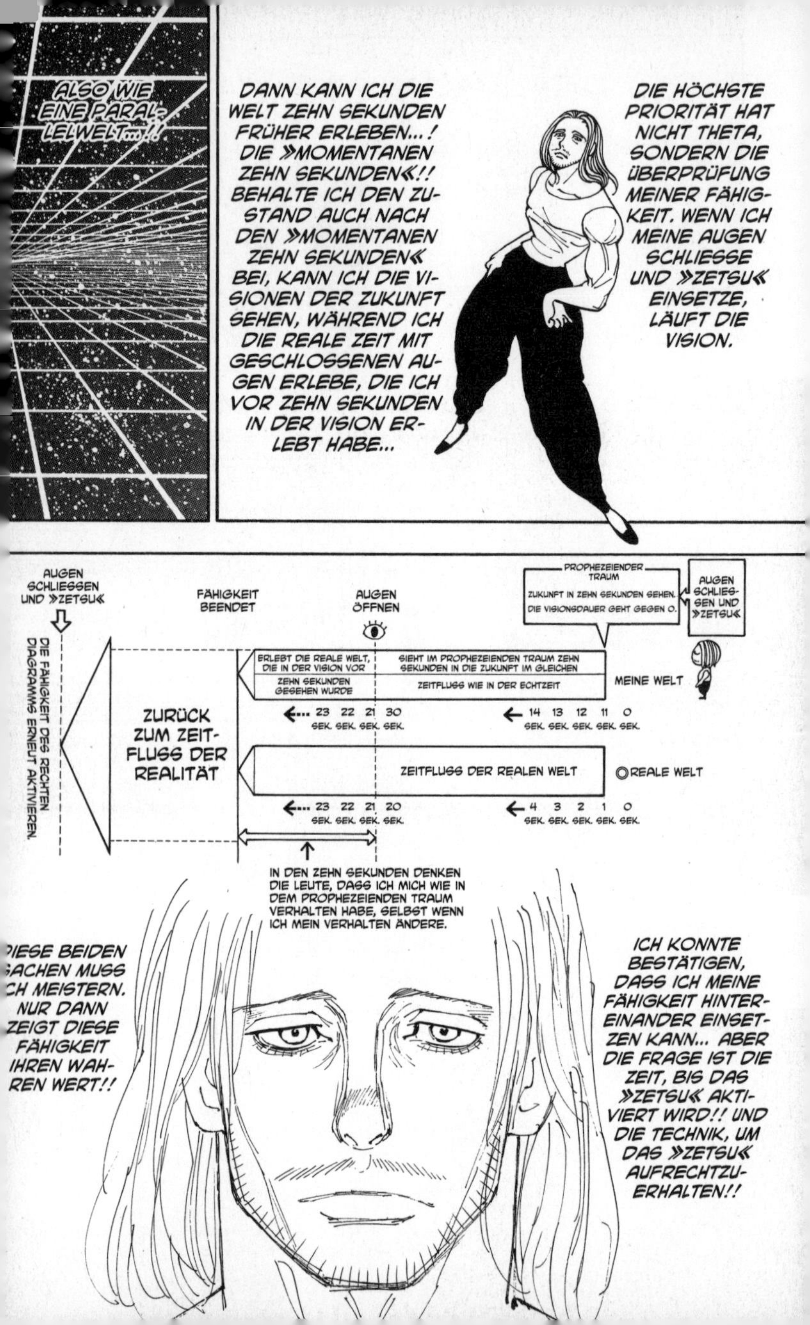

DIE HÖCHSTE PRIORITÄT HAT NICHT THETA, SONDERN DIE ÜBERPRÜFUNG MEINER FÄHIGKEIT. WENN ICH MEINE AUGEN SCHLIESSE UND »ZETSU« EINSETZE, LÄUFT DIE VISION.
DANN KANN ICH DIE WELT ZEHN SEKUNDEN FRÜHER ERLEBEN...! DIE »MOMENTANEN ZEHN SEKUNDEN«!! BEHALTE ICH DEN ZUSTAND AUCH NACH DEN »MOMENTANEN ZEHN SEKUNDEN« BEI, KANN ICH DIE VISIONEN DER ZUKUNFT SEHEN, WÄHREND ICH DIE REALE ZEIT MIT GESCHLOSSENEN AUGEN ERLEBE, DIE ICH VOR ZEHN SEKUNDEN IN DER VISION ERLEBT HABE...
ALSO WIE EINE PARALLELWELT...!!
AUGEN SCHLIESSEN UND »ZETSU«
PROPHEZEIENDER TRAUM
ZUKUNFT IN ZEHN SEKUNDEN SEHEN. DIE VISIONSDAUER GEHT GEGEN 0.
AUGEN ÖFFNEN
FÄHIGKEIT BEENDET
AUGEN SCHLIESSEN UND »ZETSU«
DIE FÄHIGKEIT DES RECHTEN DIAGRAMMS ERNEUT AKTIVIEREN.
MEINE WELT
SIEHT IM PROPHEZEIENDEN TRAUM ZEHN SEKUNDEN IN DIE ZUKUNFT IM GLEICHEN ZEITFLUSS WIE IN DER ECHTZEIT
ERLEBT DIE REALE WELT, DIE IN DER VISION VOR ZEHN SEKUNDEN GESEHEN WURDE
←... 23 SEK. 22 SEK. 21 SEK. 30 SEK.
← 14 SEK. 13 SEK. 12 SEK. 11 SEK. 0 SEK.
ZURÜCK ZUM ZEITFLUSS DER REALITÄT
ZEITFLUSS DER REALEN WELT
◎REALE WELT
←... 23 SEK. 22 SEK. 21 SEK. 20 SEK.
← 4 SEK. 3 SEK. 2 SEK. 1 SEK. 0 SEK.
IN DEN ZEHN SEKUNDEN DENKEN DIE LEUTE, DASS ICH MICH WIE IN DEM PROPHEZEIENDEN TRAUM VERHALTEN HABE, SELBST WENN ICH MEIN VERHALTEN ÄNDERE.
ICH KONNTE BESTÄTIGEN, DASS ICH MEINE FÄHIGKEIT HINTEREINANDER EINSETZEN KANN... ABER DIE FRAGE IST DIE ZEIT, BIS DAS »ZETSU« AKTIVIERT WIRD!! UND DIE TECHNIK, UM DAS »ZETSU« AUFRECHTZUERHALTEN!!
IESE BEIDEN ACHEN MUSS CH MEISTERN. NUR DANN ZEIGT DIESE FÄHIGKEIT IHREN WAHREN WERT!!

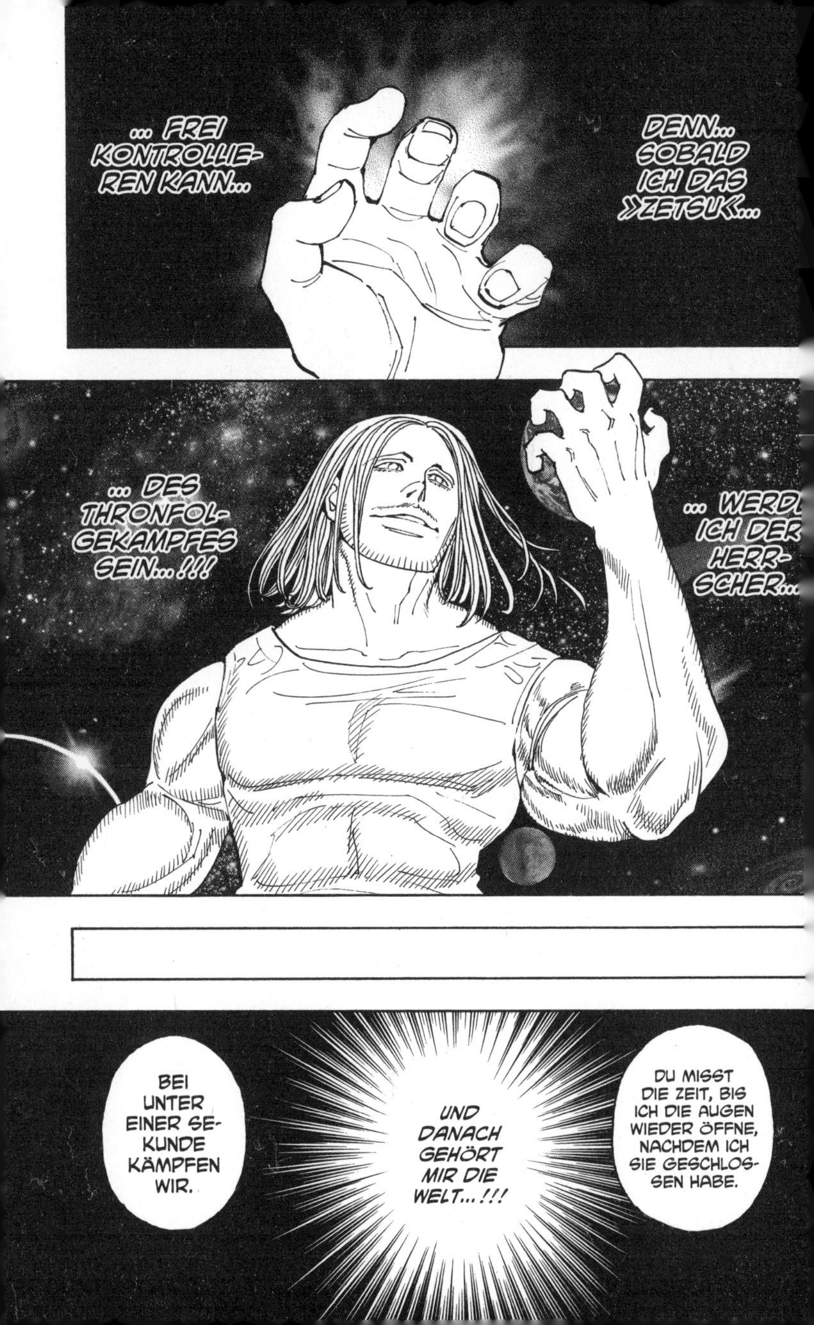
DENN... SOBALD ICH DAS »ZETSU«...
... FREI KONTROLLIEREN KANN...
... WERD ICH DER HERRSCHER...
... DES THRONFOLGEKAMPFES SEIN...!!!
DU MISST DIE ZEIT, BIS ICH DIE AUGEN WIEDER ÖFFNE, NACHDEM ICH SIE GESCHLOSSEN HABE.
UND DANACH GEHÖRT MIR DIE WELT...!!!
BEI UNTER EINER SEKUNDE KÄMPFEN WIR.

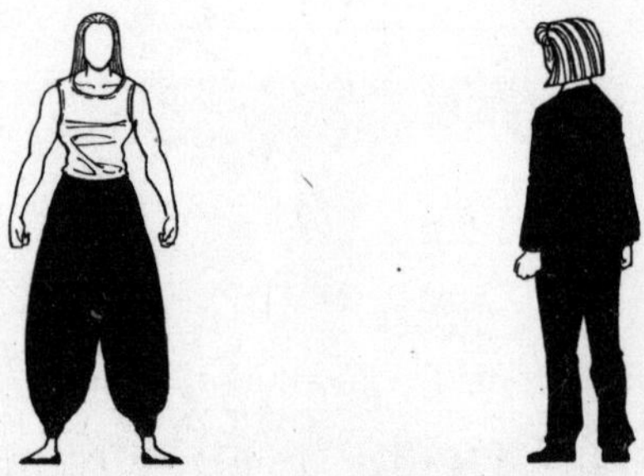

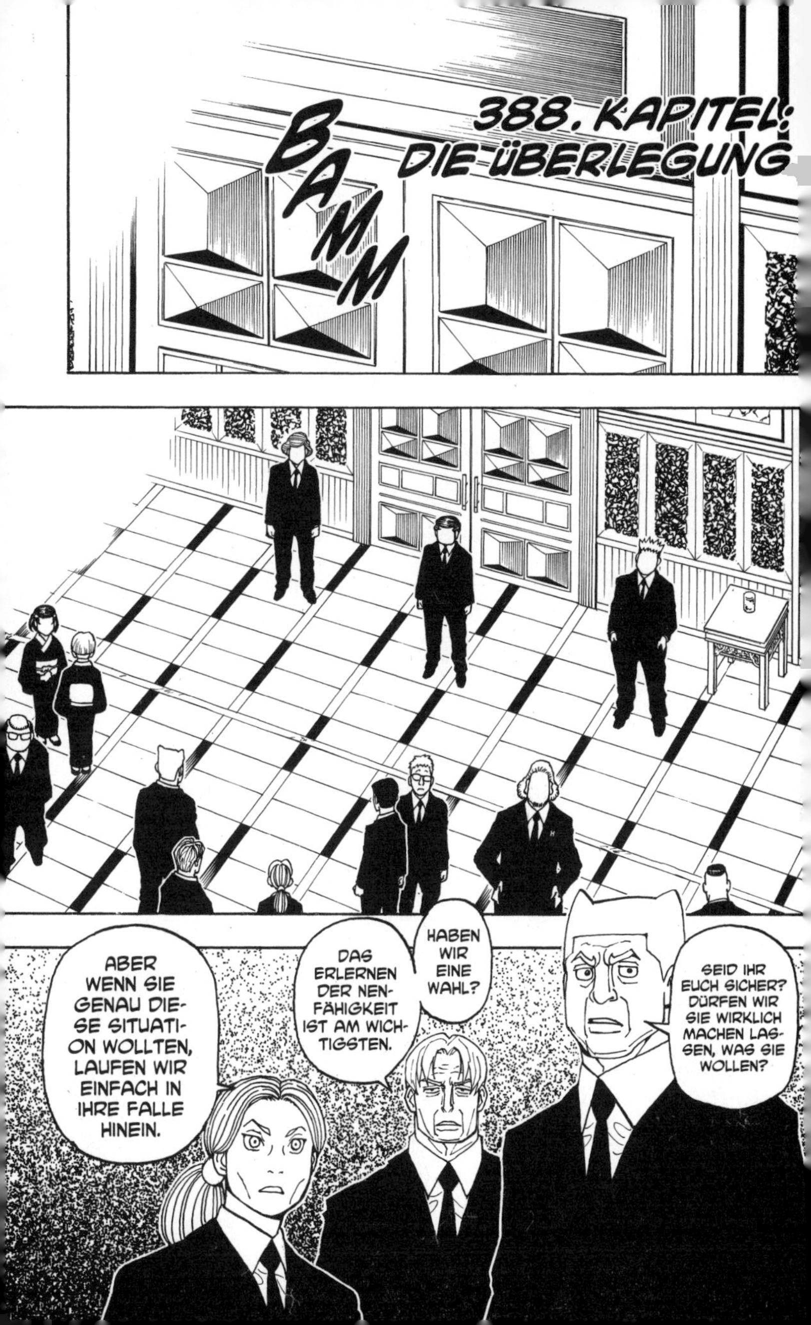
388. KAPITEL:
DIE ÜBERLEGUNG
BAMM
SEID IHR EUCH SICHER? DÜRFEN WIR SIE WIRKLICH MACHEN LASSEN, WAS SIE WOLLEN?
HABEN WIR EINE WAHL?
DAS ERLERNEN DER NEN-FÄHIGKEIT IST AM WICHTIGSTEN.
ABER WENN SIE GENAU DIESE SITUATION WOLLTEN, LAUFEN WIR EINFACH IN IHRE FALLE HINEIN.

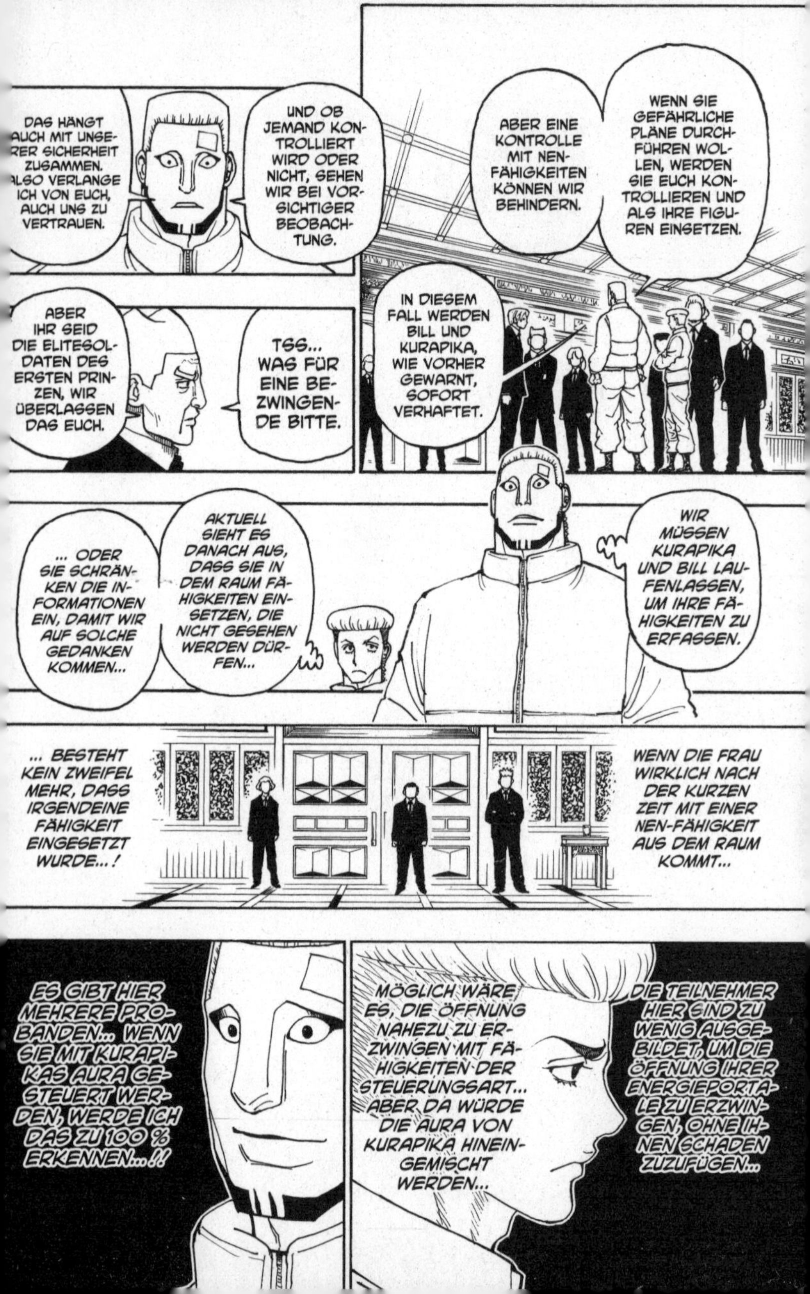

WENN SIE GEFÄHRLICHE PLÄNE DURCHFÜHREN WOLLEN, WERDEN SIE EUCH KONTROLLIEREN UND ALS IHRE FIGUREN EINSETZEN.
ABER EINE KONTROLLE MIT NEN-FÄHIGKEITEN KÖNNEN WIR BEHINDERN.
IN DIESEM FALL WERDEN BILL UND KURAPIKA, WIE VORHER GEWARNT, SOFORT VERHAFTET.
UND OB JEMAND KONTROLLIERT WIRD ODER NICHT, SEHEN WIR BEI VORSICHTIGER BEOBACHTUNG.
DAS HÄNGT AUCH MIT UNSERER SICHERHEIT ZUSAMMEN. ALSO VERLANGE ICH VON EUCH, AUCH UNS ZU VERTRAUEN.
TSS... WAS FÜR EINE BEZWINGENDE BITTE.
ABER IHR SEID DIE ELITESOLDATEN DES ERSTEN PRINZEN, WIR ÜBERLASSEN DAS EUCH.
WIR MÜSSEN KURAPIKA UND BILL LAUFENLASSEN, UM IHRE FÄHIGKEITEN ZU ERFASSEN.
AKTUELL SIEHT ES DANACH AUS, DASS SIE IN DEM RAUM FÄHIGKEITEN EINSETZEN, DIE NICHT GESEHEN WERDEN DÜRFEN...
... ODER SIE SCHRÄNKEN DIE INFORMATIONEN EIN, DAMIT WIR AUF SOLCHE GEDANKEN KOMMEN...
WENN DIE FRAU WIRKLICH NACH DER KURZEN ZEIT MIT EINER NEN-FÄHIGKEIT AUS DEM RAUM KOMMT...
... BESTEHT KEIN ZWEIFEL MEHR, DASS IRGENDEINE FÄHIGKEIT EINGESETZT WURDE...!
DIE TEILNEHMER HIER SIND ZU WENIG AUSGEBILDET, UM DIE ÖFFNUNG IHRER ENERGIEPORTALE ZU ERZWINGEN, OHNE IHNEN SCHADEN ZUZUFÜGEN...
MÖGLICH WÄRE ES, DIE ÖFFNUNG NAHEZU ZU ERZWINGEN MIT FÄHIGKEITEN DER STEUERUNGSART... ABER DA WÜRDE DIE AURA VON KURAPIKA HINEINGEMISCHT WERDEN...
ES GIBT HIER MEHRERE PROBANDEN... WENN SIE MIT KURAPIKAS AURA GESTEUERT WERDEN, WERDE ICH DAS ZU 100 % ERKENNEN...!!

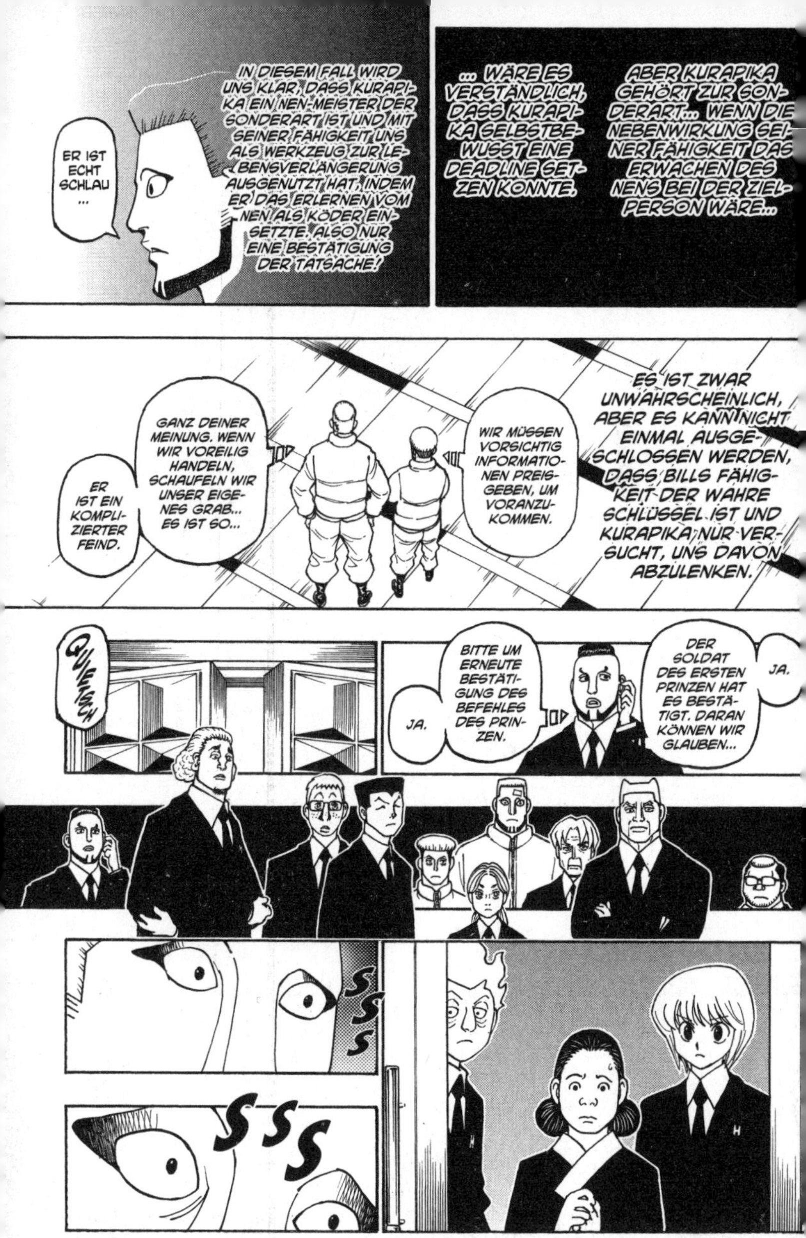

ABER KURAPIKA GEHÖRT ZUR SONDERART... WENN DIE NEBENWIRKUNG SEINER FÄHIGKEIT DAS ERWACHEN DES NENS BEI DER ZIELPERSON WÄRE...
... WÄRE ES VERSTÄNDLICH, DASS KURAPIKA SELBSTBEWUSST EINE DEADLINE SETZEN KONNTE.
IN DIESEM FALL WIRD UNS KLAR, DASS KURAPIKA EIN NEN-MEISTER DER SONDERART IST UND MIT SEINER FÄHIGKEIT UNS ALS WERKZEUG ZUR LEBENSVERLÄNGERUNG AUSGENUTZT HAT, INDEM ER DAS ERLERNEN VOM NEN ALS KÖDER EINSETZTE. ALSO NUR EINE BESTÄTIGUNG DER TATSACHE!
ER IST ECHT SCHLAU ...
ES IST ZWAR UNWAHRSCHEINLICH, ABER ES KANN NICHT EINMAL AUSGESCHLOSSEN WERDEN, DASS BILLS FÄHIGKEIT DER WAHRE SCHLÜSSEL IST UND KURAPIKA NUR VERSUCHT, UNS DAVON ABZULENKEN.
WIR MÜSSEN VORSICHTIG INFORMATIONEN PREISGEBEN, UM VORANZUKOMMEN.
GANZ DEINER MEINUNG. WENN WIR VOREILIG HANDELN, SCHAUFELN WIR UNSER EIGENES GRAB... ES IST SO...
ER IST EIN KOMPLIZIERTER FEIND.
JA.
DER SOLDAT DES ERSTEN PRINZEN HAT ES BESTÄTIGT. DARAN KÖNNEN WIR GLAUBEN...
BITTE UM ERNEUTE BESTÄTIGUNG DES BEFEHLES DES PRINZEN.
JA.
QUIETSCH
SSS
SSS

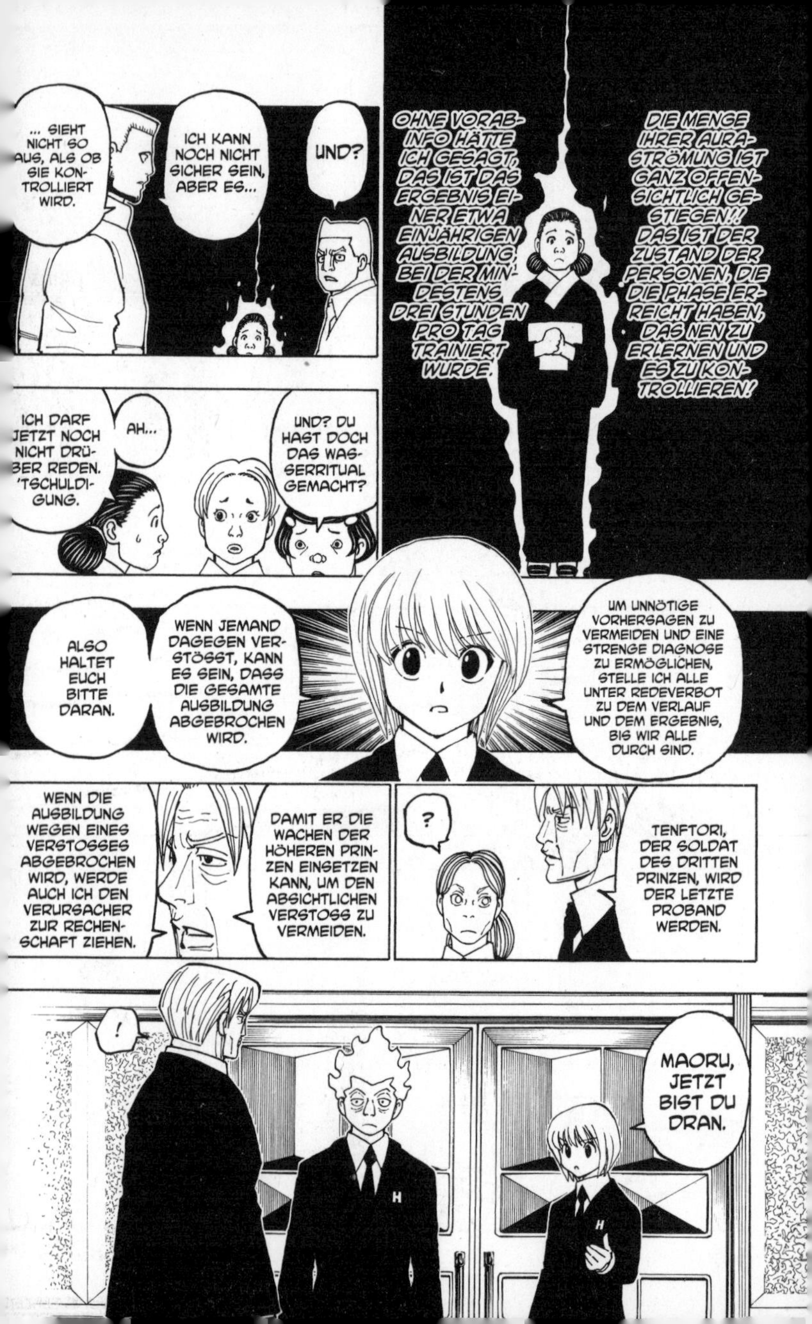

DIE MENGE IHRER AURA-STRÖMUNG IST GANZ OFFEN-SICHTLICH GE-STIEGEN!! DAS IST DER ZUSTAND DER PERSONEN, DIE DIE PHASE ER-REICHT HABEN, DAS NEN ZU ERLERNEN UND ES ZU KON-TROLLIEREN!
OHNE VORAB-INFO HÄTTE ICH GESAGT, DAS IST DAS ERGEBNIS EI-NER ETWA EINJÄHRIGEN AUSBILDUNG, BEI DER MIN-DESTENS DREI STUNDEN PRO TAG TRAINIERT WURDE.
UND?
ICH KANN NOCH NICHT SICHER SEIN, ABER ES...
... SIEHT NICHT SO AUS, ALS OB SIE KON-TROLLIERT WIRD.
UND? DU HAST DOCH DAS WAS-SERRITUAL GEMACHT?
AH...
ICH DARF JETZT NOCH NICHT DRÜ-BER REDEN. 'TSCHULDI-GUNG.
UM UNNÖTIGE VORHERSAGEN ZU VERMEIDEN UND EINE STRENGE DIAGNOSE ZU ERMÖGLICHEN, STELLE ICH ALLE UNTER REDEVERBOT ZU DEM VERLAUF UND DEM ERGEBNIS, BIS WIR ALLE DURCH SIND.
WENN JEMAND DAGEGEN VER-STÖSST, KANN ES SEIN, DASS DIE GESAMTE AUSBILDUNG ABGEBROCHEN WIRD.
ALSO HALTET EUCH BITTE DARAN.
TENFTORI, DER SOLDAT DES DRITTEN PRINZEN, WIRD DER LETZTE PROBAND WERDEN.
?
DAMIT ER DIE WACHEN DER HÖHEREN PRIN-ZEN EINSETZEN KANN, UM DEN ABSICHTLICHEN VERSTOSS ZU VERMEIDEN.
WENN DIE AUSBILDUNG WEGEN EINES VERSTOSSES ABGEBROCHEN WIRD, WERDE AUCH ICH DEN VERURSACHER ZUR RECHEN-SCHAFT ZIEHEN.
MAORU, JETZT BIST DU DRAN.
!

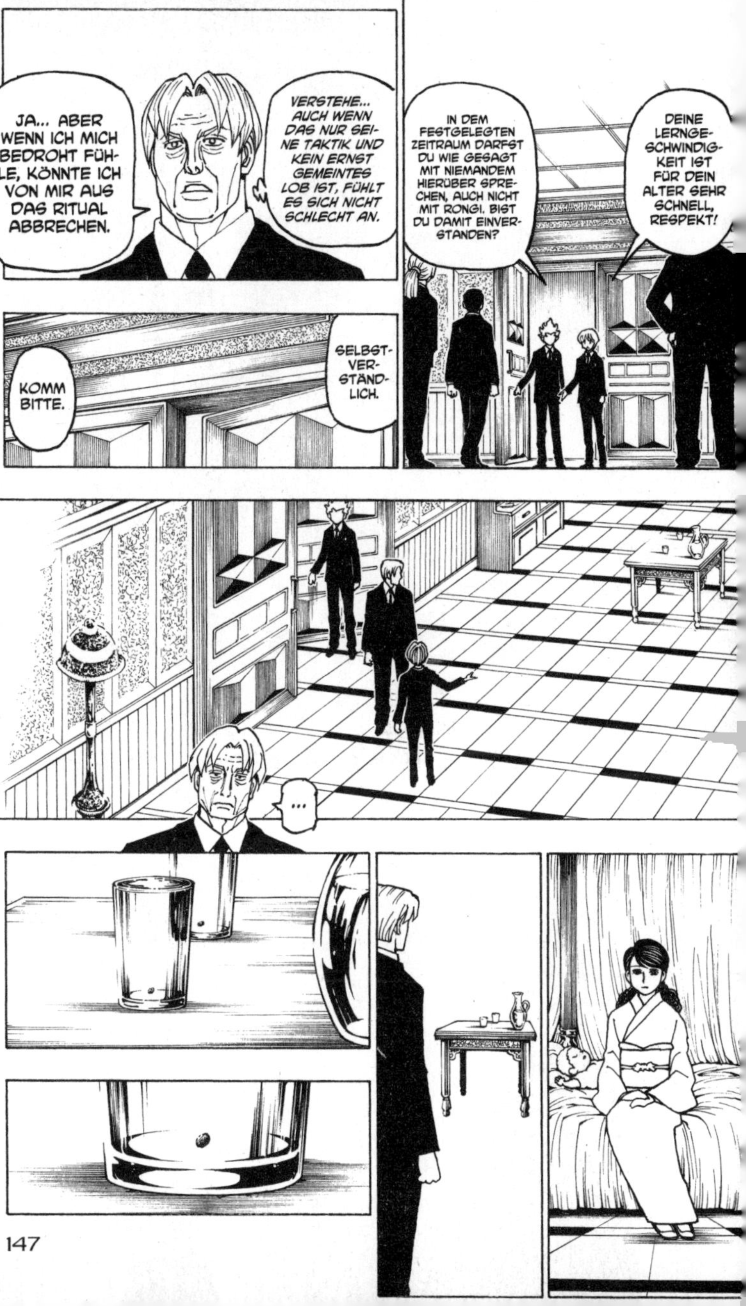
DEINE LERNGE-SCHWINDIG-KEIT IST FÜR DEIN ALTER SEHR SCHNELL, RESPEKT!
IN DEM FESTGELEGTEN ZEITRAUM DARFST DU WIE GESAGT MIT NIEMANDEM HIERÜBER SPRECHEN, AUCH NICHT MIT RONGI. BIST DU DAMIT EINVERSTANDEN?
VERSTEHE... AUCH WENN DAS NUR SEINE TAKTIK UND KEIN ERNST GEMEINTES LOB IST, FÜHLT ES SICH NICHT SCHLECHT AN.
JA... ABER WENN ICH MICH BEDROHT FÜHLE, KÖNNTE ICH VON MIR AUS DAS RITUAL ABBRECHEN.
SELBST-VER-STÄND-LICH.
KOMM BITTE.
...

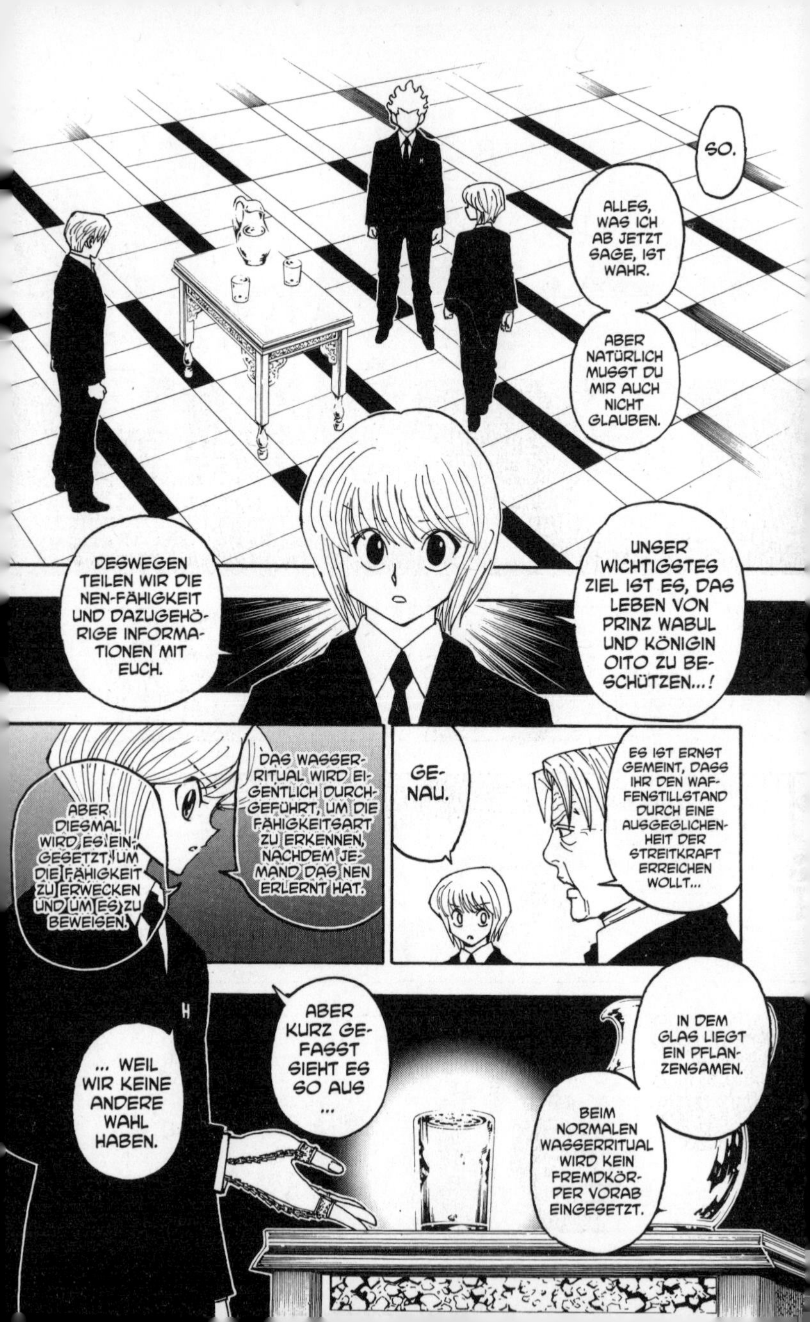
SO.
ALLES, WAS ICH AB JETZT SAGE, IST WAHR.
ABER NATÜRLICH MUSST DU MIR AUCH NICHT GLAUBEN.
UNSER WICHTIGSTES ZIEL IST ES, DAS LEBEN VON PRINZ WABUL UND KÖNIGIN OITO ZU BESCHÜTZEN...!
DESWEGEN TEILEN WIR DIE NEN-FÄHIGKEIT UND DAZUGEHÖRIGE INFORMATIONEN MIT EUCH.
ES IST ERNST GEMEINT, DASS IHR DEN WAFFENSTILLSTAND DURCH EINE AUSGEGLICHENHEIT DER STREITKRAFT ERREICHEN WOLLT...
GENAU.
DAS WASSERRITUAL WIRD EIGENTLICH DURCHGEFÜHRT, UM DIE FÄHIGKEITSART ZU ERKENNEN, NACHDEM JEMAND DAS NEN ERLERNT HAT.
ABER DIESMAL WIRD ES EINGESETZT, UM DIE FÄHIGKEIT ZU ERWECKEN UND UM ES ZU BEWEISEN.
IN DEM GLAS LIEGT EIN PFLANZENSAMEN.
BEIM NORMALEN WASSERRITUAL WIRD KEIN FREMDKÖRPER VORAB EINGESETZT.
ABER KURZ GEFASST SIEHT ES SO AUS ...
... WEIL WIR KEINE ANDERE WAHL HABEN.

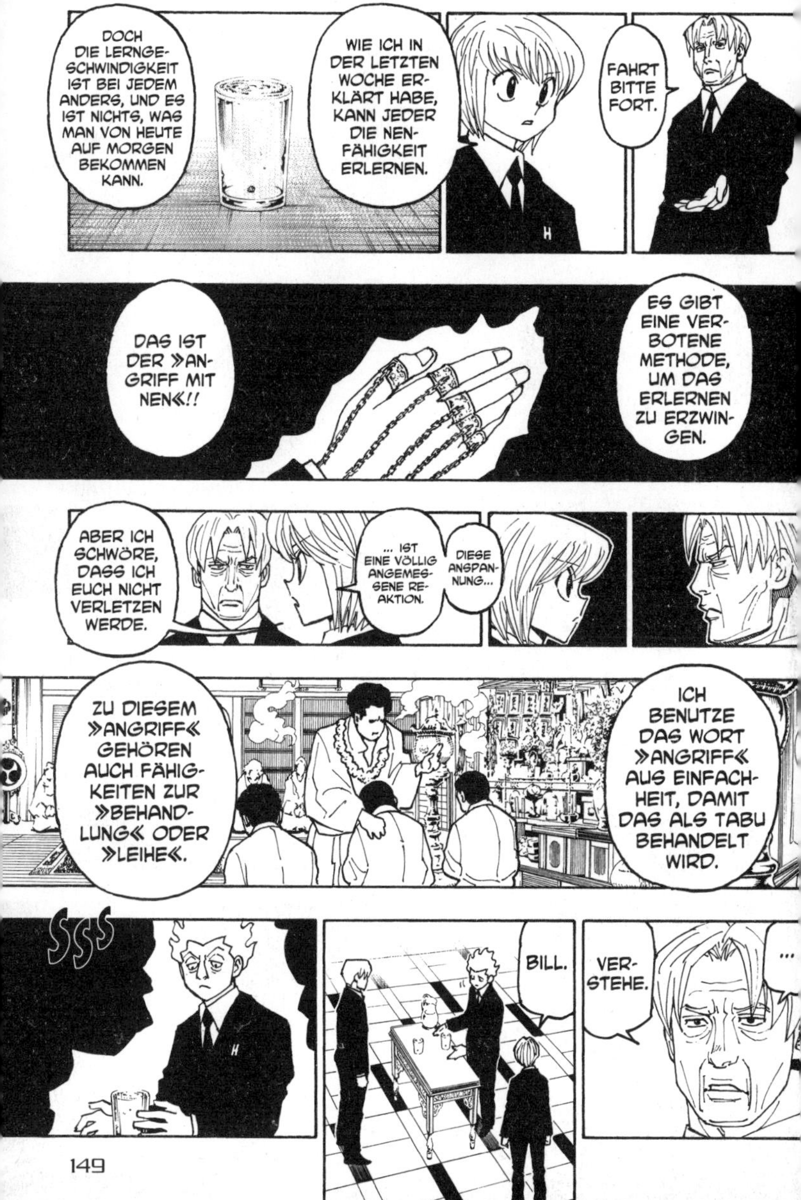
FAHRT BITTE FORT.
WIE ICH IN DER LETZTEN WOCHE ERKLÄRT HABE, KANN JEDER DIE NEN-FÄHIGKEIT ERLERNEN.
DOCH DIE LERNGESCHWINDIGKEIT IST BEI JEDEM ANDERS, UND ES IST NICHTS, WAS MAN VON HEUTE AUF MORGEN BEKOMMEN KANN.
ES GIBT EINE VERBOTENE METHODE, UM DAS ERLERNEN ZU ERZWINGEN.
DAS IST DER »ANGRIFF MIT NEN«!!
DIESE ANSPANNUNG...
... IST EINE VÖLLIG ANGEMESSENE REAKTION.
ABER ICH SCHWÖRE, DASS ICH EUCH NICHT VERLETZEN WERDE.
ICH BENUTZE DAS WORT »ANGRIFF« AUS EINFACHHEIT, DAMIT DAS ALS TABU BEHANDELT WIRD.
ZU DIESEM »ANGRIFF« GEHÖREN AUCH FÄHIGKEITEN ZUR »BEHANDLUNG« ODER »LEIHE«.
...
VERSTEHE.
BILL.
SSS

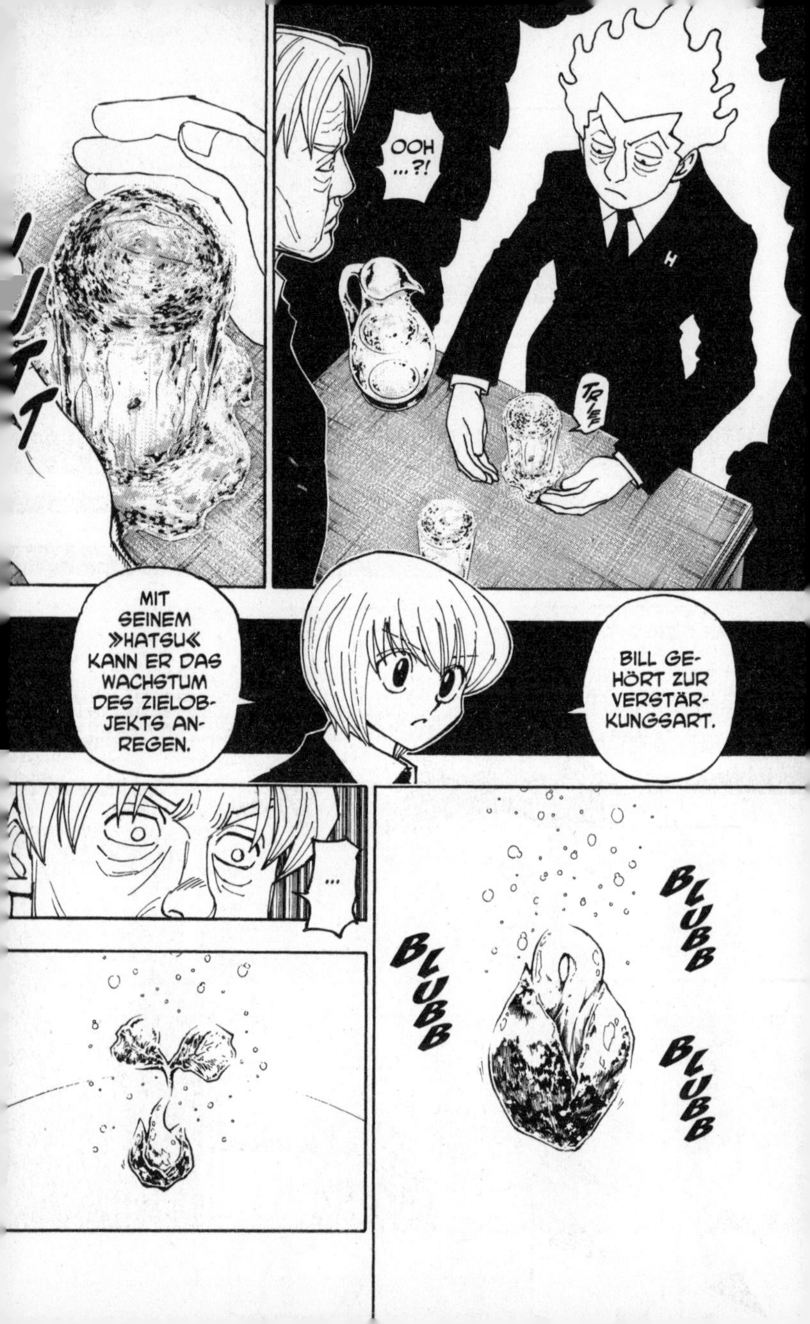
OOH ...?!
TRIEF
BILL GEHÖRT ZUR VERSTÄRKUNGSART.
MIT SEINEM »HATSU« KANN ER DAS WACHSTUM DES ZIELOBJEKTS ANREGEN.
...
BLUBB
BLUBB
BLUBB

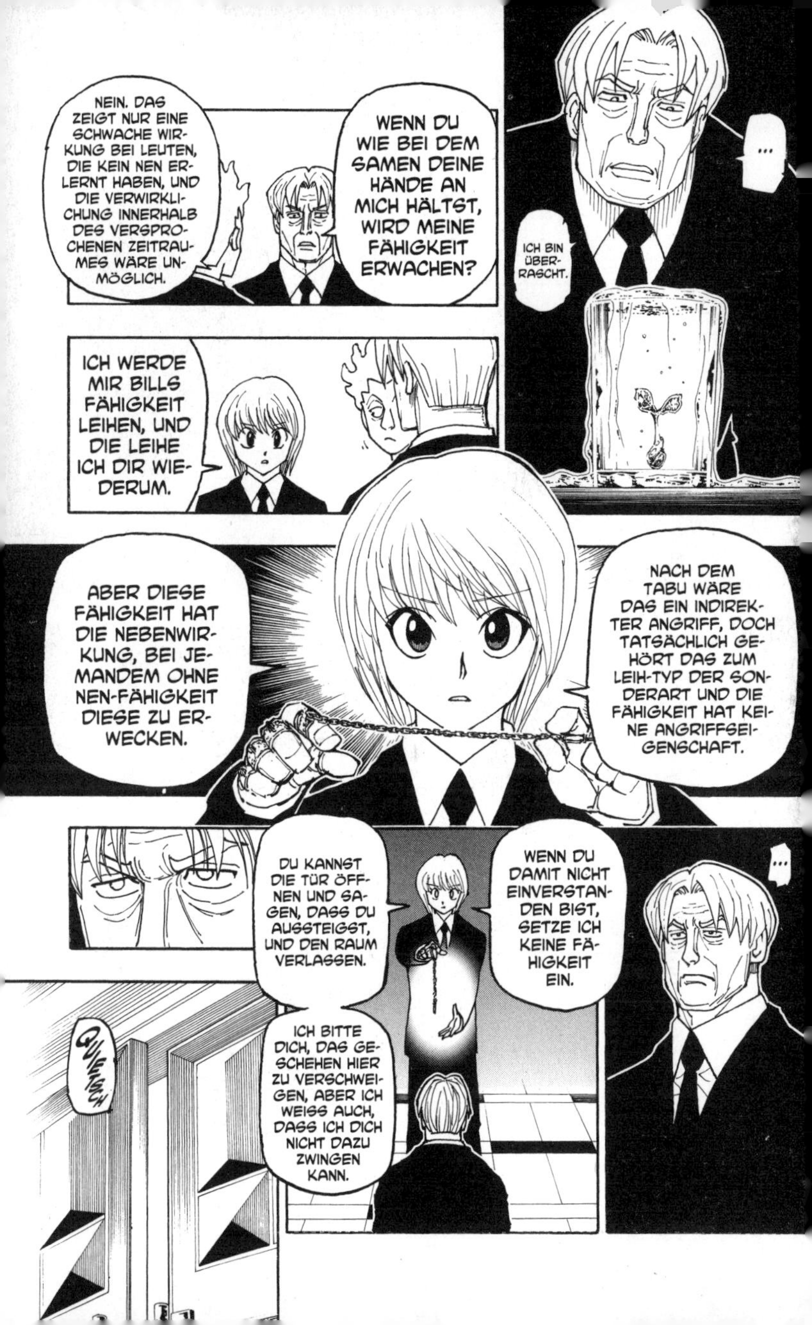
…
ICH BIN ÜBERRASCHT.
WENN DU WIE BEI DEM SAMEN DEINE HÄNDE AN MICH HÄLTST, WIRD MEINE FÄHIGKEIT ERWACHEN?
NEIN. DAS ZEIGT NUR EINE SCHWACHE WIRKUNG BEI LEUTEN, DIE KEIN NEN ERLERNT HABEN, UND DIE VERWIRKLICHUNG INNERHALB DES VERSPROCHENEN ZEITRAUMES WÄRE UNMÖGLICH.
ICH WERDE MIR BILLS FÄHIGKEIT LEIHEN, UND DIE LEIHE ICH DIR WIEDERUM.
NACH DEM TABU WÄRE DAS EIN INDIREKTER ANGRIFF, DOCH TATSÄCHLICH GEHÖRT DAS ZUM LEIH-TYP DER SONDERART UND DIE FÄHIGKEIT HAT KEINE ANGRIFFSEIGENSCHAFT.
ABER DIESE FÄHIGKEIT HAT DIE NEBENWIRKUNG, BEI JEMANDEM OHNE NEN-FÄHIGKEIT DIESE ZU ERWECKEN.
…
WENN DU DAMIT NICHT EINVERSTANDEN BIST, SETZE ICH KEINE FÄHIGKEIT EIN.
DU KANNST DIE TÜR ÖFFNEN UND SAGEN, DASS DU AUSSTEIGST, UND DEN RAUM VERLASSEN.
ICH BITTE DICH, DAS GESCHEHEN HIER ZU VERSCHWEIGEN, ABER ICH WEISS AUCH, DASS ICH DICH NICHT DAZU ZWINGEN KANN.
QUIETSCH

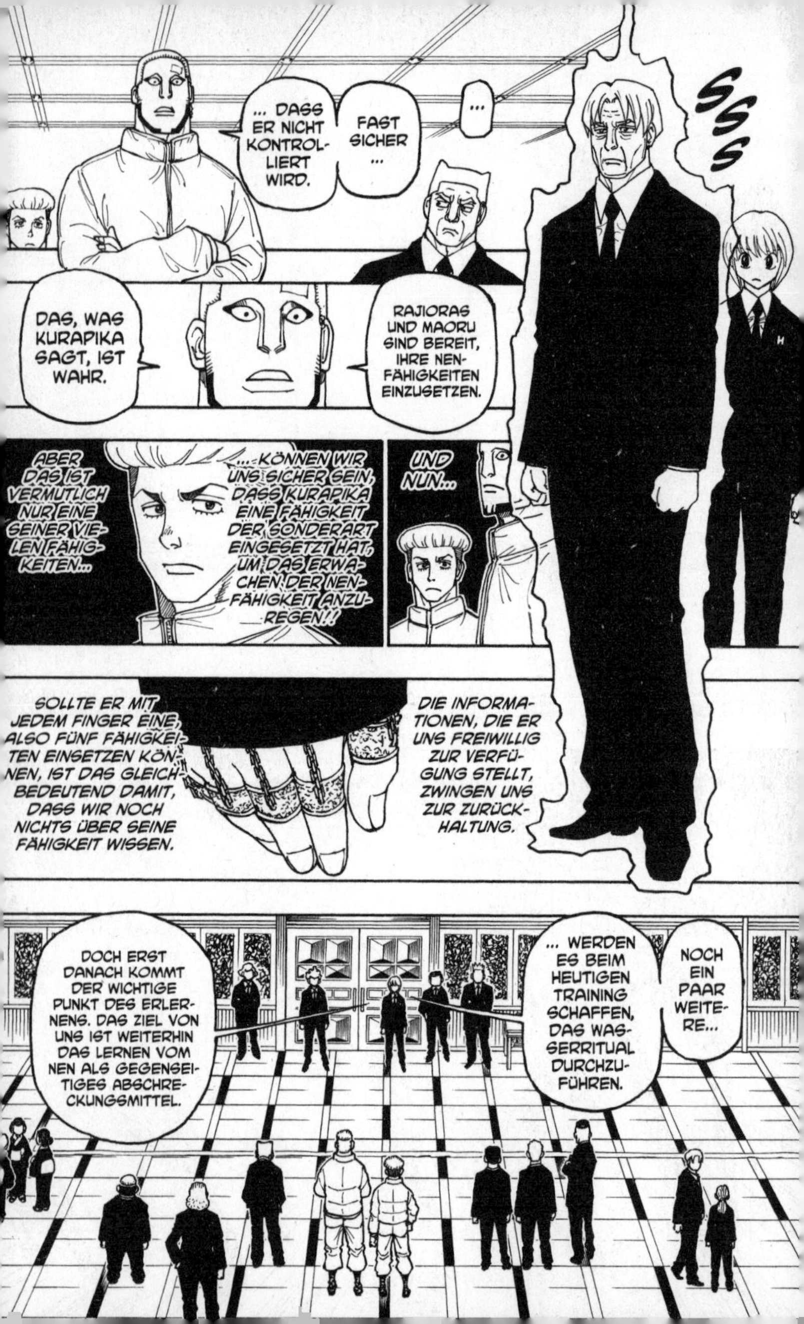
SSS
...
FAST SICHER ...
... DASS ER NICHT KONTROLLIERT WIRD.
RAJIORAS UND MAORU SIND BEREIT, IHRE NEN-FÄHIGKEITEN EINZUSETZEN.
DAS, WAS KURAPIKA SAGT, IST WAHR.
UND NUN...
... KÖNNEN WIR UNS SICHER SEIN, DASS KURAPIKA EINE FÄHIGKEIT DER SONDERART EINGESETZT HAT, UM DAS ERWACHEN DER NEN-FÄHIGKEIT ANZUREGEN!!
ABER DAS IST VERMUTLICH NUR EINE SEINER VIELEN FÄHIGKEITEN...
DIE INFORMATIONEN, DIE ER UNS FREIWILLIG ZUR VERFÜGUNG STELLT, ZWINGEN UNS ZUR ZURÜCKHALTUNG.
SOLLTE ER MIT JEDEM FINGER EINE, ALSO FÜNF FÄHIGKEITEN EINSETZEN KÖNNEN, IST DAS GLEICHBEDEUTEND DAMIT, DASS WIR NOCH NICHTS ÜBER SEINE FÄHIGKEIT WISSEN.
NOCH EIN PAAR WEITERE...
... WERDEN ES BEIM HEUTIGEN TRAINING SCHAFFEN, DAS WASSERRITUAL DURCHZUFÜHREN.
DOCH ERST DANACH KOMMT DER WICHTIGE PUNKT DES ERLERNENS. DAS ZIEL VON UNS IST WEITERHIN DAS LERNEN VOM NEN ALS GEGENSEITIGES ABSCHRECKUNGSMITTEL.

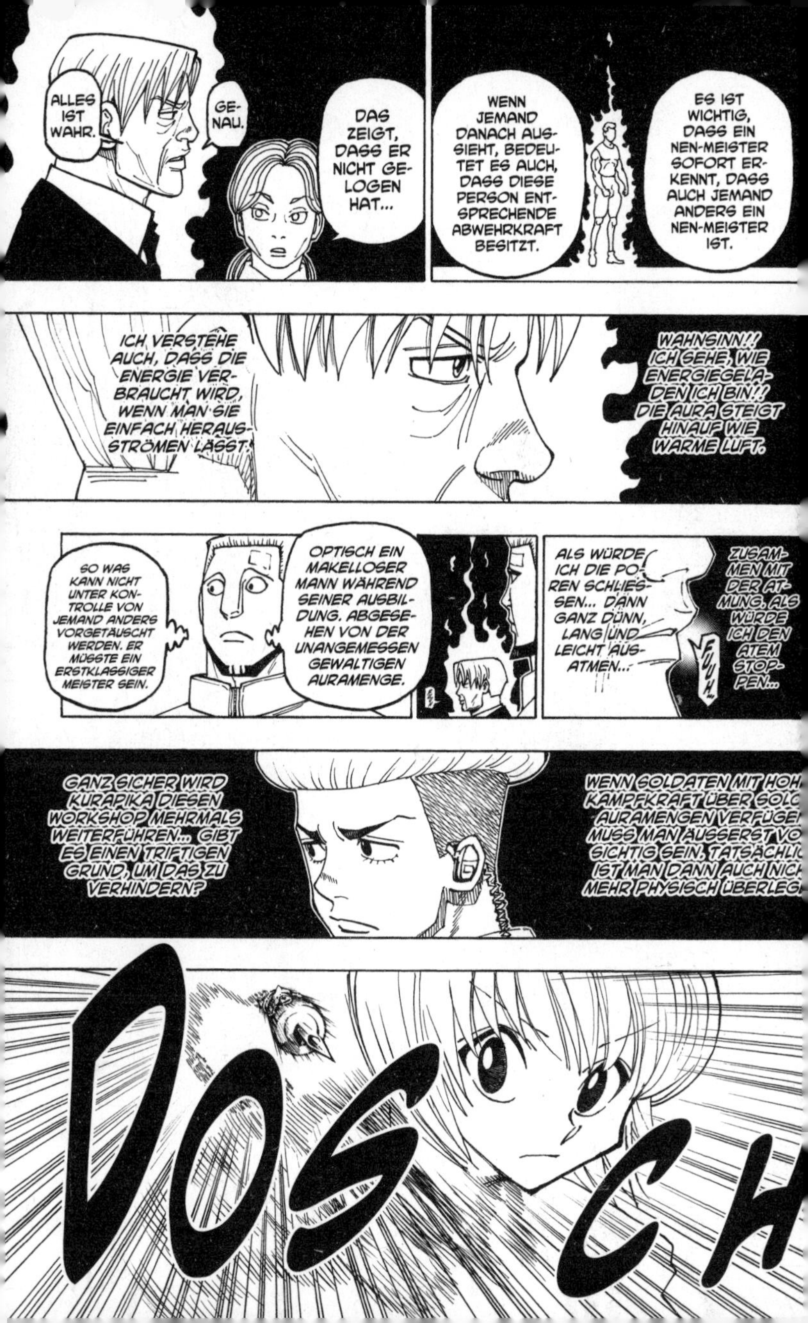
ES IST WICHTIG, DASS EIN NEN-MEISTER SOFORT ERKENNT, DASS AUCH JEMAND ANDERS EIN NEN-MEISTER IST.
WENN JEMAND DANACH AUSSIEHT, BEDEUTET ES AUCH, DASS DIESE PERSON ENTSPRECHENDE ABWEHRKRAFT BESITZT.
DAS ZEIGT, DASS ER NICHT GELOGEN HAT...
GENAU.
ALLES IST WAHR.
WAHNSINN!! ICH SEHE, WIE ENERGIEGELADEN ICH BIN!! DIE AURA STEIGT HINAUF WIE WARME LUFT.
ICH VERSTEHE AUCH, DASS DIE ENERGIE VERBRAUCHT WIRD, WENN MAN SIE EINFACH HERAUSSTRÖMEN LÄSST.
ZUSAMMEN MIT DER ATMUNG. ALS WÜRDE ICH DEN ATEM STOPPEN...
FUUH...
ALS WÜRDE ICH DIE POREN SCHLIESSEN... DANN GANZ DÜNN, LANG UND LEICHT AUSATMEN...
OPTISCH EIN MAKELLOSER MANN WÄHREND SEINER AUSBILDUNG. ABGESEHEN VON DER UNANGEMESSEN GEWALTIGEN AURAMENGE.
SO WAS KANN NICHT UNTER KONTROLLE VON JEMAND ANDERS VORGETÄUSCHT WERDEN. ER MÜSSTE EIN ERSTKLASSIGER MEISTER SEIN.
WENN SOLDATEN MIT HOH KAMPFKRAFT ÜBER SOLC AURAMENGEN VERFÜGEN MUSS MAN ÄUSSERST VO SICHTIG SEIN. TATSÄCHLIC IST MAN DANN AUCH NICH MEHR PHYSISCH ÜBERLEG
GANZ SICHER WIRD KURAPIKA DIESEN WORKSHOP MEHRMALS WEITERFÜHREN... GIBT ES EINEN TRIFTIGEN GRUND, UM DAS ZU VERHINDERN?
DOSCH

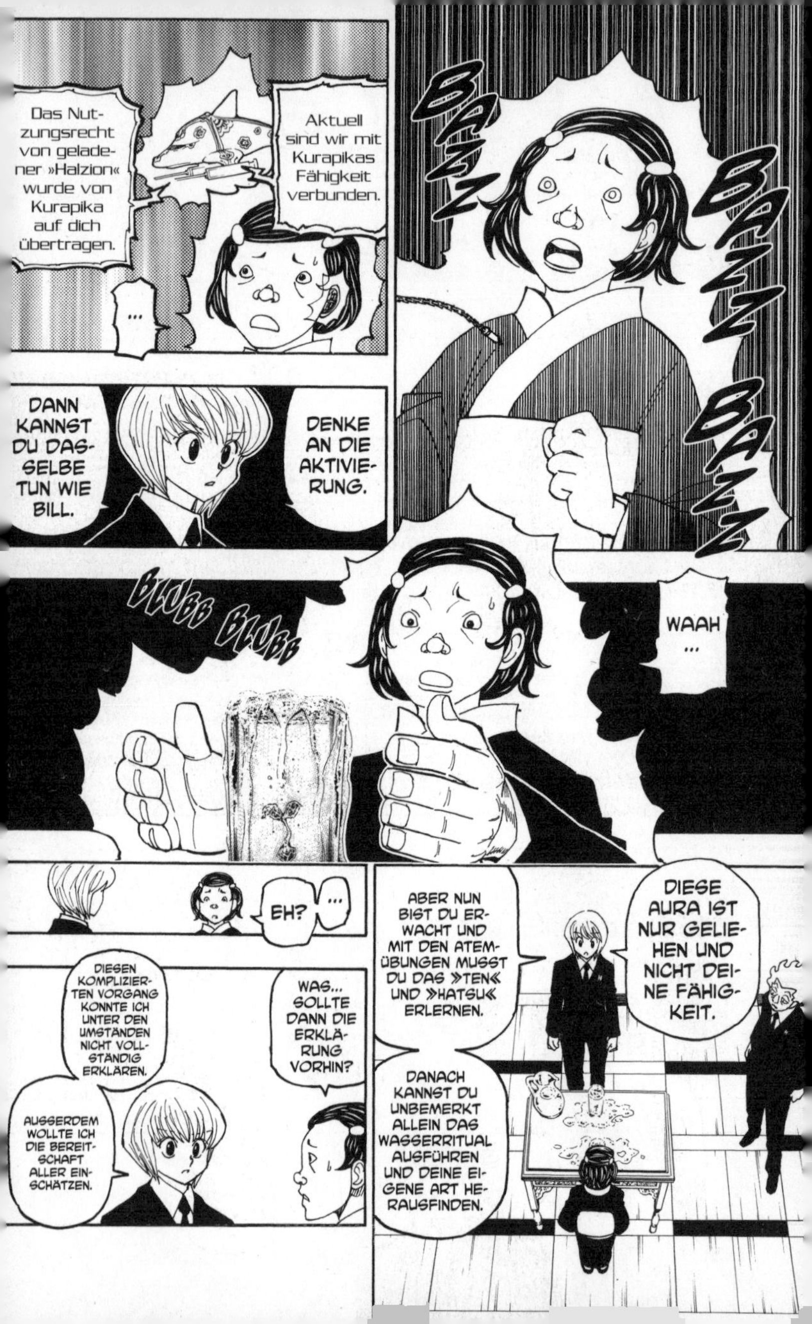
BAZZ
BAZZZ
BAZZ BAZZZ
Aktuell sind wir mit Kurapikas Fähigkeit verbunden.
Das Nutzungsrecht von geladener »Halzion« wurde von Kurapika auf dich übertragen.
...
DENKE AN DIE AKTIVIERUNG.
DANN KANNST DU DASSELBE TUN WIE BILL.
WAAH ...
BLUBB BLUBB
DIESE AURA IST NUR GELIEHEN UND NICHT DEINE FÄHIGKEIT.
ABER NUN BIST DU ERWACHT UND MIT DEN ATEMÜBUNGEN MUSST DU DAS »TEN« UND »HATSU« ERLERNEN.
DANACH KANNST DU UNBEMERKT ALLEIN DAS WASSERRITUAL AUSFÜHREN UND DEINE EIGENE ART HERAUSFINDEN.
...
EH?
WAS... SOLLTE DANN DIE ERKLÄRUNG VORHIN?
DIESEN KOMPLIZIERTEN VORGANG KONNTE ICH UNTER DEN UMSTÄNDEN NICHT VOLLSTÄNDIG ERKLÄREN.
AUSSERDEM WOLLTE ICH DIE BEREITSCHAFT ALLER EINSCHÄTZEN.

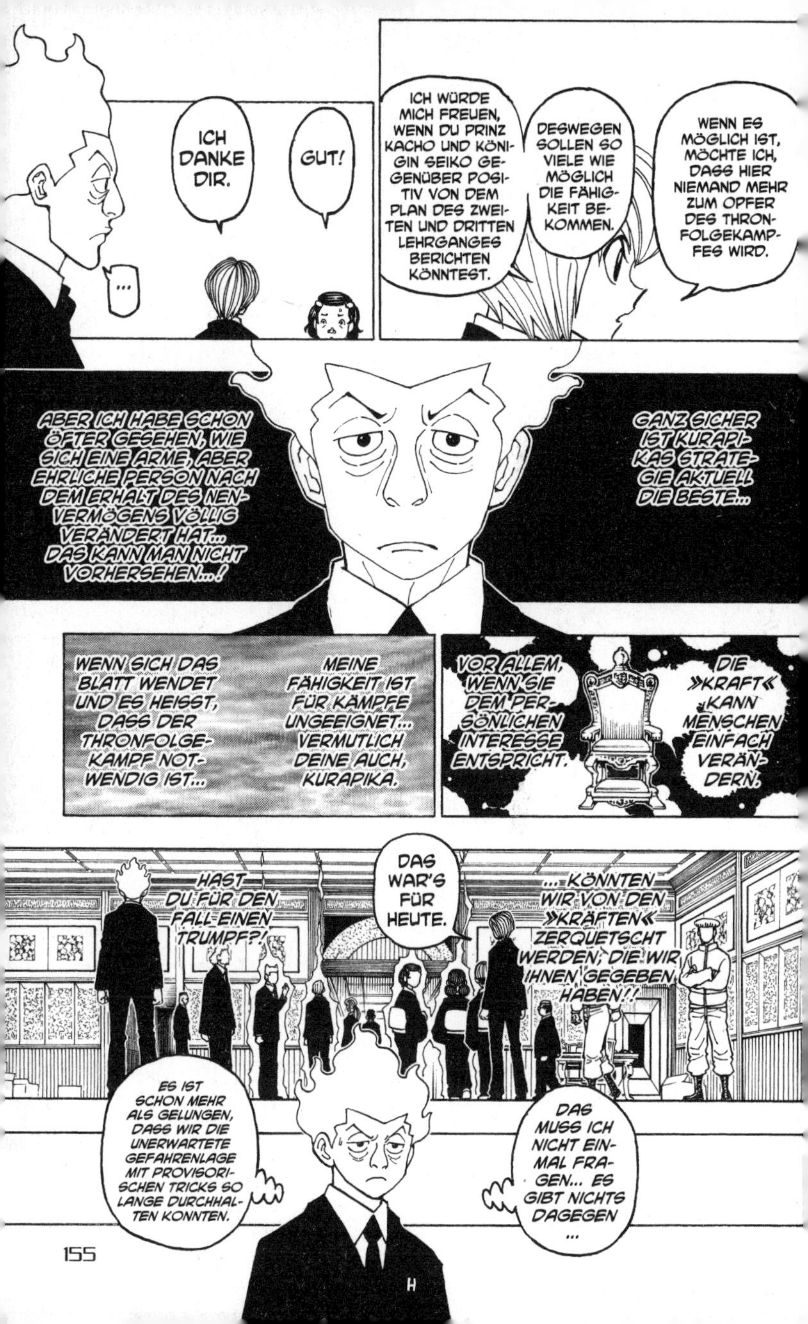
WENN ES MÖGLICH IST, MÖCHTE ICH, DASS HIER NIEMAND MEHR ZUM OPFER DES THRONFOLGEKAMPFES WIRD.
DESWEGEN SOLLEN SO VIELE WIE MÖGLICH DIE FÄHIGKEIT BEKOMMEN.
ICH WÜRDE MICH FREUEN, WENN DU PRINZ KACHO UND KÖNIGIN SEIKO GEGENÜBER POSITIV VON DEM PLAN DES ZWEITEN UND DRITTEN LEHRGANGES BERICHTEN KÖNNTEST.
GUT!
ICH DANKE DIR.
...
GANZ SICHER IST KURAPIKAS STRATEGIE AKTUELL DIE BESTE...
ABER ICH HABE SCHON ÖFTER GESEHEN, WIE SICH EINE ARME, ABER EHRLICHE PERSON NACH DEM ERHALT DES NEN-VERMÖGENS VÖLLIG VERÄNDERT HAT... DAS KANN MAN NICHT VORHERSEHEN...!
DIE »KRAFT« KANN MENSCHEN EINFACH VERÄNDERN.
VOR ALLEM, WENN SIE DEM PERSÖNLICHEN INTERESSE ENTSPRICHT.
MEINE FÄHIGKEIT IST FÜR KÄMPFE UNGEEIGNET... VERMUTLICH DEINE AUCH, KURAPIKA.
WENN SICH DAS BLATT WENDET UND ES HEISST, DASS DER THRONFOLGEKAMPF NOTWENDIG IST...
... KÖNNTEN WIR VON DEN »KRÄFTEN« ZERQUETSCHT WERDEN, DIE WIR IHNEN GEGEBEN HABEN!!
DAS WAR'S FÜR HEUTE.
HAST DU FÜR DEN FALL EINEN TRUMPF?!
DAS MUSS ICH NICHT EINMAL FRAGEN... ES GIBT NICHTS DAGEGEN ...
ES IST SCHON MEHR ALS GELUNGEN, DASS WIR DIE UNERWARTETE GEFAHRENLAGE MIT PROVISORISCHEN TRICKS SO LANGE DURCHHALTEN KONNTEN.

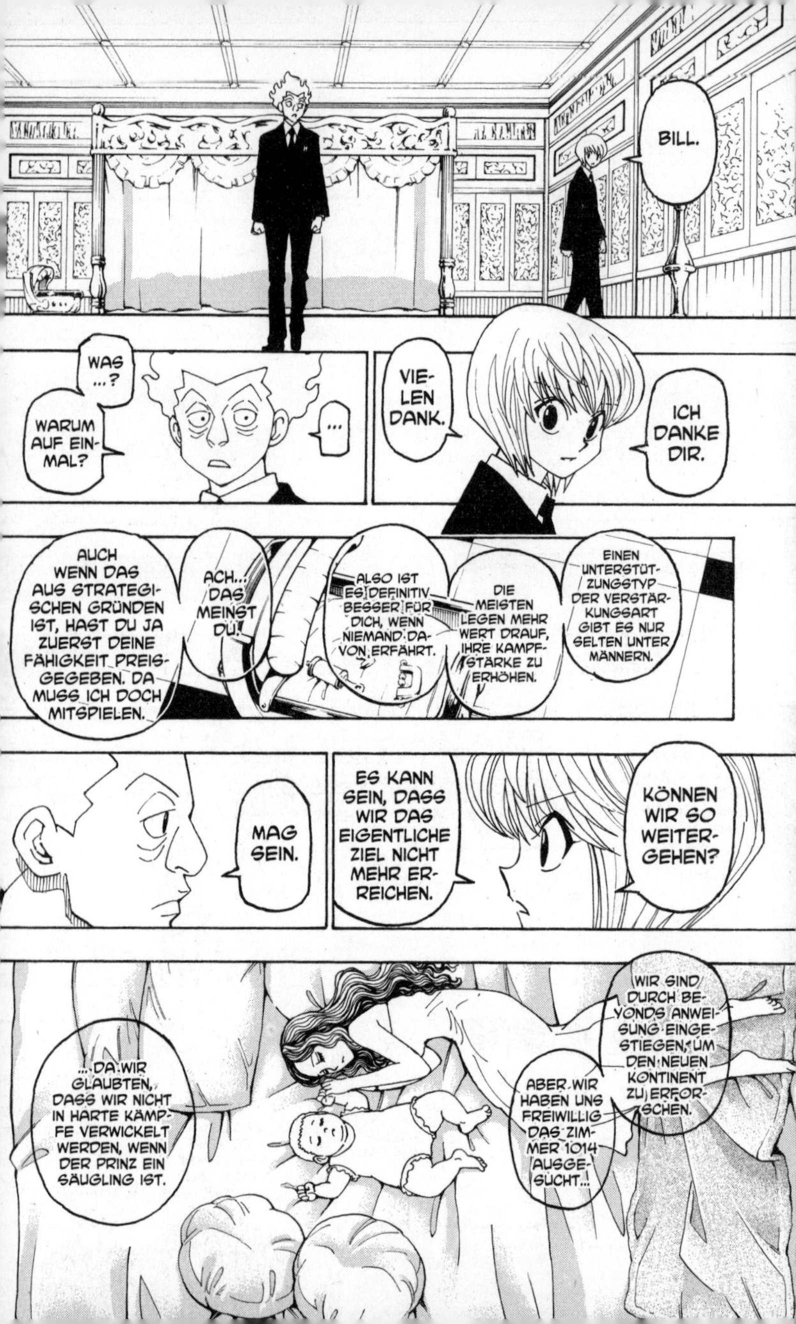
BILL.
ICH DANKE DIR.
VIELEN DANK.
...
WAS ...?
WARUM AUF EINMAL?
EINEN UNTERSTÜTZUNGSTYP DER VERSTÄRKUNGSART GIBT ES NUR SELTEN UNTER MÄNNERN.
DIE MEISTEN LEGEN MEHR WERT DRAUF, IHRE KAMPFSTÄRKE ZU ERHÖHEN.
ALSO IST ES DEFINITIV BESSER FÜR DICH, WENN NIEMAND DAVON ERFÄHRT.
ACH... DAS MEINST DU.
AUCH WENN DAS AUS STRATEGISCHEN GRÜNDEN IST, HAST DU JA ZUERST DEINE FÄHIGKEIT PREISGEGEBEN. DA MUSS ICH DOCH MITSPIELEN.
KÖNNEN WIR SO WEITERGEHEN?
ES KANN SEIN, DASS WIR DAS EIGENTLICHE ZIEL NICHT MEHR ERREICHEN.
MAG SEIN.
WIR SIND DURCH BEYONDS ANWEISUNG EINGESTIEGEN, UM DEN NEUEN KONTINENT ZU ERFORSCHEN.
ABER WIR HABEN UNS FREIWILLIG DAS ZIMMER 1014 AUSGESUCHT...
...DA WIR GLAUBTEN, DASS WIR NICHT IN HARTE KÄMPFE VERWICKELT WERDEN, WENN DER PRINZ EIN SÄUGLING IST.

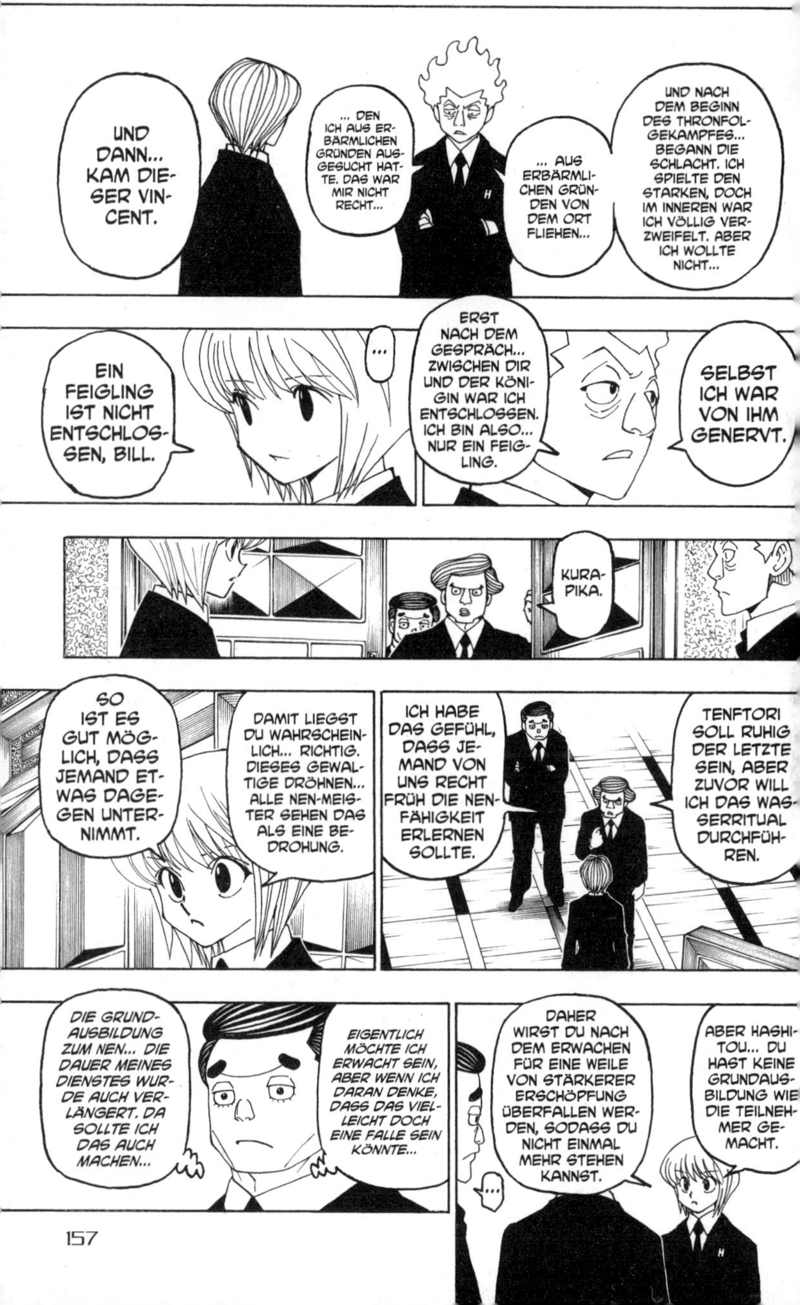
UND NACH DEM BEGINN DES THRONFOLGEKAMPFES... BEGANN DIE SCHLACHT. ICH SPIELTE DEN STARKEN, DOCH IM INNEREN WAR ICH VÖLLIG VERZWEIFELT. ABER ICH WOLLTE NICHT...
... AUS ERBÄRMLICHEN GRÜNDEN VON DEM ORT FLIEHEN...
... DEN ICH AUS ERBÄRMLICHEN GRÜNDEN AUSGESUCHT HATTE. DAS WAR MIR NICHT RECHT...
UND DANN... KAM DIESER VINCENT.
SELBST ICH WAR VON IHM GENERVT.
ERST NACH DEM GESPRÄCH... ZWISCHEN DIR UND DER KÖNIGIN WAR ICH ENTSCHLOSSEN. ICH BIN ALSO... NUR EIN FEIGLING.
...
EIN FEIGLING IST NICHT ENTSCHLOSSEN, BILL.
KURAPIKA.
TENFTORI SOLL RUHIG DER LETZTE SEIN, ABER ZUVOR WILL ICH DAS WASSERRITUAL DURCHFÜHREN.
ICH HABE DAS GEFÜHL, DASS JEMAND VON UNS RECHT FRÜH DIE NEN-FÄHIGKEIT ERLERNEN SOLLTE.
DAMIT LIEGST DU WAHRSCHEINLICH... RICHTIG. DIESES GEWALTIGE DRÖHNEN... ALLE NEN-MEISTER SEHEN DAS ALS EINE BEDROHUNG.
SO IST ES GUT MÖGLICH, DASS JEMAND ETWAS DAGEGEN UNTERNIMMT.
ABER HASHITOU... DU HAST KEINE GRUNDAUSBILDUNG WIE DIE TEILNEHMER GEMACHT.
DAHER WIRST DU NACH DEM ERWACHEN FÜR EINE WEILE VON STÄRKERER ERSCHÖPFUNG ÜBERFALLEN WERDEN, SODASS DU NICHT EINMAL MEHR STEHEN KANNST.
...
EIGENTLICH MÖCHTE ICH ERWACHT SEIN, ABER WENN ICH DARAN DENKE, DASS DAS VIELLEICHT DOCH EINE FALLE SEIN KÖNNTE...
DIE GRUNDAUSBILDUNG ZUM NEN... DIE DAUER MEINES DIENSTES WURDE AUCH VERLÄNGERT. DA SOLLTE ICH DAS AUCH MACHEN...

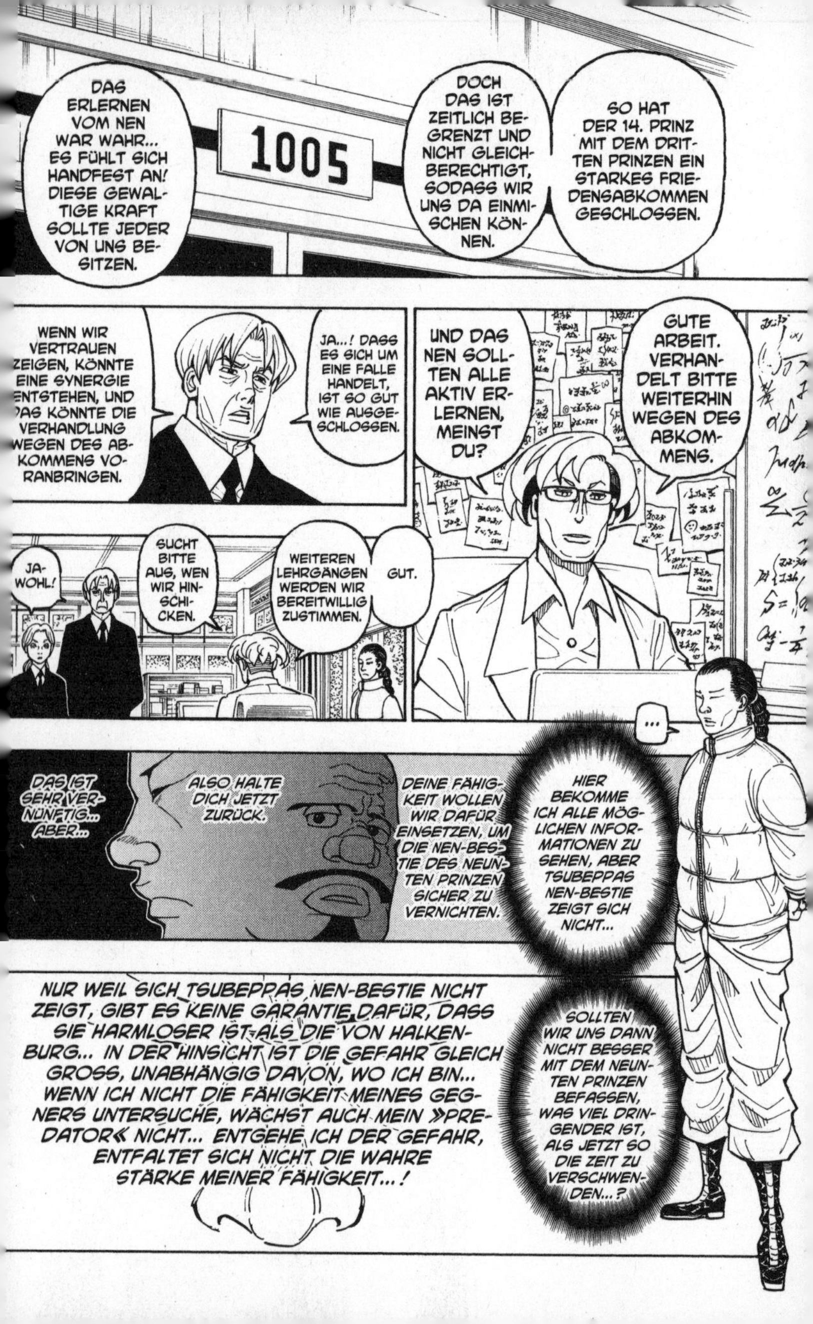

1005
SO HAT DER 14. PRINZ MIT DEM DRITTEN PRINZEN EIN STARKES FRIEDENSABKOMMEN GESCHLOSSEN.
DOCH DAS IST ZEITLICH BEGRENZT UND NICHT GLEICHBERECHTIGT, SODASS WIR UNS DA EINMISCHEN KÖNNEN.
DAS ERLERNEN VOM NEN WAR WAHR... ES FÜHLT SICH HANDFEST AN! DIESE GEWALTIGE KRAFT SOLLTE JEDER VON UNS BESITZEN.
GUTE ARBEIT. VERHANDELT BITTE WEITERHIN WEGEN DES ABKOMMENS.
UND DAS NEN SOLLTEN ALLE AKTIV ERLERNEN, MEINST DU?
JA...! DASS ES SICH UM EINE FALLE HANDELT, IST SO GUT WIE AUSGESCHLOSSEN.
WENN WIR VERTRAUEN ZEIGEN, KÖNNTE EINE SYNERGIE ENTSTEHEN, UND DAS KÖNNTE DIE VERHANDLUNG WEGEN DES ABKOMMENS VORANBRINGEN.
GUT.
WEITEREN LEHRGÄNGEN WERDEN WIR BEREITWILLIG ZUSTIMMEN.
SUCHT BITTE AUS, WEN WIR HINSCHICKEN.
JAWOHL!
...
HIER BEKOMME ICH ALLE MÖGLICHEN INFORMATIONEN ZU SEHEN, ABER TSUBEPPAS NEN-BESTIE ZEIGT SICH NICHT...
DEINE FÄHIGKEIT WOLLEN WIR DAFÜR EINSETZEN, UM DIE NEN-BESTIE DES NEUNTEN PRINZEN SICHER ZU VERNICHTEN.
ALSO HALTE DICH JETZT ZURÜCK.
DAS IST SEHR VERNÜNFTIG... ABER...
SOLLTEN WIR UNS DANN NICHT BESSER MIT DEM NEUNTEN PRINZEN BEFASSEN, WAS VIEL DRINGENDER IST, ALS JETZT SO DIE ZEIT ZU VERSCHWENDEN...?
NUR WEIL SICH TSUBEPPAS NEN-BESTIE NICHT ZEIGT, GIBT ES KEINE GARANTIE DAFÜR, DASS SIE HARMLOSER IST ALS DIE VON HALKENBURG... IN DER HINSICHT IST DIE GEFAHR GLEICH GROSS, UNABHÄNGIG DAVON, WO ICH BIN... WENN ICH NICHT DIE FÄHIGKEIT MEINES GEGNERS UNTERSUCHE, WÄCHST AUCH MEIN »PREDATOR« NICHT... ENTGEHE ICH DER GEFAHR, ENTFALTET SICH NICHT DIE WAHRE STÄRKE MEINER FÄHIGKEIT...!

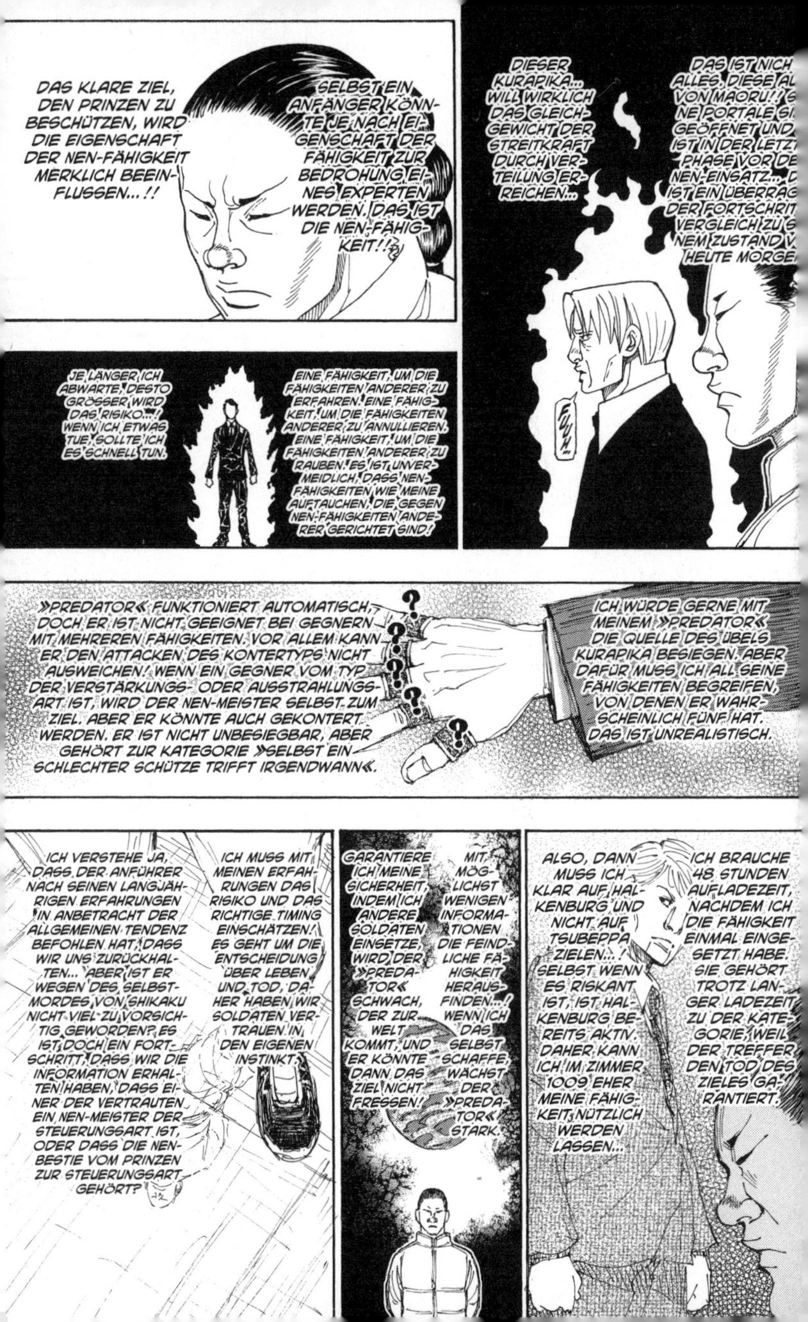
DAS IST NICH
ALLES. DIESE AL
VON MAORU!! S
NE PORTALE SI
GEÖFFNET UND
IST IN DER LETZ
PHASE VOR DE
NEN-EINSATZ... D
IST EIN ÜBERRAG
DER FORTSCHRIT
VERGLEICH ZU S
NEM ZUSTAND V
HEUTE MORGE
DIESER KURAPIKA... WILL WIRKLICH DAS GLEICHGEWICHT DER STREITKRAFT DURCH VERTEILUNG ERREICHEN...
FUUH...
SELBST EIN ANFÄNGER KÖNNTE JE NACH EIGENSCHAFT DER FÄHIGKEIT ZUR BEDROHUNG EINES EXPERTEN WERDEN. DAS IST DIE NEN-FÄHIGKEIT!!
DAS KLARE ZIEL, DEN PRINZEN ZU BESCHÜTZEN, WIRD DIE EIGENSCHAFT DER NEN-FÄHIGKEIT MERKLICH BEEINFLUSSEN...!!
EINE FÄHIGKEIT, UM DIE FÄHIGKEITEN ANDERER ZU ERFAHREN. EINE FÄHIGKEIT, UM DIE FÄHIGKEITEN ANDERER ZU ANNULLIEREN. EINE FÄHIGKEIT, UM DIE FÄHIGKEITEN ANDERER ZU RAUBEN. ES IST UNVERMEIDLICH, DASS NEN-FÄHIGKEITEN WIE MEINE AUFTAUCHEN, DIE GEGEN NEN-FÄHIGKEITEN ANDERER GERICHTET SIND!
JE LÄNGER ICH ABWARTE, DESTO GRÖSSER WIRD DAS RISIKO...! WENN ICH ETWAS TUE, SOLLTE ICH ES SCHNELL TUN.
ICH WÜRDE GERNE MIT MEINEM »PREDATOR« DIE QUELLE DES ÜBELS KURAPIKA BESIEGEN. ABER DAFÜR MUSS ICH ALL SEINE FÄHIGKEITEN BEGREIFEN, VON DENEN ER WAHRSCHEINLICH FÜNF HAT. DAS IST UNREALISTISCH.
»PREDATOR« FUNKTIONIERT AUTOMATISCH, DOCH ER IST NICHT GEEIGNET BEI GEGNERN MIT MEHREREN FÄHIGKEITEN. VOR ALLEM KANN ER DEN ATTACKEN DES KONTERTYPS NICHT AUSWEICHEN! WENN EIN GEGNER VOM TYP DER VERSTÄRKUNGS- ODER AUSSTRAHLUNGSART IST, WIRD DER NEN-MEISTER SELBST ZUM ZIEL. ABER ER KÖNNTE AUCH GEKONTERT WERDEN. ER IST NICHT UNBESIEGBAR, ABER GEHÖRT ZUR KATEGORIE »SELBST EIN SCHLECHTER SCHÜTZE TRIFFT IRGENDWANN«.
ICH BRAUCHE 48 STUNDEN AUFLADEZEIT, NACHDEM ICH DIE FÄHIGKEIT EINMAL EINGESETZT HABE. SIE GEHÖRT TROTZ LANGER LADEZEIT ZU DER KATEGORIE, WEIL DER TREFFER DEN TOD DES ZIELES GARANTIERT.
ALSO, DANN MUSS ICH KLAR AUF HALKENBURG UND NICHT AUF TSUBEPPA ZIELEN...! SELBST WENN ES RISKANT IST, IST HALKENBURG BEREITS AKTIV. DAHER KANN ICH IM ZIMMER 1009 EHER MEINE FÄHIGKEIT NÜTZLICH WERDEN LASSEN...
MIT MÖGLICHST WENIGEN INFORMATIONEN DIE FEINDLICHE FÄHIGKEIT HERAUSFINDEN...! WENN ICH DAS SELBST SCHAFFE, WÄCHST DER »PREDATOR« STARK.
GARANTIERE ICH MEINE SICHERHEIT, INDEM ICH ANDERE SOLDATEN EINSETZE, WIRD DER »PREDATOR« SCHWACH, DER ZUR WELT KOMMT, UND ER KÖNNTE DANN DAS ZIEL NICHT FRESSEN!
ICH MUSS MIT MEINEN ERFAHRUNGEN DAS RISIKO UND DAS RICHTIGE TIMING EINSCHÄTZEN! ES GEHT UM DIE ENTSCHEIDUNG ÜBER LEBEN UND TOD, DAHER HABEN WIR SOLDATEN VERTRAUEN IN DEN EIGENEN INSTINKT.
ICH VERSTEHE JA, DASS DER ANFÜHRER NACH SEINEN LANGJÄHRIGEN ERFAHRUNGEN IN ANBETRACHT DER ALLGEMEINEN TENDENZ BEFOHLEN HAT, DASS WIR UNS ZURÜCKHALTEN... ABER IST ER WEGEN DES SELBSTMORDES VON SHIKAKU NICHT VIEL ZU VORSICHTIG GEWORDEN? ES IST DOCH EIN FORTSCHRITT, DASS WIR DIE INFORMATION ERHALTEN HABEN, DASS EINER DER VERTRAUTEN EIN NEN-MEISTER DER STEUERUNGSART IST, ODER DASS DIE NEN-BESTIE VOM PRINZEN ZUR STEUERUNGSART GEHÖRT?

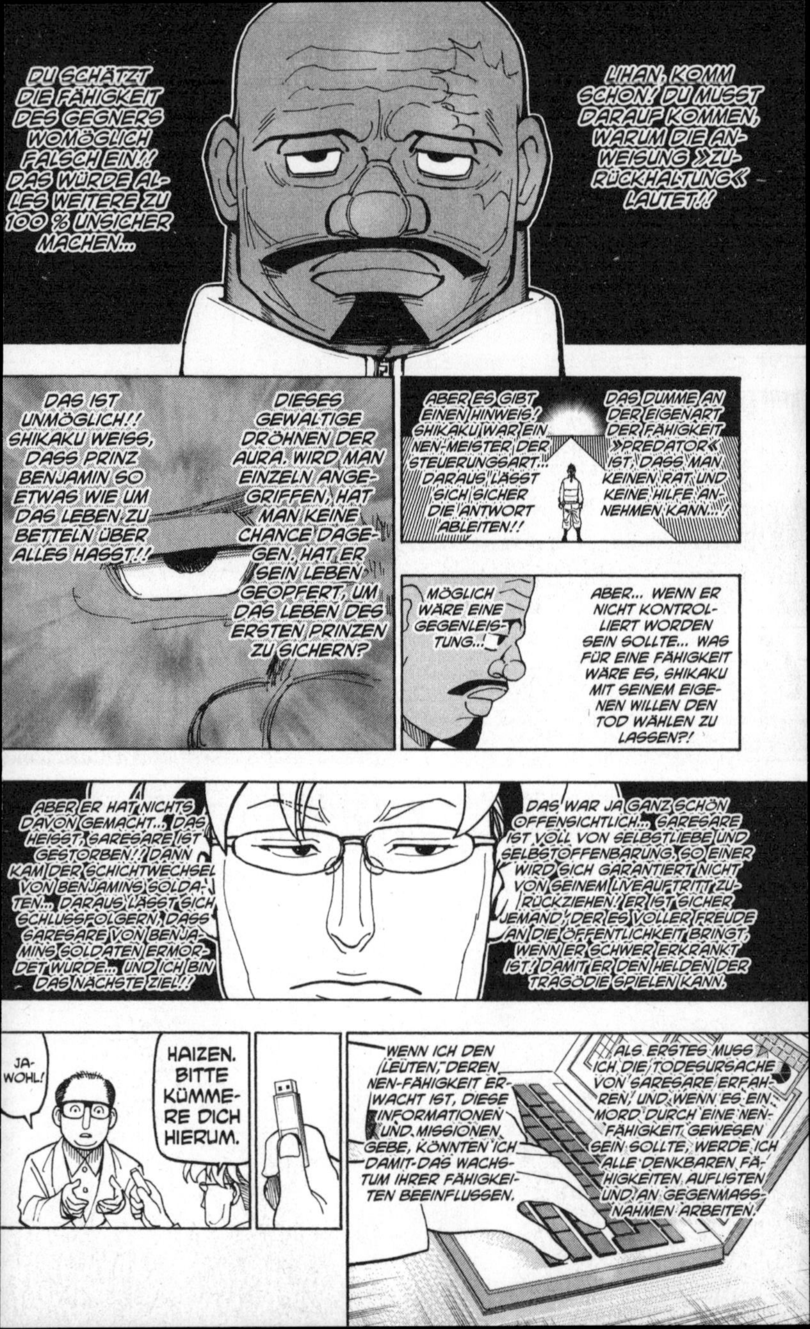
LIHAN, KOMM SCHON! DU MUSST DARAUF KOMMEN, WARUM DIE ANWEISUNG »ZURÜCKHALTUNG« LAUTET!!
DU SCHÄTZT DIE FÄHIGKEIT DES GEGNERS WOMÖGLICH FALSCH EIN!! DAS WÜRDE ALLES WEITERE ZU 100 % UNSICHER MACHEN...
DAS DUMME AN DER EIGENART DER FÄHIGKEIT »PREDATOR« IST, DASS MAN KEINEN RAT UND KEINE HILFE ANNEHMEN KANN...!
ABER ES GIBT EINEN HINWEIS! SHIKAKU WAR EIN NEN-MEISTER DER STEUERUNGSART... DARAUS LÄSST SICH SICHER DIE ANTWORT ABLEITEN!!
ABER... WENN ER NICHT KONTROLLIERT WORDEN SEIN SOLLTE... WAS FÜR EINE FÄHIGKEIT WÄRE ES, SHIKAKU MIT SEINEM EIGENEN WILLEN DEN TOD WÄHLEN ZU LASSEN?!
MÖGLICH WÄRE EINE GEGENLEISTUNG...!
DIESES GEWALTIGE DRÖHNEN DER AURA. WIRD MAN EINZELN ANGEGRIFFEN, HAT MAN KEINE CHANCE DAGEGEN. HAT ER SEIN LEBEN GEOPFERT, UM DAS LEBEN DES ERSTEN PRINZEN ZU SICHERN?
DAS IST UNMÖGLICH!! SHIKAKU WEISS, DASS PRINZ BENJAMIN SO ETWAS WIE UM DAS LEBEN ZU BETTELN ÜBER ALLES HASST!!
DAS WAR JA GANZ SCHÖN OFFENSICHTLICH... SARESARE IST VOLL VON SELBSTLIEBE UND SELBSTOFFENBARUNG. SO EINER WIRD SICH GARANTIERT NICHT VON SEINEM LIVEAUFTRITT ZURÜCKZIEHEN! ER IST SICHER JEMAND, DER ES VOLLER FREUDE AN DIE ÖFFENTLICHKEIT BRINGT, WENN ER SCHWER ERKRANKT IST! DAMIT ER DEN HELDEN DER TRAGÖDIE SPIELEN KANN.
ABER ER HAT NICHTS DAVON GEMACHT... DAS HEISST, SARESARE IST GESTORBEN!! DANN KAM DER SCHICHTWECHSEL VON BENJAMINS SOLDATEN... DARAUS LÄSST SICH SCHLUSSFOLGERN, DASS SARESARE VON BENJAMINS SOLDATEN ERMORDET WURDE... UND ICH BIN DAS NÄCHSTE ZIEL!!
ALS ERSTES MUSS ICH DIE TODESURSACHE VON SARESARE ERFAHREN, UND WENN ES EIN MORD DURCH EINE NEN-FÄHIGKEIT GEWESEN SEIN SOLLTE, WERDE ICH ALLE DENKBAREN FÄHIGKEITEN AUFLISTEN UND AN GEGENMASSNAHMEN ARBEITEN.
WENN ICH DEN LEUTEN, DEREN NEN-FÄHIGKEIT ERWACHT IST, DIESE INFORMATIONEN UND MISSIONEN GEBE, KÖNNTEN ICH DAMIT DAS WACHSTUM IHRER FÄHIGKEITEN BEEINFLUSSEN.
HAIZEN. BITTE KÜMMERE DICH HIERUM.
JAWOHL!

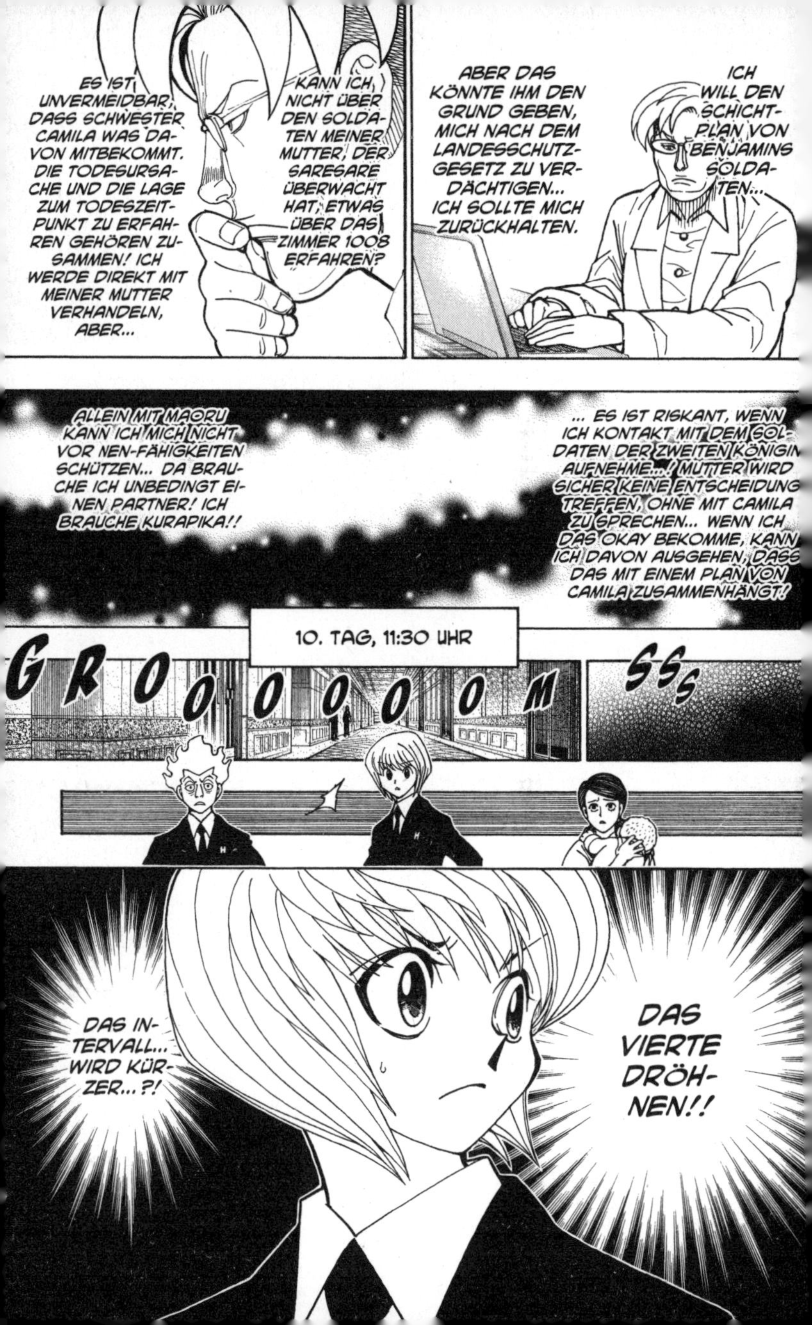
ICH WILL DEN SCHICHTPLAN VON BENJAMINS SOLDATEN...
ABER DAS KÖNNTE IHM DEN GRUND GEBEN, MICH NACH DEM LANDESSCHUTZGESETZ ZU VERDÄCHTIGEN... ICH SOLLTE MICH ZURÜCKHALTEN.
KANN ICH NICHT ÜBER DEN SOLDATEN MEINER MUTTER, DER SARESARE ÜBERWACHT HAT, ETWAS ÜBER DAS ZIMMER 1008 ERFAHREN?
ES IST UNVERMEIDBAR, DASS SCHWESTER CAMILA WAS DAVON MITBEKOMMT. DIE TODESURSACHE UND DIE LAGE ZUM TODESZEITPUNKT ZU ERFAHREN GEHÖREN ZUSAMMEN! ICH WERDE DIREKT MIT MEINER MUTTER VERHANDELN, ABER...
... ES IST RISKANT, WENN ICH KONTAKT MIT DEM SOLDATEN DER ZWEITEN KÖNIGIN AUFNEHME...! MUTTER WIRD SICHER KEINE ENTSCHEIDUNG TREFFEN, OHNE MIT CAMILA ZU SPRECHEN... WENN ICH DAS OKAY BEKOMME, KANN ICH DAVON AUSGEHEN, DASS DAS MIT EINEM PLAN VON CAMILA ZUSAMMENHÄNGT!
ALLEIN MIT MAORU KANN ICH MICH NICHT VOR NEN-FÄHIGKEITEN SCHÜTZEN... DA BRAUCHE ICH UNBEDINGT EINEN PARTNER! ICH BRAUCHE KURAPIKA!!
10. TAG, 11:30 UHR
GROOOOOOOOM
SSS
DAS VIERTE DRÖHNEN!!
DAS INTERVALL... WIRD KÜRZER...?!

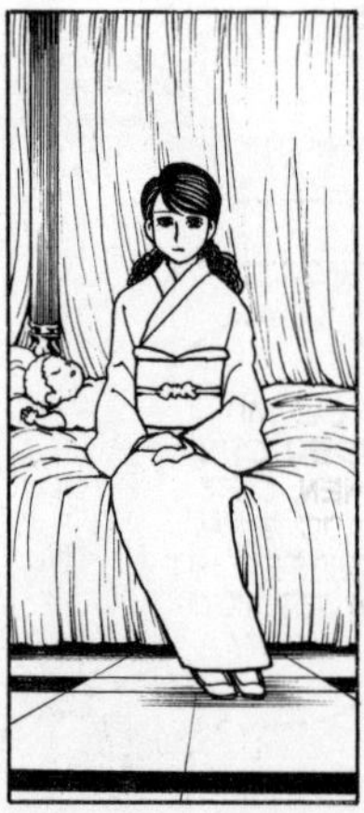

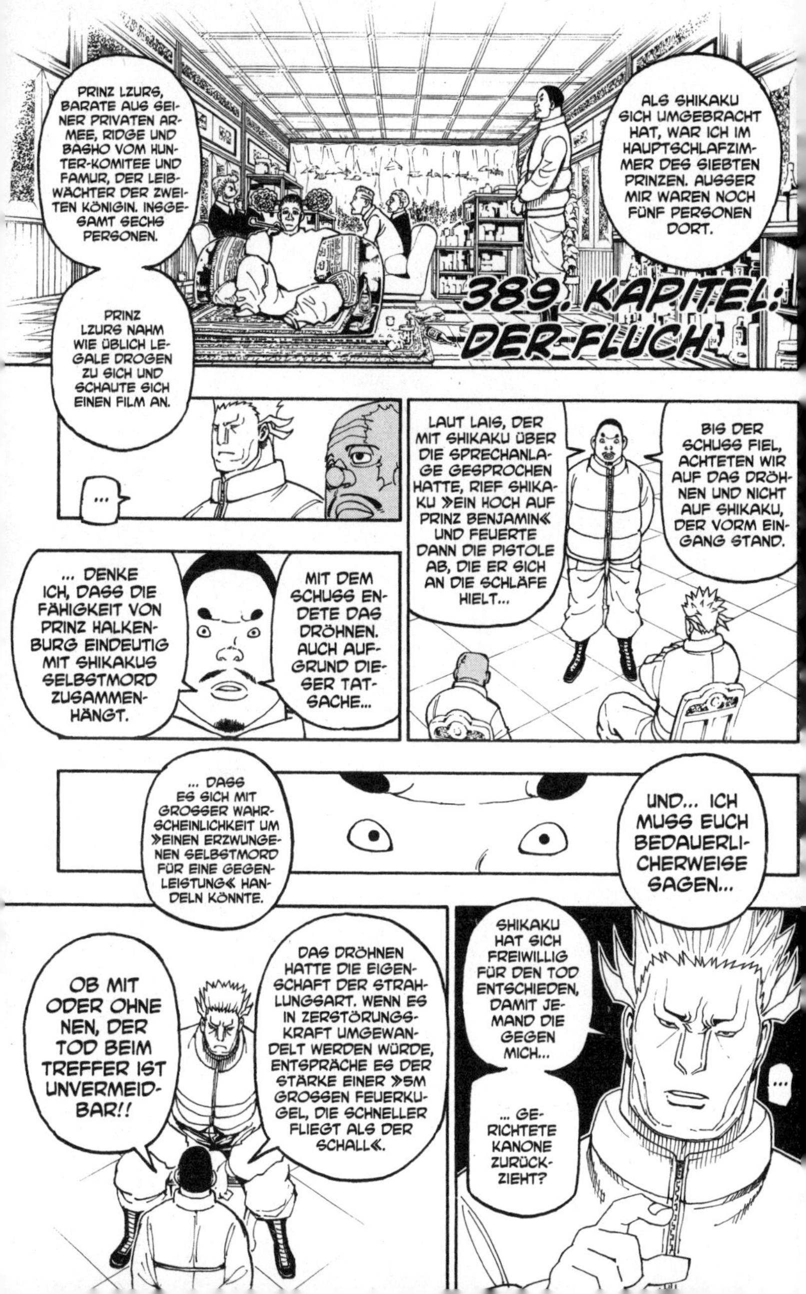

ALS SHIKAKU SICH UMGEBRACHT HAT, WAR ICH IM HAUPTSCHLAFZIMMER DES SIEBTEN PRINZEN. AUSSER MIR WAREN NOCH FÜNF PERSONEN DORT.
PRINZ LZURS, BARATE AUS SEINER PRIVATEN ARMEE, RIDGE UND BASHO VOM HUNTER-KOMITEE UND FAMUR, DER LEIBWÄCHTER DER ZWEITEN KÖNIGIN. INSGESAMT SECHS PERSONEN.
PRINZ LZURS NAHM WIE ÜBLICH LEGALE DROGEN ZU SICH UND SCHAUTE SICH EINEN FILM AN.
389. KAPITEL: DER FLUCH
BIS DER SCHUSS FIEL, ACHTETEN WIR AUF DAS DRÖHNEN UND NICHT AUF SHIKAKU, DER VORM EINGANG STAND.
LAUT LAIS, DER MIT SHIKAKU ÜBER DIE SPRECHANLAGE GESPROCHEN HATTE, RIEF SHIKAKU »EIN HOCH AUF PRINZ BENJAMIN« UND FEUERTE DANN DIE PISTOLE AB, DIE ER SICH AN DIE SCHLÄFE HIELT...
...
MIT DEM SCHUSS ENDETE DAS DRÖHNEN. AUCH AUFGRUND DIESER TATSACHE...
... DENKE ICH, DASS DIE FÄHIGKEIT VON PRINZ HALKENBURG EINDEUTIG MIT SHIKAKUS SELBSTMORD ZUSAMMENHÄNGT.
UND... ICH MUSS EUCH BEDAUERLICHERWEISE SAGEN...
... DASS ES SICH MIT GROSSER WAHRSCHEINLICHKEIT UM »EINEN ERZWUNGENEN SELBSTMORD FÜR EINE GEGENLEISTUNG« HANDELN KÖNNTE.
SHIKAKU HAT SICH FREIWILLIG FÜR DEN TOD ENTSCHIEDEN, DAMIT JEMAND DIE GEGEN MICH...
... GERICHTETE KANONE ZURÜCKZIEHT?
...
DAS DRÖHNEN HATTE DIE EIGENSCHAFT DER STRAHLUNGSART. WENN ES IN ZERSTÖRUNGSKRAFT UMGEWANDELT WERDEN WÜRDE, ENTSPRÄCHE ES DER STÄRKE EINER »5M GROSSEN FEUERKUGEL, DIE SCHNELLER FLIEGT ALS DER SCHALL«.
OB MIT ODER OHNE NEN, DER TOD BEIM TREFFER IST UNVERMEIDBAR!!

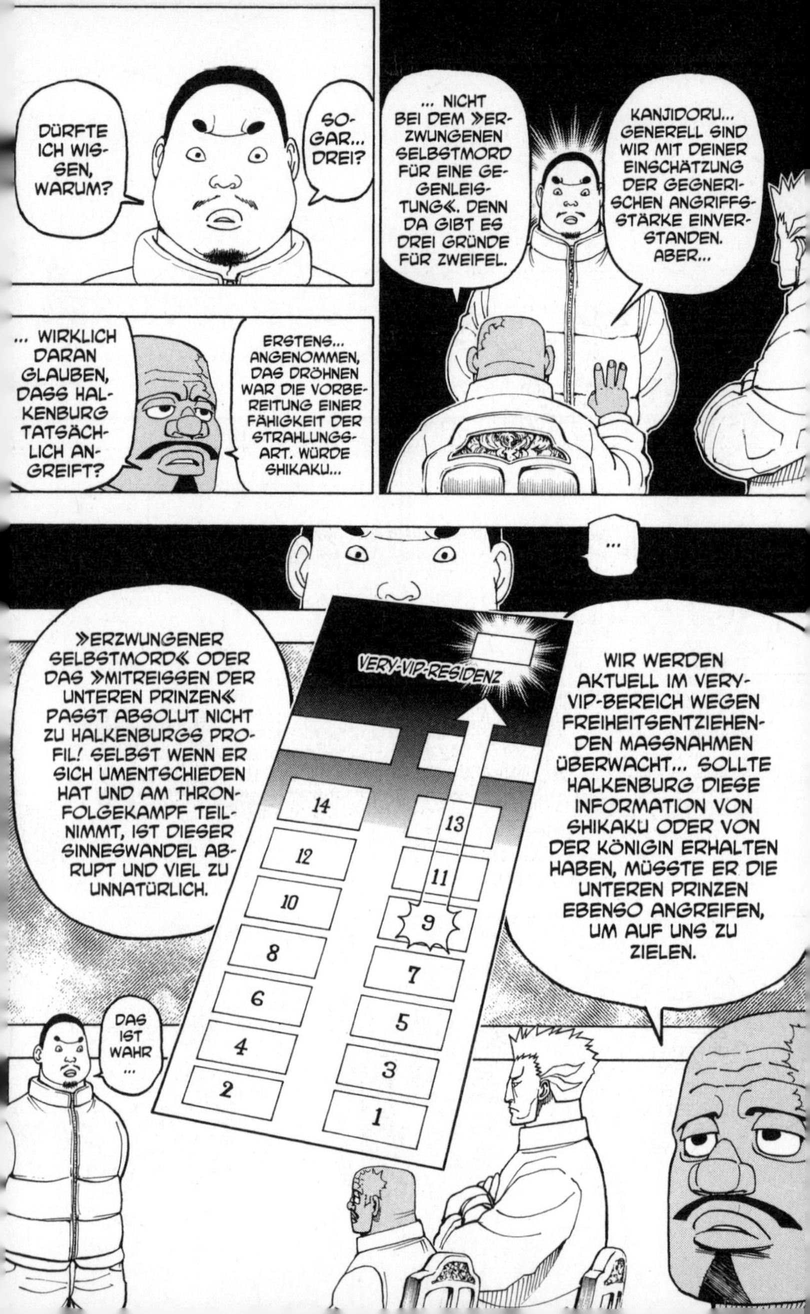
KANJIDORU... GENERELL SIND WIR MIT DEINER EINSCHÄTZUNG DER GEGNERISCHEN ANGRIFFSSTÄRKE EINVERSTANDEN. ABER...
... NICHT BEI DEM »ERZWUNGENEN SELBSTMORD FÜR EINE GEGENLEISTUNG«. DENN DA GIBT ES DREI GRÜNDE FÜR ZWEIFEL.
SOGAR... DREI?
DÜRFTE ICH WISSEN, WARUM?
ERSTENS... ANGENOMMEN, DAS DRÖHNEN WAR DIE VORBEREITUNG EINER FÄHIGKEIT DER STRAHLUNGSART. WÜRDE SHIKAKU...
... WIRKLICH DARAN GLAUBEN, DASS HALKENBURG TATSÄCHLICH ANGREIFT?
...
WIR WERDEN AKTUELL IM VERY-VIP-BEREICH WEGEN FREIHEITSENTZIEHENDEN MASSNAHMEN ÜBERWACHT... SOLLTE HALKENBURG DIESE INFORMATION VON SHIKAKU ODER VON DER KÖNIGIN ERHALTEN HABEN, MÜSSTE ER DIE UNTEREN PRINZEN EBENSO ANGREIFEN, UM AUF UNS ZU ZIELEN.
»ERZWUNGENER SELBSTMORD« ODER DAS »MITREISSEN DER UNTEREN PRINZEN« PASST ABSOLUT NICHT ZU HALKENBURGS PROFIL! SELBST WENN ER SICH UMENTSCHIEDEN HAT UND AM THRONFOLGEKAMPF TEILNIMMT, IST DIESER SINNESWANDEL ABRUPT UND VIEL ZU UNNATÜRLICH.
VERY-VIP-RESIDENZ
14
13
12
11
10
9
8
7
6
5
4
3
2
1
DAS IST WAHR ...

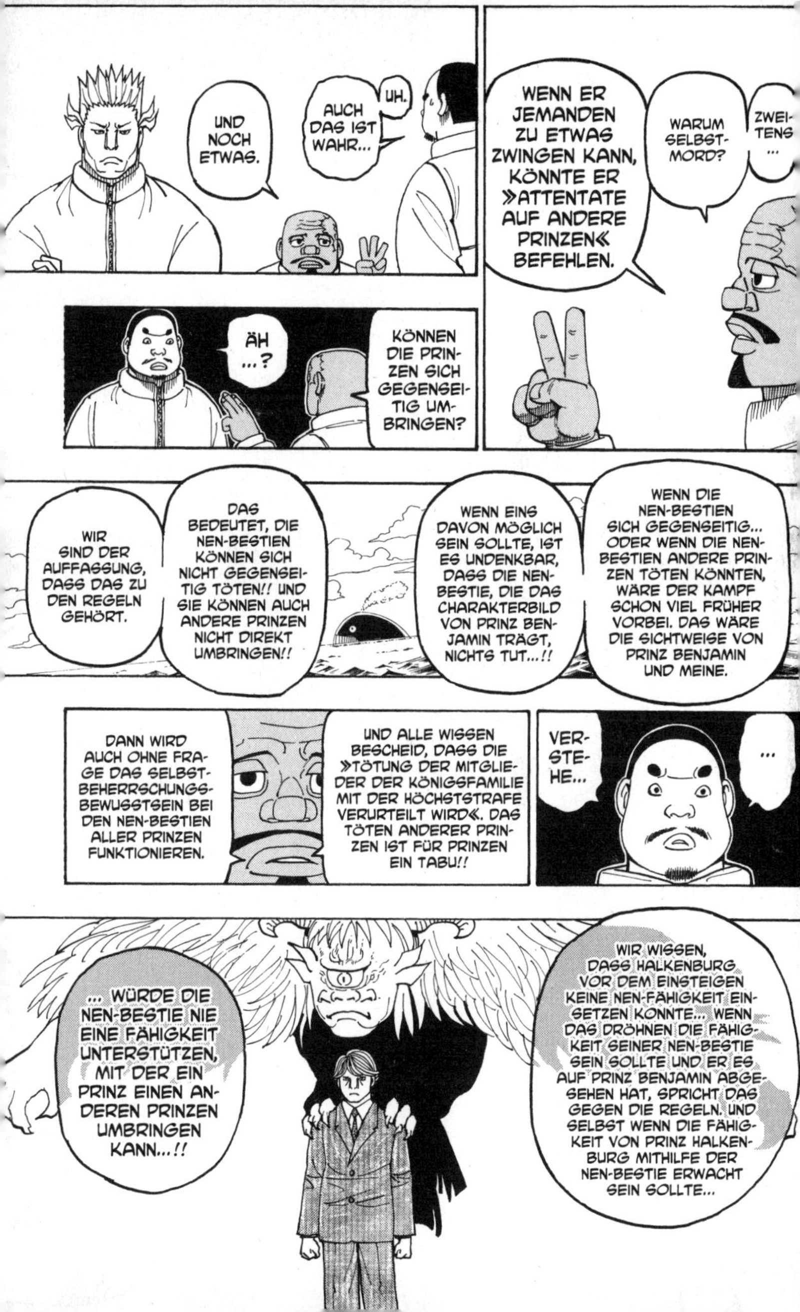

ZWEI-TENS ...
WARUM SELBST-MORD?
WENN ER JEMANDEN ZU ETWAS ZWINGEN KANN, KÖNNTE ER »ATTENTATE AUF ANDERE PRINZEN« BEFEHLEN.
UH.
AUCH DAS IST WAHR...
UND NOCH ETWAS.
KÖNNEN DIE PRIN-ZEN SICH GEGENSEI-TIG UM-BRINGEN?
ÄH ...?
WENN DIE NEN-BESTIEN SICH GEGENSEITIG... ODER WENN DIE NEN-BESTIEN ANDERE PRIN-ZEN TÖTEN KÖNNTEN, WÄRE DER KAMPF SCHON VIEL FRÜHER VORBEI. DAS WÄRE DIE SICHTWEISE VON PRINZ BENJAMIN UND MEINE.
WENN EINS DAVON MÖGLICH SEIN SOLLTE, IST ES UNDENKBAR, DASS DIE NEN-BESTIE, DIE DAS CHARAKTERBILD VON PRINZ BEN-JAMIN TRÄGT, NICHTS TUT...!!
DAS BEDEUTET, DIE NEN-BESTIEN KÖNNEN SICH NICHT GEGENSEI-TIG TÖTEN!! UND SIE KÖNNEN AUCH ANDERE PRINZEN NICHT DIREKT UMBRINGEN!!
WIR SIND DER AUFFASSUNG, DASS DAS ZU DEN REGELN GEHÖRT.
...
VER-STE-HE...
UND ALLE WISSEN BESCHEID, DASS DIE »TÖTUNG DER MITGLIE-DER DER KÖNIGSFAMILIE MIT DER HÖCHSTSTRAFE VERURTEILT WIRD«. DAS TÖTEN ANDERER PRIN-ZEN IST FÜR PRINZEN EIN TABU!!
DANN WIRD AUCH OHNE FRA-GE DAS SELBST-BEHERRSCHUNGS-BEWUSSTSEIN BEI DEN NEN-BESTIEN ALLER PRINZEN FUNKTIONIEREN.
WIR WISSEN, DASS HALKENBURG VOR DEM EINSTEIGEN KEINE NEN-FÄHIGKEIT EIN-SETZEN KONNTE... WENN DAS DRÖHNEN DIE FÄHIG-KEIT SEINER NEN-BESTIE SEIN SOLLTE UND ER ES AUF PRINZ BENJAMIN ABGE-SEHEN HAT, SPRICHT DAS GEGEN DIE REGELN. UND SELBST WENN DIE FÄHIG-KEIT VON PRINZ HALKEN-BURG MITHILFE DER NEN-BESTIE ERWACHT SEIN SOLLTE...
... WÜRDE DIE NEN-BESTIE NIE EINE FÄHIGKEIT UNTERSTÜTZEN, MIT DER EIN PRINZ EINEN AN-DEREN PRINZEN UMBRINGEN KANN...!!

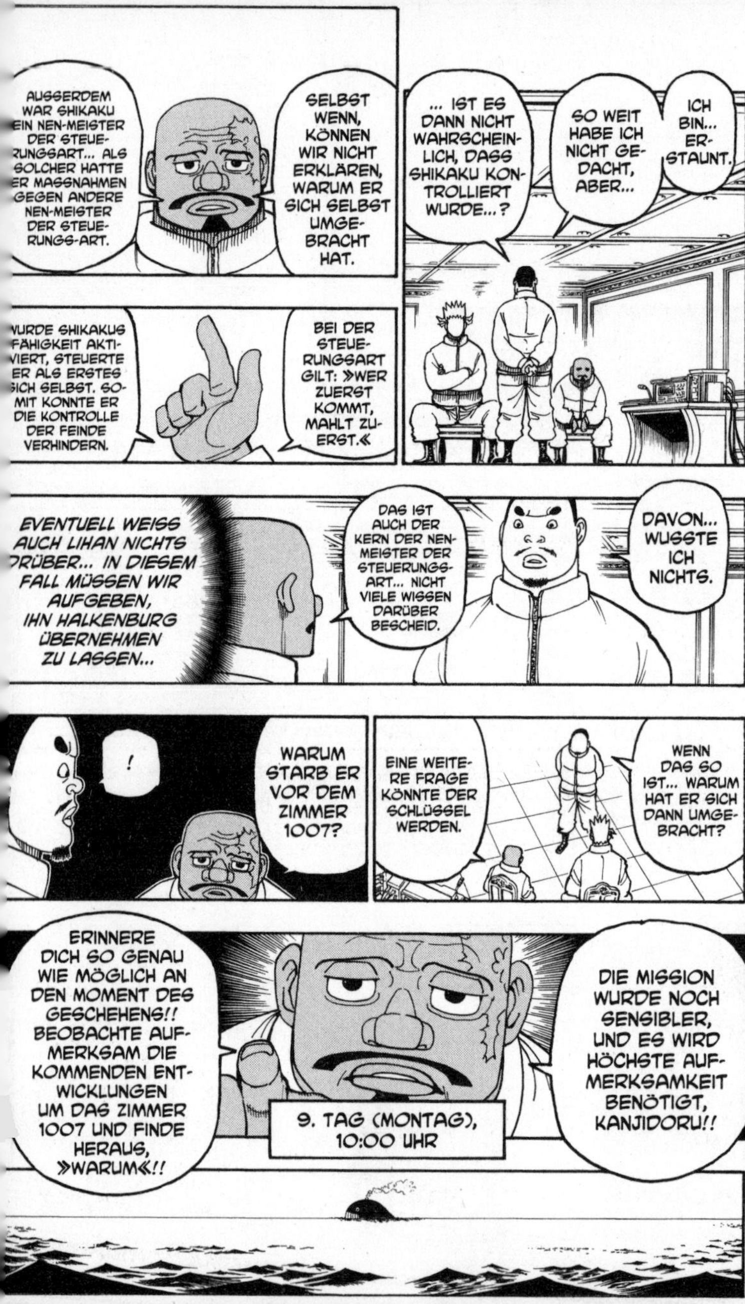
ICH BIN... ERSTAUNT.
SO WEIT HABE ICH NICHT GEDACHT, ABER...
... IST ES DANN NICHT WAHRSCHEINLICH, DASS SHIKAKU KONTROLLIERT WURDE...?
SELBST WENN, KÖNNEN WIR NICHT ERKLÄREN, WARUM ER SICH SELBST UMGEBRACHT HAT.
AUSSERDEM WAR SHIKAKU EIN NEN-MEISTER DER STEUERUNGSART... ALS SOLCHER HATTE ER MASSNAHMEN GEGEN ANDERE NEN-MEISTER DER STEUERUNGS-ART.
BEI DER STEUERUNGSART GILT: »WER ZUERST KOMMT, MAHLT ZUERST.«
WURDE SHIKAKUS FÄHIGKEIT AKTIVIERT, STEUERTE ER ALS ERSTES SICH SELBST. SOMIT KONNTE ER DIE KONTROLLE DER FEINDE VERHINDERN.
DAVON... WUSSTE ICH NICHTS.
DAS IST AUCH DER KERN DER NEN-MEISTER DER STEUERUNGSART... NICHT VIELE WISSEN DARÜBER BESCHEID.
EVENTUELL WEISS AUCH LIHAN NICHTS DRÜBER... IN DIESEM FALL MÜSSEN WIR AUFGEBEN, IHN HALKENBURG ÜBERNEHMEN ZU LASSEN...
WENN DAS SO IST... WARUM HAT ER SICH DANN UMGEBRACHT?
EINE WEITERE FRAGE KÖNNTE DER SCHLÜSSEL WERDEN.
WARUM STARB ER VOR DEM ZIMMER 1007?
!
DIE MISSION WURDE NOCH SENSIBLER, UND ES WIRD HÖCHSTE AUFMERKSAMKEIT BENÖTIGT, KANJIDORU!!
ERINNERE DICH SO GENAU WIE MÖGLICH AN DEN MOMENT DES GESCHEHENS!! BEOBACHTE AUFMERKSAM DIE KOMMENDEN ENTWICKLUNGEN UM DAS ZIMMER 1007 UND FINDE HERAUS, »WARUM«!!
9. TAG (MONTAG), 10:00 UHR

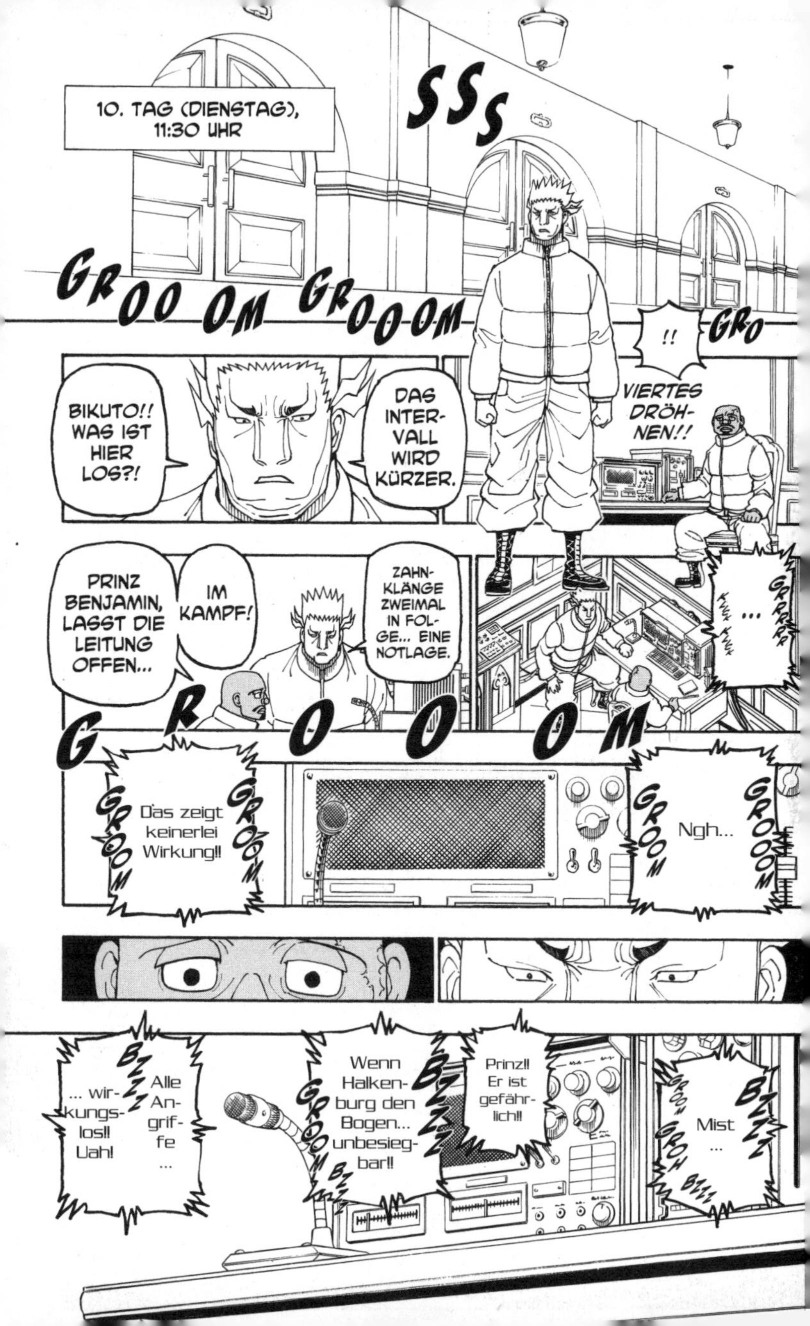
10. TAG (DIENSTAG), 11:30 UHR
SSS
GROOOM GROOOOM
!!
GRO
VIERTES DRÖHNEN!!
BIKUTO!! WAS IST HIER LOS?!
DAS INTERVALL WIRD KÜRZER.
...
GRRRRR
ZAHNKLÄNGE ZWEIMAL IN FOLGE... EINE NOTLAGE.
IM KAMPF!
PRINZ BENJAMIN, LASST DIE LEITUNG OFFEN...
GROOOOM
Ngh...
Das zeigt keinerlei Wirkung!!
Mist ...
Prinz!! Er ist gefährlich!!
Wenn Halkenburg den Bogen... unbesiegbar!!
Alle Angriffe ...
... wirkungslos!! Uah!

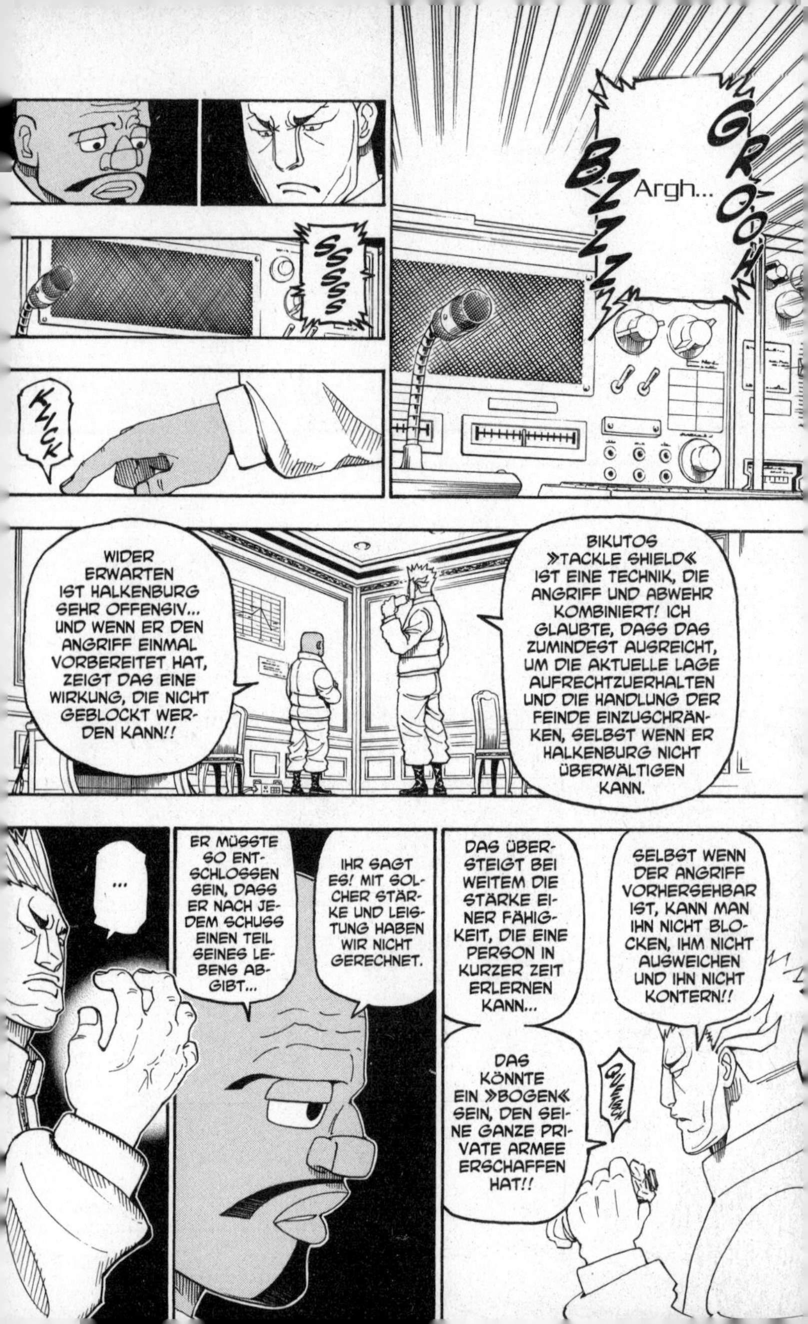
GROOOH
BZZZ
Argh...
SSSSS
KLICK
BIKUTOS »TACKLE SHIELD« IST EINE TECHNIK, DIE ANGRIFF UND ABWEHR KOMBINIERT! ICH GLAUBTE, DASS DAS ZUMINDEST AUSREICHT, UM DIE AKTUELLE LAGE AUFRECHTZUERHALTEN UND DIE HANDLUNG DER FEINDE EINZUSCHRÄNKEN, SELBST WENN ER HALKENBURG NICHT ÜBERWÄLTIGEN KANN.
WIDER ERWARTEN IST HALKENBURG SEHR OFFENSIV... UND WENN ER DEN ANGRIFF EINMAL VORBEREITET HAT, ZEIGT DAS EINE WIRKUNG, DIE NICHT GEBLOCKT WERDEN KANN!!
SELBST WENN DER ANGRIFF VORHERSEHBAR IST, KANN MAN IHN NICHT BLOCKEN, IHM NICHT AUSWEICHEN UND IHN NICHT KONTERN!!
DAS ÜBERSTEIGT BEI WEITEM DIE STÄRKE EINER FÄHIGKEIT, DIE EINE PERSON IN KURZER ZEIT ERLERNEN KANN...
DAS KÖNNTE EIN »BOGEN« SEIN, DEN SEINE GANZE PRIVATE ARMEE ERSCHAFFEN HAT!!
IHR SAGT ES! MIT SOLCHER STÄRKE UND LEISTUNG HABEN WIR NICHT GERECHNET.
ER MÜSSTE SO ENTSCHLOSSEN SEIN, DASS ER NACH JEDEM SCHUSS EINEN TEIL SEINES LEBENS ABGIBT...
...

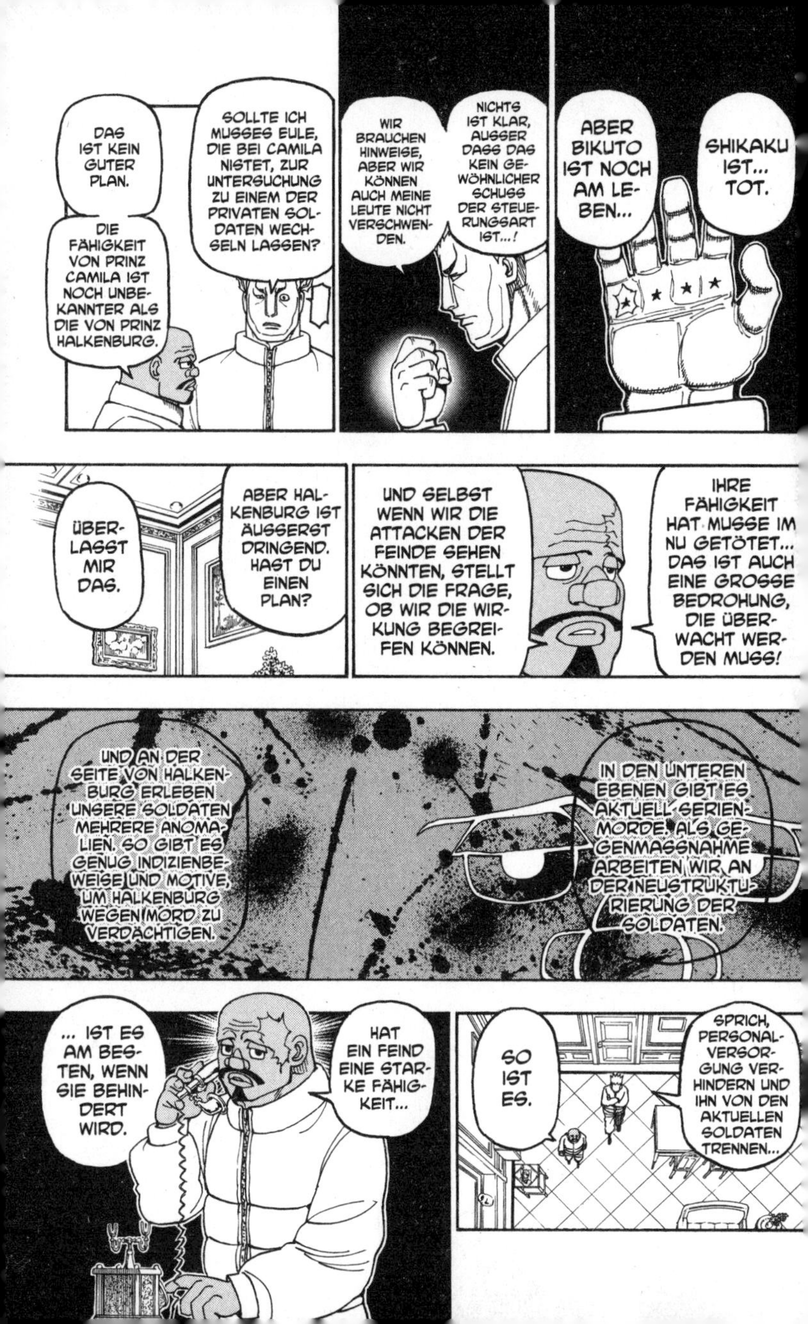
SHIKAKU IST... TOT.
ABER BIKUTO IST NOCH AM LEBEN...
NICHTS IST KLAR, AUSSER DASS DAS KEIN GEWÖHNLICHER SCHUSS DER STEUERUNGSART IST...!
WIR BRAUCHEN HINWEISE, ABER WIR KÖNNEN AUCH MEINE LEUTE NICHT VERSCHWENDEN.
SOLLTE ICH MUSSES EULE, DIE BEI CAMILA NISTET, ZUR UNTERSUCHUNG ZU EINEM DER PRIVATEN SOLDATEN WECHSELN LASSEN?
DAS IST KEIN GUTER PLAN.
DIE FÄHIGKEIT VON PRINZ CAMILA IST NOCH UNBEKANNTER ALS DIE VON PRINZ HALKENBURG.
IHRE FÄHIGKEIT HAT MUSSE IM NU GETÖTET... DAS IST AUCH EINE GROSSE BEDROHUNG, DIE ÜBERWACHT WERDEN MUSS!
UND SELBST WENN WIR DIE ATTACKEN DER FEINDE SEHEN KÖNNTEN, STELLT SICH DIE FRAGE, OB WIR DIE WIRKUNG BEGREIFEN KÖNNEN.
ABER HALKENBURG IST ÄUSSERST DRINGEND. HAST DU EINEN PLAN?
ÜBERLASST MIR DAS.
IN DEN UNTEREN EBENEN GIBT ES AKTUELL SERIENMORDE. ALS GEGENMASSNAHME ARBEITEN WIR AN DER NEUSTRUKTURIERUNG DER SOLDATEN.
UND AN DER SEITE VON HALKENBURG ERLEBEN UNSERE SOLDATEN MEHRERE ANOMALIEN. SO GIBT ES GENUG INDIZIENBEWEISE UND MOTIVE, UM HALKENBURG WEGEN MORD ZU VERDÄCHTIGEN.
SPRICH, PERSONALVERSORGUNG VERHINDERN UND IHN VON DEN AKTUELLEN SOLDATEN TRENNEN...
SO IST ES.
HAT EIN FEIND EINE STARKE FÄHIGKEIT...
... IST ES AM BESTEN, WENN SIE BEHINDERT WIRD.

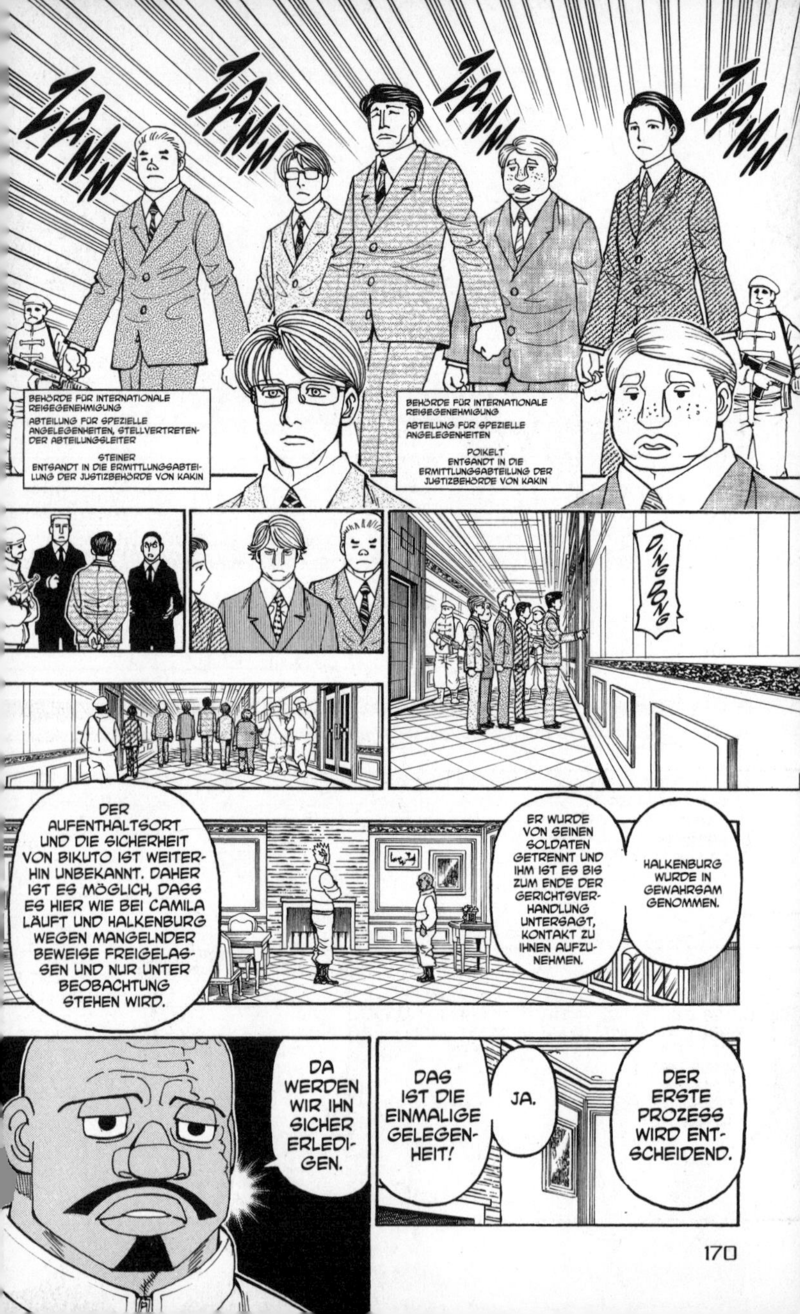
ZAMM
ZAMM
ZAMM
ZAMM
BEHÖRDE FÜR INTERNATIONALE REISEGENEHMIGUNG
ABTEILUNG FÜR SPEZIELLE ANGELEGENHEITEN
POIKELT
ENTSANDT IN DIE ERMITTLUNGSABTEILUNG DER JUSTIZBEHÖRDE VON KAKIN
BEHÖRDE FÜR INTERNATIONALE REISEGENEHMIGUNG
ABTEILUNG FÜR SPEZIELLE ANGELEGENHEITEN, STELLVERTRETENDER ABTEILUNGSLEITER
STEINER
ENTSANDT IN DIE ERMITTLUNGSABTEILUNG DER JUSTIZBEHÖRDE VON KAKIN
DING DONG
HALKENBURG WURDE IN GEWAHRSAM GENOMMEN.
ER WURDE VON SEINEN SOLDATEN GETRENNT UND IHM IST ES BIS ZUM ENDE DER GERICHTSVERHANDLUNG UNTERSAGT, KONTAKT ZU IHNEN AUFZUNEHMEN.
DER AUFENTHALTSORT UND DIE SICHERHEIT VON BIKUTO IST WEITERHIN UNBEKANNT. DAHER IST ES MÖGLICH, DASS ES HIER WIE BEI CAMILA LÄUFT UND HALKENBURG WEGEN MANGELNDER BEWEISE FREIGELASSEN UND NUR UNTER BEOBACHTUNG STEHEN WIRD.
DER ERSTE PROZESS WIRD ENTSCHEIDEND.
JA.
DAS IST DIE EINMALIGE GELEGENHEIT!
DA WERDEN WIR IHN SICHER ERLEDIGEN.

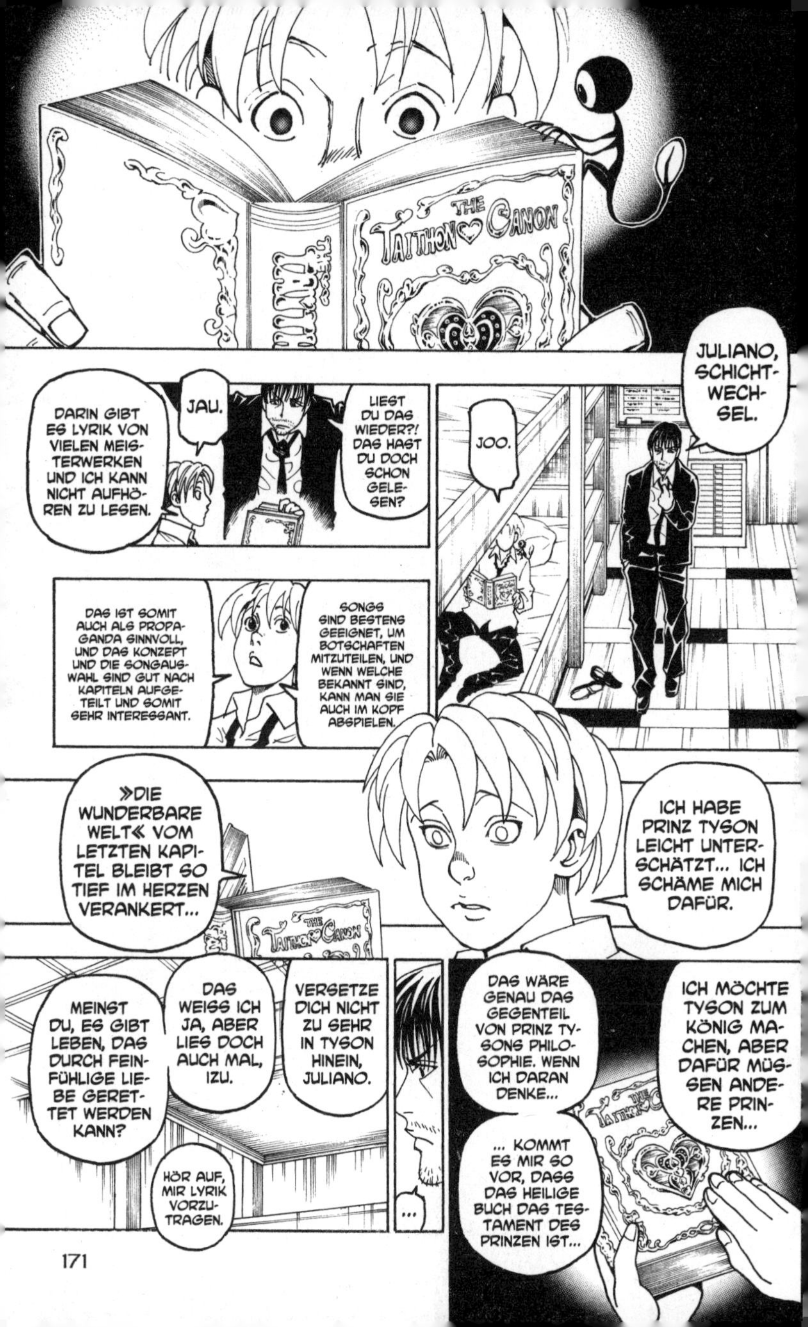
THE TAITHON CANON
JULIANO, SCHICHTWECHSEL.
JOO.
LIEST DU DAS WIEDER?! DAS HAST DU DOCH SCHON GELESEN?
JAU.
DARIN GIBT ES LYRIK VON VIELEN MEISTERWERKEN UND ICH KANN NICHT AUFHÖREN ZU LESEN.
SONGS SIND BESTENS GEEIGNET, UM BOTSCHAFTEN MITZUTEILEN, UND WENN WELCHE BEKANNT SIND, KANN MAN SIE AUCH IM KOPF ABSPIELEN.
DAS IST SOMIT AUCH ALS PROPAGANDA SINNVOLL, UND DAS KONZEPT UND DIE SONGAUSWAHL SIND GUT NACH KAPITELN AUFGETEILT UND SOMIT SEHR INTERESSANT.
ICH HABE PRINZ TYSON LEICHT UNTERSCHÄTZT… ICH SCHÄME MICH DAFÜR.
»DIE WUNDERBARE WELT« VOM LETZTEN KAPITEL BLEIBT SO TIEF IM HERZEN VERANKERT…
ICH MÖCHTE TYSON ZUM KÖNIG MACHEN, ABER DAFÜR MÜSSEN ANDERE PRINZEN…
DAS WÄRE GENAU DAS GEGENTEIL VON PRINZ TYSONS PHILOSOPHIE. WENN ICH DARAN DENKE…
… KOMMT ES MIR SO VOR, DASS DAS HEILIGE BUCH DAS TESTAMENT DES PRINZEN IST…
…
VERSETZE DICH NICHT ZU SEHR IN TYSON HINEIN, JULIANO.
DAS WEISS ICH JA, ABER LIES DOCH AUCH MAL, IZU.
MEINST DU, ES GIBT LEBEN, DAS DURCH FEINFÜHLIGE LIEBE GERETTET WERDEN KANN?
HÖR AUF, MIR LYRIK VORZUTRAGEN.

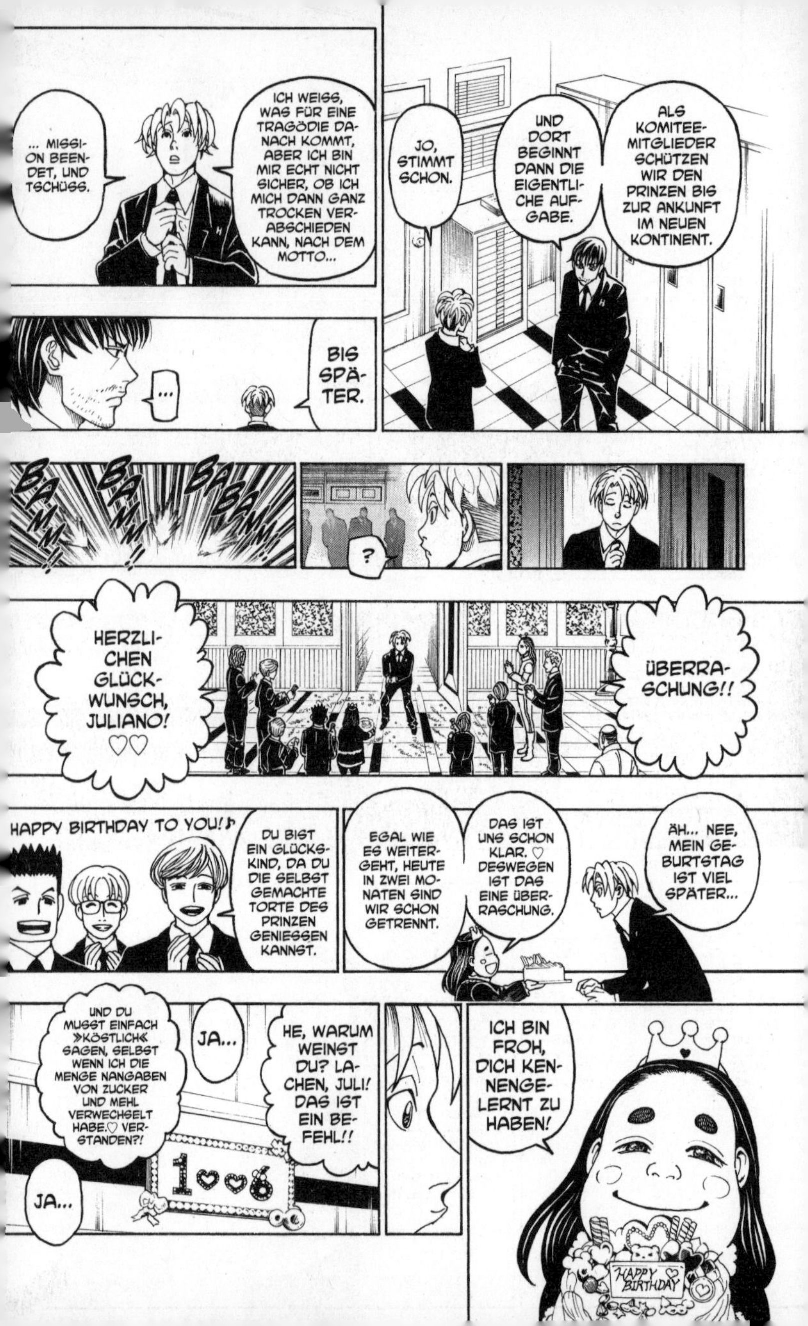
ALS KOMITEEMITGLIEDER SCHÜTZEN WIR DEN PRINZEN BIS ZUR ANKUNFT IM NEUEN KONTINENT.
UND DORT BEGINNT DANN DIE EIGENTLICHE AUFGABE.
JO, STIMMT SCHON.
ICH WEISS, WAS FÜR EINE TRAGÖDIE DANACH KOMMT, ABER ICH BIN MIR ECHT NICHT SICHER, OB ICH MICH DANN GANZ TROCKEN VERABSCHIEDEN KANN, NACH DEM MOTTO...
... MISSION BEENDET, UND TSCHÜSS.
BIS SPÄTER.
...
BAMM!!
BAMM!!
BABAMM!!
?
ÜBERRASCHUNG!!
HERZLICHEN GLÜCKWUNSCH, JULIANO! ♡♡
ÄH... NEE, MEIN GEBURTSTAG IST VIEL SPÄTER...
DAS IST UNS SCHON KLAR. ♡ DESWEGEN IST DAS EINE ÜBERRASCHUNG.
EGAL WIE ES WEITERGEHT, HEUTE IN ZWEI MONATEN SIND WIR SCHON GETRENNT.
DU BIST EIN GLÜCKSKIND, DA DU DIE SELBST GEMACHTE TORTE DES PRINZEN GENIESSEN KANNST.
HAPPY BIRTHDAY TO YOU! ♪
ICH BIN FROH, DICH KENNENGELERNT ZU HABEN!
HAPPY BIRTHDAY
HE, WARUM WEINST DU? LACHEN, JULI! DAS IST EIN BEFEHL!!
JA...
UND DU MUSST EINFACH »KÖSTLICH« SAGEN, SELBST WENN ICH DIE MENGE NANGABEN VON ZUCKER UND MEHL VERWECHSELT HABE. ♡ VERSTANDEN?!
JA...
1♡♡6

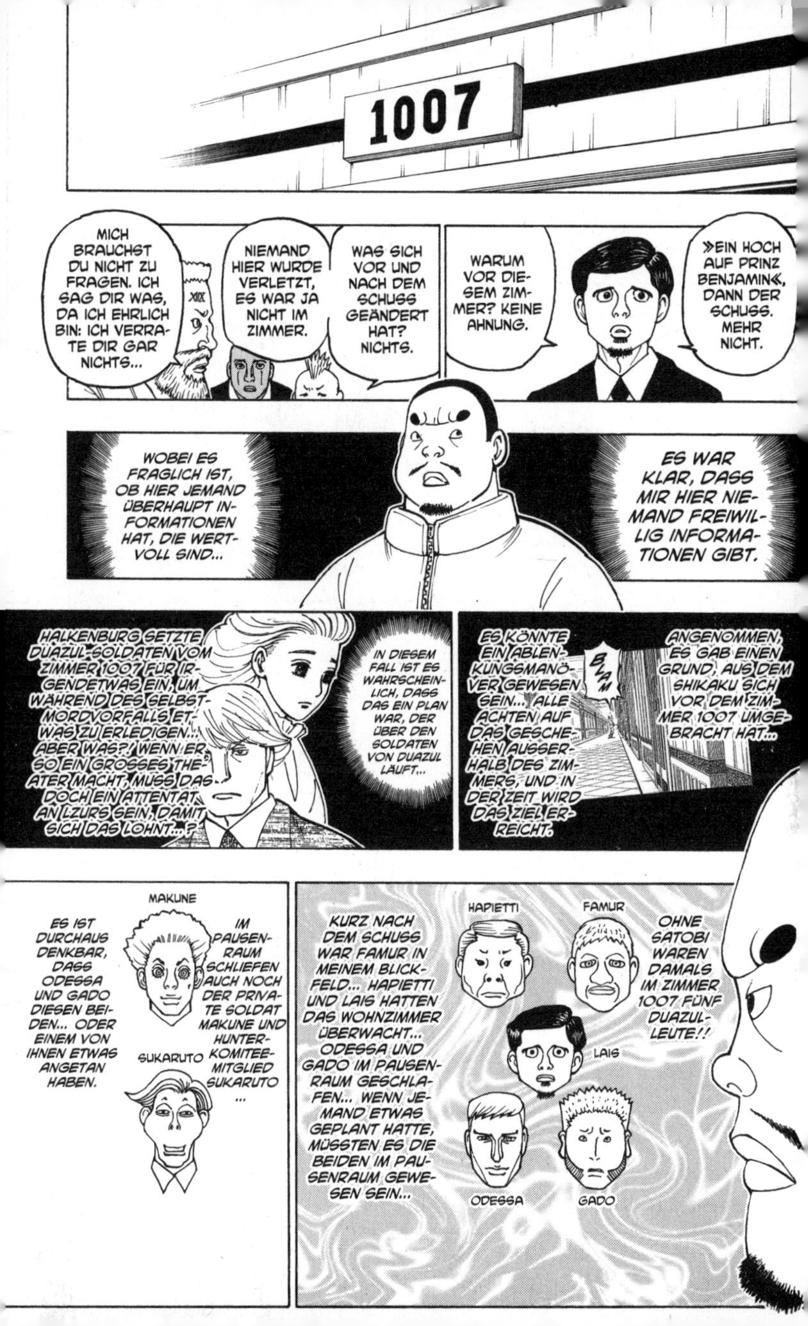
1007
»EIN HOCH AUF PRINZ BENJAMIN«, DANN DER SCHUSS. MEHR NICHT.
WARUM VOR DIESEM ZIMMER? KEINE AHNUNG.
WAS SICH VOR UND NACH DEM SCHUSS GEÄNDERT HAT? NICHTS.
NIEMAND HIER WURDE VERLETZT, ES WAR JA NICHT IM ZIMMER.
MICH BRAUCHST DU NICHT ZU FRAGEN. ICH SAG DIR WAS, DA ICH EHRLICH BIN: ICH VERRATE DIR GAR NICHTS...
ES WAR KLAR, DASS MIR HIER NIEMAND FREIWILLIG INFORMATIONEN GIBT.
WOBEI ES FRAGLICH IST, OB HIER JEMAND ÜBERHAUPT INFORMATIONEN HAT, DIE WERTVOLL SIND...
ANGENOMMEN, ES GAB EINEN GRUND, AUS DEM SHIKAKU SICH VOR DEM ZIMMER 1007 UMGEBRACHT HAT...
BLAM
ES KÖNNTE EIN ABLENKUNGSMANÖVER GEWESEN SEIN... ALLE ACHTEN AUF DAS GESCHEHEN AUSSERHALB DES ZIMMERS, UND IN DER ZEIT WIRD DAS ZIEL ERREICHT.
HALKENBURG SETZTE DUAZUL-SOLDATEN VOM ZIMMER 1007 FÜR IRGENDETWAS EIN, UM WÄHREND DES SELBSTMORDVORFALLS ETWAS ZU ERLEDIGEN... ABER WAS?! WENN ER SO EIN GROSSES THEATER MACHT, MUSS DAS DOCH EIN ATTENTAT AN LZURS SEIN, DAMIT SICH DAS LOHNT...?
IN DIESEM FALL IST ES WAHRSCHEINLICH, DASS DAS EIN PLAN WAR, DER ÜBER DEN SOLDATEN VON DUAZUL LÄUFT...
OHNE SATOBI WAREN DAMALS IM ZIMMER 1007 FÜNF DUAZUL-LEUTE!!
FAMUR
HAPIETTI
LAIS
GADO
ODESSA
KURZ NACH DEM SCHUSS WAR FAMUR IN MEINEM BLICKFELD... HAPIETTI UND LAIS HATTEN DAS WOHNZIMMER ÜBERWACHT... ODESSA UND GADO IM PAUSENRAUM GESCHLAFEN... WENN JEMAND ETWAS GEPLANT HATTE, MÜSSTEN ES DIE BEIDEN IM PAUSENRAUM GEWESEN SEIN...
IM PAUSENRAUM SCHLIEFEN AUCH NOCH DER PRIVATE SOLDAT MAKUNE UND HUNTERKOMITEEMITGLIED SUKARUTO ...
MAKUNE
SUKARUTO
ES IST DURCHAUS DENKBAR, DASS ODESSA UND GADO DIESEN BEIDEN... ODER EINEM VON IHNEN ETWAS ANGETAN HABEN.

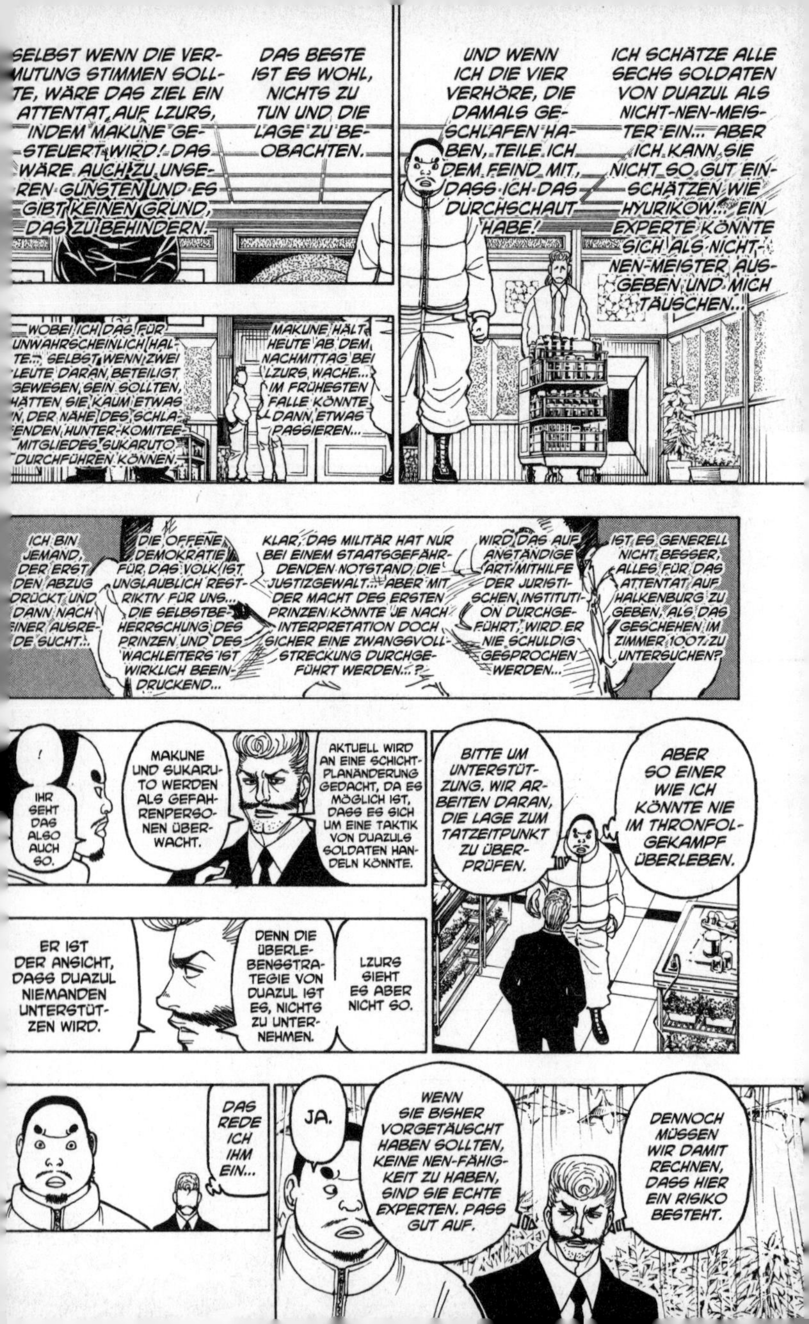
ICH SCHÄTZE ALLE SECHS SOLDATEN VON DUAZUL ALS NICHT-NEN-MEISTER EIN... ABER ICH KANN SIE NICHT SO GUT EINSCHÄTZEN WIE HYURIKOW... EIN EXPERTE KÖNNTE SICH ALS NICHT-NEN-MEISTER AUSGEBEN UND MICH TÄUSCHEN...
UND WENN ICH DIE VIER VERHÖRE, DIE DAMALS GESCHLAFEN HABEN, TEILE ICH DEM FEIND MIT, DASS ICH DAS DURCHSCHAUT HABE!
DAS BESTE IST ES WOHL, NICHTS ZU TUN UND DIE LAGE ZU BEOBACHTEN.
SELBST WENN DIE VERMUTUNG STIMMEN SOLLTE, WÄRE DAS ZIEL EIN ATTENTAT AUF LZURS, INDEM MAKUNE GESTEUERT WIRD! DAS WÄRE AUCH ZU UNSEREN GUNSTEN UND ES GIBT KEINEN GRUND, DAS ZU BEHINDERN.
MAKUNE HÄLT HEUTE AB DEM NACHMITTAG BEI LZURS WACHE... IM FRÜHESTEN FALLE KÖNNTE DANN ETWAS PASSIEREN...
WOBEI ICH DAS FÜR UNWAHRSCHEINLICH HALTE... SELBST WENN ZWEI LEUTE DARAN BETEILIGT GEWESEN SEIN SOLLTEN, HÄTTEN SIE KAUM ETWAS IN DER NÄHE DES SCHLAFENDEN HUNTER-KOMITEE-MITGLIEDES SUKARUTO DURCHFÜHREN KÖNNEN.
IST ES GENERELL NICHT BESSER, ALLES FÜR DAS ATTENTAT AUF HALKENBURG ZU GEBEN, ALS DAS GESCHEHEN IM ZIMMER 1007 ZU UNTERSUCHEN?
WIRD DAS AUF ANSTÄNDIGE ART MITHILFE DER JURISTISCHEN INSTITUTION DURCHGEFÜHRT, WIRD ER NIE SCHULDIG GESPROCHEN WERDEN...
KLAR, DAS MILITÄR HAT NUR BEI EINEM STAATSGEFÄHRDENDEN NOTSTAND DIE JUSTIZGEWALT... ABER MIT DER MACHT DES ERSTEN PRINZEN KÖNNTE JE NACH INTERPRETATION DOCH SICHER EINE ZWANGSVOLLSTRECKUNG DURCHGEFÜHRT WERDEN...?
DIE OFFENE DEMOKRATIE FÜR DAS VOLK IST UNGLAUBLICH RESTRIKTIV FÜR UNS... DIE SELBSTBEHERRSCHUNG DES PRINZEN UND DES WACHLEITERS IST WIRKLICH BEEINDRUCKEND...
ICH BIN JEMAND, DER ERST DEN ABZUG DRÜCKT UND DANN NACH EINER AUSREDE SUCHT...
ABER SO EINER WIE ICH KÖNNTE NIE IM THRONFOLGEKAMPF ÜBERLEBEN.
BITTE UM UNTERSTÜTZUNG. WIR ARBEITEN DARAN, DIE LAGE ZUM TATZEITPUNKT ZU ÜBERPRÜFEN.
AKTUELL WIRD AN EINE SCHICHTPLANÄNDERUNG GEDACHT, DA ES MÖGLICH IST, DASS ES SICH UM EINE TAKTIK VON DUAZULS SOLDATEN HANDELN KÖNNTE.
MAKUNE UND SUKARUTO WERDEN ALS GEFAHRENPERSONEN ÜBERWACHT.
!
IHR SEHT DAS ALSO AUCH SO.
LZURS SIEHT ES ABER NICHT SO.
DENN DIE ÜBERLEBENSSTRATEGIE VON DUAZUL IST ES, NICHTS ZU UNTERNEHMEN.
ER IST DER ANSICHT, DASS DUAZUL NIEMANDEN UNTERSTÜTZEN WIRD.
DENNOCH MÜSSEN WIR DAMIT RECHNEN, DASS HIER EIN RISIKO BESTEHT.
WENN SIE BISHER VORGETÄUSCHT HABEN SOLLTEN, KEINE NEN-FÄHIGKEIT ZU HABEN, SIND SIE ECHTE EXPERTEN. PASS GUT AUF.
JA.
DAS REDE ICH IHM EIN...

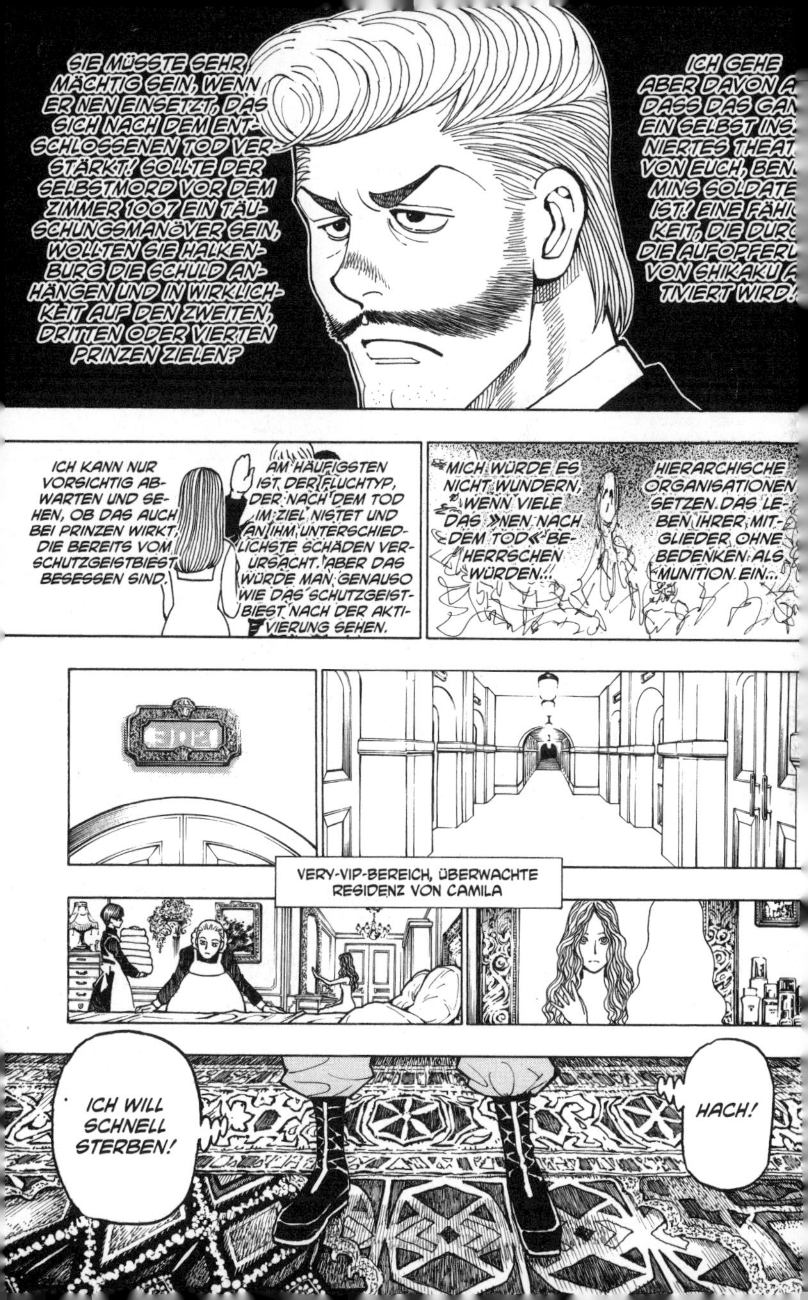
ICH GEHE ABER DAVON A
DASS DAS GAN
EIN SELBST INS
NIERTES THEAT
VON EUCH, BEN
MINS SOLDATE
IST! EINE FÄHIG
KEIT, DIE DURC
DIE AUFOPFERU
VON SHIKAKU A
TIVIERT WIRD!
SIE MÜSSTE SEHR MÄCHTIG SEIN, WENN ER NEN EINSETZT, DAS SICH NACH DEM ENTSCHLOSSENEN TOD VERSTÄRKT! SOLLTE DER SELBSTMORD VOR DEM ZIMMER 1007 EIN TÄUSCHUNGSMANÖVER SEIN, WOLLTEN SIE HALKENBURG DIE SCHULD ANHÄNGEN UND IN WIRKLICHKEIT AUF DEN ZWEITEN, DRITTEN ODER VIERTEN PRINZEN ZIELEN?
HIERARCHISCHE ORGANISATIONEN SETZEN. DAS LEBEN IHRER MITGLIEDER OHNE BEDENKEN ALS MUNITION EIN...
MICH WÜRDE ES NICHT WUNDERN, WENN VIELE DAS »NEN NACH DEM TOD« BEHERRSCHEN WÜRDEN!!
AM HÄUFIGSTEN IST DER FLUCHTYP, DER NACH DEM TOD IM ZIEL NISTET UND AN IHM UNTERSCHIEDLICHSTE SCHÄDEN VERURSACHT. ABER DAS WÜRDE MAN GENAUSO WIE DAS SCHUTZGEISTBIEST NACH DER AKTIVIERUNG SEHEN.
ICH KANN NUR VORSICHTIG ABWARTEN UND SEHEN, OB DAS AUCH BEI PRINZEN WIRKT, DIE BEREITS VOM SCHUTZGEISTBIEST BESESSEN SIND.
VERY-VIP-BEREICH, ÜBERWACHTE RESIDENZ VON CAMILA
HACH!
ICH WILL SCHNELL STERBEN!

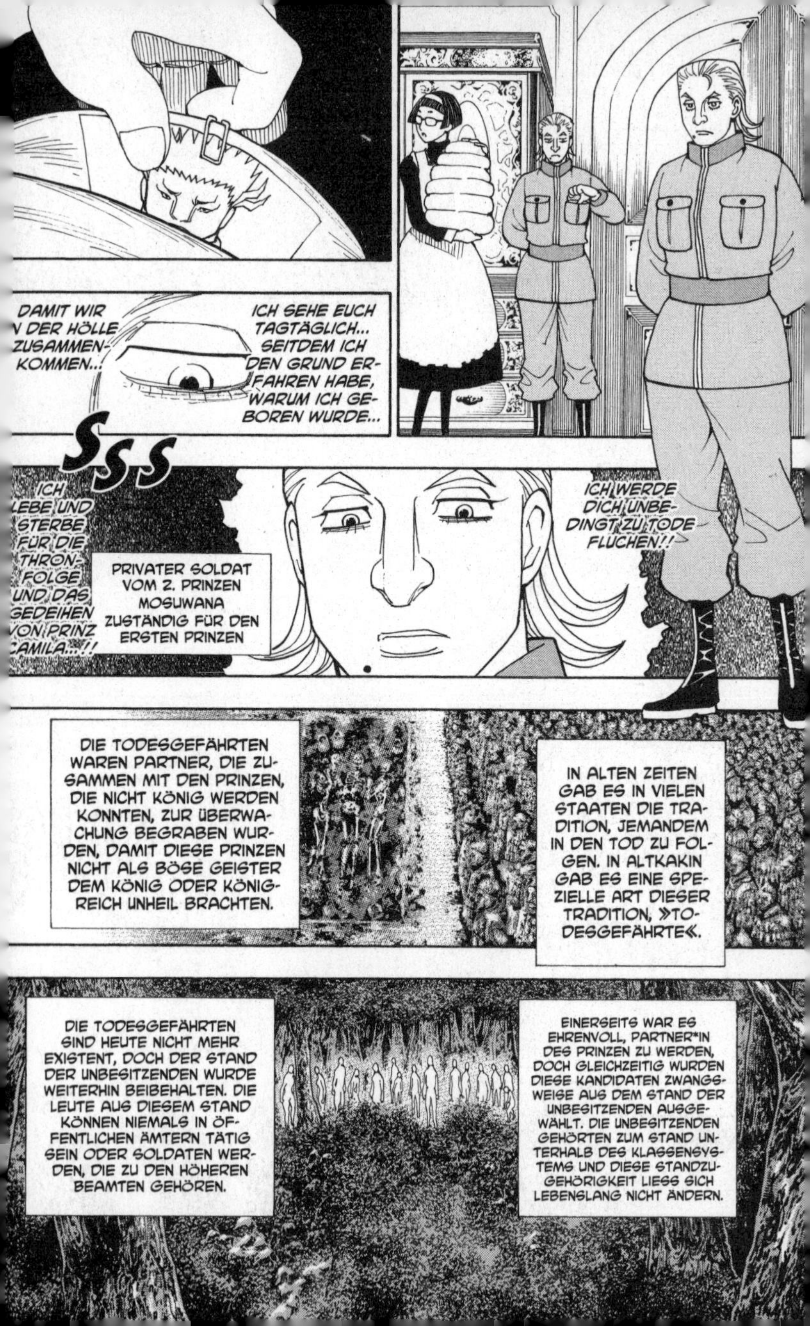

ICH SEHE EUCH TAGTÄGLICH... SEITDEM ICH DEN GRUND ERFAHREN HABE, WARUM ICH GEBOREN WURDE...
DAMIT WIR IN DER HÖLLE ZUSAMMENKOMMEN...!
SSS
ICH WERDE DICH UNBEDINGT ZU TODE FLUCHEN!!
PRIVATER SOLDAT VOM 2. PRINZEN MOSUWANA ZUSTÄNDIG FÜR DEN ERSTEN PRINZEN
ICH LEBE UND STERBE FÜR DIE THRONFOLGE UND DAS GEDEIHEN VON PRINZ CAMILA...!!
IN ALTEN ZEITEN GAB ES IN VIELEN STAATEN DIE TRADITION, JEMANDEM IN DEN TOD ZU FOLGEN. IN ALTKAKIN GAB ES EINE SPEZIELLE ART DIESER TRADITION, »TODESGEFÄHRTE«.
DIE TODESGEFÄHRTEN WAREN PARTNER, DIE ZUSAMMEN MIT DEN PRINZEN, DIE NICHT KÖNIG WERDEN KONNTEN, ZUR ÜBERWACHUNG BEGRABEN WURDEN, DAMIT DIESE PRINZEN NICHT ALS BÖSE GEISTER DEM KÖNIG ODER KÖNIGREICH UNHEIL BRACHTEN.
EINERSEITS WAR ES EHRENVOLL, PARTNER*IN DES PRINZEN ZU WERDEN, DOCH GLEICHZEITIG WURDEN DIESE KANDIDATEN ZWANGSWEISE AUS DEM STAND DER UNBESITZENDEN AUSGEWÄHLT. DIE UNBESITZENDEN GEHÖRTEN ZUM STAND UNTERHALB DES KLASSENSYSTEMS UND DIESE STANDZUGEHÖRIGKEIT LIESS SICH LEBENSLANG NICHT ÄNDERN.
DIE TODESGEFÄHRTEN SIND HEUTE NICHT MEHR EXISTENT, DOCH DER STAND DER UNBESITZENDEN WURDE WEITERHIN BEIBEHALTEN. DIE LEUTE AUS DIESEM STAND KÖNNEN NIEMALS IN ÖFFENTLICHEN ÄMTERN TÄTIG SEIN ODER SOLDATEN WERDEN, DIE ZU DEN HÖHEREN BEAMTEN GEHÖREN.

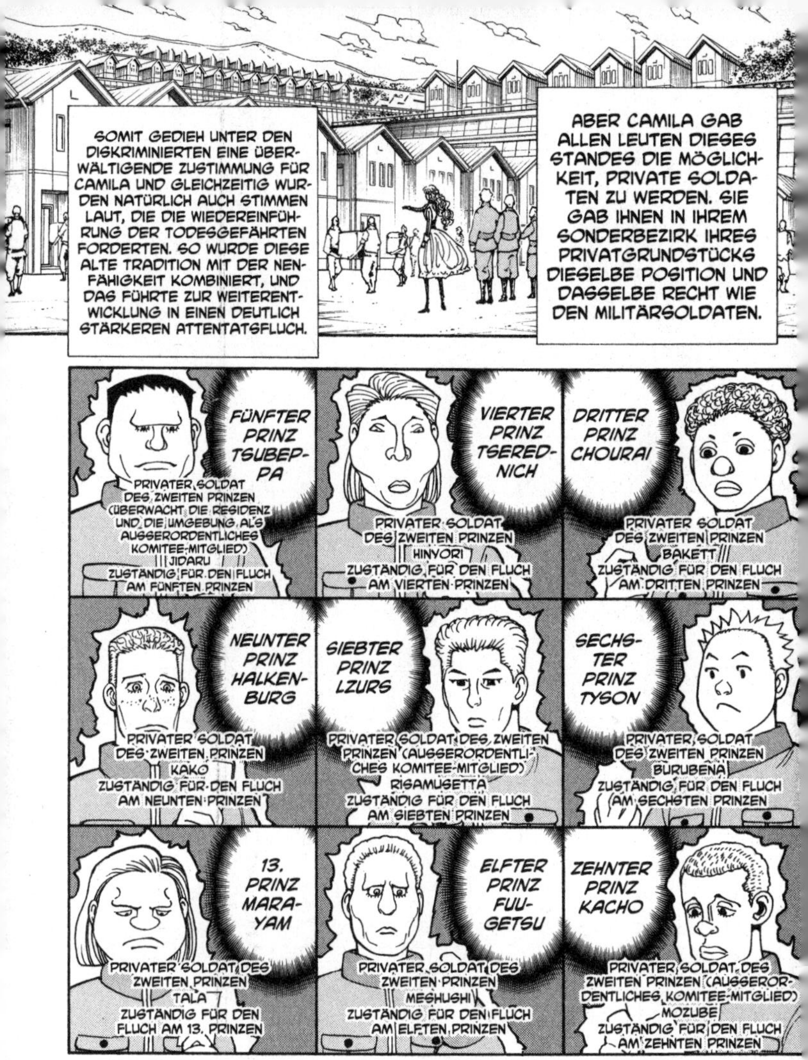

DER NAME, EIN FOTO, KLEIDUNGSSTÜCK ODER EIN KÖRPERTEIL DES ZIELES WIRD MIT SICH GEFÜHRT, UM DAS ZIEL ZU VERFLUCHEN.

DIE FLUCHSTÄRKE VERSTÄRKT SICH, WENN MAN MÖGLICHST LANGE UND MÖGLICHST NAH AM ZIEL FLUCHT.

DER FLUCH WIRD MIT DEM TOD DES FLUCHENDEN AKTIVIERT.

IM IDEALFALL EIN SELBSTMORD VOR DEN AUGEN DES ZIELES.

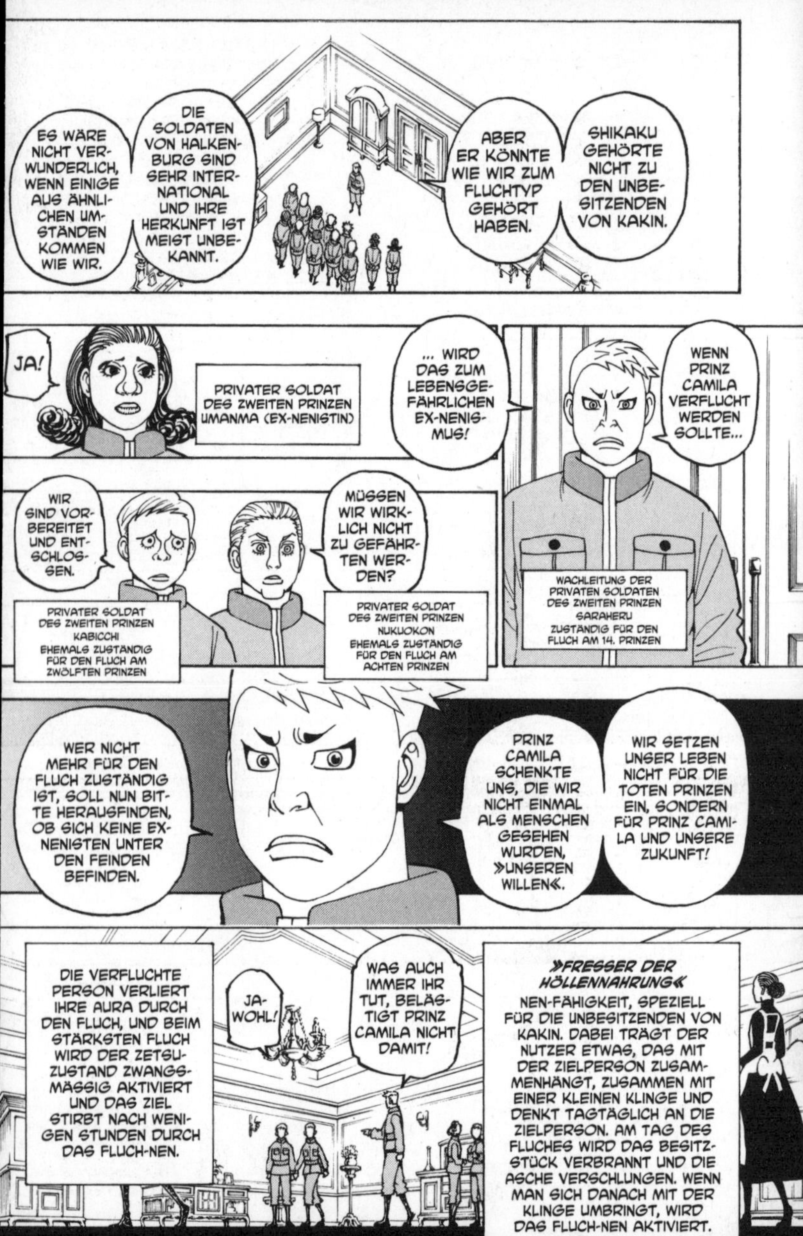
SHIKAKU GEHÖRTE NICHT ZU DEN UNBESITZENDEN VON KAKIN.
ABER ER KÖNNTE WIE WIR ZUM FLUCHTYP GEHÖRT HABEN.
DIE SOLDATEN VON HALKENBURG SIND SEHR INTERNATIONAL UND IHRE HERKUNFT IST MEIST UNBEKANNT.
ES WÄRE NICHT VERWUNDERLICH, WENN EINIGE AUS ÄHNLICHEN UMSTÄNDEN KOMMEN WIE WIR.
WENN PRINZ CAMILA VERFLUCHT WERDEN SOLLTE...
... WIRD DAS ZUM LEBENSGEFÄHRLICHEN EX-NENISMUS!
WACHLEITUNG DER PRIVATEN SOLDATEN DES ZWEITEN PRINZEN SARAHERU ZUSTÄNDIG FÜR DEN FLUCH AM 14. PRINZEN
PRIVATER SOLDAT DES ZWEITEN PRINZEN UMANMA (EX-NENISTIN)
JA!
MÜSSEN WIR WIRKLICH NICHT ZU GEFÄHRTEN WERDEN?
PRIVATER SOLDAT DES ZWEITEN PRINZEN NUKUOKON EHEMALS ZUSTÄNDIG FÜR DEN FLUCH AM ACHTEN PRINZEN
WIR SIND VORBEREITET UND ENTSCHLOSSEN.
PRIVATER SOLDAT DES ZWEITEN PRINZEN KABICCHI EHEMALS ZUSTÄNDIG FÜR DEN FLUCH AM ZWÖLFTEN PRINZEN
WIR SETZEN UNSER LEBEN NICHT FÜR DIE TOTEN PRINZEN EIN, SONDERN FÜR PRINZ CAMILA UND UNSERE ZUKUNFT!
PRINZ CAMILA SCHENKTE UNS, DIE WIR NICHT EINMAL ALS MENSCHEN GESEHEN WURDEN, »UNSEREN WILLEN«.
WER NICHT MEHR FÜR DEN FLUCH ZUSTÄNDIG IST, SOLL NUN BITTE HERAUSFINDEN, OB SICH KEINE EXNENISTEN UNTER DEN FEINDEN BEFINDEN.
»FRESSER DER HÖLLENNAHRUNG« NEN-FÄHIGKEIT, SPEZIELL FÜR DIE UNBESITZENDEN VON KAKIN. DABEI TRÄGT DER NUTZER ETWAS, DAS MIT DER ZIELPERSON ZUSAMMENHÄNGT, ZUSAMMEN MIT EINER KLEINEN KLINGE UND DENKT TAGTÄGLICH AN DIE ZIELPERSON. AM TAG DES FLUCHES WIRD DAS BESITZSTÜCK VERBRANNT UND DIE ASCHE VERSCHLUNGEN. WENN MAN SICH DANACH MIT DER KLINGE UMBRINGT, WIRD DAS FLUCH-NEN AKTIVIERT.
WAS AUCH IMMER IHR TUT, BELÄSTIGT PRINZ CAMILA NICHT DAMIT!
JAWOHL!
DIE VERFLUCHTE PERSON VERLIERT IHRE AURA DURCH DEN FLUCH, UND BEIM STÄRKSTEN FLUCH WIRD DER ZETSU-ZUSTAND ZWANGSMÄSSIG AKTIVIERT UND DAS ZIEL STIRBT NACH WENIGEN STUNDEN DURCH DAS FLUCH-NEN.

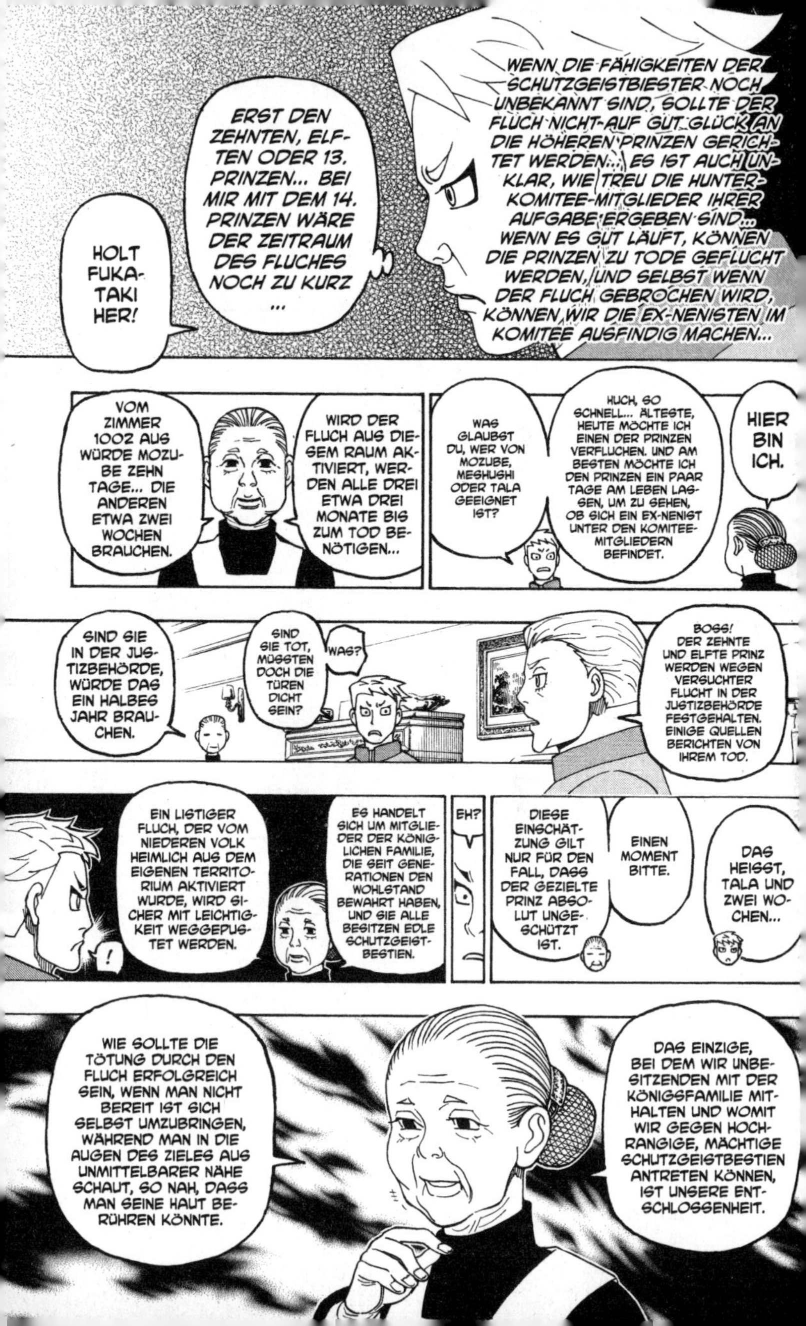
WENN DIE FÄHIGKEITEN DER SCHUTZGEISTBIESTER NOCH UNBEKANNT SIND, SOLLTE DER FLUCH NICHT AUF GUT GLÜCK AN DIE HÖHEREN PRINZEN GERICHTET WERDEN... ES IST AUCH UNKLAR, WIE TREU DIE HUNTER-KOMITEE-MITGLIEDER IHRER AUFGABE ERGEBEN SIND... WENN ES GUT LÄUFT, KÖNNEN DIE PRINZEN ZU TODE GEFLUCHT WERDEN, UND SELBST WENN DER FLUCH GEBROCHEN WIRD, KÖNNEN WIR DIE EX-NENISTEN IM KOMITEE AUSFINDIG MACHEN...
ERST DEN ZEHNTEN, ELFTEN ODER 13. PRINZEN... BEI MIR MIT DEM 14. PRINZEN WÄRE DER ZEITRAUM DES FLUCHES NOCH ZU KURZ ...
HOLT FUKATAKI HER!
HIER BIN ICH.
HUCH, SO SCHNELL... ÄLTESTE, HEUTE MÖCHTE ICH EINEN DER PRINZEN VERFLUCHEN. UND AM BESTEN MÖCHTE ICH DEN PRINZEN EIN PAAR TAGE AM LEBEN LASSEN, UM ZU SEHEN, OB SICH EIN EX-NENIST UNTER DEN KOMITEE-MITGLIEDERN BEFINDET.
WAS GLAUBST DU, WER VON MOZUBE, MESHUSHI ODER TALA GEEIGNET IST?
WIRD DER FLUCH AUS DIESEM RAUM AKTIVIERT, WERDEN ALLE DREI ETWA DREI MONATE BIS ZUM TOD BENÖTIGEN...
VOM ZIMMER 1002 AUS WÜRDE MOZUBE ZEHN TAGE... DIE ANDEREN ETWA ZWEI WOCHEN BRAUCHEN.
BOSS! DER ZEHNTE UND ELFTE PRINZ WERDEN WEGEN VERSUCHTER FLUCHT IN DER JUSTIZBEHÖRDE FESTGEHALTEN. EINIGE QUELLEN BERICHTEN VON IHREM TOD.
WAS?
SIND SIE TOT, MÜSSTEN DOCH DIE TÜREN DICHT SEIN?
SIND SIE IN DER JUSTIZBEHÖRDE, WÜRDE DAS EIN HALBES JAHR BRAUCHEN.
DAS HEISST, TALA UND ZWEI WOCHEN...
EINEN MOMENT BITTE.
DIESE EINSCHÄTZUNG GILT NUR FÜR DEN FALL, DASS DER GEZIELTE PRINZ ABSOLUT UNGESCHÜTZT IST.
EH?
ES HANDELT SICH UM MITGLIEDER DER KÖNIGLICHEN FAMILIE, DIE SEIT GENERATIONEN DEN WOHLSTAND BEWAHRT HABEN, UND SIE ALLE BESITZEN EDLE SCHUTZGEISTBESTIEN.
EIN LISTIGER FLUCH, DER VOM NIEDEREN VOLK HEIMLICH AUS DEM EIGENEN TERRITORIUM AKTIVIERT WURDE, WIRD SICHER MIT LEICHTIGKEIT WEGGEPUSTET WERDEN.
!
DAS EINZIGE, BEI DEM WIR UNBESITZENDEN MIT DER KÖNIGSFAMILIE MITHALTEN UND WOMIT WIR GEGEN HOCHRANGIGE, MÄCHTIGE SCHUTZGEISTBESTIEN ANTRETEN KÖNNEN, IST UNSERE ENTSCHLOSSENHEIT.
WIE SOLLTE DIE TÖTUNG DURCH DEN FLUCH ERFOLGREICH SEIN, WENN MAN NICHT BEREIT IST SICH SELBST UMZUBRINGEN, WÄHREND MAN IN DIE AUGEN DES ZIELES AUS UNMITTELBARER NÄHE SCHAUT, SO NAH, DASS MAN SEINE HAUT BERÜHREN KÖNNTE.

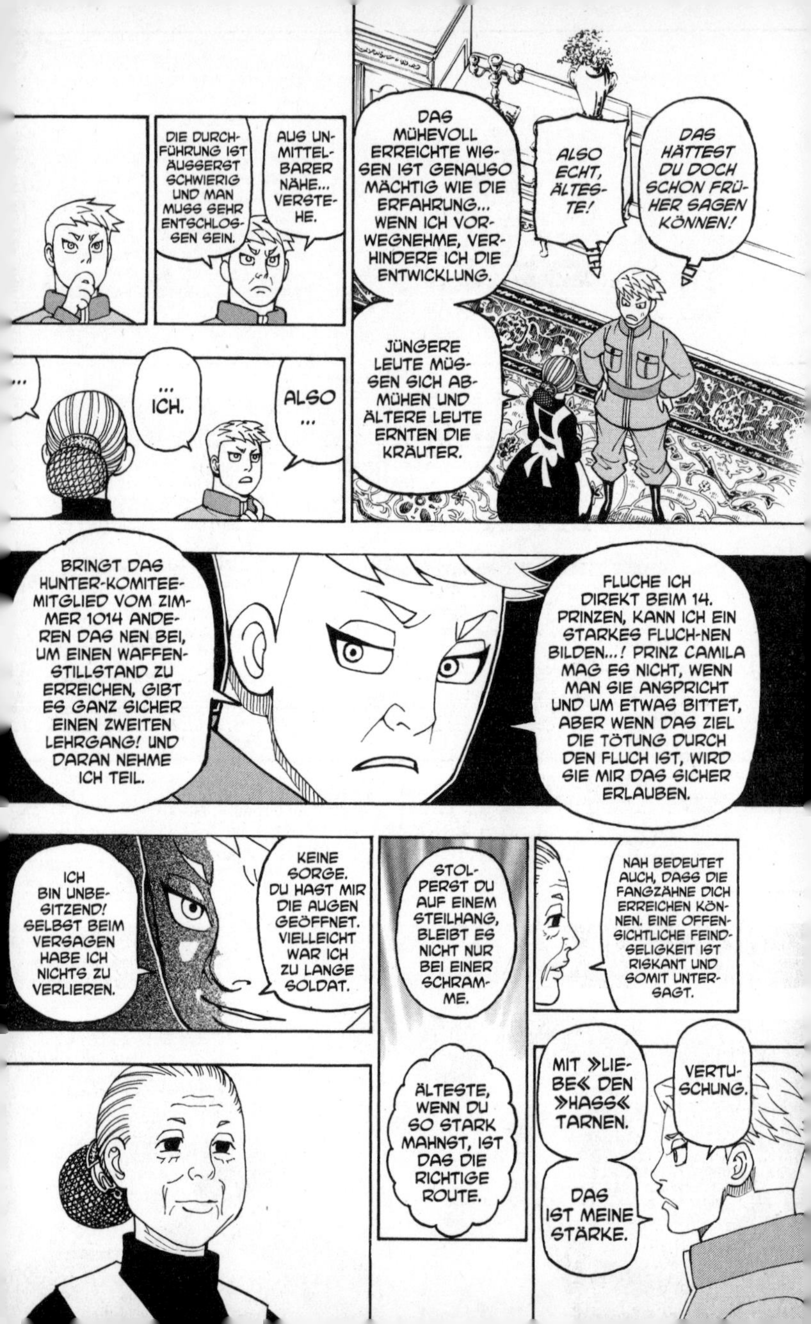
DAS HÄTTEST DU DOCH SCHON FRÜHER SAGEN KÖNNEN!
ALSO ECHT, ÄLTESTE!
DAS MÜHEVOLL ERREICHTE WISSEN IST GENAUSO MÄCHTIG WIE DIE ERFAHRUNG... WENN ICH VORWEGNEHME, VERHINDERE ICH DIE ENTWICKLUNG.
JÜNGERE LEUTE MÜSSEN SICH ABMÜHEN UND ÄLTERE LEUTE ERNTEN DIE KRÄUTER.
AUS UNMITTELBARER NÄHE... VERSTEHE.
DIE DURCHFÜHRUNG IST ÄUSSERST SCHWIERIG UND MAN MUSS SEHR ENTSCHLOSSEN SEIN.
ALSO ...
... ICH.
...
FLUCHE ICH DIREKT BEIM 14. PRINZEN, KANN ICH EIN STARKES FLUCH-NEN BILDEN...! PRINZ CAMILA MAG ES NICHT, WENN MAN SIE ANSPRICHT UND UM ETWAS BITTET, ABER WENN DAS ZIEL DIE TÖTUNG DURCH DEN FLUCH IST, WIRD SIE MIR DAS SICHER ERLAUBEN.
BRINGT DAS HUNTER-KOMITEE-MITGLIED VOM ZIMMER 1014 ANDEREN DAS NEN BEI, UM EINEN WAFFENSTILLSTAND ZU ERREICHEN, GIBT ES GANZ SICHER EINEN ZWEITEN LEHRGANG! UND DARAN NEHME ICH TEIL.
NAH BEDEUTET AUCH, DASS DIE FANGZÄHNE DICH ERREICHEN KÖNNEN. EINE OFFENSICHTLICHE FEINDSELIGKEIT IST RISKANT UND SOMIT UNTERSAGT.
STOLPERST DU AUF EINEM STEILHANG, BLEIBT ES NICHT NUR BEI EINER SCHRAMME.
KEINE SORGE. DU HAST MIR DIE AUGEN GEÖFFNET. VIELLEICHT WAR ICH ZU LANGE SOLDAT.
ICH BIN UNBESITZEND! SELBST BEIM VERSAGEN HABE ICH NICHTS ZU VERLIEREN.
VERTUSCHUNG.
MIT »LIEBE« DEN »HASS« TARNEN.
DAS IST MEINE STÄRKE.
ÄLTESTE, WENN DU SO STARK MAHNST, IST DAS DIE RICHTIGE ROUTE.

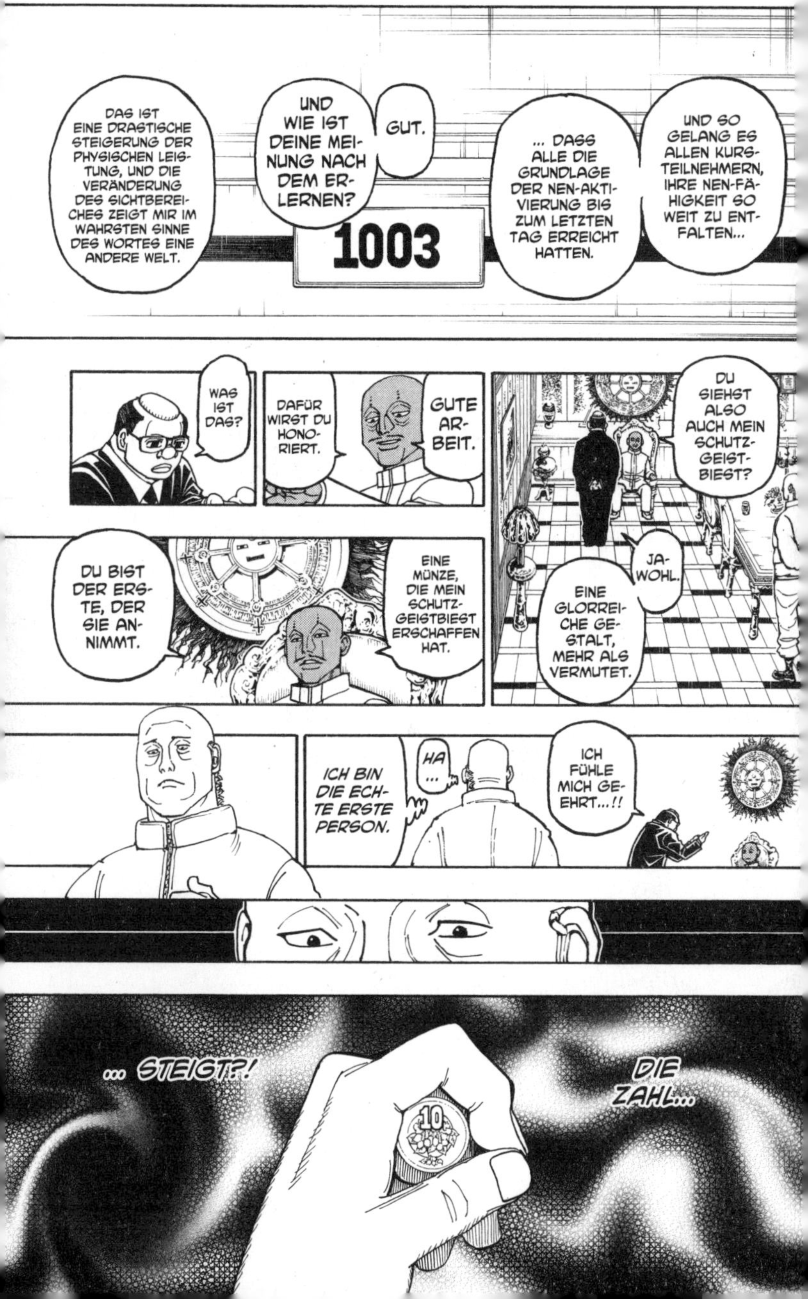
UND SO GELANG ES ALLEN KURSTEILNEHMERN, IHRE NEN-FÄHIGKEIT SO WEIT ZU ENTFALTEN...
... DASS ALLE DIE GRUNDLAGE DER NEN-AKTIVIERUNG BIS ZUM LETZTEN TAG ERREICHT HATTEN.
GUT.
UND WIE IST DEINE MEINUNG NACH DEM ERLERNEN?
1003
DAS IST EINE DRASTISCHE STEIGERUNG DER PHYSISCHEN LEISTUNG, UND DIE VERÄNDERUNG DES SICHTBEREICHES ZEIGT MIR IM WAHRSTEN SINNE DES WORTES EINE ANDERE WELT.
DU SIEHST ALSO AUCH MEIN SCHUTZGEISTBIEST?
JAWOHL.
EINE GLORREICHE GESTALT, MEHR ALS VERMUTET.
GUTE ARBEIT.
DAFÜR WIRST DU HONORIERT.
WAS IST DAS?
EINE MÜNZE, DIE MEIN SCHUTZGEISTBIEST ERSCHAFFEN HAT.
DU BIST DER ERSTE, DER SIE ANNIMMT.
ICH FÜHLE MICH GEEHRT...!!
HA ...
ICH BIN DIE ECHTE ERSTE PERSON.
DIE ZAHL...
... STEIGT?!
10

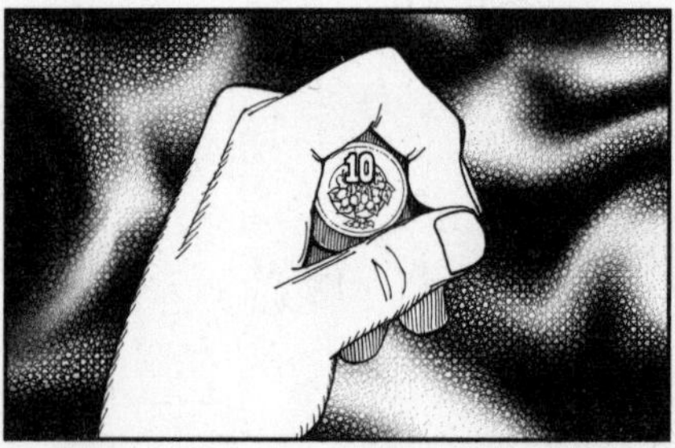

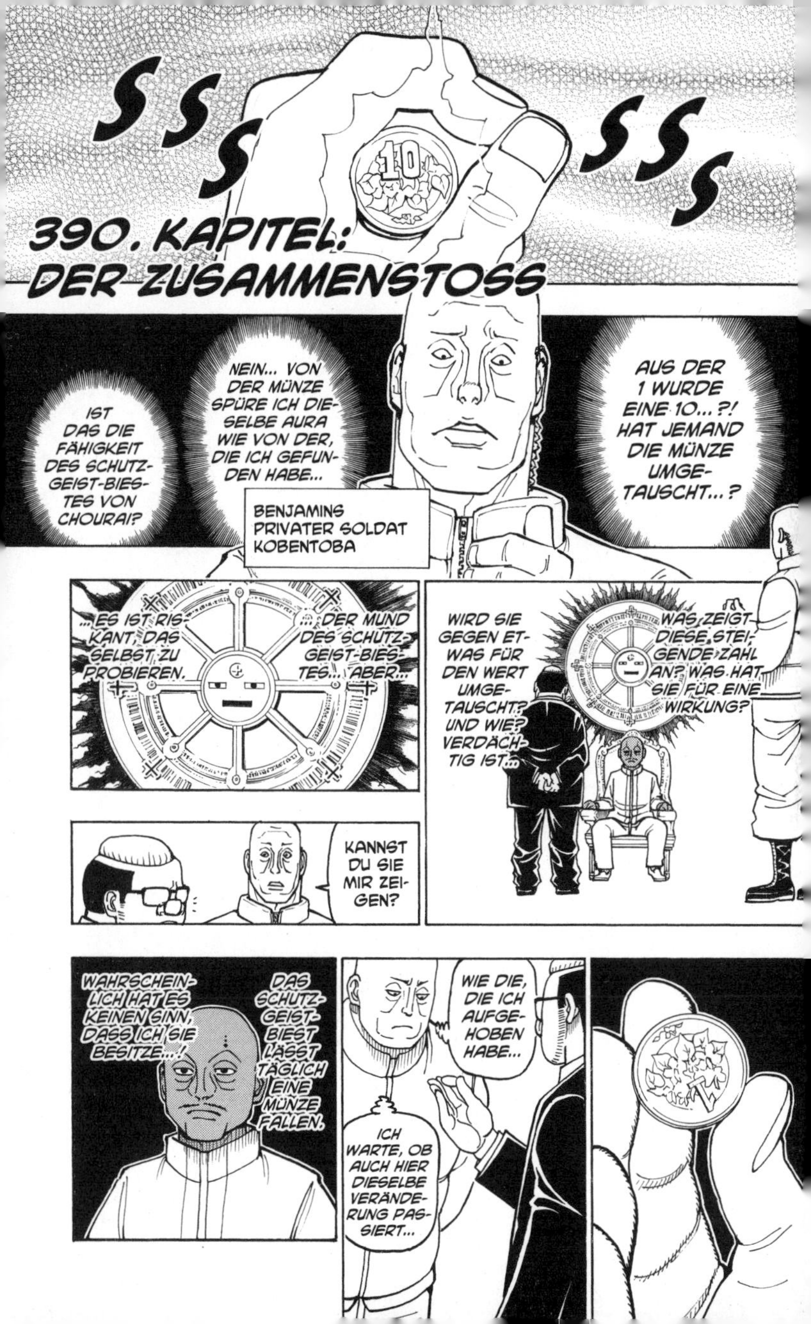
S S S
S S S
390. KAPITEL: DER ZUSAMMENSTOSS
AUS DER 1 WURDE EINE 10...?! HAT JEMAND DIE MÜNZE UMGETAUSCHT...?
NEIN... VON DER MÜNZE SPÜRE ICH DIESELBE AURA WIE VON DER, DIE ICH GEFUNDEN HABE...
IST DAS DIE FÄHIGKEIT DES SCHUTZGEIST-BIESTES VON CHOURAI?
BENJAMINS PRIVATER SOLDAT KOBENTOBA
WAS ZEIGT DIESE STEIGENDE ZAHL AN? WAS HAT SIE FÜR EINE WIRKUNG?
WIRD SIE GEGEN ETWAS FÜR DEN WERT UMGETAUSCHT? UND WIE? VERDÄCHTIG IST...
...DER MUND DES SCHUTZGEIST-BIESTES... ABER...
...ES IST RISKANT, DAS SELBST ZU PROBIEREN.
KANNST DU SIE MIR ZEIGEN?
WIE DIE, DIE ICH AUFGEHOBEN HABE...
ICH WARTE, OB AUCH HIER DIESELBE VERÄNDERUNG PASSIERT...
DAS SCHUTZGEIST-BIEST LÄSST TÄGLICH EINE MÜNZE FALLEN.
WAHRSCHEINLICH HAT ES KEINEN SINN, DASS ICH SIE BESITZE...!

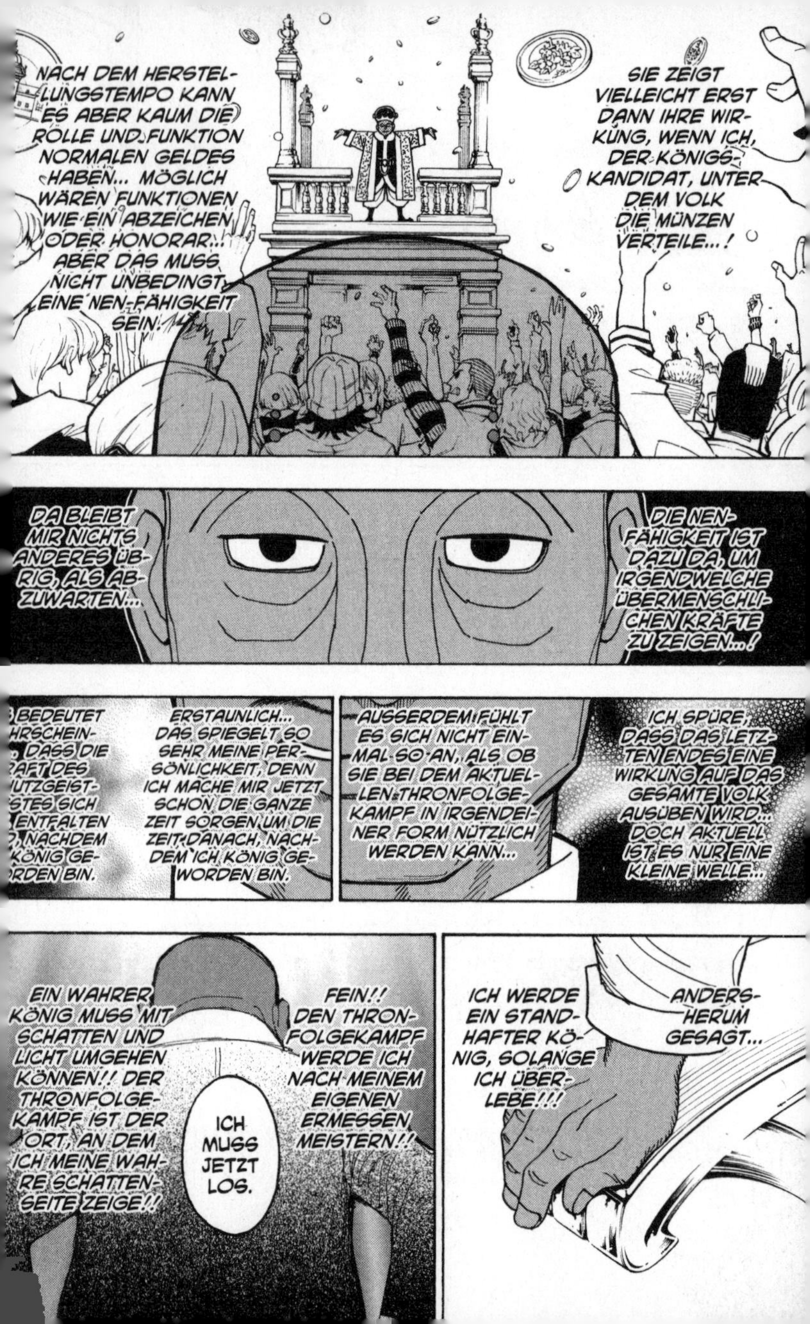
SIE ZEIGT VIELLEICHT ERST DANN IHRE WIRKUNG, WENN ICH, DER KÖNIGSKANDIDAT, UNTER DEM VOLK DIE MÜNZEN VERTEILE...!
NACH DEM HERSTELLUNGSTEMPO KANN ES ABER KAUM DIE ROLLE UND FUNKTION NORMALEN GELDES HABEN... MÖGLICH WÄREN FUNKTIONEN WIE EIN ABZEICHEN ODER HONORAR... ABER DAS MUSS NICHT UNBEDINGT EINE NEN-FÄHIGKEIT SEIN.
DIE NEN-FÄHIGKEIT IST DAZU DA, UM IRGENDWELCHE ÜBERMENSCHLICHEN KRÄFTE ZU ZEIGEN...!
DA BLEIBT MIR NICHTS ANDERES ÜBRIG, ALS ABZUWARTEN...
ICH SPÜRE, DASS DAS LETZTEN ENDES EINE WIRKUNG AUF DAS GESAMTE VOLK AUSÜBEN WIRD... DOCH AKTUELL IST ES NUR EINE KLEINE WELLE...
AUSSERDEM FÜHLT ES SICH NICHT EINMAL SO AN, ALS OB SIE BEI DEM AKTUELLEN THRONFOLGEKAMPF IN IRGENDEINER FORM NÜTZLICH WERDEN KANN...
ERSTAUNLICH... DAS SPIEGELT SO SEHR MEINE PERSÖNLICHKEIT, DENN ICH MACHE MIR JETZT SCHON DIE GANZE ZEIT SORGEN UM DIE ZEIT DANACH, NACHDEM ICH KÖNIG GEWORDEN BIN.
B BEDEUTET HRSCHEIN-. DASS DIE RAFT DES UTZGEIST-STES SICH ENTFALTEN , NACHDEM KÖNIG GE-RDEN BIN.
ANDERSHERUM GESAGT...
ICH WERDE EIN STANDHAFTER KÖNIG, SOLANGE ICH ÜBERLEBE!!!
FEIN!! DEN THRONFOLGEKAMPF WERDE ICH NACH MEINEM EIGENEN ERMESSEN MEISTERN!!
ICH MUSS JETZT LOS.
EIN WAHRER KÖNIG MUSS MIT SCHATTEN UND LICHT UMGEHEN KÖNNEN!! DER THRONFOLGEKAMPF IST DER ORT, AN DEM ICH MEINE WAHRE SCHATTENSEITE ZEIGE!!

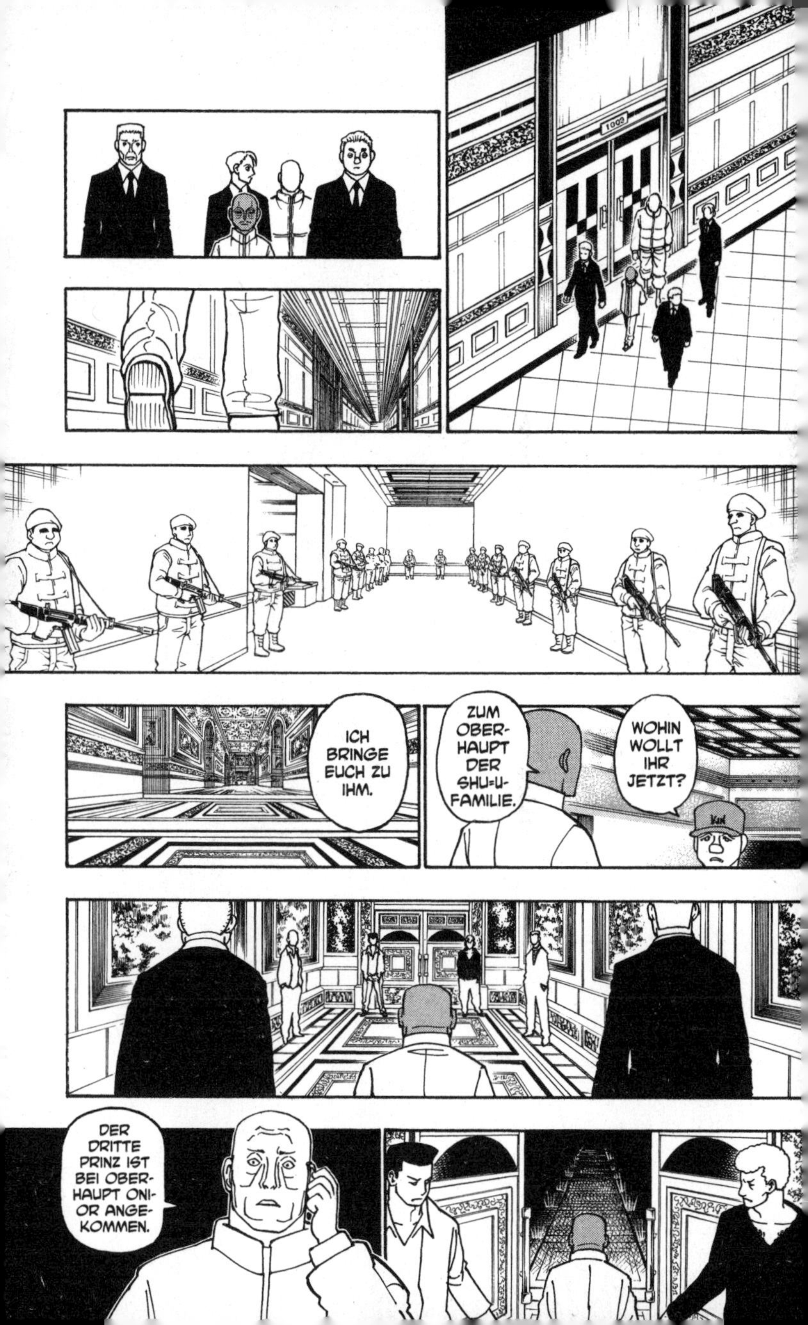
WOHIN WOLLT IHR JETZT?
ZUM OBERHAUPT DER SHU=U-FAMILIE.
ICH BRINGE EUCH ZU IHM.
DER DRITTE PRINZ IST BEI OBERHAUPT ONIOR ANGEKOMMEN.

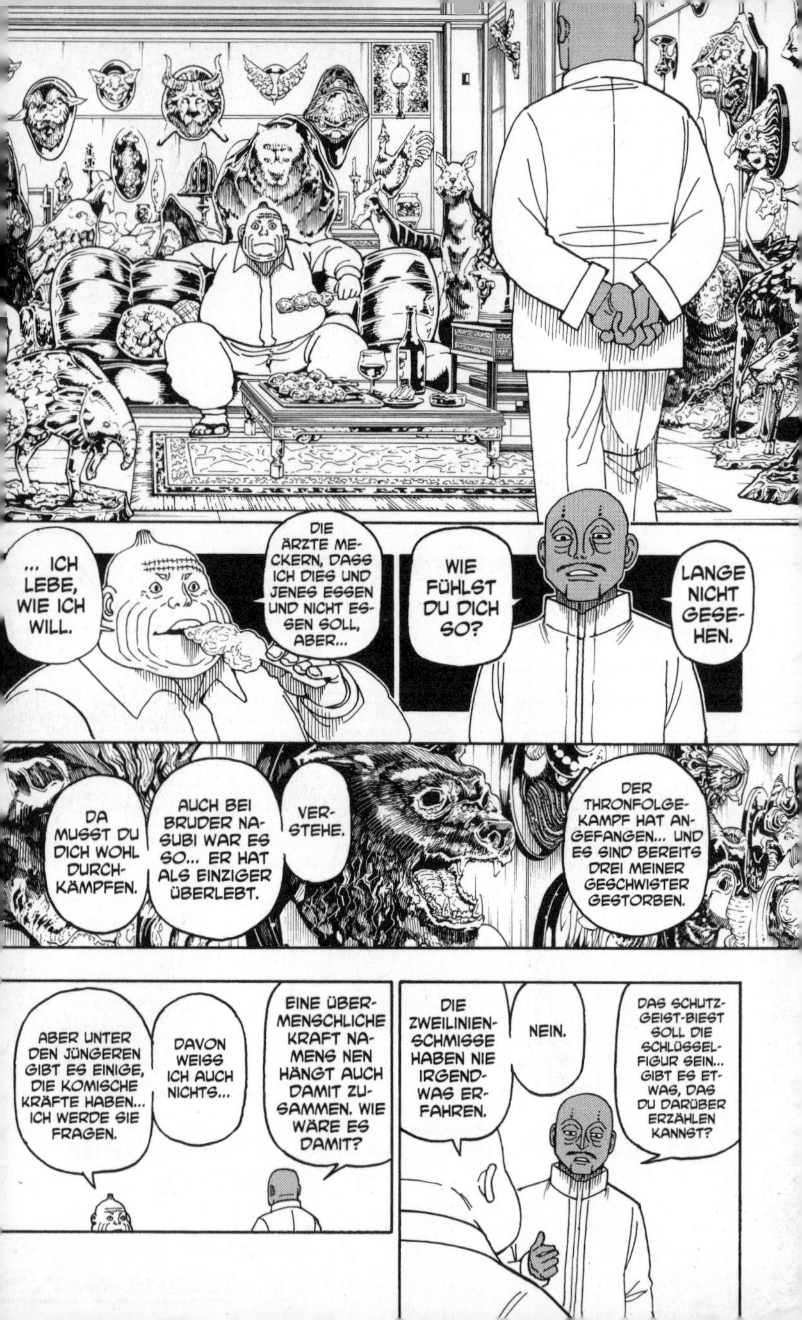
LANGE NICHT GESEHEN.
WIE FÜHLST DU DICH SO?
DIE ÄRZTE MECKERN, DASS ICH DIES UND JENES ESSEN UND NICHT ESSEN SOLL, ABER...
... ICH LEBE, WIE ICH WILL.
DER THRONFOLGEKAMPF HAT ANGEFANGEN... UND ES SIND BEREITS DREI MEINER GESCHWISTER GESTORBEN.
VERSTEHE.
AUCH BEI BRUDER NASUBI WAR ES SO... ER HAT ALS EINZIGER ÜBERLEBT.
DA MUSST DU DICH WOHL DURCHKÄMPFEN.
DAS SCHUTZGEIST-BIEST SOLL DIE SCHLÜSSELFIGUR SEIN... GIBT ES ETWAS, DAS DU DARÜBER ERZÄHLEN KANNST?
NEIN.
DIE ZWEILINIEN-SCHMISSE HABEN NIE IRGENDWAS ERFAHREN.
EINE ÜBERMENSCHLICHE KRAFT NAMENS NEN HÄNGT AUCH DAMIT ZUSAMMEN. WIE WÄRE ES DAMIT?
DAVON WEISS ICH AUCH NICHTS...
ABER UNTER DEN JÜNGEREN GIBT ES EINIGE, DIE KOMISCHE KRÄFTE HABEN... ICH WERDE SIE FRAGEN.

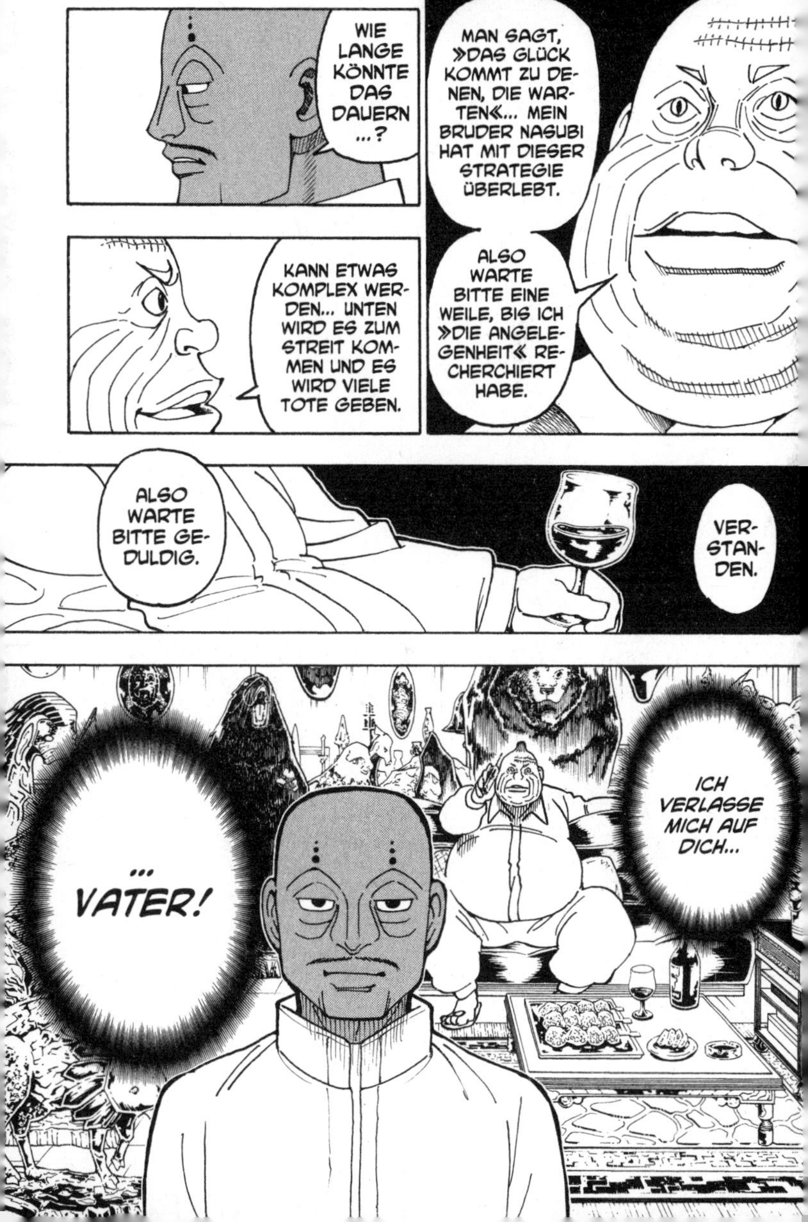
MAN SAGT, »DAS GLÜCK KOMMT ZU DENEN, DIE WARTEN«... MEIN BRUDER NASUBI HAT MIT DIESER STRATEGIE ÜBERLEBT.
ALSO WARTE BITTE EINE WEILE, BIS ICH »DIE ANGELEGENHEIT« RECHERCHIERT HABE.
WIE LANGE KÖNNTE DAS DAUERN ...?
KANN ETWAS KOMPLEX WERDEN... UNTEN WIRD ES ZUM STREIT KOMMEN UND ES WIRD VIELE TOTE GEBEN.
VERSTANDEN.
ALSO WARTE BITTE GEDULDIG.
ICH VERLASSE MICH AUF DICH...
... VATER!

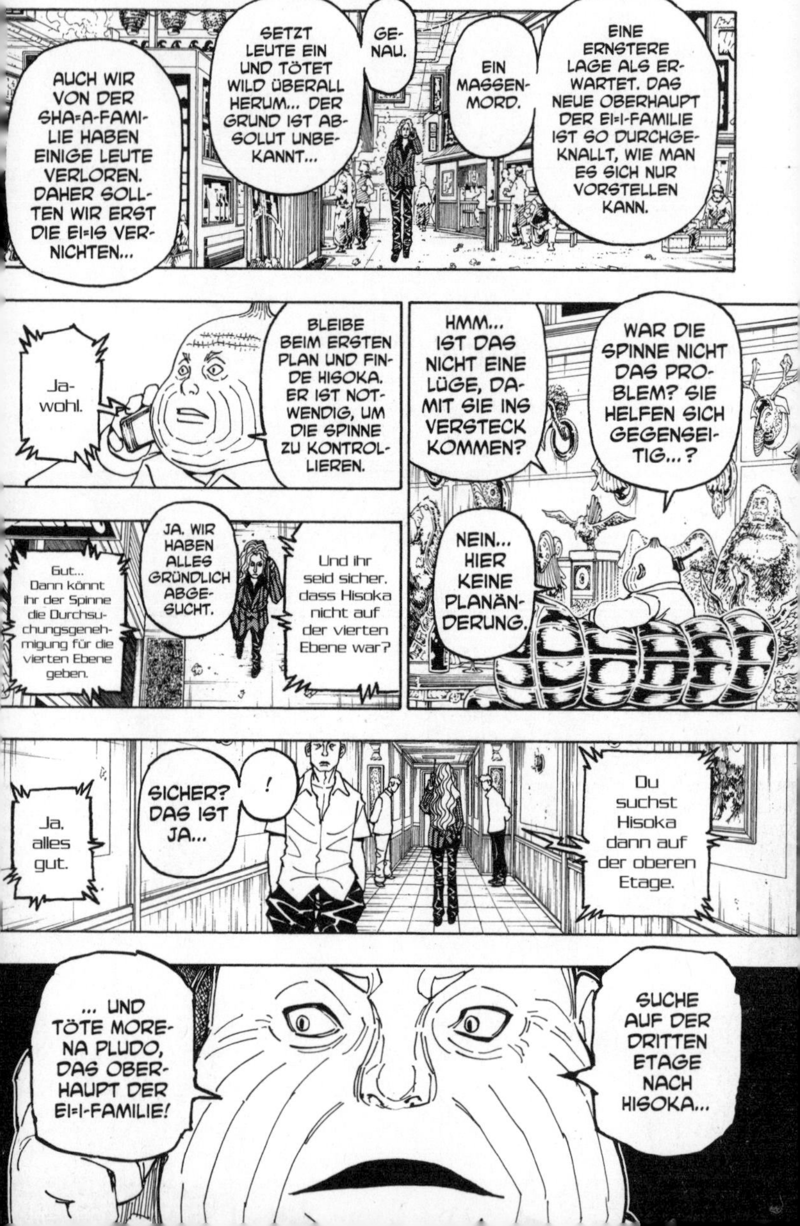
EINE ERNSTERE LAGE ALS ERWARTET. DAS NEUE OBERHAUPT DER EI=I-FAMILIE IST SO DURCHGEKNALLT, WIE MAN ES SICH NUR VORSTELLEN KANN.
EIN MASSENMORD.
GENAU.
SETZT LEUTE EIN UND TÖTET WILD ÜBERALL HERUM... DER GRUND IST ABSOLUT UNBEKANNT...
AUCH WIR VON DER SHA=A-FAMILIE HABEN EINIGE LEUTE VERLOREN. DAHER SOLLTEN WIR ERST DIE EI=IS VERNICHTEN...
WAR DIE SPINNE NICHT DAS PROBLEM? SIE HELFEN SICH GEGENSEITIG...?
HMM... IST DAS NICHT EINE LÜGE, DAMIT SIE INS VERSTECK KOMMEN?
NEIN... HIER KEINE PLANÄNDERUNG.
BLEIBE BEIM ERSTEN PLAN UND FINDE HISOKA. ER IST NOTWENDIG, UM DIE SPINNE ZU KONTROLLIEREN.
Jawohl.
Und ihr seid sicher, dass Hisoka nicht auf der vierten Ebene war?
JA. WIR HABEN ALLES GRÜNDLICH ABGESUCHT.
Gut... Dann könnt ihr der Spinne die Durchsuchungsgenehmigung für die vierten Ebene geben.
Du suchst Hisoka dann auf der oberen Etage.
!
SICHER? DAS IST JA...
Ja, alles gut.
SUCHE AUF DER DRITTEN ETAGE NACH HISOKA...
... UND TÖTE MORENA PLUDO, DAS OBERHAUPT DER EI=I-FAMILIE!

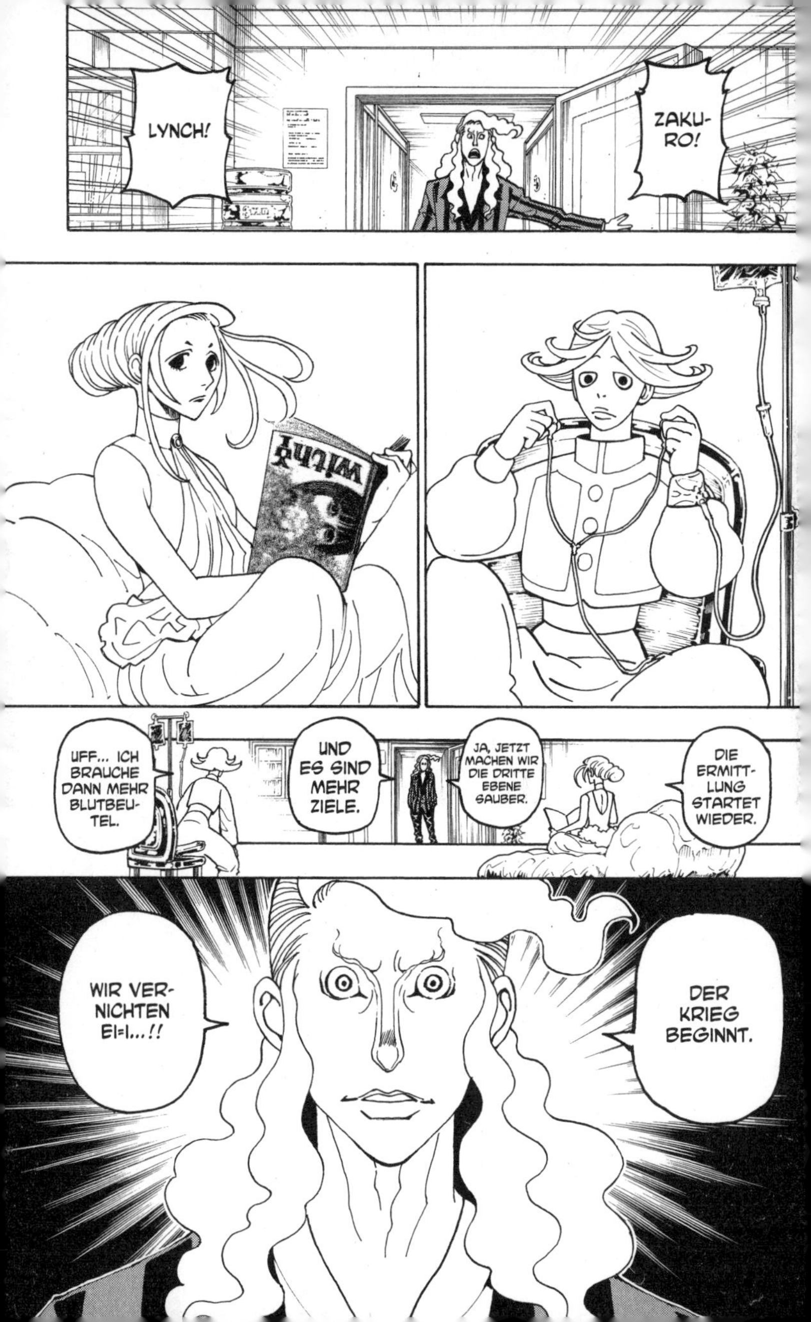
ZAKU-RO!
LYNCH!
DIE ERMITTLUNG STARTET WIEDER.
JA, JETZT MACHEN WIR DIE DRITTE EBENE SAUBER.
UND ES SIND MEHR ZIELE.
UFF... ICH BRAUCHE DANN MEHR BLUTBEUTEL.
DER KRIEG BEGINNT.
WIR VERNICHTEN EI=I...!!

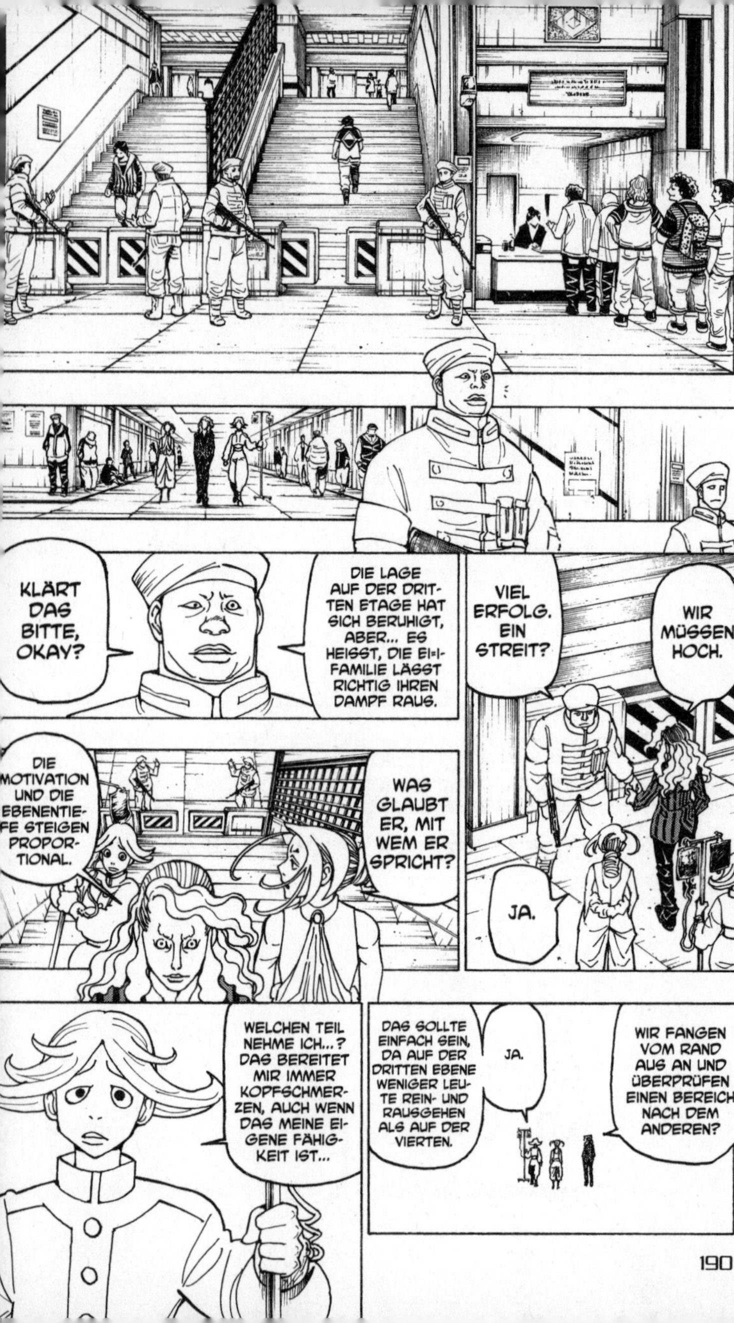
WIR MÜSSEN HOCH.
VIEL ERFOLG. EIN STREIT?
DIE LAGE AUF DER DRITTEN ETAGE HAT SICH BERUHIGT, ABER... ES HEISST, DIE EI=I-FAMILIE LÄSST RICHTIG IHREN DAMPF RAUS.
KLÄRT DAS BITTE, OKAY?
JA.
WAS GLAUBT ER, MIT WEM ER SPRICHT?
DIE MOTIVATION UND DIE EBENENTIEFE STEIGEN PROPORTIONAL.
WIR FANGEN VOM RAND AUS AN UND ÜBERPRÜFEN EINEN BEREICH NACH DEM ANDEREN?
JA.
DAS SOLLTE EINFACH SEIN, DA AUF DER DRITTEN EBENE WENIGER LEUTE REIN- UND RAUSGEHEN ALS AUF DER VIERTEN.
WELCHEN TEIL NEHME ICH...? DAS BEREITET MIR IMMER KOPFSCHMERZEN, AUCH WENN DAS MEINE EIGENE FÄHIGKEIT IST...

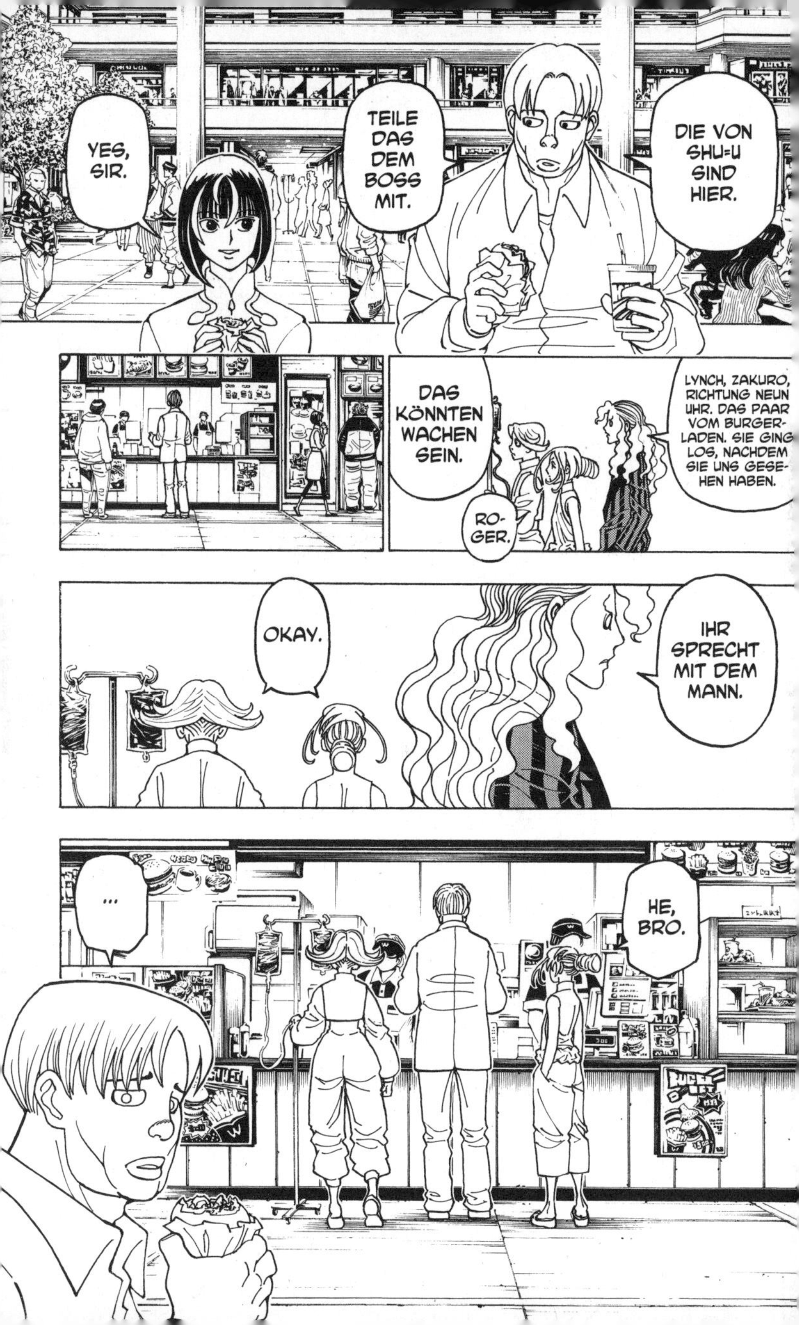
DIE VON SHU=U SIND HIER.
TEILE DAS DEM BOSS MIT.
YES, SIR.
LYNCH, ZAKURO, RICHTUNG NEUN UHR. DAS PAAR VOM BURGER-LADEN. SIE GING LOS, NACHDEM SIE UNS GESEHEN HABEN.
DAS KÖNNTEN WACHEN SEIN.
RO-GER.
IHR SPRECHT MIT DEM MANN.
OKAY.
HE, BRO.
...

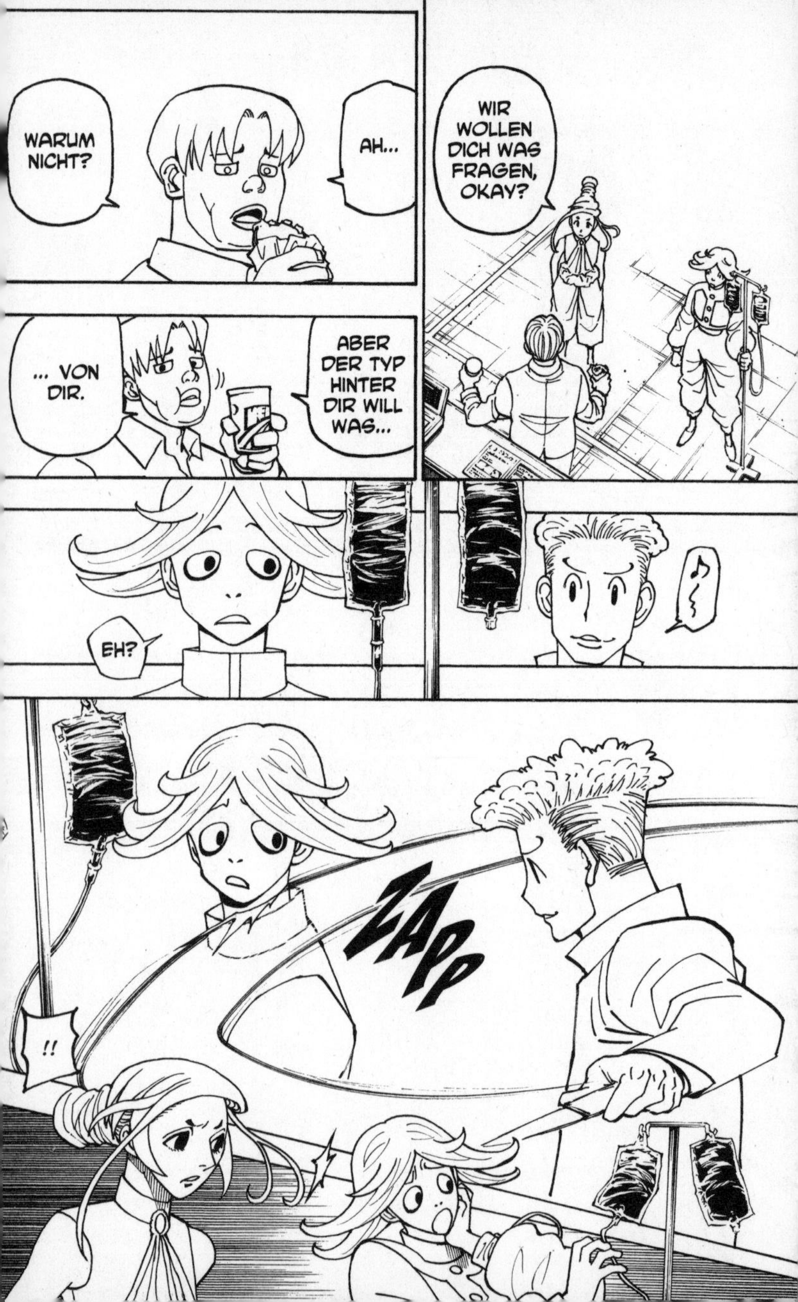
WIR WOLLEN DICH WAS FRAGEN, OKAY?
AH...
WARUM NICHT?
ABER DER TYP HINTER DIR WILL WAS...
... VON DIR.
♪
EH?
ZAPP
!!

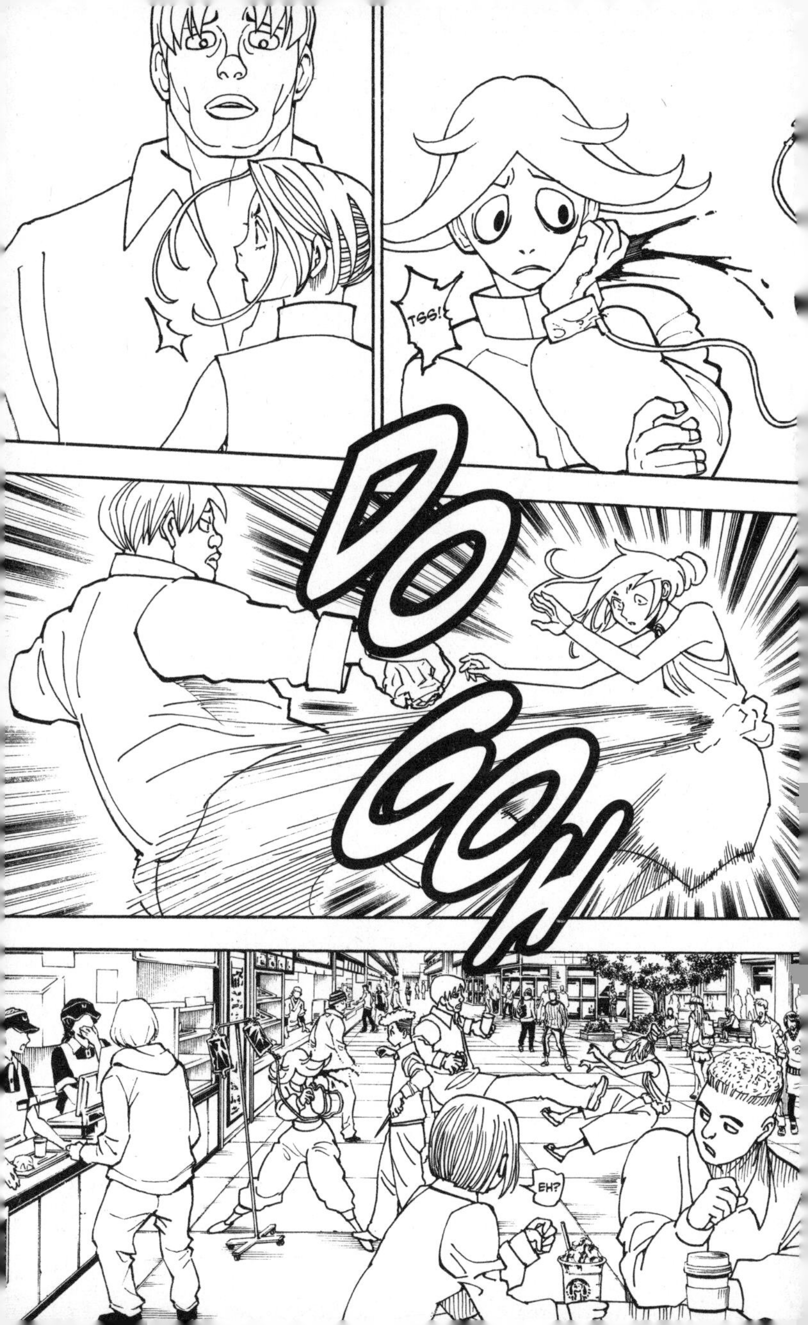
TSS!
DOGOH
EH?

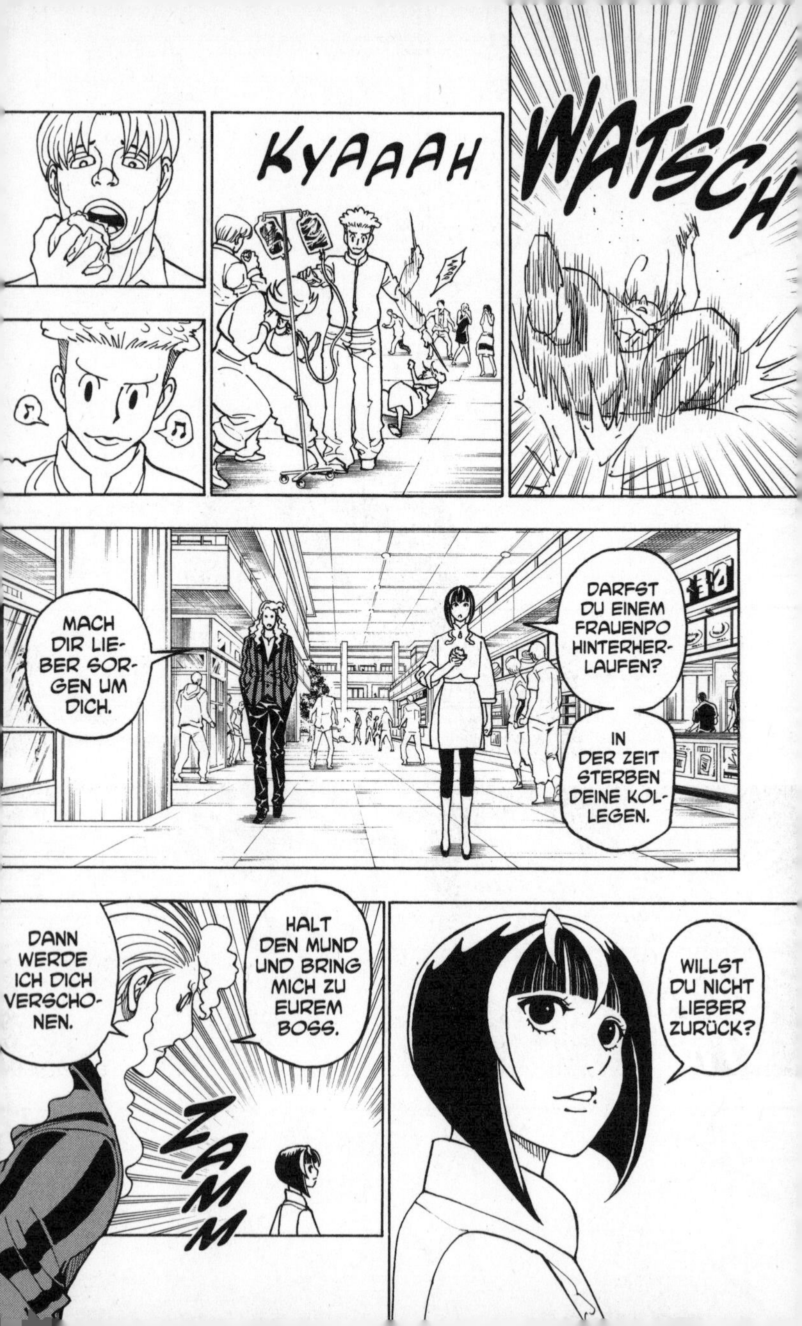
WATSCH
KYAAAH
DARFST DU EINEM FRAUENPO HINTERHER-LAUFEN?
IN DER ZEIT STERBEN DEINE KOL-LEGEN.
MACH DIR LIE-BER SOR-GEN UM DICH.
WILLST DU NICHT LIEBER ZURÜCK?
HALT DEN MUND UND BRING MICH ZU EUREM BOSS.
DANN WERDE ICH DICH VERSCHO-NEN.
ZAMM

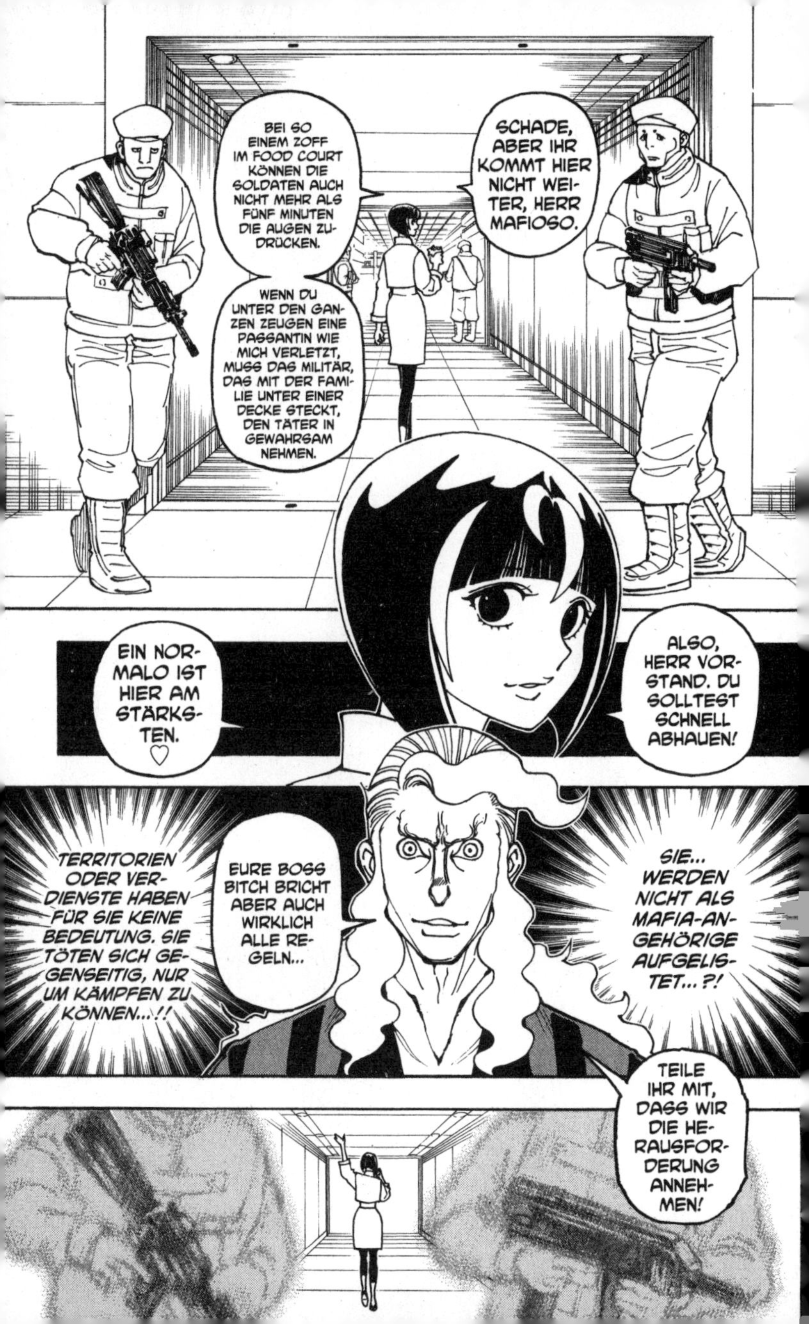
SCHADE, ABER IHR KOMMT HIER NICHT WEITER, HERR MAFIOSO.
BEI SO EINEM ZOFF IM FOOD COURT KÖNNEN DIE SOLDATEN AUCH NICHT MEHR ALS FÜNF MINUTEN DIE AUGEN ZUDRÜCKEN.
WENN DU UNTER DEN GANZEN ZEUGEN EINE PASSANTIN WIE MICH VERLETZT, MUSS DAS MILITÄR, DAS MIT DER FAMILIE UNTER EINER DECKE STECKT, DEN TÄTER IN GEWAHRSAM NEHMEN.
ALSO, HERR VORSTAND. DU SOLLTEST SCHNELL ABHAUEN!
EIN NORMALO IST HIER AM STÄRKSTEN. ♡
SIE... WERDEN NICHT ALS MAFIA-ANGEHÖRIGE AUFGELISTET...?!
EURE BOSS BITCH BRICHT ABER AUCH WIRKLICH ALLE REGELN...
TERRITORIEN ODER VERDIENSTE HABEN FÜR SIE KEINE BEDEUTUNG. SIE TÖTEN SICH GEGENSEITIG, NUR UM KÄMPFEN ZU KÖNNEN...!!
TEILE IHR MIT, DASS WIR DIE HERAUSFORDERUNG ANNEHMEN!

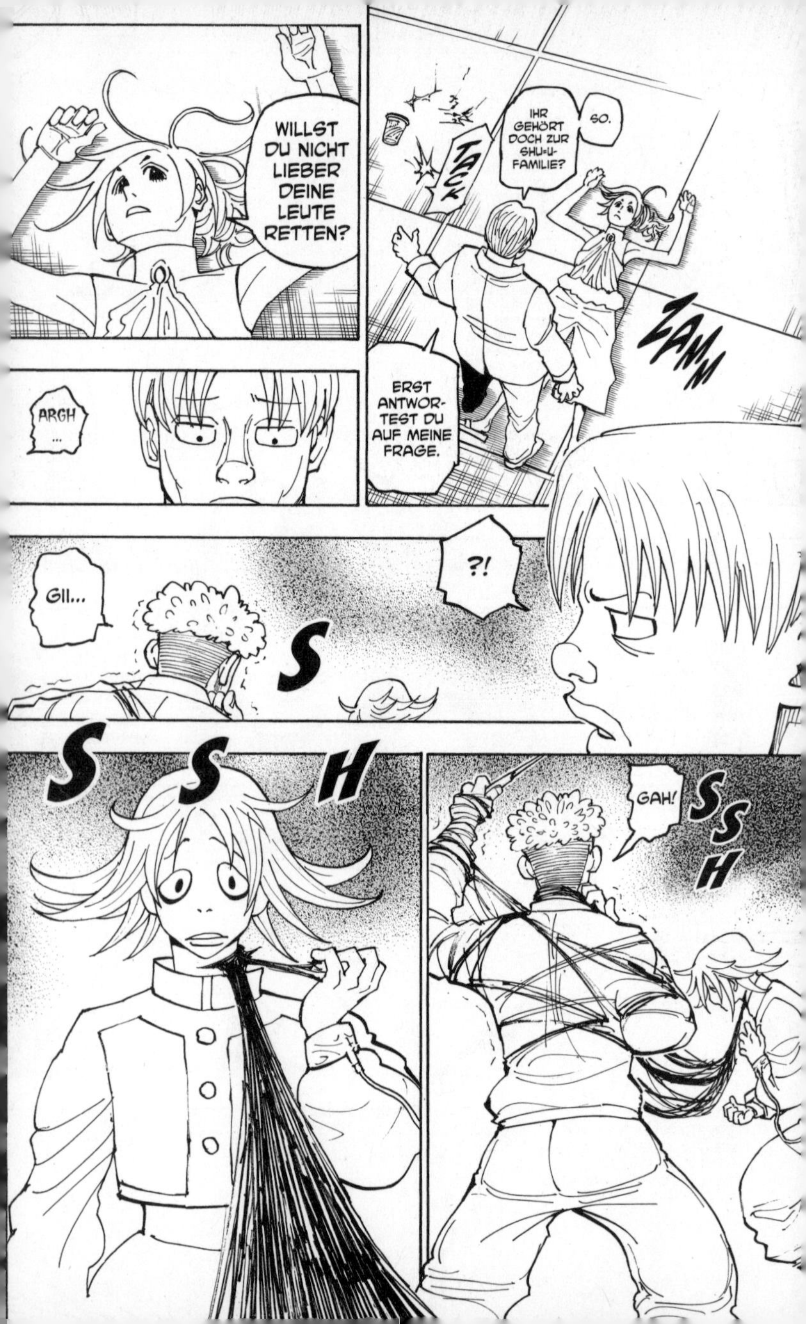

SO.
IHR GEHÖRT DOCH ZUR SHU-U-FAMILIE?
TACK
ZAMM
ERST ANTWORTEST DU AUF MEINE FRAGE.
WILLST DU NICHT LIEBER DEINE LEUTE RETTEN?
ARGH ...
?!
GII...
S
GAH!
SSH
SSH

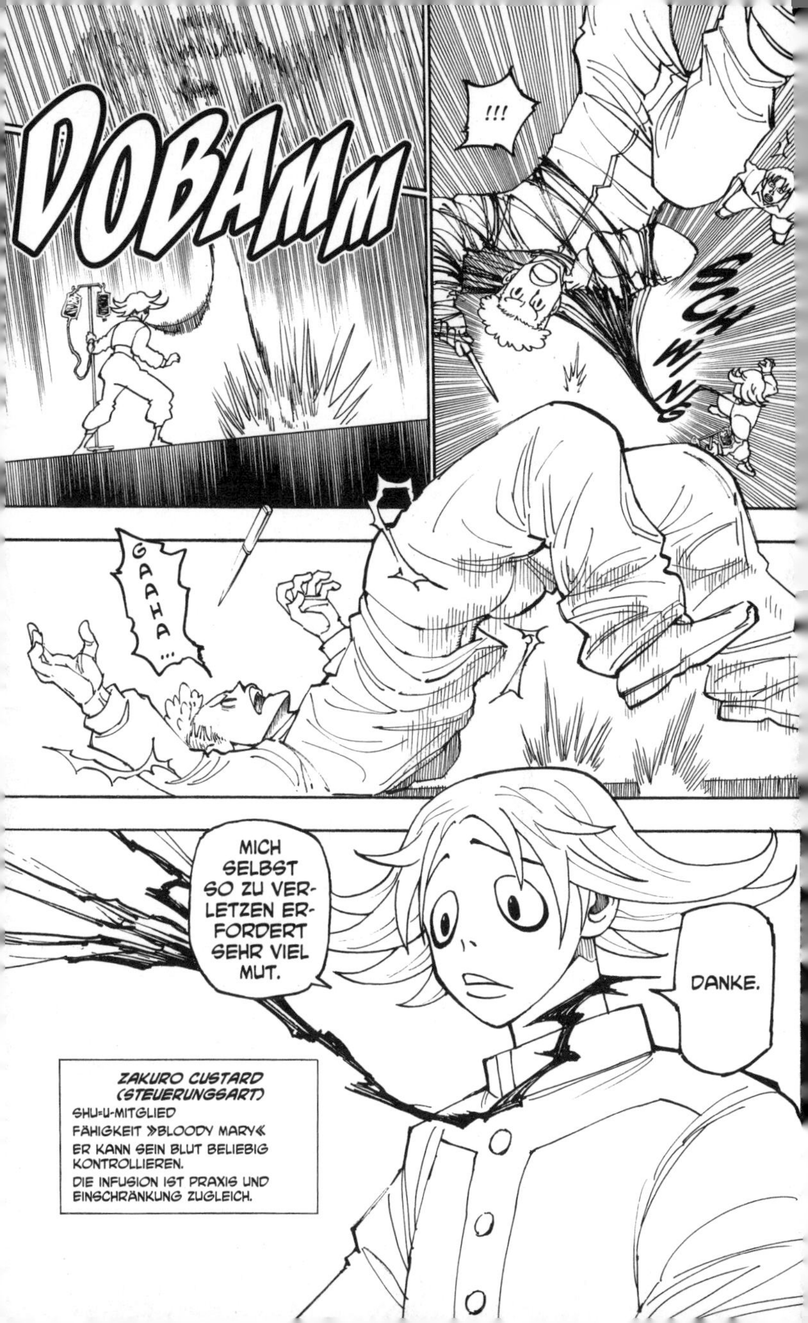
!!!
SCHWING
DOBAMM
GAAHA ...
DANKE.
MICH SELBST SO ZU VERLETZEN ERFORDERT SEHR VIEL MUT.
ZAKURO CUSTARD (STEUERUNGSART)
SHU=U-MITGLIED
FÄHIGKEIT »BLOODY MARY«
ER KANN SEIN BLUT BELIEBIG KONTROLLIEREN.
DIE INFUSION IST PRAXIS UND EINSCHRÄNKUNG ZUGLEICH.

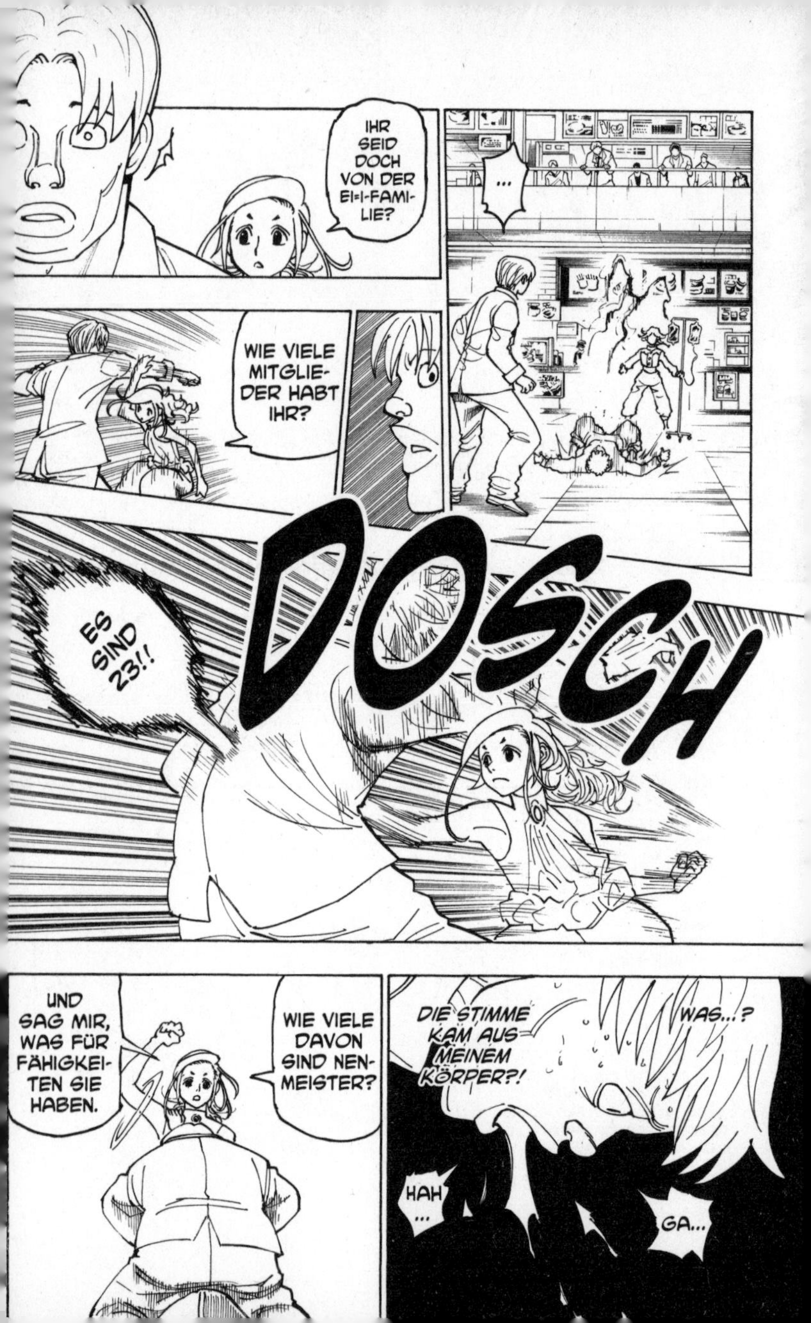
...
IHR SEID DOCH VON DER EI=I-FAMILIE?
WIE VIELE MITGLIEDER HABT IHR?
DOSCH
ES SIND 23!!
WAS...?
DIE STIMME KAM AUS MEINEM KÖRPER?!
HAH ...
GA...
WIE VIELE DAVON SIND NEN-MEISTER?
UND SAG MIR, WAS FÜR FÄHIGKEITEN SIE HABEN.

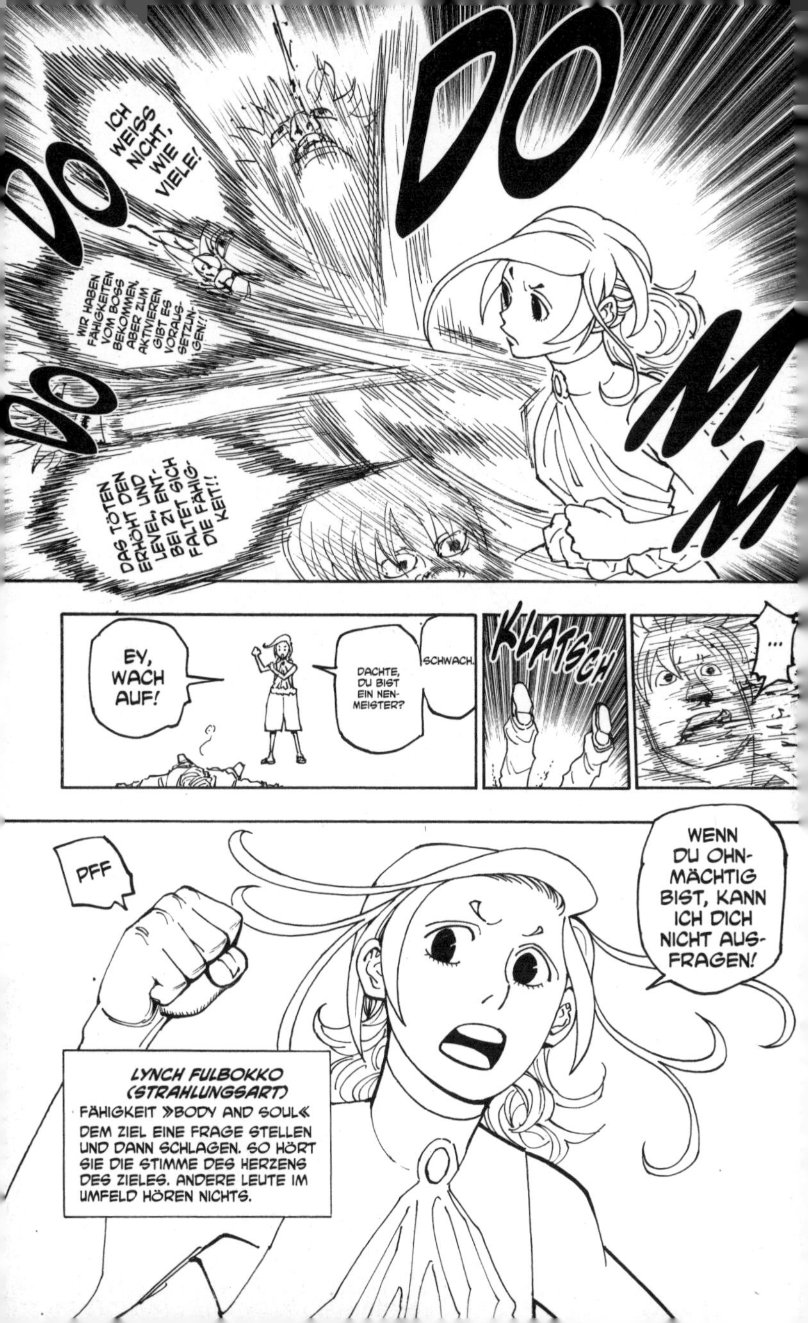
DOOMM
ICH WEISS NICHT, WIE VIELE!
DO
WIR HABEN FÄHIGKEITEN VOM BOSS BEKOMMEN, ABER ZUM AKTIVIEREN GIBT ES VORAUS-SETZUN-GEN!!
DO
DAS TÖTEN ERHÖHT DEN LEVEL, UND BEI 21 ENT-FALTET SICH DIE FÄHIG-KEIT!!
…
KLATSCH
SCHWACH.
DACHTE, DU BIST EIN NEN-MEISTER?
EY, WACH AUF!
WENN DU OHN-MÄCHTIG BIST, KANN ICH DICH NICHT AUS-FRAGEN!
PFF
LYNCH FULBOKKO (STRAHLUNGSART)
FÄHIGKEIT »BODY AND SOUL«
DEM ZIEL EINE FRAGE STELLEN UND DANN SCHLAGEN. SO HÖRT SIE DIE STIMME DES HERZENS DES ZIELES. ANDERE LEUTE IM UMFELD HÖREN NICHTS.

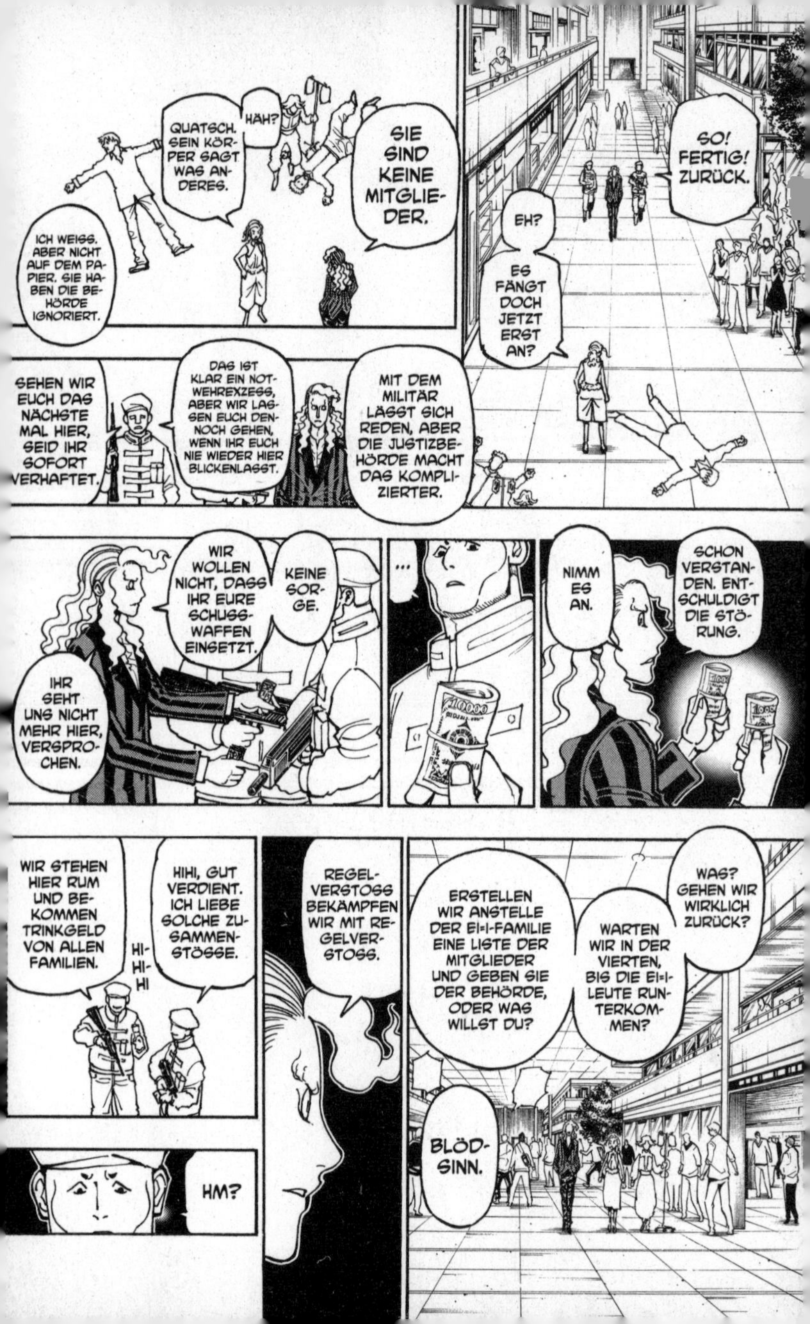
SO! FERTIG! ZURÜCK.
EH?
ES FÄNGT DOCH JETZT ERST AN?
SIE SIND KEINE MITGLIEDER.
HÄH?
QUATSCH. SEIN KÖRPER SAGT WAS ANDERES.
ICH WEISS. ABER NICHT AUF DEM PAPIER. SIE HABEN DIE BEHÖRDE IGNORIERT.
MIT DEM MILITÄR LÄSST SICH REDEN, ABER DIE JUSTIZBEHÖRDE MACHT DAS KOMPLIZIERTER.
DAS IST KLAR EIN NOTWEHREXZESS, ABER WIR LASSEN EUCH DENNOCH GEHEN, WENN IHR EUCH NIE WIEDER HIER BLICKENLASST.
SEHEN WIR EUCH DAS NÄCHSTE MAL HIER, SEID IHR SOFORT VERHAFTET.
SCHON VERSTANDEN. ENTSCHULDIGT DIE STÖRUNG.
NIMM ES AN.
...
KEINE SORGE.
WIR WOLLEN NICHT, DASS IHR EURE SCHUSSWAFFEN EINSETZT.
IHR SEHT UNS NICHT MEHR HIER, VERSPROCHEN.
WAS? GEHEN WIR WIRKLICH ZURÜCK?
WARTEN WIR IN DER VIERTEN, BIS DIE EI=I-LEUTE RUNTERKOMMEN?
ERSTELLEN WIR ANSTELLE DER EI=I-FAMILIE EINE LISTE DER MITGLIEDER UND GEBEN SIE DER BEHÖRDE, ODER WAS WILLST DU?
BLÖDSINN.
REGELVERSTOSS BEKÄMPFEN WIR MIT REGELVERSTOSS.
HIHI, GUT VERDIENT. ICH LIEBE SOLCHE ZUSAMMENSTÖSSE.
HI-HI-HI
WIR STEHEN HIER RUM UND BEKOMMEN TRINKGELD VON ALLEN FAMILIEN.
HM?

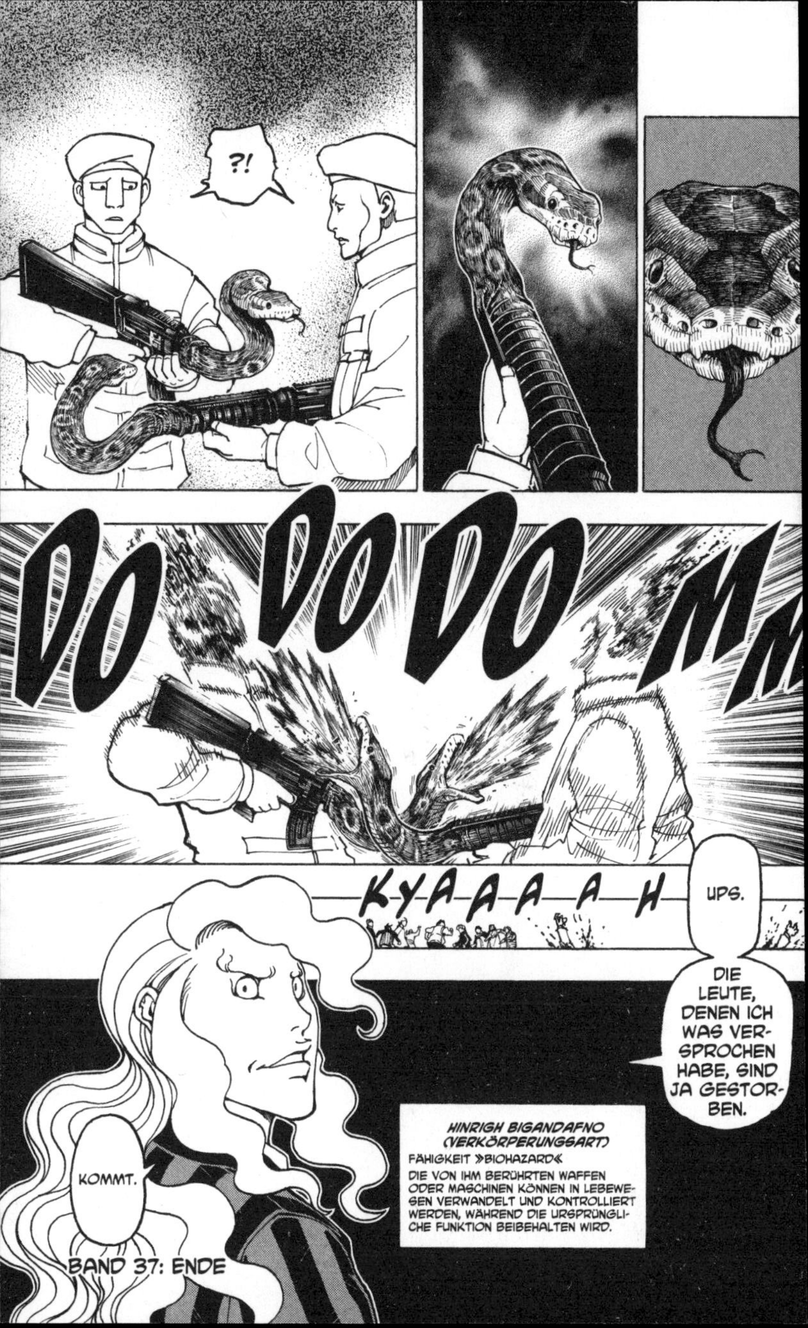
?!
DO DO DO MM
KYAAAAAH
UPS.
DIE LEUTE, DENEN ICH WAS VERSPROCHEN HABE, SIND JA GESTORBEN.
HINRIGH BIGANDAFNO (VERKÖRPERUNGSART)
FÄHIGKEIT »BIOHAZARD«
DIE VON IHM BERÜHRTEN WAFFEN ODER MASCHINEN KÖNNEN IN LEBEWESEN VERWANDELT UND KONTROLLIERT WERDEN, WÄHREND DIE URSPRÜNGLICHE FUNKTION BEIBEHALTEN WIRD.
KOMMT.
BAND 37: ENDE

UNDEAD UNLUCK

Yoshifumi Tozuka

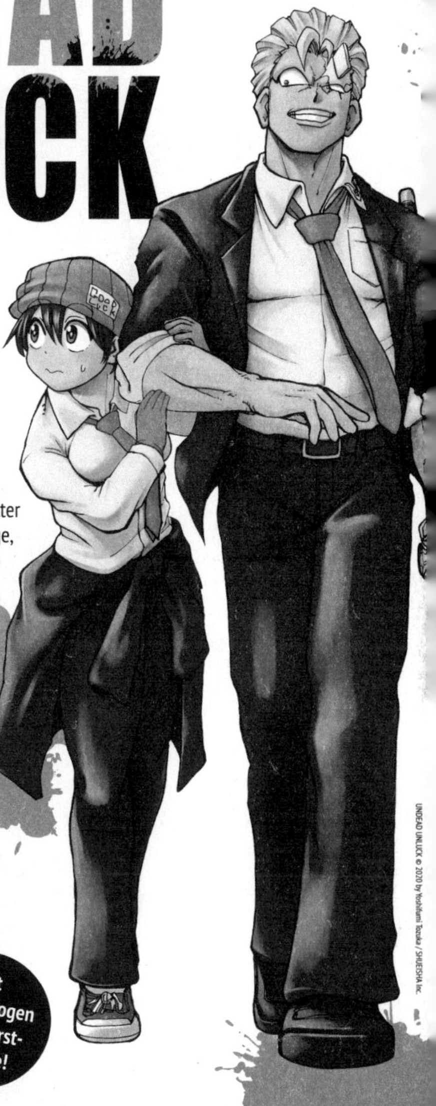

DURCHGEDREHTER ACTION-REISSER ZUM TOTLACHEN

Fuko, genannt Unluck, wünscht sich nichts sehnlicher als eine turbulente Romanze. Ihr Problem: Jedem, der ihr zu Nahe kommt, bringt sie großes Unglück! Auch Andy, genannt Undead, hat einen Wunsch, nämlich endlich zu sterben. Sein Problem: Er ist unsterblich!

Eine ungewöhnliche Komödie mit geballter Actionladung voller Meteoriteneinschläge, Blitz und Donner, Krach und Explosionen sowie einer Prise Romantik!

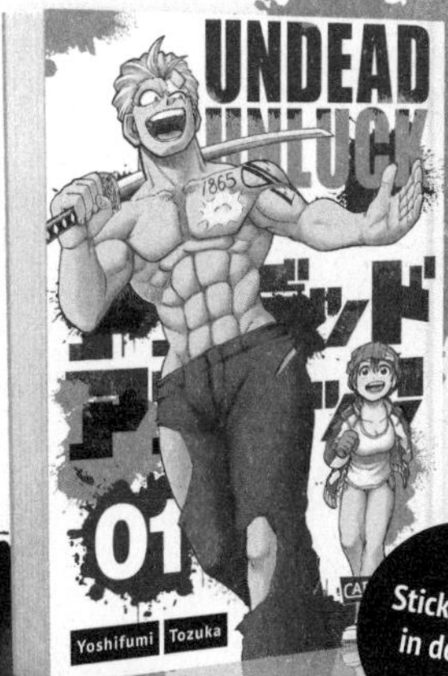

Mit Stickerbogen in der Erstauflage!

CARLSEN MANGA!

carlsenmanga.de carlsen_manga carlsenmanga

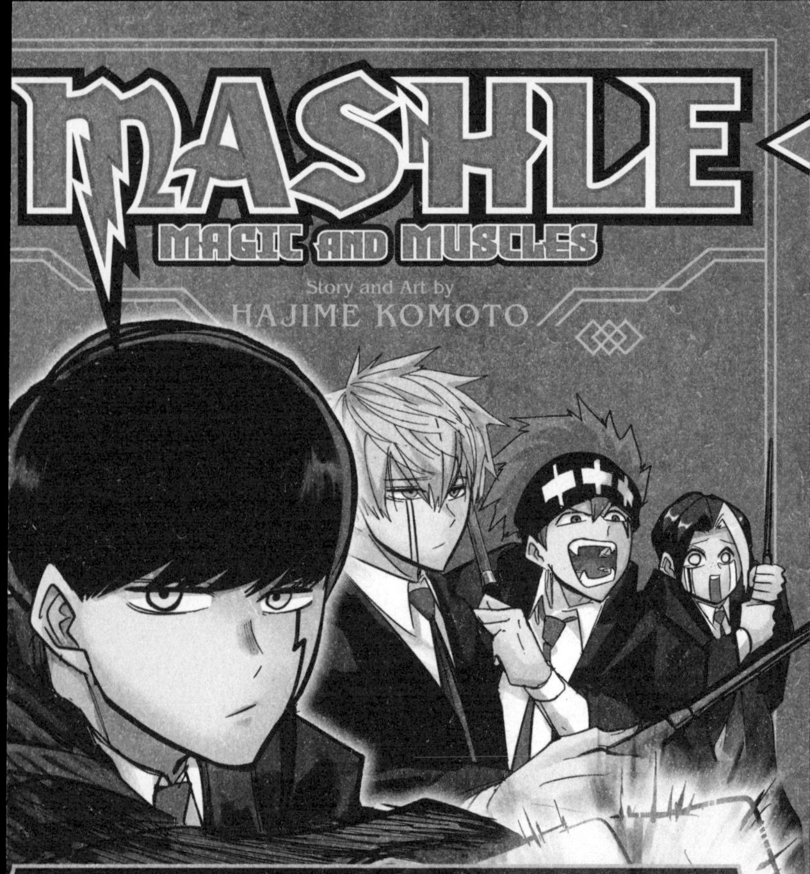

MAGIE IST GUT – MUSKELN SIND BESSER!

Im Reich der Magie wird der soziale Status durch die magischen Fähigkeiten bestimmt. Doch tief im Wald lebt Mash Burnedead, ein junger Mann, der seine gesamte Zeit damit verbringt, seinen Körper zu stählen. Er kann keine Magie benutzen, genießt jedoch ein friedliches Leben mit seinem Vater. Als das herauskommt, geraten beide in Gefahr. Die einzige Lösung: Mash wird in der Magieschule eingeschrieben, wo er die magische Konkurrenz schlagen muss! Wird sich Mash ohne einen Funken Magie und durch reine Muskelkraft einen Weg an die Spitze bahnen können?

CARLSEN MANGA!
www.carlsenmanga.de carlsen_manga carlsenmanga

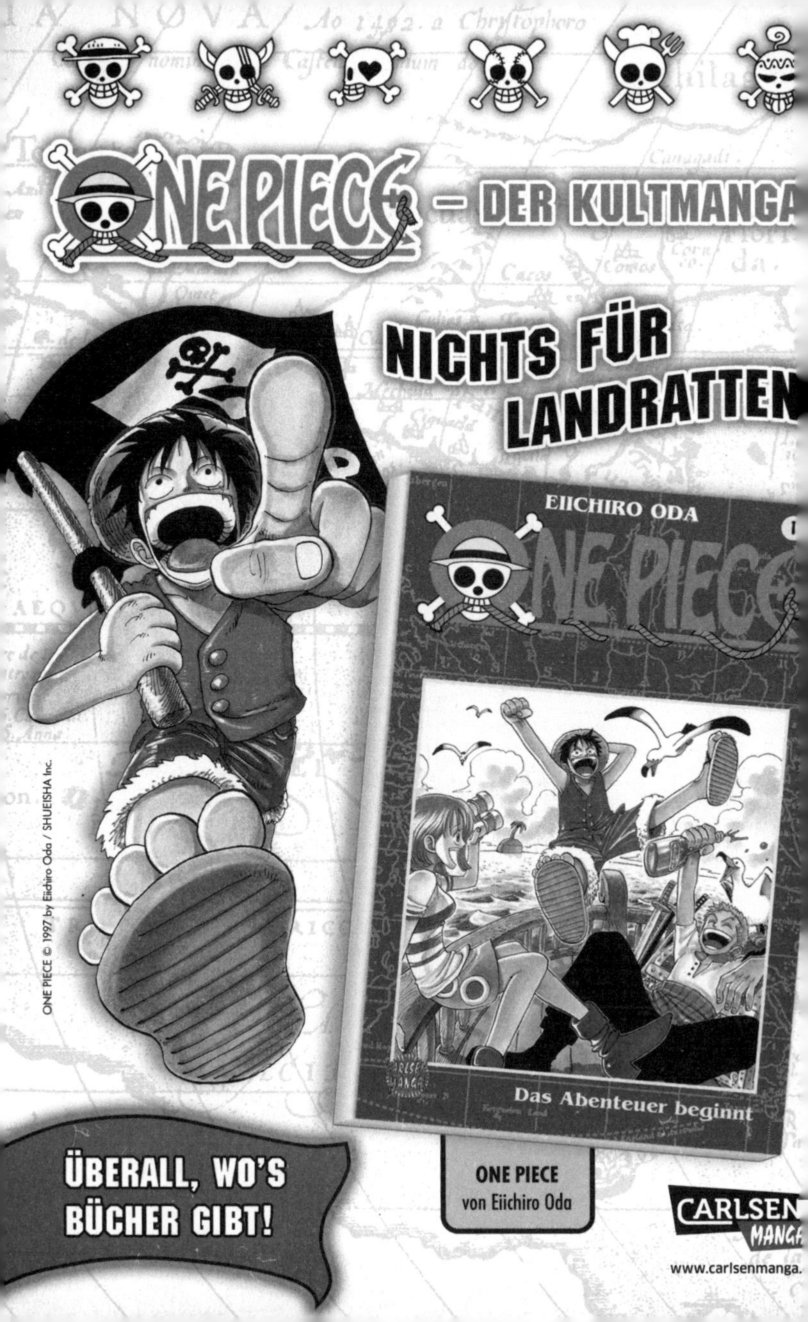
ONE PIECE – DER KULTMANGA
NICHTS FÜR LANDRATTEN
EIICHIRO ODA
ONE PIECE
1
Das Abenteuer beginnt
ONE PIECE © 1997 by Eiichiro Oda / SHUEISHA Inc.
ÜBERALL, WO'S BÜCHER GIBT!
ONE PIECE
von Eiichiro Oda
CARLSEN MANGA
www.carlsenmanga.

HALT!

das ist nicht die Anfangsseite.
Hunter × Hunter ist ein japanischer Comic, und da in Japan von hinten nach vorne und von rechts nach links gelesen wird, solltest auch du diesen Comic von der anderen Seite aufschlagen und von hinten nach vorne lesen

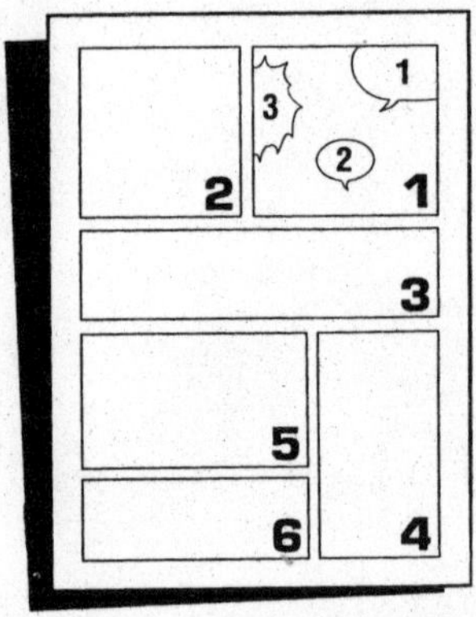

Auch die **Bilder** und Sprechblasen werden von **rechts oben** nach **links unten** gelesen, so wie es die Grafik hier zeigt.
Schwer? Zuerst ungewohnt, doch es bringt richtig Spaß.
Probiert es aus!
Viel Vergnügen mit Gon und seinen Freunden in

HUNTER × HUNTER